कृष्ण-रुक्मिणी विवाह

पदम तेली कृत राजस्थानी भाषा का कृष्ण-रुक्मिणी विवाहलो

महाराजा मानसिंह पुस्तक प्रकाशन शोध केन्द्र के
आर्थिक सहयोग से प्रकाशित

कृष्ण रुक्मिणी विवाह

पदम तेली कृत राजस्थानी-भाषा का
कृष्ण रुक्मिणी विवाहलो

ब्रजेन्द्रकुमार सिंहल

वाणी प्रकाशन

सजिल्द पहला संस्करण : 2026

vaniprakashan.com

वाणी प्रकाशन

4695, 21-ए, दरियागंज, नयी दिल्ली-110 002

फ़ोन : + 91 11 23273167, 23275710

शाखाएँ

अशोक राजपथ, पटना-800 004, बिहार

कॉफ़ी हाउस कैम्पस, महात्मा गांधी मार्ग, प्रयागराज-211 001, उत्तर प्रदेश

महात्मा गांधी अन्तरराष्ट्रीय हिन्दी विश्वविद्यालय, वर्धा-442 001, महाराष्ट्र

sales@vaniprakashan.in

vaniprakashan@gmail.com

Krishn-Rukmini Vivah
Padam Teli Krit Rajasthani Bhasha ka Krishn-Rukmini Vivahalo

by Brajendra Kumar Singhal

ISBN : 978-93-7348-167-8
Criticism

मूल्य : ₹ 795

जी.एस. ऑफ़सेट, दिल्ली-110 095 में मुद्रित

वाणी प्रकाशन का लोगो मक़बूल फ़िदा हुसैन की कूची से

प्राक्कथन

मेरी यह दृढ़ मान्यता है कि भारतीय इतिहास के आरंभिक आधुनिक काल का प्रामाणिक बोध केवल संस्कृत, फारसी और अरबी स्रोतों के आधार पर प्राप्त नहीं किया जा सकता। उस काल की सामाजिक संरचना तथा सांस्कृतिक व्यवहारों में चल रहे विकास-क्रम को वास्तव में समझने के लिए हमें देशभाषा स्रोतों पर गहरा ध्यान देना ही होगा। यह बात देश के हर सांस्कृतिक क्षेत्र के बारे में सच है।

इस काल की रचनाशीलता का मुख्य मुहावरा भक्ति का था, हालाँकि रचना के विषय भक्ति तक ही सीमित नहीं थे। यह बात हर हाल में सच है कि आरंभिक आधुनिक काल (या जैसा कि आम तौर से इसे कहा जाता है—'मध्यकाल') के भारतीय समाज के स्वभाव को देशभाषा स्रोतों का गंभीर ऐतिहासिक अध्ययन किए बिना नहीं समझा जा सकता। यह काम जरूरी है क्योंकि हमारे समकालीन सामाजिक मानस का, आरंभिक आधुनिक काल में हुए सामाजिक-सांस्कृतिक उतार-चढ़ाव से गहरा रिश्ता है।

ऐसा अध्ययन देशभाषा में की गयी रचनाओं के उचित पाठालोचन और रचना-काल निर्धारण किये बिना संभव नहीं। इस लिहाज से श्रीब्रजेन्द्रकुमार सिंहल के योगदान का महत्व असंदिग्ध है। उन्होंने आरंभिक आधुनिक काल की सैंकड़ों महत्वपूर्ण रचनाओं का पाठालोचन, समय-निर्धारण और विश्लेषण किया है। इनमें मीराँबाई : प्रामाणिक जीवनी एवं मूल पदावली से लेकर सर्वंगी और दादू जनम लीला तक शामिल हैं।

श्रीसिंहल ने अनके विस्मृत रचनाओं का उचित रेखांकन भी किया है। ऐसी ही एक रचना यहाँ प्रस्तुत है 'कृष्ण-रुक्मिणी विवाह'।

श्रीमद्भागवत में निबद्ध अनेक प्रसंगों और कथाओं ने हमारे लोकजीवन में महत्वपूर्ण जगह बनाई है। संभवत: ये प्रसंग लोक-जीवन से ही भागवत तथा अन्य पुराणों में पहुँचे हैं। विभिन्न क्षेत्रों, सांस्कृतिक संदर्भों के विभिन्न कथा-प्रसंगों ने भागवत के जरिए अखिल भारतीय लोकप्रियता प्राप्त की है। परवर्ती कवियों ने भागवत के अनेक कथा-सूत्रों का विस्तार किया है, अपने अपने ढंग से पुनर्रचना की है।

अन्य कई रचनाओं और प्रसंगों की भाँति कृष्ण-रुक्मिणी परिणय-कथा भी लोक-गायकों के माध्यमों से व्यापक जन-समुदाय तक पहुँची है, और इसी मौखिक परंपरा से इसने लिखित अवतार ग्रहण किये हैं। इस पर आधारित, बीकानेर के पृथ्वीराज राठौड़ द्वारा सोलहवीं सदी ईस्वी के उत्तरार्ध में, डिंगल भाषा में रचित 'वेलि क्रिसन रुकमणी री' हिन्दी साहित्य के इतिहास में प्रसिद्ध है।

इस से कोई सौ बरस पहले ही पदम तेली नामक कवि इस कथा की पुनर्रचना 'श्रीकृष्ण रुक्मिणी विवाहलो' नाम से कर चुके थे, लेकिन इसकी पांडुलिपियाँ परवर्ती काल की ही मिलती हैं।

श्रीसिंहल ने उपलब्ध प्राचीनतम पांडुलिपियों के आधार पर यह ग्रंथ तैयार किया है। सुगम हिन्दी अनुवाद तो उन्होंने किया ही है, विस्तृत भूमिका लिख कर विभिन्न स्रोतों की छानबीन और अध्येताओं के मतों की विवेचना भी की है। उनका निष्कर्ष है कि रचनाकार पदम तेली का जीवन-काल सं० 1480-1555 (ई० 1423-1498) है, वे 'निश्चित रूप से वैष्णव तथा संभवत; विश्नोई मत के भी 'भावधारी सत्संगी' थे। प्रस्तुत ग्रंथ की रचना संभवतः पदम तेली ने ''1530 वि० (1473 ई०) के आसपास'' की है।

श्रीसिंहल ने ग्रंथ की पूर्ववर्ती और परवर्ती पांडुलिपियों के तुलनात्मक अध्ययन से शब्द-संरचना, वर्तनी-परिवर्तन और मुहावरों के विकास के बारे में भी रोचक निष्कर्ष प्रस्तुत किये हैं।

पदम तेली की इस रचना का ही नहीं, तमाम आरंभिक आधुनिक कालीन रचनाओं का सघन सांस्कृतिक अध्ययन, उस समय के सामाजिक बदलावों, अभिजन और लोक-जीवन के दैनंदिन व्यवहार के सांस्कृतिक निहितार्थों के बारे में महत्वपूर्ण अंतर्दृष्टियाँ दे सकता है।

प्रस्तुत ग्रंथ के रूप में ऐसे अध्ययन का एक और आधार देने के लिए श्रीब्रजेन्द्रकुमार सिंहल सभी अध्येताओं के आभार के पात्र हैं।

—प्रो० (डॉ०) पुरुषोत्तम अग्रवाल

मन्तव्य

राजस्थानी-भाषा में मंगल-काव्य सृजन परम्परा की एक उज्ज्वल कड़ी है- 'रुकमणी मंगल'। वैष्णव भक्त कवि पदमैया ने इस अनुपम ग्रंथ को राजस्थानी-भाषा में रचा। विक्रम की सोलहवीं सदी में रचा यह काव्य राजस्थानी-लोक का कंठहार बन गया। इसे लोक-काव्य जैसी ख्याति प्राप्त हुई। यह श्रीकृष्ण और रुक्मिणी की प्रणय-गाथा है, इसलिए लोक ने इसे ब्यावलो (विवाहलो) का नाम दिया। षोडश संस्कारों में विवाह एक प्रमुख संस्कार है, किन्तु राजस्थानी लोक ने तो विवाह को इतने विस्तृत और वैविध्यमय भावों से सजाया है, जिसकी बानगी ब्यावलो काव्यों में ठौड़-ठौड़ देखने को मिलती है। ब्यावलो शिव-पार्वती का है, लोक-देवता रामदेवजी का भी है, तो पाबूजी की पड़ में भी विवाह के प्रसंग अत्यंत रम्य हैं। श्रीकृष्ण-रुक्मिणी के विवाह प्रसंग में शृंगार और भक्ति के मेल से मध्यकालीन कवि पृथ्वीराज राठौड़ ने 'वेलि क्रिसन-रुकमणी री' तथा भक्त कवि सायाँजी झूला ने 'रुकमणी हरण' की रचना की। दोनों ही कृतियाँ राजस्थानी काव्य-संसार के चर्चित ग्रंथ कहे जाते हैं।

राजस्थानी सद्गृहस्थों में एक मान्यता बनी कि घर में रुकमणी-मंगल का गायन करवाने से सदैव मंगल ही मंगल रहता है और जिस भाँति श्रीकृष्ण-प्रिया रुक्मिणीजी की सारी कामनाएँ फलवती हुईं- हमारी भी होंगी। यह भी मान्यता बनी कि इसे सुनने से अड़सठ-तीर्थों का पुण्य प्राप्त होता है। दूसरी तरफ, इसके अति लोकप्रिय होने के पीछे कवि पदमैया की लोक-शैली भी कारगर रही। सुंदर वर्णन लोक की निकटता स्थापित करते हैं, इसमें वर्णित रीति-रिवाज, वैवाहिक-परम्पराएँ, सब कुछ अपनी-सी प्रतीत होती हैं। रुक्मिणी की विदाई अपनी बेटी की विदाई प्रतीत होती है। कालजयी रुकमणी मंगल है तो भक्ति ग्रंथ, परन्तु राजस्थानी लोक संस्कृति का भी यह अपरिमित खजाना है। इसमें वर्णित रीतियाँ गीतों के रूप में उपस्थित हैं। पहरावणी, विदाई, बधावा तथा समधियों को गाई जानेवाली गालियाँ इसे रम्य बनाती हैं। रीति-रिवाजों का ऐसा लालित्यपूर्ण वर्णन शायद बहुत कम ग्रंथों में आया होगा। राजस्थानी भाषा की पकावट और समृद्धि को भी यह ग्रंथ सहज दर्शाता है।

मध्यकालीन हिन्दी-राजस्थानी भक्ति ग्रंथों के उद्धारक-अनुसंधित्सु श्रीब्रजेन्द्र सिंहल ने इस अनुपम ग्रंथ का सुष्ठु सम्पादन किया है। सम्पादन एवं पद्यों के भाषान्तर की कला में जिस उच्च कोटि की विद्वता की आवश्यकता होनी चाहिए, वह सवाए रूप में सिंहलजी में मौजूद है। उन्होंने इस ग्रंथ के एक-एक आयाम को खंगाला-टटोला है, संदर्भों से सजाया है। रुकमणी-मंगल पर पूर्व में काम तो हुआ है, पर इतना व्यवस्थित नहीं। डॉ० ब्रजेन्द्र सिंहल की खासियत है कि वे संपादेय ग्रंथ के किसी भी पक्ष को अनुद्घाटित नहीं छोड़ते। उनके

गहन और विस्तृत अध्ययन की छाप जगह-जगह दिखाई देती है। विवाहलो में राजस्थानी संस्कृति के वे तमाम पक्ष जो इसे लौकिक आदर्शों, संस्कारों तथा मानव-मूल्यों की कसौटी पर एक खरी कृति साबित करते हैं, संपादक का उन पर दृष्टि- निक्षेप अभिनंदनीय है।

सिंहलजी के उद्योग से हमें पता चलता है कि - बेशक कृष्ण और रुक्मिणी का सात्विक प्रेम भक्ति बनकर रसिकों के हृदय में वास करता है, परन्तु इसमें ज्ञान की बोझिलता नहीं है, इसलिए यह लोक-काव्य बन सका। यह ग्रंथ सहज भक्ति का अप्रतिम उदाहरण है। 'रुकमणी-मंगल' की रुक्मिनी की आतुरता भक्तिमती मीरां की याद दिलाती रहती है। ठीक मीरांबाई की तरह ही रुक्मिनी भी कहती है- 'माधोजी आयाँ ही काज सरै, साँवरा क्यूँ न लयी सुध मेरी।' रुक्मिनी और मीरां दोनों ही कृष्ण की उपासिका हैं और दोनों ही चाहती हैं कि - 'वर पाऊँ अविनासी'।

श्रद्धा और भक्ति का यह उत्कृष्ट ग्रंथ लोकानुरंजन के साथ प्रस्तुत होने से सामान्य-जन और विद्वत-समाज दोनों में समरूप समादृत हुआ।

—प्रो० (डॉ०) चेतन स्वामी
श्रीडूंगरगढ़ (बीकानेर), राजस्थान

विचार

साहित्य में पाठालोचन अथवा अनुसंधानात्मक आलोचना की जो समृद्ध परंपरा रही है, वह वर्तमान समय में क्षीण-सी होने लगी है; और ऐसी परिस्थिति में हम पुराने ग्रंथों की हस्तलिखित प्रतियों के मर्म तक पहुँचने में असफल हो रहे हैं। इसका परिणाम यह हो रहा है कि हम अपनी ज्ञान परंपरा के ऐतिहासिक एवं सांस्कृतिक विरासत से अनभिज्ञ होने लगे हैं। सांस्कृतिक संकट के इस दौर में श्रीब्रजेन्द्रकुमार ताराचंद सिंहल दिशा-बोधक उस अकेली जलती मशाल के समान दिखाई दे रहे हैं जिनकी ज्ञान-ज्योति से दिगंत आलोकित हो रहा है। विशेषकर संत-साहित्य की भारतीय परंपरा को उन्होंने अपने अध्ययन और पाठालोचन का केंद्र बनाया है। अपने सैकड़ों शोधालेखों में उन्होंने उन अनछुए पत्रों/प्रपत्रों एवं ग्रंथों की खोजबीन कर उसे प्रामाणिकता प्रदान करने का भगीरथ प्रयास किया है जो अब तक शोधागारों एवं पुस्तकालयों में किसी भगीरथ की खोज में वर्षों से प्रतीक्षारत थे। निश्चय ही पाठालोचन अनथक श्रम, अटूट धैर्य एवं दृढ़ संकल्प की मांग करते हैं। यही कारण है कि ज्ञानानुशासन के इस जोखिम भरे क्षेत्र में प्रवेश करने के पहले अनंत बार सोचना पड़ता है। हिंदी साहित्य जगत के लिए यह अत्यंत प्रसन्नता की बात है कि सिंहलजी पूरी दृढ़ता के साथ अपनी साधना में अहर्निश लगे हुए हैं।

डेढ़ सौ के लगभग उनके शोधग्रंथ प्रकाशित हो चुके हैं। सैकड़ों भोजपत्रों एवं तालपत्रों का अध्ययन कर उसे प्रामाणिक रूप देने में वे निरंतर सन्नद्ध हैं। 'मीरांबाई' की प्रामाणिक जीवनी एवं उनकी रचनाओं' का मूलपाठ प्रस्तुत कर उन्होंने एक नया कीर्तिमान स्थापित किया है। वे जो भी बात कहते हैं, उसमें औचित्य, विवेक और न्याय का पूरा समावेश होता है। दादू, हरदास, गरीबदास, साधुराम, दरियाव साहब, रैदास, ब्रह्मदास, बाबा शेख फरीद, रज्जब, नरसी मेहता आदि संतों की रचनाओं का मौलिक पाठ प्रस्तुत करते हुए उन्होंने भारतीय ज्ञान परंपरा की गरिमा को सुरक्षित करने का महत्वपूर्ण कार्य किया है।

प्रस्तुत ग्रंथ 'कृष्ण-रुक्मिणी-विवाहलो' का पर्यालोचन करते हुए उन्होंने ग्रंथकार 'पदम' के विभिन्न नामों का उल्लेख करते हुए उनकी प्रामाणिकता पर गहराई से विचार किया है। लिखित होने पर भी इस ग्रन्थ की कथावस्तु राजस्थान में लोक गाथा के रूप में प्रचलित है। यद्यपि रुक्मिणी विदर्भ के राजा भीष्मक की बेटी थीं तथापि उनके विवाह की कथा लोक में इतनी प्रचलित है कि मध्य भारत से लेकर पूर्वोत्तर और पश्चिमोत्तर भारत में यह कथा बहुत लोकप्रिय है। आश्चर्य की बात यह है कि श्रीमद्भागवत महापुराण में यह कथा जिस रूप में प्रस्तुत की गई है, लोक-कंठ में भी वह उसी रूप में विराजमान है। प्रस्तुत ग्रंथ में 75 पृष्ठों की भूमिका लिख कर सिंहलजी ने इस ग्रंथ की प्रामाणिकता

से संबंधित अनेक सवाल खड़े किये हैं और उनके प्रामाणिक समाधान भी प्रस्तुत किए हैं। साथ में मूल पाठ भी है जिससे इस ग्रंथ की उपयोगिता और बढ़ जाती है।

आशा ही नहीं, मुझे दृढ़ विश्वास है कि उनके अन्य ग्रंथों के समान इस ग्रंथ के द्वारा भी ज्ञान के नए गवाक्ष खुलेंगे और पाठ के मूल मर्म तक पहुँचने में सहायता मिलेगी।

—प्रो० (डॉ०) हरेराम पाठक
पूर्व प्रोफेसर एवं हिंदी विभागाध्यक्ष
डिब्रूगढ़ विश्वविद्यालय, असम

अनुक्रम

कृष्ण-रुक्मिणी-विवाहलो : पर्यालोचन

1. उपोद्घात

विक्रम-सम्वत् 2055-56 में टालनपुर (नागौर) के प्रसिद्ध निर्गुणी-संत सुखसारणजी कृत 'नाम-प्रतीत-भगत-माला' का सानुवाद सम्पादन कर प्रकाशन करवाया। उन दिनों 'राजस्थानी-शोध-संस्थान', चौपासनी एवं 'राजस्थान-प्राच्यविद्या-प्रतिष्ठान' सहित 'मानसिंह-पुस्तक-प्रकाश' जोधपुर में बार-बार जाना-आना हुआ।

अवसर का लाभ उठाते हुए उस समय कई महत्त्वपूर्ण ग्रंथों की छाया-प्रतियाँ उक्त संस्थानों से प्राप्त कीं जिनमें से गुजराती-भाषा के आदिकवि भक्तप्रवर नरसी मेहता से सम्बद्ध ग्रंथों व उनकी हिन्दी-भाषी रचनाओं का शोधपूर्ण भूमिका सहित डॉ० महेन्द्रसिंहजी नगर, तत्कालीन निदेशक : मानसिंह पुस्तक-प्रकाश के आग्रह पर सम्पादन किया जिसका प्रकाशन भी उक्त संस्थान के द्वारा ही करवाया गया।

वस्तुतः डॉ० नगर की उक्त 'नरसीजी रो माहेरो' ग्रंथ में रुचि इसलिये थी कि इसके साथ भक्तिमती मीरांबाई का नाम भी जुड़ा हुआ है और वे उस राठौड़ कुल, जिस कुल की पुत्री स्वयं मीरांबाई थीं के द्वारा संचालित शोध संस्थान के निदेशक थे। दूसरे, ये सभी रचनाएँ राजस्थानी-भाषा में निबद्ध हैं और उक्त संस्थान राजस्थानी-भाषा के उन्नयन के लिये हर क्षण सन्नद्ध रहती है।

चूँकि उस समय मैं स्वयं भी भक्तिमती मीरांबाई पर कार्य कर रहा था, अतः इस कार्य को करने में मेरी रुचि स्वभावतः उनसे भी अधिक थी। अतः मैंने दोनों ही प्रकल्पों पर साथ-साथ कार्य किया और मेरी मीरांबाई पर पुस्तक 'मीरांबाईः प्रामाणिक जीवनी एवं मूल पदावली' सन् 2008 में प्रकाशित हो गई। 'नरसीजी रो माहेरो' सन् 2011 में प्रकाशित हुआ।

उक्त कालखण्ड में ही 'रुक्मिणी-मंगल' की भी दो हस्तलेखों की छाया-प्रतियाँ ली गईं जिन पर काम करने का अवसर लगभग 23 वर्षों तक नहीं मिला। वस्तुतः इन हस्तलेखों में मूल-पाठ न होकर, परिवर्द्धित पाठ था जिसको प्रायः 'शिवकरण-दरक का पाठ' कहा जाता है। मैं चाहता था कि कहीं से मुझे पदम तेली का मूल-पाठ मिल जाय जिसका सानुवाद सम्पादन कर लोक प्रचलित शिवकरणी-पाठ भी उसके साथ प्रस्तुत कर दूँ, जैसा कि मैंने 'नरसीजी रो माहेरो' ग्रंथ में किया है। ऐसा नहीं है कि इन वर्षों में मैंने केवल उक्त ग्रंथ का मूल-पाठ ही ढूंढा व अन्य और कोई लेखन कार्य नहीं किया। वस्तुतः इस काल-खण्ड में लगभग 70-75 ग्रंथों का लेखन-सम्पादन किया, उनका प्रकाशन करवाया और रुक्मिणी-मंगल की 'मूल-पाठ-प्रति' की भी खोज करता रहा। सन् 2020 में

साहित्यिक मित्रों से मालूम हुआ कि वि० सं० 1669 के हस्तलेख में लिखित रुक्मिणी-मंगल का पाठ श्रीअगरचन्द नाहटा ने संपादित कर बिसाऊ से प्रकाशित होने वाली 'वरदा पत्रिका' के वर्ष 3, अंक 2 में 28 पृष्ठों में प्रकाशित करवाया है। 'वरदा' के सम्पादक डॉ० उदयवीर शर्माजी से कई बार संपर्क किया किन्तु वे अपनी वयाधिक्य के कारण पुराने अंकों को ढूंढ नहीं सके। तत्पश्चात् उक्त 'वरदा' पत्रिका की प्रकाशक संस्था के मंत्री महोदय श्रीरामजीलालजी से संपर्क किया और लगभग 8-9 महीने के अनवरत् आग्रह के फलस्वरूप नवम्बर 2020 में उक्त 28 पृष्ठों की सामग्री 250 रुपये का मनीआर्डर भेजने से मिल गई। बहुत-बहुत आभार!

'जनजातीय लोककला एवं बोली विकास अकादमी', भोपाल से मेरी कई पुस्तकें प्रकाशित हुई हैं। यह अकादमी लोक-साहित्य के प्रकाशन के लिये प्रतिबद्ध है। सन् 2022 व 2023 में तीन-चार बार सेमिनरों में भोपाल जाना हुआ, वहाँ के प्रकाशनाधिकारी से चर्चा हुई। तब विचार किया कि पदम तेली कृत 'कृष्ण-रुक्मिणी-विवाहलो' का भी संपादन किया जाए।

चूँकि मेरे पास मूल-पाठ व विवर्द्धित-पाठ दोनों ही उपलब्ध हो गये थे, अतः सन् 2023 में वि० सं० 1669 के मूल-पाठ का वि० सं० 1819 में लिखित पाठ के पाठांतरों के साथ सानुवाद सम्पादन तैयार कर लिया। दो-चार ऐसे स्थल भी थे जिनके अर्थ तो मैंने कर लिये किन्तु उनकी उपयुक्तता के प्रति मैं पूर्णतः आश्वस्त नहीं था।

अतः श्रीडूंगरगढ़ (बीकानेर) के डॉ० चेतन स्वामीजी व चित्तौड़गढ़ के प्रो० शिवजी मृदुल को मेरा सम्पादित व अनूदित ग्रंथ भेज दिया। दोनों ही विद्वानों ने पूरे अनुवाद का पुनरीक्षण कर अपने-अपने सुझाव/सुधार भेज दिये। मैंने दोनों ही महानुभावों के सुधारों व सुझावों पर गंभीरतापूर्वक विचार करके जहाँ-जहाँ आवश्यक लगा, वहाँ-वहाँ उनको सम्मिलित कर लिया। दोनों के प्रति हार्दिक आभार!

एक-दो स्थल फिर भी ऐसे रह गये जिनका अर्थ संतुष्टिप्रद नहीं लग रहा था। ऐसे एकाध स्थलों के अर्थ निर्धारण में पद्मश्री-सम्मान प्राप्त डॉ० चन्द्रप्रकाशजी देवल, अजमेर व प्रो० गोविन्दशंकर शर्मा, जयपुर से सहयोग लिया और दोनों ही महानुभावों ने फोन पर अर्थ सुझाने में सहयोग दिया। दोनों के प्रति आभार!

मार्च, 2024 में पुनः प्रेस कॉपी तैयार की और प्रचलित 'शिवकरणी-पाठ' तैयार करके सामग्री को कम्पोज करने को भेज दी।

भूमिका का काम फिर भी विलंबित हुआ पड़ा रहा। अब जून 2024 में पुनः भूमिका लेखन का कार्य प्रारम्भ किया है। अस्तु!

2. आधारभूत सामग्री-पाठ के हस्तलिखित स्त्रोतों का विवरण

2.(1) वि० सं० 1669 का पाठ : जैसा पूर्व में उपोद्घात शीर्षक में लिखा गया है, पदम तेली कृत संभवतः इसी हस्तलेख में उपलब्ध हुआ पाठ ही मूल के सर्वाधिक

नजदीकी पाठ है क्योंकि विश्नोई तीन हस्तलेखों में भी इसी परम्परा का पाठ मिला है। लेखकीय प्रमादवश इसकी तुलना में विश्नोई पाठों में पाठान्तर अवश्य हैं किन्तु कथावस्तु में कोई अंतर नहीं है। यह मूल हस्तेलख 'अभय जैन ग्रंथालय', नाहटों का गुवाड़, बीकानेर में है और इसी के आधार पर प्रसिद्ध पाठालोचन-मनीषी श्रीअगरचंद नाहटा ने पाठ का सम्पादन कर बिसाऊ से प्रकाशित होने वाली 'वरदा' पत्रिका के वर्ष 3, अंक दो में प्रकाशित कराया है। मैंने इस 'वरदा' में छपे पाठ को मूल-पाठ मान कर इसी के आधार पर अनुवाद किया है तथा अपने अध्ययन को भी इसी के आधार पर प्रस्तुत किया है। उक्त प्रकाशित पाठ के अंत में लेखन-काल, लेखक व लेखन-स्थान का उल्लेख निम्न प्रकार प्रकाशित हुआ है—

"इति श्रीपदम कृत वीवाहलो संपूर्ण समाप्त॥ सम्वत् 1669 वर्खे फागुण वदि 10 दिने लिखतं फूलखेड़ा मध्ये। राज्य श्रीरामचन्द्रजी राज्ये लिखतं रामा॥ शुभम्॥"

अर्थात् 'रामा' नामक लिपिकार ने 'फूलखेड़ा' नामक गाँव में जहाँ रामचन्द्रजी का राज्य-शासन था, फाल्गुन वदि 10, वि० सं० 1669 को 'विवाहलो' लिखकर पूर्ण किया। श्रीनाहटा ने 33 तेतीस कड़वकों (कड़ियों) में 270 छंद (दो पंक्ति को एक छंद मानकर) प्रकाशित कराए हैं किन्तु या तो प्रूफ-संशोधन की भूल से या पाठ का संपादन करते समय नाहटाजी से ही कई स्थानों पर कड़वकों के क्रमांक लगने से छूट गये हैं जिनकी मैंने प्रसंगानुसार पूर्ति की है। मुझे इसी परम्परा के तीन पाठ विश्नोई हस्तलेखों में मिले हैं जिनमें से वि० सं० 1819 के पाठ में तो कड़वकों के क्रमांक हैं ही नहीं किन्तु वि० सं० 1881 के दोनों पाठों में कड़वक-क्रमांक हैं और वे संख्या में पूरे 33 हैं जबकि इनमें छंद अपेक्षाकृत कम हैं।

पदम तेली ने ग्रंथ को मुख्यत: राग मारू में लिखा है किन्तु अन्यान्य रागों का प्रयोग भी किया गया है। रागानुसार विवरण उपलब्ध कराने के पूर्व यह बता देना भी आवश्यक है कि जिस प्रकार कड़वक क्रमांक लगाने की गड़बड़ी प्रकाशित पाठ में दृष्टिगोचर होती है, उसी प्रकार छंद क्रमांक लगाने में भी गड़बड़ी हुई है। मैंने क्रमांक लगाने में एकरूपता बरतते हुए कुल 275 छंद निर्धारित किये हैं जबकि पाठ यथारूप यों का यों ही स्वीकार किया है। अत: नीचे रागानुसार विवरण का कुल योग 275 छंद ही पाठकों को पढ़ने को मिलेगा।

मारू अथवा मारवणी 109; रामगिरी 5; सोरठ 7; केदार 26; देवसाष 8; बेलाऊँली 19; सिंधुड़उ 48; धनासी तथा धवल धनासी 50; बधावा 3; कुल 275।

विश्नोई हस्तलेखों में कुछ रागों के नाम भिन्न हैं। उदाहरणार्थ मूल-पाठ में जिस पद को 'धवल धनासी' राग का पद माना गया है उसको विश्नोई पाठ में भिन्न राग का पद माना गया है। जिनको हस्तलेखों को पढ़ने व संपादित करने का अनुभव है, वे जानते हैं, यहाँ जैसे आलोच्य खंड-काव्य में ग्रंथ के भीतर अवान्तर शीर्षक नहीं होते। इस ग्रंथ में भी उपशीर्षक नहीं हैं। संभवत: प्रकाशित पाठ में शीर्षक या तो श्रीनाहटाजी ने लगाए

होंगे या 'वरदा' के तत्कालीन प्रधान सम्पादक डॉ० मनोहरजी शर्मा ने लगाए होंगे। तब ही उन शीर्षकों को कोष्ठकों में घेरकर प्रकाशित किया गया है। यदि वे मूल-पाठ के हिस्से होते तो उन्हें कदापि कोष्ठकों में प्रस्तुत न किया गया होता। विश्नोई-हस्तलेखों में भी दो स्थानों के अलावा उपशीर्षक नहीं हैं। प्रस्तुत पाठ में कुल 25 शीर्षक हैं जिनकी नामावली निम्न प्रकार है:

1. श्रीगणेश-वंदना, 2. सरस्वती-वंदना, 3. विवाह-प्रस्ताव, 4. शिशुपाल को लग्नपत्र भेजना, 5. शिशुपाल की बारात, 6. शिशुपाल का आगमन, 7. श्रीकृष्ण को संदेश, 8. ब्राह्मण की यात्रा, 9. श्रीकृष्ण की बारात, 10. श्रीकृष्ण का आगमन, 11. रुक्मिणी का शृंगार, 12. अम्बिका-पूजन, 13. रुक्मिणी की पुकार, 14. रुक्मिणी-हरण, 15. युद्ध, 16. जरा का आगमन, 17. रुक्मी-बंधन, 18. मण्डप, 19. विवाह, 20. पहरावणी, 21. विदाई, 22. द्वारका-आगमन, 23. माहात्म्य, 24. बधावा गीत, 25. गाली।

उक्त उपशीर्षकों को पढ़कर एक बात पाठकों के ध्यान में अवश्य आनी चाहिए कि 'मूल-पाठ-प्रति' में 'गाली' शीर्षक की सामग्री बिल्कुल अंत में 25वें क्रमांक में आई है जबकि यह 'विदाई' शीर्षक के पहले आनी चाहिए। प्रायः वरमाला अथवा सप्तपदी के उपरान्त जब ब्याई-सगे भोजन करते हैं, तब वधु-पक्ष की स्त्रियाँ वर-पक्ष के पुरुषों के लिये गालियाँ गाती हैं। विदाई के कुछ समय पूर्व जब पहरावणी होती है, तब भी गाली गाने का प्रचलन रहा है। अतः गाली शीर्षक की सामग्री 'विदाई' के पूर्व आनी चाहिए। विश्नोई हस्तलेखों में गाली शीर्षक की सामग्री 'विदाई' के पूर्व में ही आई है जिसको पाठक छंदों के क्रमांकों से जान सकते हैं।

'मूल-पाठ-प्रति' में पाठ की क्रमिकता व 'विश्नोई पाठ-प्रति' की क्रमिकता में कई स्थानों पर अन्तर हैं जिनको पाठक छंदांकों के आधार पर लक्षित कर सकेंगे। चूँकि मूल-प्रति का पाठ अपेक्षाकृत शुद्ध व प्राचीनतम है; अतः मैंने इस प्राचीनतम पाठ को मूल में देकर विश्नोई-पाठ को पाठांतर में दिया है जिससे पाठक व विद्वान् दोनों परम्पराओं के पाठ का तुलनात्मक अध्ययन भी कर सकेंगे।

मूल-पाठ-प्रति में रचना का नाम दो स्थानों पर 'विष्णु तणो वीवाहलो' (छंदांक 1) व 'विष्ण तणउँ वीवाह बखाण्यो' (छंदांक 269) अर्थात् 'विष्ण तणो विवाहलो' आया है। तणा का 'का' या 'रा' अर्थ सम्बन्ध वाचक विभक्ति होता है। इस सम्बन्ध में विशेष विवेचन आगे करेंगे।

2. (2) वि० सं० 1819 का श्रीपरमानन्द बणिहाल द्वारा लिखित हस्तलेख : जांभाणी साहित्य-अकादमी, बीकानेर के पास परमानंद बणिहाल द्वारा लिखित वि० सं० 1818-1819 का एक पोथा, जो मूलतः आदमगढ़ मंडी के स्वर्गीय सन्त विवेकानन्दजी के स्वामित्व का है और वर्तमान में हिसार मंदिर की सम्पत्ति है की स्कैन्डकॉपी उपलब्ध है। इसको संभवतः अभी तक कोई ग्रंथांक आवंटित नहीं किया गया है। इसमें कुल 383 फोलियो हैं। 'ब्याहलो श्रीकिसनजी कौ' इसमें फोलियो क्रमांक '232 ब' से प्रारम्भ होकर '243 अ' पर समाप्त होता है।

इसका प्रारम्भ "विसनजी सत सही लिखतु ब्याहलौ श्रीकिसनजी कौ" से होता है और अंत " ॥252॥ एती श्रीकिसनजी को विवाहलौ सपुरण समाप्त लीखतु परमाणंद वचणारथु मोहणजी का चेला महराजजी सं० 1819॥" होता है।

एक पृष्ठ में 32 पंक्तियाँ व प्रति-पंक्ति औसतन 25-26 शब्द हैं। लिखावट पढ़ने व समझने में आती है। यह लिपिकार, अन्य विश्नोई लिपिकारों से अधिक कुशल या ठीक-ठाक है किन्तु यह लिपिकार लिखता अशुद्ध है। यह लिपिकार आधार-प्रति के पाठ को भी तोड़-मरोड़कर लिखने का अभ्यस्त है। इसको जो शब्द जैसा लिखना आता है, प्रायः यह उस शब्द को वैसा ही लिखता है, चाहे मूल हस्तलेख में वह शब्द किसी और प्रकार से ही क्यों न लिखा गया हो। इतना होने पर भी, शब्दों के रूपों को लिखते समय, उनका एक रूप में पूरे हस्तलेख में मिलना असंभव है। जैसे ऊपर ग्रंथ के आदि व अंत के उद्धरणों में ही प्रारम्भ में 'ब्याहलौ' लिखा है जबकि अंत में 'विवाहलौ' लिखा है।

लिपिकार ने आलोच्य ग्रंथ के अंत में 252 छंद होने की सूचना अंकित की है किन्तु लिखते समय सही क्रमांक लगाने पर कुल छंद संख्या 264 मिली है।

इस लिपिकार ने कड़वकों के क्रमांक नहीं लगाए हैं। जांभाणी साहित्य-अकादमी, बीकानेर में ग्रंथांक 206 व 208 में भी यह ग्रंथ लिपिबद्ध मिलता है। इन दोनों का लिपिकाल वि० सं० 1881 है और इनकी पुष्पिकाएँ निम्न प्रकार मिलती हैं।

2. (3) ग्रंथांक 206 : " ॥33॥ ब्यावलौ किसनजी रो संपूरण॥1॥ समत् 1881 वीरषे मीती स्वाण सूद 1 वार मंगल॥ दसकत थापन तेज मोटावत रा छै॥"

इसमें कुल 60 पृष्ठ व 30 फोलियो हैं। प्रति पृष्ठ 10 पंक्ति तथा प्रति पंक्ति औसतन 15 अक्षर हैं। शुरू-शुरू में लिपि अच्छी है किन्तु आगे चलकर कई पृष्ठों पर स्याही ढुली हुई है। कहीं-कहीं पाठ में अत्यधिक अस्पष्टता है। वर्तनियों व शब्द-रूपों की भयंकर भूलें हैं।

इस लिपिकार ने रागों का नाम नहीं देकर, पदों की कड़ियों को चौपाई लिखा है और कड़वक बदलते समय अंतिम कड़ी को दोहा लिखकर कड़वक बनाया है।

2. (4) ग्रंथांक 208 के अंत में पुष्पिका इस प्रकार मिलती है " ॥33॥ **ब्यावलो कीसनजी रो सेपुरण 1881 वीरषे मीती आसाड सूद छ वार सनीसरवार दसकत थापन वेसता रा सुत बैट मोटा रा जात वीणीवल॥**" इसमें कुल 32 पृष्ठ, 16 फोलियो हैं। प्रति पृष्ठ कहीं 12, कहीं 13, कहीं 14 व कहीं 15 तथा 16 पंक्तियाँ भी हैं। अक्षर भी अनियमित हैं। कहीं 18, कहीं 20, कहीं 19, कहीं 21 हैं। अक्षर हैं तो पठनीय किन्तु लिखे इतने अशुद्ध गये हैं कि इन दोनों ही 206 व 208 ग्रंथों के पाठ के आधार पर ग्रंथ का पाठ सम्पादन करना संभव नहीं है। विराम कहीं लगा रखे हैं, कहीं नहीं। छंद या पंक्तियों का निर्धारण करना बड़ा ही टेढा काम है। इनके आधार पर संपादित पाठ में कुल 245 छंद हैं। यह परमानंदजी के पाठ से भी छोटा है। इस लिपिकार ने भी चौपाई व दोहा लिखकर ही कड़वक बनाए हैं। रागों का निर्देश कहीं नहीं है।

पाठालोचन–विज्ञान के अनुसार एक प्रति का पाठ मूल में देकर शेष से पाठान्तर देने की पद्धति है किन्तु मैंने ऐसा न करके, पूरा का पूरा पाठ ही उपलब्ध करवाया है। पाठान्तर संग्रहित करने में जितनी जगह लगती, उससे कम जगह में यह पाठ आ गया है और जो पाठ को पूरा पढ़ना चाहेगा, वह आसानी से पूरा पाठ भी पढ़ सकेगा।

अनुवाद मूल–पाठ वि० सं० 1669 के अनुसार दिया गया है।

3. आधारभूत सामग्री-पाठ के प्रकाशित स्रोतों का विवरण

जैसा पूर्व में लिखा गया है, पदम तेली का 'कृष्ण–रुक्मिणी–विवाहलो' ग्रन्थ राजस्थान में इतना अधिक प्रसिद्ध रहा है कि इसका गायन प्रभूततः होता रहा है। मूलतः यह ग्रंथ गायन और श्रवण के लिये ही लिखा गया होगा, ऐसा लगता है। स्वयं पदम तेली भी कुशल गायक रहा होगा, जो इसका गायन करता होगा और इस कारण इसको गाने की एक समृद्ध परम्परा बन गई।

लोक–साहित्य के अध्येता इस बात को अच्छी तरह जानते हैं कि जब एक बार कोई रचना लोक के हाथ में पहुँच जाती है, तब उसमें त्वरित गति से परिवर्तन, परिवर्द्धन होना प्रारम्भ हो जाता है। भाषा, भाव, कथानक आदि पर, प्रचलित समय व परिस्थितियों का प्रभाव पड़ने लग जाता है।

पदम कृत इस 'विवाहलो' के साथ भी ऐसा ही हुआ। जब से यह गायकों के हाथों में आया, तब से इसमें निरन्तर भाषा, विषयवस्तु व कलेवर के परिवर्तन होते चले गये। ये परिवर्तन, परिवर्द्धन कब से प्रारम्भ हुए, कहना मुश्किल है किन्तु अंतिम परिवर्तन, परिवर्द्धन वि० सं० 1984 में राजगढ (अलवर) के पंडित रुलिराम पुजारी ने किये। तत्पश्चात् यह एक ही रूप में प्रकाशित होकर गाया जाता रहा है।

पंडित रुलिराम पुजारी के पूर्व सर्वाधिक महत्त्वपूर्ण और आमूलचूल परिवर्तन, परिवर्द्धन मूंडवा (नागौर) के रहने वाले माहेश्वरी वैश्य शिवकरण रामरतन दरक, तत्कालीन निवासी इन्दौर ने किये। शिवकरणजी दरक प्रसिद्ध संत श्रीसुखसारणजी के सत्संगी, शिष्य थे और इन्होंने 'नरसीजी रो माहेरो' को भी इसी प्रकार परिवर्तित, परवर्द्धित किया था और मूलतः छोटे से माहेरे को काफी विस्तारयुक्त, सुश्रृंखलाबद्ध एवं राग–रागनियों में इस प्रकार निबद्ध किया कि आज भी इनका पाठ ही गायकों का कंठहार बना हुआ है। (देखें: 'नरसीजी रो माहेरो', सम्पादक: ब्रजेन्द्रकुमार सिंहल, प्रकाशक–राजस्थानी–ग्रंथागार, जोधपुर, सन् 2011, श्रीदरक ने यह माहेरा वि०सं० 1930 में सुश्रृंखलाबद्ध कर परिवर्द्धित किया था।) हो सकता है, इसी समय के आसपास उक्त पदम तेली का 'विवाहलो' भी इनके द्वारा परिवर्द्धित किया गया हो। हमारे पास वि० सं० 1930 के आसपास का कोई न हस्तलेख है और न प्रकाशित पाठ है।

श्रीअगरचन्द नाहटा ने जब पदम तेली का वि० सं० 1669 में लिखित पाठ 'वरदा' में प्रकाशित करवाया, तब उनके पास उक्त 'शिवकरणी–पाठ' वि० सं० 1961 का उपलब्ध

था। उसके पश्चात् सं० 1984 में पं० रुलिराम पुजारी ने छापे की अशुद्धियों आदि को सुधार कर वैंकटेश्वर प्रेस से परिवर्द्धित संस्करण छपवाया, जिसमें रुक्मिणीजी की बारामासी भी स्वयं के द्वारा निर्मित जोड़ दी।

मेरे पास इन प्रकाशित पुस्तकों के तीन पाठ हैं जिनके आधार पर शिवकरणी-पाठ को यहाँ प्रस्तुत किया जा रहा है।

(3). 1. ईश्वरलाल बुकसेलर, जयपुर का संस्करण : यह संस्करण किस सन् में प्रकाशित हुआ, की कोई सूचना पुस्तक में नहीं है। पुस्तकांत में प्रिंटर का नाम 'दी प्रिण्टर्स एंड पब्लिशर्स लिमिटेड, जयपुर' दे रखा है, इससे लगता है कि यह ईश्वरलाल बुकसेलर, जयपुर ने वैंकटेश्वर प्रेस वाले पाठ को जयपुर में छपवाया क्योंकि इसी पृष्ठ पर स्वयं के यहाँ से प्राप्य इसी प्रकार की लोकाख्यानों की पुस्तकों की सूची भी प्रकाशित कर रखी है और प्राप्ति-स्थल-ईश्वरलाल बुकसेलर, जयपुर, दे रखा है। यह पुस्तक मुझे मेरी माताजी के पास से मिली है। मेरी माँ श्रीमद्भागवत, श्रीमद्भगवद्गीता, रामचरितमानस व अन्यान्य अनेक संस्कृत स्तोत्रों की नियमित पाठिका थीं और इन धार्मिक आख्यानों को भी पूर्ण श्रद्धापूर्वक कभी-कभी सुमधुर स्वर में गाकर सुनाया करती थीं। इस पुस्तक के पृष्ठों के पीलेपन से यह संस्करण कम से कम सत्तर-अस्सी वर्ष पुराना अवश्य लगता है। इसमें कुल 316 पृष्ठ हैं। सर्वप्रथम मैंने इसी पुस्तक के आधार पर 'शिवकरणी-पाठ' लिखना प्रारम्भ किया किन्तु कुछ ही पृष्ठों के बाद पाठ में अशुद्धियाँ मिलने लगीं, भ्रष्ट पाठ के कारण अर्थानुसंगति बैठा पाना असंभव होने लगा। संयोगवश वि० सं० 1984 में प्रकाशित 'श्यामकाशी प्रेस, मथुरा' का संस्करण मिल गया। दोनों पाठों को मिलाकर पाठ लिखने का कार्य 29 मार्च 2024 ई० को प्रारम्भ कर 17.04.2024 ई० को पूर्ण किया। इस शिवकरणी-संस्करण में कुल छंद संख्या 2090 हैं। रागानुसार विवरण इस प्रकार है—

दोहा 274, राग मारू 969, छंद 57, वार्ता 01, राग आसावरी 15, राग सोरठ 203, राग हवाकी 04, राग सोरठ की लूर 19, राग सोरठ देस 1, राग होरी 10, राग दंडक 28, राग झंझोटी 05, राग सोरठ मल्हार 06, राग खट 18, राग खंभायची 09, राग काफी ठुमरी 13, राग विहाग 17, राग केदार 10, राग जैजैवंती 05, राग लावणी 55, राग कालिंगड़ौ 34, राग बरवै की गाली 22, राग वसंत 03, राग ठुमरी 19, छंद छप्पय 36, राग ललित 03, राग सोरठ को कैरवौ 05, राग मल्हार 05, राग सोरठ की ठुमरी 10, राग धमाल 05, राग जंगलौ 17, राग चरचरी 12, राग बरवै की ठुमरी 12, राग धनाश्री 16, छंद रेखता 34, राग देस 08, राग बरवै 12, राग कालिंगड़ौ को कैरवौ 16, राग भैरव की काफी 03, राग सोरठ का रेखता 03, राग आसावरी ठुमरी 05, राग काफी आसावरी 03, राग मांड 13, राग कैरवा की काफी 02, राग कालिंगड़ा की ठुमरी 15, राग काफी की होरी 05, राग सिंधु 01, राग सोरठ की काफी 13, राग कल्याण की ठुमरी 10, राग परज को कैरवौ 03, राग परज 03, राग काफी 03, राग कैरवौ 07। कुल राग 53, कुल छंद 2090

कहने को यह प्रकाशित संस्करण है किन्तु है हस्तलेखों जैसा ही क्योंकि पूरी की पूरी पंक्ति का, एक ही शिरोरेखा से सिर बाँध रखा है। पदच्छेद एवं पदान्वय वैसे ही करने पड़े हैं जैसे हस्तलेख से पाठ सम्पादन करते समय करने पड़ते हैं। प्रति पृष्ठ 11 पंक्तियाँ व प्रति पंक्ति औसतन 23 से 25 शब्द हैं। कुल पृष्ठ 316 हैं। 11×24×316/32 करने से श्लोकांक लगभग 2607 निकलते हैं।

3. (2) श्याम काशी प्रेस का संस्करण : इसमें रचनाकार को 'पं० पद्मदास' लिखा गया है। ग्रंथ का नाम 'रुक्मिणी–मंगल बडा' लिखा गया है। प्रकाशक 'लाला श्यामलाल हीरालाल, श्याम काशी प्रेस, मथुरा' है। प्रारम्भ में बारह पृष्ठों में चित्र हैं जिन्हें हम 'रेखाचित्र' कह सकते हैं। कवर पृष्ठ पर रथ हाँकते हुए श्रीकृष्ण दिख रहे हैं।

अंतिम पृष्ठ 309 पर शिवकरण दरक के संस्करण को भी संशोधित करने वाले राजगढ के पंडित रुलिरामजी की निम्न टिप्पणी है **"इति रुक्मिणी–मंगल बड़ा विवाहोत्सव कृत महामंगल रुलिराम ब्राह्मण राजगढ़ वाले द्वारा संशोधित समाप्तम्"**।

ना तो कछु विद्वान मैं, कविता को न विचार।
जैसी मेरी बुद्धि थी, तैसो दियो सुधार॥ 1॥
इस पृथ्वी पर हैं घने, बडे बडे विद्वान।
भूल भई सो बकसियो, मुझको मूरख जान॥ 2॥
दिल्ली सौं पश्चिम तरफ, राजगढ है गाम।
जाती ब्राह्मण गौड है, रुलीराम है नाम॥ 3॥
शुभं भवतु संवत् 1984॥"

इस पुष्पिका से यह संज्ञान में आता है कि शिवकरण दरक द्वारा संशोधित संस्करण भी छपते–छपते, मुद्रकों व प्रकाशकों की असावधानी के कारण इतना अधिक भ्रष्ट हो गया था कि उसका संशोधन पं० रुलिरामजी को करना पड़ा।

'वरदा' में मूल 'विवाहलो' प्रकाशित करते समय अगरचन्दजी नाहटा ने वि० सं० 1961 में वैंकटेश्वर प्रेस से प्रकाशित संस्करण से पाठ मिलाया था। वह कौनसा संस्करण था, उन्होंने नहीं लिखा।

जब मैंने 'नरसीजी रो माहेरो' का संपादन किया था, तब मैंने पाया कि श्रीशिवकरण दरक ने रतना खाती के संस्करण में वि० सं० 1930 में संशोधन किये थे। अत: हो सकता है, इस रुक्मिणी–मंगल में भी इसी समय के आसपास संशोधन किये होंगे। यदि हम लगभग वि० सं० 1930 के आसपास दरकजी द्वारा संशोधन करना मान लें तो 50–55 वर्ष में छापे की भूलों का हो जाना तथा पं० रुलिरामजी द्वारा संशोधन होना युक्तिसंगत जान पड़ता है। उस जमाने में 'गायक' इन काव्यों को खूब गाते थे और धर्म–प्राण जनता इनको श्रद्धापूर्वक, रुचिपूर्वक सुना करती थी। अत: इन 50–55 वर्षों में 5–6 संस्करणों का प्रकाशित हो जाना असंभव नहीं। प्रेसों के पास प्रूफ–संशोधन करने वाले नहीं होते थे। अत: जैसा कंपोजीटर कंपोज कर देते थे, वैसा ही छपा करता था। भूलें होना स्वाभाविक था।

इस संस्करण में भी शिरोरेखाएँ पूरी की पूरी पंक्ति की एक-एक ही बाँध रखी हैं। अतः यह भी हस्तलेख जैसा ही पाठ है जिसमें पदच्छेद व पदान्वय की आवश्यकता रही है। प्रति पृष्ठ 11 पंक्तियाँ व प्रति पंक्ति 24-25 अक्षर हैं। श्लोकांक निकालने के लिए 309×11×24/32 करने पर अनुष्टुप श्लोक 2550 आते हैं। प्रतिदर्श प्रणाली में सौ प्रतिशत शुद्धता नहीं आती। मात्र अनुमान लगता है। अतः यहाँ भी हम लगभग 2600 अनुष्टुप श्लोकांक ही मान सकते हैं।

पाठ मिलाते समय इस प्रति का पाठ अधिकांशतः ठीक मिला किन्तु पाठ की भ्रष्टता इसमें भी है। जहाँ इसमें पाठ भ्रष्ट मिला, वहाँ प्रायः ईश्वरलाल बुकसेलर के संस्करण का पाठ ठीक मिला है। कई स्थानों पर मिले भ्रष्ट पाठ से ऐसा अनुमान होता है कि यह सं० 1984 का मूल-पाठ नहीं है। यह उसके आधार पर छापा गया परवर्ती पाठ है जिस कारण प्रेस के भूत ने इसमें भी कमाल दिखाया है।

पाठ दोनों में समान अर्थात् संख्या में एक जैसा मिला है। कहीं कोई शब्द या कहीं कोई अक्षर छूटे मिले हों तो मिले हों, अन्यथा पंक्तियाँ समान मिली हैं।

मात्र विक्रम-सम्वत 1991 के संस्करण में एक स्थान पर दो पंक्तियाँ अतिरिक्त मिली हैं जिस कारण एक छन्द की बढोतरी हुई है। वि० सं० 1991 के पाठ की चर्चा आगे की जा रही है।

3. (3) वि० सं० 1991 का वैंकटेश्वर प्रेस से प्रकाशित संस्करण : जब मैंने उक्त दोनों संस्करणों के आधार पर पूरा पाठ लिखकर तैयार कर लिया, तब श्रीडूंगरगढ़ (बीकानेर) निवासी प्रो० (डा०) चेतन स्वामी से वार्तालाप करते समय मालूम हुआ कि उनके पास वि० सं० 1991 में प्रकाशित संस्करण है। मेरे निवेदन करने पर उन्होंने पूरी पुस्तक को स्कैन करवाकर 'व्हाट्स-ऐप' पर भेज देने की कृपा की। मैंने तत्काल उसका प्रिंट लेकर मेरे द्वारा तैयार पाठ का मिलान करना प्रारम्भ कर दिया। कोई दो-चार जगह ही ऐसी मिलीं जहाँ अर्थानुसंगति से इस वि० सं० 1991 में प्रकाशित पाठ अधिक संगत जान पड़ा। अतः इसको यथास्थान स्वीकार कर लिया गया। अन्यथा पाठ सर्वत्र समान मिला। दो पंक्तियाँ जो अधिक मिलीं, वे छंदांक 983 के पश्चात् मिलीं। उनको स्वीकार करके सलंग पाठ में सम्मिलित कर लिया।

इस संस्करण में शिवकरण दरक की जो भूमिका विज्ञापन के नाम से छपी है, वह पाठाकों के लाभार्थ पूरी की पूरी दे देना उपयोगी होगा। इससे दो-तीन तथ्य स्पष्ट होंगे। एक तो इस ग्रंथ का शिवकरणजी द्वारा संशोधन करने के पूर्व नाम 'कृष्ण-रुक्मिणी विवाह' या 'विवाहलो' प्रसिद्ध था जिसको बदलकर दरकजी ने 'वृहत् रुक्मिणी मंगल' कर दिया। यह काफी भ्रष्ट-पाठ युक्त व आकार में छोटा था, कथा शृंखलाबद्ध नहीं थी। अतः दरकजी ने पाठ का संशोधन किया, कथा को शृंखलाबद्ध किया जिससे पाठ का आकार 'वृहत्' हो गया। इन्होंने संशोधित करके प्रकाशित करवाया, उससे पूर्व भी यह अन्यों द्वारा प्रकाशित करवाया गया किन्तु वे संस्करण सर्वथा भ्रष्ट पाठ युक्त थे। अतः उन्होंने धार्मिक जनता के लाभार्थ इसको हर दृष्टि से अद्यतन करके प्रकाशित करवाया। मूल विज्ञापन पढ़ें :

''विज्ञापन''

प्रगट हो कि मैं शिवकरण रामरतन दरक माहेश्वरी मारवाड़ी मूंडवे वाला इन्दोर निवासी यह सूचित कर देता हूँ कि यह 'कृष्ण-रुक्मिणी-विवाह महामहोत्सव' अति परम पवित्र भवाब्धि उल्लंघनार्थ नौका हमारे स्वजातीय वैश्य माहेश्वरी तैला पदम भक्त ने कैसा अच्छा बनाया था, परन्तु इसके गाने-बजाने वालों ने अपनी आजीविका ही मानकर प्रिय मित्रों से गुप्त कर रक्खा, गल-सड़ तो गया, पर हवा भी नहीं लगने दी। इसी तरह से यह ग्रंथ अदृश्य हो गया। फिर कई-एक लोग ढूंढ-ढांढ के लाकर चोरी-छिपी से लिख-लिखकर काम चलाने लगे पर महाघोर अशुद्ध छंद-अर्थ-भंग कर दिया पर तो भी भक्तजन सुन-सुन और भक्ति रूपी सुधारस पान करके अपनी उत्कंठा रूपी प्यास को बुझाने लगे और अपना जन्म सुफल मानकर धन्यवाद देने लगे। फिर बहुत से लोगों ने चाहा कि छप जाय तो अच्छा हो। जब अधूरा और अशुद्ध भी कई जगह छप गया, परन्तु जिन पुरुषों ने संपूर्ण ग्रंथ का अमृत पान किया था, उनकी प्यास उन अधूरों से कहाँ बुझे; इससे हमने भक्तजनों के हितार्थ बहुत द्रव्य खर्च करके जहाँ-जहाँ (मारवाड़, जोधपुर, नागौर, बीकानेर) संपूर्ण ग्रंथ था, वहाँ से लिखवा- लिखवाकर 11 पुस्तकें इकट्ठी कीं व सबका अनुक्रम मिलाया और जहाँ छंदो-भंग, अर्थ-भंग, भेटी, अमिल, टूटक-फूटक, अधूरा था, वहाँ नवीन अंतरे, दोहे, सोरठे, पद बनाकर संपूर्ण कर 'वृहत् रुक्मिणी मंगल' नाम रखा। यह बहुत ही उत्तम ग्रंथ है, आशा है कि भक्तजन इससे लाभ उठावेंगे जिससे कि मैं भी अपने परिश्रम को सफल समझूंगा।

भक्तजन कृपाकांक्षी

सदाशिवकरण रामरतन दरक माहेश्वरी।''

अंतिम फोलियो 145 पर प्रकाशन सम्बन्धी सूचना निम्न प्रकार उपलब्ध है-

'इदं पुस्तकं मुम्बय्यां क्षेमराज-श्रीकृष्णदास श्रेष्ठिनास्वकीये ''श्रीवेंकटेश्वर'' स्टीम यंत्रालयेऽङ्कयित्वा प्रकाशितम्। बम्बई-संवत् 1991, शके 1856.'

पुस्तक मिलने का ठिकाना—

खेमराज श्रीकृष्णदास
गंगाविष्णु श्रीकृष्णदास
'श्रीवेंकटेश्वर स्टीम प्रेस'
'लक्ष्मीवेंकटेश्वर स्टीम प्रेस'
बम्बई, कल्याण-बम्बई.

इस पुस्तक के प्रारम्भ में 12 पृष्ठों में रेखाचित्र हैं। पाठ फोलियो 1 से प्रारम्भ होता है। कुल 145 फोलियो अर्थात् 290 पृष्ठ हैं। प्रति पृष्ठ 12 पंक्तियाँ व प्रति पंक्ति 26-27 अक्षर हैं। अतः अनुष्टुप श्लोक प्रमाण होंगे 12×26×290/32=2824। जैसा पूर्व में कहा गया है, यह प्रतिदर्श प्रणाली पूर्णतः सौ प्रतिशत शुद्ध परिणाम नहीं देती। यह मोटा-मोटा अनुमान अवश्य बताती है। पूर्ववर्ती दो प्रतियों के आधार पर 2600 व इसके आधार पर

2800 श्लोकांक ग्रंथ-प्रमाण आता है। अतः हो सकता है, इस ग्रंथ का अनुष्टुप श्लोकांक प्रमाण 2600 से 2800 के बीच 2700 के आसपास हो।

पाठ इस प्रकाशित प्रति में भी वैसा ही छपा है, जैसा पूर्ववर्ती दोनों में छपा है। शिरोरेखा पूरी पंक्ति की एक ही है। पदच्छेद व पदान्वय सम्पादक को ही हस्तलेखों की तरह करने पड़े हैं। ग्रंथ में तीनों ही प्रतियों में कहीं-कहीं विषय के स्पष्टीकरण के लिए शीर्षक हैं। रागों व छंदों के नाम तो लिखे मिलते ही हैं। कई-एक पदों में छाप पदम की तो कई-एक में शिवकरण की भी है। एक-दो स्थानों पर अन्यों की छाप छन्दों में हैं जिससे ऐसा लगता है, शिवकरण दरकजी ने अच्छे लगने वाले कुछ छंद अन्य रचनाकारों के भी स्वीकार किये हैं। 'नरसीजी रो माहेरो' में भी श्रीदरकजी ने अपने गुरु 'संत श्रीसुखसारणजी' के दो-चार छंद स्वीकार किये हैं।

3. (4). मार्च 2019 ई०, सम्वत् 2075 का संस्करण : यह भी वैंकटेश्वर प्रेस का संस्करण है। वि० सं० 1991 जैसा ही है। अतः अधिक विवरण देना अपेक्षित नहीं।

3. (5). भुवनवाणी ट्रस्ट, लखनऊ का संस्करण : भुवनवाणी ट्रस्ट, लखनऊ ने बीकानेर के डॉ० सत्यनारायण स्वामी द्वारा अनूदित 'रुकमणी-मंगल' ग्रंथ सन् 1977 में पहली बार छापा था। श्रीसत्यनारायणजी स्वामी प्रो० नरोत्तमदासजी स्वामी के शिष्य थे, अतः उन्होंने उनके मार्गदर्शन में ही उक्त ग्रंथ का अनुवाद किया है।

प्रो० नरोत्तमदास स्वामी के पिता पं० जयश्रीरामजी अपनी मंडली के साथ इस ग्रंथ का गायन व इसकी कथा सुनाते थे। प्रो० स्वामी ने उसी पाठ का सम्पादन विधिवत् करके उक्त श्रीसत्यनारायणजी को अनुवाद हेतु दिया था। इस पाठ को जब 'शिवकरणी-पाठ' से मिलाया तो अनेक स्थानों पर पाठ आगे-पीछे व संक्षिप्त मिला।

शिवकरण दरक ने कई पदों में अपने नाम की छाप लगाई है, पदम की छाप भी कुछ-कुछ पदों में साथ में दी है किन्तु स्वामीजी के इस संस्करण में कहीं भी शिवकरण दरक की छाप वाले पद नहीं हैं। अतः ऐसा लगता है, प्रो० नरोत्तमदासजी स्वामी के पिता के पास जो पाठ था, वह कोई दूसरा पाठ था।

अनुवाद करते समय भी सत्यनारायणजी स्वामी ने कहीं-कहीं अनुवाद नहीं किया है, जैसे जहाँ घोड़ों की जाति, बैलों की जाति या प्रकार का वर्णन है, उन छंदों का अनुवाद न देकर लिख दिया- 'मूल-पाठ में पढिये'। ऐसे निर्देशों के अलावा अनुवाद मूलानुसार अच्छी किस्म का है। फ्रंट पृष्ठ पर मूल-पाठ व उसके पीछे के पृष्ठ पर उसका अनुवाद है। छंदों के क्रमांक न लगाने के कारण, ग्रंथस्थ कितने छंद हैं, पता नहीं लगता।

4. ग्रंथ नाम

हम हमारा अध्ययन मुख्यतः वि० सं० 1669 व 1819 के हस्तलेखों के आधार पर प्रस्तुत कर रहे हैं। वि० सं० 1669 का मूल हस्तलेख हमारे पास नहीं है, अतः लिपिकार ने ग्रंथ-पाठ प्रारम्भ करने के पूर्व ग्रंथ का क्या नाम लिखा है, हमको ज्ञात नहीं है किन्तु

पाठ प्रस्तुतकर्त्ता श्रीअगरचन्द नाहटा ने वरदा पत्रिका में भूमिका में शीर्षक 'रुक्मिणी-मंगळ' (पदम भगत विरचित) तथा पाठ प्रारम्भ करने के पूर्व 'पदमा तेली कृत 'कृष्ण-रुक्मिणी विवाहलो' श्रीकृष्णायनमः' लिखा है। पाठ समाप्त होने पर कोष्ठक में (इतिश्री पदम कृत वीवाहलो संपूर्ण समाप्ता) लिखा है। पाठ के आदि और अंत की सूचना से ज्ञात होता है कि पाण्डुलिपि में 'कृष्ण-रुक्मिणी विवाहलो' शीर्षक रहा होगा जिसको उन्होंने शुरू में 'कृष्ण-रुक्मिणी विवाहलो' और अंत में मात्र आखिरी पद 'वीवाहलो' लिखा है। अब हमको वि० सं० 1669 के हस्तलेख के पाठ को देखना है कि ग्रंथकार को ग्रन्थ का क्या नाम रखना अभीष्ट रहा होगा। पूरा पाठ पढ़ने पर तीन जगहों पर ग्रंथ का नाम निम्न प्रकार आया है-

'विष्ण तणो वीवाहलो, रिधि सिधि प्रसिध प्रमाण।'

छंदांक 1, उत्तरार्ध

'रिधि सिधि प्रसिध प्रमाण करि नइ, विष्ण तणो वीवाह।'

छंदांक 2 का पूर्वार्द्ध

'विष्ण तणउँ वीवाह बखाण्यो, जे गास्यो नर नारि।'

छंदांक 266 का पूर्वार्द्ध

इन तीनों ही स्थानों पर ग्रंथकार ने 'विष्ण तणो वीवाहलो' 'वीवाह' व 'विष्ण तणउँ वीवाह' पद काम लिये हैं जिनका हिन्दी रूपान्तरण 'विष्णु का विवाह' व राजस्थानी रूपान्तरण 'विष्णु रो विवाहलो' होगा। चूँकि ग्रंथ में प्रयुक्त भाषा तत्कालीन बोलचाल की मारवाड़ी भाषा है, अतः इसका सही रूपान्तरण 'विष्णु रो विवाहलो' होगा। यदि हम समास कर दें तो 'विष्णु-विवाहलो' नाम बनेगा।

अब हमें, उक्त तीनों स्थानों पर परमानन्द बणिहाल द्वारा सं० 1819 के हस्तलेख में क्या पाठ लिया गया है एवम् ग्रंथ के पाठ को प्रारम्भ व अन्त करते समय कौनसा नाम प्रयुक्त किया है, को भी देख लेना होगा।

जैसा हम पूर्व में लिख आये हैं, परमानन्दजी के सं० 1819 के पोथे में यह ग्रंथ फोलियो 232 (अ) पर 'ब्याहलौ श्रीकिसनजी कौ' से प्रारंभ होकर फोलियो 252 (ब) पर ' ॥252॥ एती श्रीकिसनजी कौ विवाहलौ सपुरण समाप्त' से समाप्त किया है।

ग्रंथकार ने ग्रंथ में निम्न नाम प्रयुक्त किए हैं—

'किसन तणौ विवाहलौ, रिध्य सिध प्रसिध प्रवाँण'॥

छंदांक 1 का उत्तरार्द्ध।

'रिध्य सिध प्रस्यध परवांण भणीज, किसन तणौ वीवाहौ॥'

छंदांक 2 का पूर्वार्द्ध।

जो पाठ छंदांक 263 से 266 तक वि० सं० 1669 की प्रति में 'माहात्म्य' शीर्षकान्तर्गत प्राप्य हैं, उनके समतुल्य छंद वि० सं० 1819 के हस्तेलख में नहीं हैं। अतः वि० सं० 1819

के हस्तलेख में ग्रंथ का नाम पाँच के स्थान पर चार स्थानों पर ही प्राप्य है। शीर्षकों में 'श्रीकिसनजी को ब्याहलौ' या 'विवाहलौ' प्रयुक्त हैं जबकि ग्रंथ के भीतर 'कृष्ण तणौ विवाहलौ' या 'वीवाहौ' प्रयुक्त हैं। इस हस्तलेख में तणौ को हिन्दी के 'कौ' में अनूदित किया गया है। इस विवेचन से यह हस्तलेख ग्रंथ का नाम 'श्रीकिसनजी कौ विवाहलौ' मानने के पक्ष में लगता है।

चूँकि ग्रंथ के नायक व नायिका और उनमें भी नायिका 'रुक्मिणी' की प्रधानता होने से यहाँ प्रकाशित पाठ में ग्रंथ का नाम 'कृष्ण-रुक्मिणी विवाहलो' स्वीकार किया गया है। हो सकता है, हस्तलेख के प्रारम्भ में यही शीर्षक रहा हो। अतः हम भी 'कृष्ण-रुक्मिणी-विवाहलो' ग्रंथ नाम स्वीकार करने के पक्ष में हैं।

5. ग्रंथकार का नाम

ग्रंथकार 'पदम' का नाम ग्रंथ में 11 ग्यारह बार आया है जिनमें से एक जगह 'वैष्णव पदम' व दो स्थानों पर 'पदमो तेली' व 'तेली पदमियो' नाम आया है। शेष स्थानों पर 'पदम' नाम है जिसको छंदानुरोध से कही 'पदमइया', कहीं 'पदमिया स्वामी', कहीं 'पदमूं' व कहीं 'जण पदम' लिखा गया है। 'पदमा' या भगत पदमा' नाम का प्रयोग कहीं नहीं किया है। पहले मूल-पाठ देकर फिर विस्तार से चर्चा करते हैं।

वैष्णव पदम :

'हरि जोसी तेड़ी नइ पूछ्या, 'वैष्णव पदम' बखाणी।'

छंदांक 103 का उत्तरार्द्ध

तेली पदमियो/पदमो तेली :

'इवड़ो अंतर हरि सिसपालइ, भणइ पदमियो तेली।'

छंदांक 70 का उत्तरार्द्ध

'थाकाँ पाय पलोटण हो, पदमो तेली साथि।'

छंदांक 275 का उत्तरार्द्ध

पदम आदि :

'पदम भणइ प्रणमीं पाइ लागूँ, तू वइष्णव जण नी माता।'

छंदांक 10 का उत्तरार्द्ध

'पदमइया स्वामी सुखदायक, नाइक नयणे दीठ्ठा रे।'

छंदांक 77 का पूर्वार्द्ध

'रुखमणी मनि रळी, अमी अमी ढळी, पदम वाचा प्रति नाथ तूठा।'

छंदांक 127 का उत्तरार्द्ध

'पदमिया स्वामी मिली रुखमणी, बंछित फल दातार।'

छंदांक 155 का उत्तरार्द्ध

'जेतलूँ जाण्यूँ तेतलूँ बखाण्यउँ, भणइ पदम विशेष।'

छंदांक 222 का उत्तरार्द्ध

'पदम भणइ वळ्या वीठल, वळी यादव जान।'

छंदांक 259 का उत्तरार्द्ध

'पदम भणइ पुनरपि नहीं आवइ, अवतीरण ए संसार।'

छंदांक 266 का उत्तरार्द्ध

'जण पदम गावई दरस पावई, क्रिष्ण मंदिर आवणा।'

छंदांक 269 का पूर्वार्द्ध

जैसा पूर्व में कहा गया है, ग्रंथकार का नाम ग्रंथ में तीन प्रकार से आया है—(1) वैष्णव पदम, (2) तेली पदम, एवं (3) पदम। अब बारी-बारी से इन नामों का विवेचन करते हैं। पहला नाम है, वैष्णव पदम।

वैष्णव पदम : जैसा 'ग्रंथ-नाम' शीर्षक में हम देख आए हैं कि ग्रंथकार का वर्ण्य विषय यद्यपि 'कृष्ण-रुक्मिणी-विवाह' है, फिर भी उसकी निष्ठा व भक्ति 'विष्णु' के प्रति इतनी गहरी व एकनिष्ठ है कि वह कृष्ण को भी विष्णु के रूप में ही देखता व मानता है और विष्णु के विवाह के नाम से कृष्ण-रुक्मिणी का विवाह वर्णित करता है। अत: अपने आपको वैष्णव मानकर 'वैष्णव' लिखना उसका सौ प्रतिशत सही है। इतना ही नहीं, ग्रंथकार छंद 10 में सरस्वती देवी को भी वैष्णव-जनों की माता बताकर अप्रत्यक्ष रूप से अपने आपको वैष्णव बताता है और उससे प्रार्थना करता है कि मैंने न काव्यशास्त्र, न छन्दशास्त्र और न व्याकरण-शास्त्र ही पढ़े व जाने हैं; मैं केवल कर्त्ता पुरुष विष्णु की भक्ति करता हूँ, क्योंकि आप अपने भक्तों की प्रतिपालना करती हैं।

पूरे ग्रंथ में रचनाकार पदम, 'वैष्णव' शब्द का प्रयोग मात्र इन दो जगहों पर ही करता है। वह न तो अपने आपको 'सनातन धर्मावलम्बी वैष्णव' और न 'सनातन धर्मावलम्बी-विश्नोई' कहता है किन्तु सामान्यत: उसके वर्णन से उसका 'सनातन धर्मावलम्बी वैष्णव' होना ही ज्ञात होता है।

इधर डॉ० हीरालाल माहेश्वरी ने जब अपनी पीएच०डी० की थीसिस 'राजस्थानी-साहित्य और भाषा, सं० 1500 से 1650' लिखी, तब इस 'वैष्णव' शब्द के आधार पर न तो पदम को 'विश्नोई' बताया और 'विश्नोइयों' का प्रारम्भिक एक नाम 'वैष्णव' बताया (देखें उक्त ग्रंथ, पृष्ठ 210 से 212 तक)।

जब सन् 1970 में उन्होंने डी० लिट्० की उपाधि हेतु विश्नोइयों पर लिखा, तब मात्र इस एक 'पदम वैष्णव' के उल्लेख के आधार पर 'विश्नोइयों' का एक प्रारंभिक नाम 'वैष्णव' भी बता दिया; यथा 'संवत् 1542 में सम्प्रदाय-प्रवर्तन के समय इसके 'वैष्णव'2, 'विश्नोई'3, 'पंथ'4, 'पसलाद' (पहलाद), 'वाट पसळाद'5 और 'पहराज धरम'6 नाम विशेष प्रचलित हुए। (पृष्ठ 435, जांभोजी, विष्णोई-सम्प्रदाय और साहित्य; भाग प्रथम) उक्त 2 के लिये केवल पदम तेली का उद्धरण दिया है जबकि 3 से 6 तक के लिये विश्नोई

कवि ऊदोजी नैण, तेजोजी, बील्होजी, तेजोजी, तेजोजी व सुरजनजी के उद्धरण दिये हैं। 3 से 6 तक के सभी रचनाकार प्रामाणिक विश्नोई-रचनाकार हैं और इनकी कही बातें प्रत्येक विश्नोई ही नहीं, विश्नोइयों पर अध्ययन करने वाला बाहरी व्यक्ति भी पूर्ण विश्वास करता है। इन्होंने जाम्भोजी के अनुयायियों को 'विश्नोई' एवं 'प्रहलादपंथी' कहा है जो सर्वथा प्रामाणिक और युक्तिसंगत है क्योंकि जाम्भोजी महाराज ने विष्णु की उपासना करना विधेय बताकर व 29 नियम रूपी आचार-संहिता का उपदेश देकर अपने अनुयायियों को 'विश्नोई' तथा 'बिस्नोई' कहा। सतयुग में भक्तप्रवर प्रहलाद को वचन देकर चारों युगों में 33 करोड़ जीवों का उद्धार करने की उन्होंने प्रतिज्ञा की। अत: 'प्रहलाद-पंथी' कहना भी युक्तियुक्त लगता है किन्तु विश्नोइयों को 'वैष्णव' इन प्रारंभिक व प्रामाणिक किसी भी रचनाकार ने नहीं कहा है और वर्तमान समय में 'विश्नोई' अपने को 'वैष्णव' कहते भी नहीं हैं। वर्तमान में सभी विश्नोई अपने आपको 'बिस्नोई' या 'विश्नोई' कहते और लिखते हैं। 'बिस्नोई' शब्द 'बीस + नौ' से बना हुआ मानते हैं। अत: पदम तेली के 'वैष्णव' के आधार पर 'बिस्नोइयों' को 'वैष्णव' कहना कहाँ तक उचित है, उस पर आगे चलकर और विचार करेंगे। साथ ही पदम तेली को भी 'विश्नोई' मानना किस सीमा तक उचित है, इसकी समीक्षा भी आगे चलकर करेंगे।

रचनाकार पदम ने अपने आपको 'तेली' कहा है। तेली उनको कहा जाता है जो तिल से तेल निकालकर तेल बेचा करते थे व बेचते हैं। यह भी यहाँ प्रसंगवश जान लेना आवश्यक है कि सबसे पहले तेल, तिल नामक दलहन से ही पेरकर निकाला गया, इसलिये इसका नाम 'तेल' पड़ गया। बाद में 'सरसों', 'अलसी' आदि अनेक दलहनों से तेल निकलने लगा किन्तु कहा सबको 'तेल' ही जाता है क्योंकि तब तक 'तेल' शब्द इतना प्रचलित व प्रख्यात हो गया कि अन्यों के लिये भी यही नाम प्रचलित हो गया।

हमारा आलोच्य रचनाकार वि० सं० 1669 के हस्तलेख में तो अपने आपको दो स्थानों पर 'तेली' कहता ही है, वि० सं० 1819 के हस्तलेख में छंदांक 72 में 'एवड़ो अंतर हरे सिसपालां, भैण पदमयो तेली' कहकर अपने आपको तेली ही कहता है। अत: यह निश्चित है कि पदम जाति के तेली थे जो तेल निकालते भी थे और उसका विक्रय भी करते थे।

जब तक शिवकरण दरक ने इस ग्रंथ को संशोधित व परिवर्द्धित नहीं किया, तब तक किसी को भी पदम की जाति पर किसी भी प्रकार की कोई शंका नहीं थी और सभी इनको 'तेली' ही मानते थे, 'तेला' गोत्रीय माहेश्वरी वैश्य नहीं, जिसका सबसे बडा प्रमाण वि० सं० 1819 व 1881 (एवड़ो हे अंतर हर सिसपाला, भण पदमइयो तेली ॥ 77 ॥ 13 ॥) के तीन हस्तलेखों का पाठ हमें उपलब्ध हैं। इस परंपरा के और भी अनेक हस्तलेख मिलते हैं जिनमें भी 'तेली' पाठ ही मिलता है।

श्रीअगरचन्दजी नाहटा ने वि० सं० 1891 एवं 1907 की दो हस्तलिखित प्रतियों का संदर्भ उक्त वरदा वाले आलेख की भूमिका में दिया है। उन्होंने वि० सं० 1907 की प्रति

में पाया गया प्रारम्भिक अधिक अंश का राग मारू का एक पद उद्धृत किया है जिसमें भी रचनाकार का नाम:

'विनती सुण रुकमणि राणी की, प्यारी पतनी जाणी।
पदमैया तेली कै ऊपर, दया प्रभूजी ठाणी॥ 1॥'

'पदमैया तेली' ही आया है। सम्वत् 1891 की प्रति का भी प्रारम्भिक अधिक पाठ मारू राग के पदों में दिया है जिसके पदांक 3 में स्पष्टत: पदम ने अपने आपको 'पदमैयो तेली' ही कहा है—

'गुरु गोविन्द के सरणै आयो, कुल की लज्जा पेली।
कृष्ण कृपा तै कथै ब्याहलौ, भणै पदमैयो तेली॥ 3॥'

अन्य पदों में नाम 'पदम', 'पदमयो', 'पदमया', 'पदमये' आया है। ग्रंथ का नाम 'रुक्मिणी-मंगल' तीन बार आया है।

'शिवकरणी-पाठ' युक्त ग्रंथ के अंतिम छंदों में भी नाम 'पदम' व पदमइयो' ही आया है किन्तु 'तेली' का तात्पर्य क्या है, को दोहा क्रमांक 4 जो ग्रंथ का अंतिम छन्द है, में पूर्णत: स्पष्टत कर दिया गया है। यथा

'वरण वैस्य पदमइयो, करै तेल व्योपार।
हर गुरु संतन सरण है, गवने भव के पार॥ 4॥'

यह छन्द 1907 वि० सं० के हस्तलेख में नहीं है। (देखें: वरदा का वर्ष 3, अंक 2, पृष्ठ 59 से 62 तक)

वि० सं० 1669, 1819 तथा 1881 की प्रतियाँ मूल-पाठ युक्त हैं जिनमें केवल 'तेली' जाति का उल्लेख है, न कि 'वैश्य तेली' का। अत: 'पदम' जाति के तेली थे जो घाणी चलाकर तेल निकालते व उसका विक्रय करते थे।

अब शिवकरण दरकजी के उल्लेख की समीक्षा कर लेना और आवश्यक है। उनका पूरा विज्ञापन पूर्व में उद्धृत कर दिया गया है। फिर भी यहाँ प्रासंगिक उद्धरण उद्धरित करते हैं—

"यह कृष्ण-रुक्मिणी-विवाह महामहोत्सव अति परम पवित्र भवाब्धि उल्लंघनार्थ नौका हमारे स्वजातीय वैश्य माहेश्वरी तेला पदम भक्त ने कैसा अच्छा बनाया था।"

दरकजी स्वयं मूंडवा के माहेश्वरी वैश्य थे, अत: उन्होंने पदम को स्वजातीय 'तेला' गोत्र का माहेश्वरी बताया है। मारवाड़ में 'तेला गोत्र' के माहेश्वरी मिलते भी हैं। हो सकता है, ये तेला माहेश्वरी वैश्य पहले तेल का व्यापार करते होंगे, जिससे ये 'तेला माहेश्वरी' कहलाने लगे।

डॉ० सत्यनारायण स्वामीजी के सानुवाद संस्करण के अंतिम छंद में भी 'वैस पदमइयो वैष्णव' 'वैस भणै पदमइयो वैष्णव, सिंघासण जगदीस' पाठ है। (देखें: पृष्ठ 250, भुवन वाणी ट्रस्ट, लखनऊ, उत्तरप्रदेश)

शिवकरण दरकजी ने दोहे की अंतिम पंक्तियों का विस्तार निम्न प्रकार किया है—

द्वारावती आनँद भयो, सुर नर देत असीस।
कह पदमैयो वैस यूँ, दो सिंघासन जगदीस॥ 2085॥
रच्यो वैश्य पदमाल यह, रुकमणि मंगल सार।
सुद्ध कियो सिवकर्ण जन, तुम सब दई सुधार॥ 2086॥
विजय ब्याव श्रीकृष्ण को, रुकमणि ल्याया पर्ण।
रामरतन निज कर लिख्यो, सुद्ध कियो सिवकर्ण॥ 2087॥
कछु पद नये बनाय कै, टूटक संधि मिलाय।
कियो शृंखलाबद्ध सब, अरथाँ अंक रिलाय॥ 2088॥
मूलचंद सुत सिवकरण, दरक मूंडवै वास।
मरुधर डींडू म्हैसरी, इन्द्रपुरी सुख वास॥ 2089॥
परत इग्यारा एकठी, कर सब काढ्यो सार।
तुक टूटी मेली अमिल, अरथाँ लियो सुधार॥ 2090॥

जैसा हम तत्काल पूर्व में लिख चुके हैं, मूल-पाठ युक्त प्रतियों में पदम ने अपने आपको मात्र 'तेली' लिखा है, 'वैश्य तेली' नहीं। अतः हम पदम को 'तेली' और 'वैष्णव' मूल-पाठ के आधार पर मानने को बाध्य हैं।

अब 'ग्रंथकार-नाम' चर्चा में एक चर्चा और शेष रह गयी है, वह है 'पदम' या 'पदमा'। जैसा पूर्व में हम उपलब्ध पाठ के आधार पर चर्चा कर आये हैं, 'पदम' ने अपना नाम सर्वत्र 'पदम' ही प्रयोग किया है, न कि 'पदमा'। हाँ, उसने 'पदमैया' शब्द का भी व्यवहार किया है और यह नाम संभव है। प्रायः बोलचाल में 'पदमा तेली' का 'रुक्मिणी-मंगल' सुनने में आता है और शेखावटी तथा शेखावटी से सटी नागौर पट्टी आदि में कुछ जातियों में पुरुषों के नामों में 'आ'कार को जोड़ने की परम्परा है जैसे 'सूरज' का 'सुरजा', 'रघु' का 'रुघा', 'जेठाराम' (जेठ, ज्येष्ठ मास पर आधारित नाम) आदि। संभव है, इसी अभ्यास के कारण कुछ गायक व इसको सुनने वाले श्रोता प्रायः 'पदमा तेली' नाम का उच्चारण करते हैं किन्तु है यह अशुद्ध। शब्दांत में 'आ' प्रत्यय जोड़ने से शब्द पुल्लिंग न रहकर, स्त्रीलिंग हो जाता है, 'शिव' का 'शिवा', 'सरोज' का 'सरोजा' आदि। अतः निष्कर्षतः हमारे आलोच्य रचनाकार का नाम 'पदम तेली' है और वह उपासना-मार्गानुसार 'वैष्णव' है।

6. ग्रंथकार पदम तेली का समय

पाठक विगत पृष्ठों में पढ़ते आ रहे हैं कि 'श्रीकृष्ण- रुक्मिणी-विवाहलो' ग्रंथ की प्राचीनतम हस्तलिखित प्रति वि० सं० 1669 की लिखी मिलती है।

डॉ० हीरालाल माहेश्वरी ने 'राजस्थानी-साहित्य और भाषा' के पृष्ठ 211 पर 'अनुमानतः इसका रचनाकाल सम्वत् 1600 के आसपास या इससे भी पहले का होना

चाहिए' लिखा है। डॉ० माहेश्वरी का यह अनुमान संभवतः इसकी प्राप्त हस्तलिखित प्रति के सम्वत् पर आधारित है। उन्होंने न भाषा पर विचार किया और न पूर्ववर्ती-परवर्ती समानधर्मी रचनाओं की चर्चा की। इस उक्त पुस्तक में इतना स्थान था भी नहीं कि वे इतनी गंभीर चर्चा करते। उन्होंने सामान्यतः एक अनुमान व्यक्त कर दिया। इस ग्रंथ के पश्चात् 'जांभोजी, विश्नोई-सम्प्रदाय और साहित्य' के लिए उन्होंने विश्नोई हस्तलेखों, विश्नोइयों के भाटों व विश्नोई साधुओं से विपुल सामग्री एकत्रित की और संयोगवश उनको पदम-तेली पर भी कुछ सामग्री मिली। उसका हल्का-सा विवरण उन्होंने 'जांभोजी, विष्णोई-सम्प्रदाय और साहित्य' में दिया है। यथाः

''**5. पदम भगत (पदमोजी)** : अनुमानतः संवत् 1500-1555 : ये नागोर के पास 'गुणावती' के निवासी और तेल का काम करने से तेली कहलाते थे। आरंभिक हुजूरी विष्णोई कवियों में इनकी बडी प्रसिद्धि है। महलाणा गाँव के विष्णोई भाटों तथा साधुओं में प्रचलित मान्यता के अनुसार इनका स्वर्गवास गुणावती में ही संवत् 1555 के आसपास हुआ था।' (पृष्ठ 512, उक्त पुस्तक)

इस विवरण के आधार पर पदम तेली का जन्म वि० सं० 1500 व मरण वि० सं० 1555 सिद्ध होता है। डॉ० माहेश्वरी इस पुस्तक में पदम तेली को पहली बार 'विश्नोई' सिद्ध करते हैं।

डॉ० माहेश्वरी ने साहित्य-अकादमी, नई दिल्ली के लिये 'हिस्ट्री ऑफ राजस्थानी लिटरेचर' नामक ग्रंथ उक्त ग्रंथ के बाद में लिखा जिसमें पदम तेली के 'समय' व 'विवाहलो' के समय के बारे में निम्न प्रकार लिखा है—

"Padam Bhagat Composed an Akhyan kavya named Rukmani Mangal or Harji ro Vyanwalo towards the end of the 15th Century" (Pp 7, History of Rajasthani literature)।

पुनः इसी पुस्तक में पन्द्रहवीं शताब्दी के अन्त को निश्चित समयावधि में बदलते हुए लिखते हैं।

"Krisanji ro Vyanwalo (or Rukmani Mangal), composed by Padam Bhagat between 1493 and 1500, is so popular and held in such Veneration by the people in the northern and the Western regions of Rajasthan that it may be called their bhagwat." (Pp 94, History of Rajasthani literature).

राजस्थानी-भाषा और साहित्य का इतिहास लिखने वाले अन्य विद्वानों ने या तो पदम तेली के 'विवाहलो' का विवरण ही नहीं दिया और दिया है तो बिना कोई ऊहा-पोह किये, सामान्य परिचय दे दिया है। जितना विस्तार से और तथात्मक विवरण डॉ० माहेश्वरी ने दिया है, उतना अन्य किसी ने नहीं।

डॉ० माहेश्वरी के भी उक्त चारों कथन एक जैसे नहीं हैं। कम से कम, पहला कथन अन्य बाद वाले तीनों कथनों से मेल नहीं खाता। हाँ, उनका अनुमान लगभग ठीक के नज़दीक अवश्य है कि 'विवाहलो' संभव है, संवत् 1600 से भी पहले की रचना हो!

'जांभोजी, विष्णोई-सम्प्रदाय और साहित्य' तथा 'राजस्थानी-साहित्य का इतिहास' (साहित्य-अकादमी) के विवरणों का सार इतना ही है कि पदम तेली का जन्म 1500 व मरण 1555 वि० सं० में हुआ। दूसरी ओर 'विवाहलो' की रचना 1493 से 1500 ई० के मध्य हुई। यदि इन सनों को सम्वतों में बदलें तो 1493=1550 आता है जबकि 1500=1557 आता है।

इन दोनों निचली और ऊपरी सीमाओं से समझ में आता है कि पदम तेली ने उक्त रचना अपने जीवन के अंतिम वर्षों में या मरने के बाद में की। वस्तुतः जिस समय पदम तेली विद्यमान थे, उस समय में आजकल जैसा समय नहीं था कि कोई अध्यापक या उपदेशक जीवन भर पढ़ाता रहे, ग्रंथ रचना भी करता रहे, सभा-संगोष्ठियों के माध्यम से प्रसिद्धि भी पाता रहे किन्तु अपने अन्तिम समय में ग्रंथ छपवाए या उसके मरने पर उसके चाहने वाले उसके ग्रंथ को प्रकाशित कराएँ। वस्तुतः पदम तेली जाति का ब्राह्मण न होने से, न तो वह अध्यापक अथवा उपदेशक हो सकता था, न कथा-वाचक ही हो सकता था और न कबीर, दादू, जैसा कोई धर्मोपदेशक हो सकता था। हाँ, वह एक भक्त होने से कुशल गायक अवश्य हो सकता था और अपनी रचना को धर्मप्राण जनता को सुना सकता था। संभवतः पदम तेली भक्त, जैसा उस स्वयं ने कहा है और कुशल गायक भी था। भगवत्कृपा से उसको जन-भाषा में रचना करना आता था और उसके जमाने में लोक आख्यान रचने का प्रचलन भी प्रारम्भ हो चुका था। अतः उसने अपनी मृत्यु के कम से कम 25-30 वर्ष पूर्व अपनी रचना रची और उसको गा-गाकर सुनाता रहा था। उसकी रचना उम्दा किस्म की थी। भाषा जनता को समझ में आती थी और उसमें धार्मिकता का पुट था जिस कारण वह और उसकी रचना प्रसिद्ध हो गये।

अतः मैं मानता हूँ कि पदम भगत ने 'विवाहलो' अपने मरने के कम से कम 25-30 वर्ष पूर्व बनाया। यदि हम विश्नोई भाटों की बात मानकर पदम तेली का मरण वर्ष 1555 वि० सं० ही मानें तो विवाहलो का रचनाकाल वि० सं० 1530 के आस-पास मानना होगा। ऐसी अवस्था में हम पदम तेली का जन्म-वर्ष वि० सं० 1500 नहीं मान सकते; वह हमको लगभग 1480 वि० सं० मानना होगा।

जन्म-सम्वत् 1480 व मरण-सम्वत् 1555 मानने से पदम की कुल आयु 75 वर्ष बैठती है जो न ज्यादा और न कम है। रचनाकाल उसकी जीवनावधि का मध्यकाल पड़ता है अर्थात् लगभग 50 वर्ष की आयु जो परिपक्व और उचित लगती है।

अब प्रश्न रह जाता है, पदम तेली का विश्नोई होने का, विश्नोई में भी 'हुजूरी विश्नोई' होने का। विश्नोई-सम्प्रदाय में 'हुजूरी-कवि' व 'हुजूरी-विश्नोई' उनको कहा जाता है जो जांभोजी के समय में उनके शिष्य या अनुयायी बने और रचना करते थे। डॉ० माहेश्वरी ने विश्नोई भाटों के साक्ष्य से पदम को 'हुजूरी विश्नोई' कहा है।

जांभोजी महाराज ने विश्नोई-पंथ की स्थापना वि० सं० 1542 में की। स्थापना करते ही पदम तेली आकर जांभोजी के अनुयायी हो गये होंगे, इसकी संभावना शून्य के बराबर

है। इन्होंने पहले किसी से या किन्हीं से जांभोजी के बारे में सुना, फिर सुनी बात का मन में गंभीर चिंतन-मनन एवं पुनः विचार किया होगा, तब उनके संपर्क में आने का विचार किया होगा।

इसके विपरीत, ऐसा भी हो सकता है कि ये 'विवाहलो' का गायन आसपास के गाँवों में करते होंगे, तब किसी विश्नोई ने इनसे जांभोजी महाराज के दर्शन करने व उनको विष्णु रूप कृष्ण के विवाह की कथा को सुनाने का आग्रह किया होगा और ये सहज स्वभाव से 'विवाहलो' सुनाने गये होंगे।

जांभोजी महाराज इनसे व ये जांभोजी महाराज से प्रभावित हुए होंगे और दोनों का यदाकदा 'जम्मे' व 'जागरणों' में मिलना-भेंटना प्रारम्भ हो गया होगा। मुझे लगता है, यह दूसरा विकल्प ही ठीक व विश्वसनीय है क्योंकि रात्रि जागरणों में 'विवाहलो' का गायन तथा पदम द्वारा निर्मित आरती से मध्य-रात्र्युत्तर में चौमुखे दीपक से आरती करना-दोनों का श्रीगणेश जांभोजी महाराज के समय में उक्त कारण से ही प्रारम्भ हुआ होगा।

मुझे ऐसा लगता है कि पदम तेली 'पाहल-पान करके' विश्नोई बनने वाले विश्नोई नहीं थे। वे एक गायक की स्थिति में शुरू-शुरू में 'जम्मों व जागरणों' में शामिल होने लगे होंगे और कालांतर में जांभोजी महाराज के विराट् व भव्य व्यक्तित्व से प्रभावित होकर उनके यहाँ बराबर आने जाने लगे होंगे। मेरा ऐसा मानने का सबसे बडा कारण यह है कि पदम तेली के 'विवाहलो' को गाने व सुनने का जितना प्रचलन अन्य समप्रदायों, व सम्प्रदाय-विहीन सनातन-धर्मावलम्बियों में है, उतना संभव है, विश्नोइयों में न रहा हो। विश्नोई-साहित्य में 'विवाहलो' की मात्र तीन-चार हस्तलिखित प्रतियाँ मिलती हैं, वे भी वैक्रमीय 19वीं शताब्दी की जबकि सनातन-धर्मावलम्बी अन्यान्य वैष्णव मठ-मंदिरों से सर्वाधिक प्राचीन व सर्वाधिक हस्तलेख मिले हैं।

दूसरे, अन्यान्य विश्नोई कवियों ने एक-दूसरे विश्नोई संतों व रचनाकारों की चर्चाएँ अपनी-अपनी वाणियों में की है, पदम की चर्चा अन्य किसी भी विश्नोई रचनाकार ने नहीं की। न विश्नोई भक्तमाल, न साधुओं की वंशावलियों में और न 'हिंडोलना' नामक रचना ही में पदम का नाम मिलता है।

इतना ही नहीं, 'विवाहलो' में ही नहीं, फुटकर पदों में भी पदम तेली ने स्वयं को न 'विश्नोई' कहा है, न अन्य विश्नोई रचनाकारों, यहाँ तक कि जांभोजी का भी नाम-स्मरण भी नहीं किया है। यदि उनका विश्नोई-सम्प्रदाय से 'अनुयायी' या 'शिष्य' का नाम मात्र का भी सम्बन्ध होता तो वे निश्चित ही उसका उल्लेख करते क्योंकि उन्होंने अपने आपका 'वैष्णव' होने का स्पष्ट उल्लेख किया है। पदम तेली के पूर्व रामानुजी, निम्बार्की, विष्णुस्वामी व मध्वाचार्य के अनुयायी 'वैष्णव' कहलाते थे। अतः पदम तेली के सामने 'वैष्णव' शब्द का प्रयोग तो उपलब्ध था किन्तु 'विश्नोई' का उस व्यापकता, प्रगल्भता व बहुतायत से नहीं था कि वह जांभोजी के संपर्क में आकर भी अपने आपको विश्नोई कह सकता। तीसरे, यदि वह विश्नोई होता तो 'वैष्णव' की जगह 'विश्नोई' शब्द का प्रयोग

भी आसानी से कर सकता था किन्तु उसने 'वैष्णव' मात्र होने से अपने आपको 'वैष्णव' ही कहा है।

हमारे सामने यह तर्क आ सकता है कि यदि पदम तेली 'विश्नोई' नहीं थे तो फिर उनके आख्यान-काव्य 'विवाहलो' व 'आरती' का 'जम्मे व जागरणों' में गायन क्यों अनिवार्य रहा है। ऊपरी तौर पर यह प्रश्न अथवा तर्क महत्त्वपूर्ण लग सकता है किन्तु है नहीं, इसके लिए दो-चार उदाहरण निम्न प्रकार हैं।

जब मैंने लाहौर निवासी 'लड़बावरा' कान्हा की समस्त रचनाओं का सम्पादन कर उनका सानुवाद प्रकाशन करवाया, तब अनेक कान्हा नामधारी कवियों की रचनाओं को जाँचा-परखा और जांभाणी पोथों में लिखे कान्हा नाम के रचनाकार की रचना का भी परीक्षण किया। जाँचने पर पाया कि 'जाचै कीं जाचकाँ जाच राजा जुगपत्ती' नामक छप्पय छन्द तथा 'जहाँ अवर न पावै वास, सुन्य नगरी पावही' नामक पद को विश्नोई बारहठ कान्हा की रचना मान रखा है (देखें : जांभोजी, विष्णोई-सम्प्रदाय और साहित्य, पृष्ठ 537, डॉ० हीरालाल माहेश्वरी तथा 'पोथो ग्रंथ ज्ञान, पृष्ठ 392 व 393 सं० आचार्य कृष्णानन्दजी, प्रथम संस्करण) जबकि पहला कवित्त 'मोतीसर कान्हा' का तथा दूसरा पद लाहौर के 'लड़बावरा कान्हा' का है।

वस्तुतः ये दोनों ही रचनाकार विश्नोई नहीं हैं किन्तु मात्र विश्नोई पोथों में उक्त दोनों पद व छंद लिखे मिलने से डॉ० हीरालाल माहेश्वरी ने उनको विश्नोई बारहठ कान्हा की रचना मानकर उन्हें विश्नोई मान लिया।

इसी प्रकार कवि संख्या 62 'हरियो' को डॉ० माहेश्वरी ने विश्नोई रचनाकार माना है जबकि रचनाकार हरिया ने 48वीं अंतिम कड़ी में अपने आपको 'बहु सुख तजि राजा ह्वै जोगी, चूकौ जामण मरियौ। गोरख वचने गुरू प्रसादे, गावै जोगी हरियौ ॥48॥' 'हरिया जोगी' अर्थात् 'नाथपंथी योगी' कहा है। यह ऊपर उद्धृत पाठ मैंने मेरे द्वारा संपादित ग्रंथ 'गोपीचन्द्र-भरथरी-वैराग्य-बोध', पृष्ठ 517-518 से उद्धृत किया है।

आचार्य कृष्णानन्दजी द्वारा प्रकाशित पोथो ग्रंथ ज्ञान के पृष्ठ 464-465 पर भी यह 48 कड़ी का गीत उपलब्ध है, वहाँ भी पाठ वही है जो मैंने ऊपर उद्धृत किया है। यथा

'बोह सुख तजिया राजवे जोगी, चुकौ जांमैण मरीयौ।
गोरख वचने गुर परसादे, गावै जोगी हरीयौ॥ 48॥

इसी रचना को डॉ० कृष्णलाल विश्नोई ने 'विश्वंभरा' नामक त्रैमासिक के वर्ष 28 के अंक में 'हरियो (हरिराम)' के नाम से छपवाया है जबकि प्रकाशित पाठ के अंतिम छंद में स्पष्टतः नाम 'गावै जोगी हरियौ' है।

ऐसा लगता है, विश्नोई लेखक यह मानकर चलते हैं कि जो भी रचना विश्नोई-पोथों में लिखी मिलती हैं, उन सभी के रचनाकार विश्नोई थे किन्तु वास्तव में यह धारणा मिथ्या है।

आचार्य कृष्णानन्दजी ने प्रसिद्ध संत दादूदयाल के शिष्य 'जनगोपाल' को 'गोपाल'

मानकर विश्नोई मानते हुए उनकी रचना 'ध्रुवचरित्र' को अपने प्रकाशित पोथे में प्रकाशित की है।

इसी प्रकार (1) तत्तवेता निम्बार्की वैष्णव थे, (2) हांडी भडंगनाथ नाथपंथी सिद्ध थे, (3) 'काफर-बोध ग्रंथ' गोरखनाथजी कृत है जिसकी विस्तृत विवेचना मैंने मेरी पुस्तक 'महायोगिराज गोरखनाथ' में की है। (4) हांडी भडंगनाथ पर भी उक्त पुस्तक में मैंने विस्तारपूर्वक लिखा है। (5) तानसेन (अकबरी दरबारी कवि), (6) अग्रदास-रैवासा निवासी कृष्णदास 'पयोहारी' के शिष्य, (7) बखना, दादूदयाल के शिष्य, (8) काजी महमूद (इनका विस्तृत विवरण मेरी पुस्तक 'सूफी-संत-सौरभ' में है), (9) द्यालबाल (खेड़ापा के संत व महंत वि० सं० 1816-1885 तक), (10) भगवान हित रामराय आदि को आचार्य कृष्णानन्दजी ने अपने उक्त पोथे में विश्नोई मानकर छापा है किन्तु इनमें से एक भी विश्नोई नहीं हैं।

उक्त स्थाली-पुलाक-न्यायानुसार दिये गये उदाहरणों से स्पष्ट है कि विश्नोई-पोथों में लिखित समस्त सामग्री विश्नोई रचनाकारों की ही नहीं, अन्यान्य सम्प्रदाय के संतों, भक्तों व रचनाकारों की भी हैं। अत: इनको विश्नोई मानने के पूर्व इनकी गंभीर छानबीन करनी चाहिए, तबही इनके बारे में निर्णय लेना चाहिए।

उक्त उदाहरणों के द्वारा हम स्पष्टत: कह सकते हैं कि पदम तेली पाहल-पान द्वारा बने विश्नोई तो नहीं थे किन्तु वे वैष्णव अवश्य थे और जांभोजी महाराज के समकालीन होने से उनके सत्संगी व भावधारी संपर्की रहे हो सकते हैं। पदम तेली का बराबर विश्नोई साथरियों में अपना ग्रंथ सुनाने को आना-जाना लगा रहता होगा और इनका तथा विश्नोइयों का आपसी सद्भाव, प्रेम-व्यवहार रहा होगा।

हम हमारे उक्त विवेचन के समर्थन में दो प्रमाण और प्रस्तुत करना चाहेंगे जिनसे सिद्ध होगा कि पदम तेली विश्नोई नहीं थे। आचार्य कृष्णानन्दजी द्वारा सम्पादित एवम् प्रकाशित 'पोथो ग्रंथ ज्ञान' के पृष्ठ 433 पर एक 'विश्नोई-भक्तमाल' प्रकाशित है। इस भक्तमाल में हुजूरी विश्नोई सहित मुख्य-मुख्य उन सभी विश्नोइयों के नाम हैं जो या तो महत्त्वपूर्ण रचनाकार हैं या महत्त्वपूर्ण विश्नोई हैं जिनका योगदान विश्नोई-पंथ में अतिविशिष्ट है।

डॉ० माहेश्वरी की मान्यता के अनुसार यदि पदमजी तेली हुजूरी विश्नोई होते तो निश्चित रूप से इनका नाम भी इस भक्तमाल में होता। चूँकि पदमजी विश्नोई-समाज में निर्विवादत: महत्त्वपूर्ण हैं तो इनका नाम भक्तमाल में किसी भी सूरत में छूटना नहीं चाहिए था किन्तु वास्तव में पदम तेली का नाम इस भक्तमाल में भी नहीं है, अत: ये पाहल-पान करके बनने वाले विश्नोई नहीं थे।

दूसरा महत्त्वपूर्ण साक्ष्य इसी प्रकाशित पोथे में ही है। पृष्ठ 437 पर विश्नोइयों के गोत्र दे रखे हैं। उन गोत्रों में 'तेली गोत्र' देखने में नहीं आया। वस्तुत: तेली जाति है और गोत्र जाति के उपविभाग होते हैं। अत: यह अधिकारपूर्वक तो नहीं कहा जा सकता कि

इस सूची में तेली जाति के गोत्रों का उल्लेख है ही नहीं किन्तु ऊपरी तौर पर देखने पर इस सूची में 'तेली' शब्द नहीं है। हिन्दू तेली समाज से पूछकर उनके गोत्रों की सूची से इस सूची को मिलाना चाहिए। यदि तेलियों का एक भी गोत्र इस सूची में नहीं मिले तो मानना चाहिए कि पदम तेली विश्नोई नहीं थे, वैष्णव थे।

'विश्नोई-पंथ के पंथाई-इतिहास के सर्वाधिक ज्ञाता आचार्य कृष्णानन्दजी, हरिद्वार से पूछने पर पता चला कि विश्नोइयों में जाट, बनिये, सुथार आदि-आदि जातियों के लोग तो हैं किन्तु तेली जाति का कोई भी विश्नोई नहीं है। इतना ही नहीं, उन्होंने बताया कि 'गुणावती' गाँव में जहाँ के पदमजी निवासी थे, कोई भी विश्नोई न पहले था और न अब है। ऐसी स्थिति में पदमजी को विश्नोई माना जाना संभव नहीं जान पड़ता।

हिस्ट्री ऑफ राजस्थानी साहित्य में डॉ० हीरालाल माहेश्वरी ने पृष्ठ 110 से 115 तक विश्नोई रचनाकारों का विवरण दिया है, वहाँ भी पदमजी का वर्णन नहीं है।

पदमजी का वर्णन अन्य आख्यानकारों के साथ किया है। उसमें निम्बार्की परशुरामदेवाचार्य को स्पष्टतः निम्बार्की लिखा है (पृष्ठ 97) किन्तु न तो पदम तेली को और न अन्य विश्नोई आख्यानकारों को विश्नोई लिखा है। ऐसा क्यों किया? क्या सन् 1970 से 1980 की समयावधि में उनकी राय बदल गई और वे पदम तेली को विश्नोई न मानने की ओर उन्मुख हो गये थे! विचारों में यह बदलाव महत्त्वपूर्ण है और हमारी स्थापना के पक्ष में जाता है।

निष्कर्षतः हम पदम तेली का समय वि० सं० 1480 से 1555 तक मान सकते हैं। ये निश्चित तौर पर 'विष्णु-भक्त वैष्णव' थे तथा जांभोजी के समकालीन व उनके संभवतः श्रद्धावंत भावधारी सत्संगी मात्र थे। ये गुणावती गाँव के निवासी थे। विश्नोइयों से इनके आत्मीय सम्बन्ध थे और ये प्रायः विवाहलो को सुनाने विश्नोइयों के यहाँ तथा विश्नोई संतों के निवास स्थान साथरियों पर जाया करते थे। इनके नाम का उल्लेख न तो विश्नोई भक्तमाल और न 'हिंडोलना' में मिलता है और न इनका नाम-स्मरण अन्य विश्नोई रचनाकारों ने अपनी रचनाओं में किया है। इन्होंने भी अपनी रचनाओं में ऐसा कोई संकेत नहीं दिया है कि इनको विश्नोई मानने की ओर प्रवृत्ति हो।

7. ग्रंथ-भाषा

डॉ० माहेश्वरी ने 'श्रीकृष्ण- रुक्मिणी-विवाहलो' की भाषा के सम्बन्ध में कहा है कि इसमें प्रयुक्त भाषा बोलचाल की राजस्थानी है। 'बोलचाल की सरल राजस्थानी में लगभग 275 छंदों में इसकी रचना हुई है।' (राजस्थानी-साहित्य और भाषा, पृष्ठ 210) बोलचाल की राजस्थानी-भाषा का तात्पर्य क्या है, पर काफी विस्तार से 'राजस्थानी-साहित्य का इतिहास' (साहित्य-अकादेमी संस्करण) में चर्चा की है। चूँकि यह ग्रंथ अंग्रेजी में लिखा गया है, अतः पाठकों के लाभार्थ सम्बद्ध भाग हिन्दी में अनूदित करके प्रस्तुत कर रहा हूँ। ''मरुभाषा' और 'डिंगल' एक हैं। राजस्थान की भूमि की बोलचाल की भाषा भी 'डिंगल' ही कही जाती थी। इसके सम्बन्ध में दो उदाहरण देने पर्याप्त हैं। पन्द्रहवीं

शताब्दी के अंत में पदम भगत ने 'रुक्मिणी-मंगल' अथवा 'हरजी रो ब्यावलो' नामक आख्यान काव्य बनाया। यह बोलचाल की भाषा है। इसकी ज्ञात प्राचीनतम हस्तलिखित प्रति सन् 1612 (वि० सं० 1669) की है। परवर्ती एक हस्तलेख के एक छंद में पदम भगत कहते हैं 'मेरी कविता की भाषा डिंगल है। मुझे व्याकरण का कोई ज्ञान नहीं है। छंद, प्रबन्ध (ग्रंथ) और कविता का ज्ञान भी मुझे नहीं है। केवल हरिजी का ध्यान (स्मरण) करना मैं जानता हूँ (कविता मेरी डीगली, नहीं व्याकरण ज्ञान। छन्द प्रबन्ध कविता नहीं, केवल हर को ध्यान॥ वि० सं० 1891 का हस्तलेख) पांडव-यशेन्दु-चंद्रिका, जो 1823 से 1863 के मध्य चारण संत स्वामी सरूपदास द्वारा निर्मित की गई, में कहा है- मेरी भाषा मिश्रित है। इसमें पिंगल, डिंगल और संस्कृत शामिल हैं जिसको सभी समझ सकेंगे। मैं बडे कवियों से इस बारे में क्षमा मांगता हूँ।'' (पृष्ठ 7 व 8)

उक्त विवरण से डॉ० हीरालाल माहेश्वरी कहना चाहते हैं कि पदम तेली की जो बोलचाल की राजस्थानी भाषा है, वह डिंगल है और डिंगल तथा मरुभाषा दोनों एक हैं।

यह सच है कि पदम तेली के ग्रंथ की भाषा तत्कालीन बोलचाल की राजस्थान के नागौर के आसपास की है जिसको 'मरुभाषा', 'मारवाड़ी-भाषा' भी कहते हैं। साहित्य में इसका नाम 'डिंगल' प्रचलित हो गया है।

यह सच है कि पदम तेली की भाषा बोलचाल की मरुभाषा है। वे राजस्थान प्रान्त के नागौर-पट्टी के रहने वाले थे जहाँ मरुभाषा ही बोली जाती है। पदम ने मूल प्रति (वि० सं० 1669) में 'डीगली' शब्द का प्रयोग न करके, 'पिंगल' का प्रयोग किया है और प्रसंगतः जहाँ यह शब्द प्रयुक्त हुआ है, वहाँ पिंगल का तात्पर्य भाषा या ब्रजभाषा न होकर, छंदशास्त्र है। यथा—

'भरह पिंगल नो भेद न जाणूँ, नवि जोयौ व्याकरणा।
केवल भगति करूँ करता नर, कलि-मल मिथ्या हरणा॥ ९॥'

भरह, भरत के काव्यशास्त्र अर्थात् नाट्यशास्त्र का वाचक है, पिंगल नागराज के छंदशास्त्र का तो व्याकरण पतंजलि के व्याकरणशास्त्र का द्योतक है।

वस्तुतः इस अकेले एक छंद को ही बारीकी से विचारें तो ज्ञात होता है, इसमें प्रयुक्त कारक वर्तमानकालीन गुजराती के हैं, जो पहले मरुभाषा व गुजराती-भाषा दोनों में समान रूप से प्रयुक्त होते थे। जैसे 'नो'=का, नवि=नहीं, जोयो=देखा, जाना, नर (नै)=की।

भाषाविदों के अनुसार नरसी मेहता के पूर्व तक (वि० सं० 1466 से 1536 तक) मरु व गुजराती एक ही भाषा थीं। दोनों में कोई भिन्नता नहीं थी। गुजराती-भाषा का रूप नरसी मेहता ने स्थिर किया और धीरे-धीरे वह राजस्थानी अर्थात् मरु-भाषा से भिन्न होती चली गई।

उक्त विश्लेषण से यह स्पष्टतः सिद्ध होता है कि पदम भगत की भाषा 16वीं शताब्दी विक्रम की न होकर, 15वीं शताब्दी विक्रम की है और यह 16वीं शताब्दी के प्रारम्भिक दशकों में भी लगातार प्रयुक्त हो रही थी। अतः मैंने जो विवाहलो का रचनाकाल वि०

सं० 1530 के आसपास माना है, वह भाषा की दृष्टि से भी सर्वथा ठीक लगता है। मेरी मान्यता तो यहाँ तक है कि पदम की भाषा वि० सं० 1530 से प्राचीन तो हो सकती है, अर्वाचीन नहीं। इसको पुष्ट करने के लिए मैं दो-तीन उदाहरण नीचे दे रहा हूँ।

मैंने 1669 का प्राचीनतम पाठ मूल में देकर उसी के नीचे 1819 का पाठ भी दिया है। ऐसा करने के कई उद्देश्य हैं—(1) पाठ-भेद को तत्काल लक्षित कर लेना। (2) भाषा की यदि तुलना करनी हो तो वह भी साथ की साथ की जा सकती है। (3) यदि अर्थ की संगति में कोई शंका हो तो वह भी पाठ को देखकर हाथों-हाथ निर्णय करने में आसानी हो जाती है। अस्तु!

यहाँ हम भाषा का निर्वचन कर रहे हैं। विक्रम की 15वीं, 16वीं शताब्दी में शब्द-रूप प्राय: वियुक्त रूप में लिखे जाते थे। बाद में, जैसे-जैसे संस्कृत का प्रभाव भाषा-कविता पर पड़ने लगा, वैसे-वैसे संयुक्त शब्दों को लिखने की प्रवृत्ति बढ़ने लगी। यह प्रवृत्ति हम यहाँ मूल-पाठ और पाठान्तर-पाठों को देखकर आसानी से समझ सकते हैं। हम केवल शुरू के 20 छंदों का ही तुलनात्मक कोष्ठ दे रहे हैं।

छंद	**वि० सं० 1669**	**वि० सं० 1819**
01.	सुरतइ	सुर तेतीस
03.	प्रणमीजइ	परणी ज
04.	नइ	नै
04.	सबदइ	सबद
07.	नइ	नै
07.	एकइ	एक
07.	बावई	सोहे
07.	बीजइ	दूजै
08.	तीजइ	तीजै
08.	झलकइ	सोहै
08.	चउथइ	चौथे
08.	नइ	नी
09.	नो	रा
09.	नवि	ना
10.	भणइ	—
10.	वइष्णव	—
12.	नइ	नै
12.	नइ	नै
13.	बोलइ	भणै
13.	अमनइ	हमनै

14.	भणइ	भणै
15.	रुखमइयउँ	रुखमइयो
16.	भणइ	वीनवै
16.	एवड़ई	एवड़
16.	सराहिउ	सराह्यौ
17.	मँइ	माँ
17.	नैं	रै
17.	बजावई	बजावै
17.	तेहनउ	तारै
18.	नइ	नैं
18.	पालव झूँवइ	पालै झूंबै
18.	मांगइ	मांगै
18.	नउँ	नौ
19.	रा	र
19.	जेहनइ	तिणरे
19.	आणइ	आवै
19.	बखाणऊँ	बखाणौ
20.	कालउ	कालौ
20.	बोलइ	बोलै
20.	कूड़उ	रूड़ौ

इस कोष्ठक से पाठक जान सकेंगे कि शब्दों के रूप पहले किस रूप में लिखे जाते थे तथा बाद में, जब संस्कृत का प्रभाव भाषा पर पड़ने लगा, अपभ्रंश-भाषा अपनी प्रकृति छोड़कर तत्सम प्रधान होने लगी, तब उसका स्वरूप संयुक्तात्मक हो गया।

दूसरा महत्त्वपूर्ण बिन्दु भाषा का सम्बन्ध वाचक कारकों के प्रयोग से सम्बद्ध है। प्राचीन अथवा मूल-पाठ में ऊपर दर्शित कोष्ठ में 'नइ', नो, नवि, नै, नउँ, रा का प्रयोग है जबकि परवर्ती पाठ में नो की जगह रा, नैं की जगह रै, आदि का प्रयोग होने लगा। वस्तुतः रा, रे, री आदि सहित का, के, की का प्रयोग परवर्ती जबकि नइ, नो, नउ, मँइ, आदि प्रयोग प्राचीन हैं और राजस्थानी एवं गुजराती की एकता को स्थापित करने वाले प्रयोग हैं। अतः मेरा मानना है कि पदम भगत द्वारा प्रयुक्त भाषा 14वीं के अंत व 15वीं शताब्दी (विक्रमीय) की भाषा है।

भाषा सम्बन्धी और भी कई निकष हैं जिनकी चर्चा यहाँ की जा सकती है जैसे पुरानी राजस्थानी-भाषा में प्रायः 'रेफ' का प्रयोग नहीं होता था, 'रकार' शब्द को अन्य वर्णों के साथ-साथ ही लिखा जाता था जैसे 'वरण', 'धरम', 'करम' किन्तु इस निकष का विवेचन हम यहाँ नहीं कर सकते क्योंकि हमारे पास वि० सं० 1669 का हस्तलेख नहीं है और

नाहटाजी ने पाठ का सम्पादन किस प्रकार किया, हमको पता नहीं। उन्होंने कई शब्दों को तत्सम लिखा है जबकि 1669 वि० सं० में हिन्दी/राजस्थानी के लिपिकार प्राय: 'श' न लिखकर, 'स' लिखते थे। यथा 'श्रवणे' या तो 'सरवणे' या 'स्रवणे' लिखा करते थे। प्राय: 'सरवणे' लिखते थे। 'राजेन्द्र' न लिखकर 'राजेन्दर' लिखा करते थे किन्तु नाहटाजी ने 'श्रवणे' व 'राजेन्द्रजी' लिखा है। अत: हो सकता है, रेफ का प्रयोग जैसे 'चतुर्भुज' में नाहटाजी ने किया है, वह मूल में चतुरभुज रहा हो। छंद 27 में 'पूरव' शब्द का प्रयोग है, 'पूर्व' का नहीं; यह पुरानी मरुभाषा के लिखने की परिपाटी का पालन है। आलोच्य ग्रंथ में 'कीजइ', का प्रयोग है तो 'बखाणऊँ' का भी प्रयोग है। इसी प्रकार के प्रयोग प्राय: सर्वत्र हैं। ये प्रयोग अपभ्रंश-भाषा के अवशेष हैं और मरुभाषा में 14, 15, 16 विक्रम की शताब्दी तक प्रयुक्त होते रहे हैं। बाद में इनका प्रयोग उठ गया और 'कीजे', 'बखाणौं' प्रयोग होने लगे। इनके प्रयोग पूर्ववर्ती कोष्ठक में हम बता चुके हैं।

8. पदम तेली गृहस्थ अथवा साधु?

''संवत् 1669 में लिपिबद्ध 'व्यांवलो' की अद्यावधि उपलब्ध प्राचीनतम 'अ. प्रति' में कवि ने स्वयं को वैष्णव बताया है:

'त्रिभुवन तणां रूप की संख्या, आंणइ एकणि वांणी।
हर जोसी तेड़ी नइ पूछ्या, वैष्णव पदम बखाणी॥ 128॥'

प्रति संख्या 152, 201, 206 और 208 में वैष्णव के स्थान पर 'साध' पाठ है और छंद इस प्रकार है:

रुकमंण्य रूप तंणौ को संख्या, आंणौ एका वांणी।
जादंम तेड़ौ मुंकियो, पदमइयै साध बखांणी॥ 128॥

इससे दो बातें स्पष्ट होती हैं—(1) पदम विश्नोई कवि थे, सम्प्रदाय के अनुयायी 'वैष्णव' भी कहलाते थे। 'विश्नोई' के लिए 'वैष्णव' शब्द का प्रयोग सम्प्रदाय की आरम्भिक और विकासमान स्थिति का द्योतक है तथा जिसके द्वारा मूलाधार मान्यता-विष्णु-उपासना का स्पष्ट संकेत किया गया है (दृष्टव्य- विष्णोई-सम्प्रदाय नामक अध्याय)। प्रति संख्या 90 में 'रुक्मिणी मंगल' के अंत में भी वैष्णव शब्द का प्रयोग है- 'भणे पदमैयो वैष्णव यूं सिंघासण जगदीश।' (2) कवि प्रस्तुत रचना के समय साधु था। इसका समर्थन इस बात से भी होता है कि सम्प्रदाय में ये विष्णोई साधु ही माने जाते हैं।'' देखें : 'जांभोजी, विष्णोई संप्रदाय और साहित्य, पृष्ठ 513' ले० हीरालाल माहेश्वरी।

डॉ० माहेश्वरी की यह बात ठीक है कि प्रति संख्या 206, 208 व वि० सं० 1819 की विश्नोई-प्रतिलिपियों में 'वैष्णव' के स्थान पर 'साध' शब्द का प्रयोग किया गया है।

पदम तेली ने स्पष्टत: अपने आपको 'वैष्णव' भी केवल इसी छन्द में घोषित किया है। ऐसी स्थिति में या तो प्राचीनतम पाठ युक्त पुस्तक के इस छंद के आधार पर हमको 'पदम को वैष्णव' मानना होगा या परवर्ती तथा विश्नोई-हस्तलिखित प्रतियों के आधार

पर 'पदम को साध' मानना होगा। हम ऐसा नहीं कर सकते कि एक ही छंद के आधार पर 'वैष्णव' मान लें और उसी छंद के 'वैष्णव' शब्द के पाठांतर 'साधु' शब्द के आधार पर साधु भी मान लें।

ऐसा लगता है, डॉ० माहेश्वरी आकाश में भी बिना वृक्ष के ही पुष्प खिलाने वाले खिलाड़ी हैं जो साधुओं और भाटों के साक्ष्य से झूठ बात को भी सत्य सिद्ध करने में माहिर हैं।

इस एक छंद के आधार पर जब डॉ० माहेश्वरी पदम तेली को 'वैष्णव' मानते और अपनी बात को जोर देकर लिखते हैं, तब कैसे वे ही 'वैष्णव' के स्थानापन्न पाठान्तर 'साध' के आधार पर पदम को वैष्णव मानते हुए साधु भी मान सकते हैं। या तो पदम को साधु मानना चाहिए, या तो वैष्णव मानना चाहिए। दोनों मानना संभव नहीं क्योंकि या तो उस अकेले छंद में 'वैष्णव' पाठ मानना होगा; यदि 'वैष्णव' पाठ नहीं मानना हो तो पाठान्तर 'साधु' मान सकते हैं। दोनों मानना, हेकड़ी करना, या तथ्यों को छोड़कर मनमानी करना है।

जैसा हम पूर्व में, छंद 10 में प्रयुक्त 'वइष्णव' शब्द और इस छंद के 'वैष्णव' शब्द के प्रयोग से जोर देकर सिद्ध कर आये हैं कि पदम 'विष्णु भक्त वैष्णव' था, न कि विश्नोई, इसी प्रकार हम यहाँ सप्रमाण जोर देकर, कहना चाहते हैं कि पदम साधु न होकर, गृहस्थ था और उसकी जाति तेली थी। यदि वह साधु हो गया होता तो अपने आपको कथमपि 'तेली' नहीं कहता।

वैष्णव साधुओं की यह मान्य और प्रामाणिक परम्परा है कि जब कोई व्यक्ति 'वैष्णव-संप्रदाय' में दीक्षित होकर साधु बन जाता है तब उसकी जाति व गोत्र 'अच्युत' हो जाते हैं। पहचान के लिए वह रामानुजी; गौडीय, वल्लभीय, वैरागी, निम्बार्की, कबीरपंथी, नानकशाही, दादूपंथी, रामस्नेही, निरंजनी आदि लिखता है जो उसके सम्प्रदाय की पहचान है, किन्तु कोई भी साधु अपनी पूर्व आश्रम की जाति को अपने नाम के साथ नहीं लगाता। यदि पदम रामानुजी वैष्णव होता तो उसका नाम आर्चायान्त होता तथा रामानन्दी, हरिदासी, राधावल्लभी आदि अन्य वैष्णव सम्प्रदाय का होता तो उसका नाम 'दासान्त' होता किन्तु वह तो अपना नाम 'पदम', 'पदमैया' आदि ही लिखता है जिसका स्पष्ट तात्पर्य है कि उसने अपना आश्रम नहीं बदला और वह आजीवन गृहस्थ स्मार्त सनातनी वैष्णव ही बना रहा। वह कभी भी किसी भी सम्प्रदाय का शिष्य नहीं बना।

जैसा हम पूर्व में लिख आए हैं, विश्नोई-पंथ में तेली जाति के विश्नोई न पहले थे और न अब हैं। 'गुणावती' गाँव में एक भी विश्नोई तेली नहीं है। (आचार्य कृष्णानंदजी से टेलीफोनिक चर्चा, दिनांक 26.04.2024, समय 6 बजे, सायंकाल)।

अतः पदम तेली को साधु मानना, उस पर भी विश्नोई साधु मानना सर्वथा झूठा आरोपण है। पदम वैष्णव था, इसमें किसी भी प्रकार की कोई शंका नहीं है। वह जांभोजी के सम्पर्क में आया होगा, इसकी संभावना है। विश्नोइयों को पदम ने अपनी रचना 'विवाहलो' सुनाई, इसको मान लेने में भी कोई हर्ज नहीं है। विश्नोई 'विवाहलो' को रात्रि-

जागरणों व जम्मों में गाते रहे हैं, यह भी बात सत्य है। पदम की आरती का जागरणों में गायन होता रहा है, यह भी मानने में कोई हर्ज नहीं है किन्तु पदम 'विश्नोई' व 'साधु विश्नोई' था, इसको मान लेने के पक्ष में कोई भी सबल व तथ्याधारित प्रामाणिक प्रमाण नहीं हैं। केवल डॉ० माहेश्वरी ने भाटों का झूठा साक्ष्य देकर अपनी झूठी बात को सत्य लिखने का प्रयत्न अवश्य किया है, जो माननीय नहीं है।

आचार्य कृष्णानन्दजी ने पोथो ग्रंथ ज्ञान के पृष्ठ 577 व 578 पर 'अथ संत कवि-कुल-परम्परा बील्होजी' तथा स्वयं डॉ० माहेश्वरी ने अपने पूर्वोद्धृत ग्रंथ के पृष्ठ 1006 व 1007 पर विष्णोई साधुओं की गुरु-शिष्य-परंपरा प्रकाशित करवाई है। अन्य परम्पराएँ अन्यों ने भी छपवाई हैं। इन सभी परम्पराओं में प्रारम्भिक तीन पीढ़ी समान हैं, चौथी पीढी में अलग-अलग परम्पराएँ हुई हैं। इस बात को ऐसे समझें- सर्वप्रथम जांभोजी महाराज हुए। उनके 3 शिष्य हुए—(1) रेड़ोजी, (2) रणधीरजी, व (3) निहालदासजी।

रेड़ोजी के शिष्य (1) नाथोजी (2) मेहोजी (3) शोभूजी (4) खेतोजी (5) प्राणसुखजी (6) खेमचंदजी, और (7) मोहनजी।

रेड़ोजी के इन सात शिष्यों की भिन्न-भिन्न परंपराएँ चलीं जिनमें नाथोजी के शिष्य बील्होजी सर्वाधिक प्रतापी व सर्वमान्य संत हुए जिन्होंने विश्नोई-पंथ को एकसूत्र में शृंखलाबद्ध किया। कहने का आशय यह है कि जांभोजी, रेड़ोजी व रेड़ोजी के सात शिष्यों तक तो परम्परा एक ही रही है। आगे इनकी शाखाएँ, प्रशाखाएँ हुई हैं। अस्तु!

हमारा लक्ष्य इन साधुओं की परम्परा पर विशेष लिखना नहीं है। हमारा लक्ष्य पदम तेली के संदर्भ में जांभोजी के शिष्यों के नामों की पड़ताल करने तक सीमित है। उक्त परम्परा के अनुसार जांभोजी महाराज के कुल तीन विरक्त शिष्य हुए—(1) रेड़ोजी, (2) रणधीरजी, व (3) निहालदासजी। यदि पदम तेली भी जांभोजी महाराज के साधु-शिष्य होते तो निश्चित् ही उनका नाम भी उक्त शिष्य-नामावली में होता। नाम है नहीं, अतः यह प्रमाणित होता है कि पदम तेली, विश्नोई साधु नहीं थे। इतना ही नहीं, विश्नोई भी नहीं थे। हाँ, यह सच माना जा सकता है कि पदम तेली जांभोजी महाराज के सम्पर्क में आये हों, सत्संग सुना हो, स्वयं का ग्रंथ जांभोजी सहित विश्नोइयों को सुनाया हो।

पूर्व में 'पोथो ग्रंथ ज्ञान' के आधार पर हमने जो विश्नोइयों के गोत्रों की सूची की चर्चा की है, वह माहेश्वरीजी स्वयं ने भी अपने ग्रंथ के पृष्ठ 1001 पर 'विश्नोइयों की जातियाँ' नामक शीर्षक से उद्धृत की है और लिखा है- 'लेखक को अनेक स्रोतों से यही सूची उपलब्ध हो सकी है।' इसका तात्पर्य है कि यह सूची विश्नोई-पंथ में सभी के द्वारा सर्वत्र मान्य है।

जातियों की इस सूची में 'तेली' जाति का उल्लेख नहीं है। इसका तात्पर्य है, पदम तेली विश्नोई नहीं थे। डॉ० माहेश्वरी ने इसी पुस्तक के पृष्ठ 987 व 988 पर हीरानन्दजी कृत 'हिंडोलणा' नामक एक पद उद्धृत किया है जिसमें कुल 86 विश्नोइयों के नाम हैं। इन प्राचीन 86 विश्नोइयों में भी पदम वैष्णव का नाम नहीं है।

इसी प्रकार पूर्व में उद्धृत भक्तमाल (पृष्ठ 989-990) में इन्होंने कुल 75 विश्नोइयों के नाम गिने हैं, उनमें भी पदम तेली का नाम नहीं है।

इन सभी प्राचीन प्रामाणिक प्रमाणों के आलोक में पदम को विश्नोई मानना सर्वथा अप्रामाणिक है। अतः डॉ० माहेश्वरी का इनसे सम्बन्धित सारा विवरण अप्रामाणिक, तथ्यहीन होने से अस्वीकार्य मानना चाहिए।

9. विवाहलो के अलावा पदम तेली की प्राप्य अन्य रचनाएँ

विश्नोई-हस्तलेखों में पदम की तीन रचनाएँ और मिलती हैं—(1) आरती, (2) चेतावनी देता हुआ एक पद, तथा (3) चार कड़ियों की एक साखी। तीनों का पाठ नीचे दिया जा रहा है। हमने यह पाठ डॉ० माहेश्वरी की पुस्तक व आचार्य कृष्णानन्दजी विश्नोई द्वारा संपादित पुस्तक 'पोथो ग्रंथ ज्ञान' के आधार पर प्रस्तुत किया है।

पद, राग सोरठि :

नोपणियो हेला देतो जाय, नोपणियो बाळदि लादे जाय।
नोपणियो ताळी देतो जाय, प्राणीड़ै नै राखूँ रै बिळँवाय।।टेक।।
आसण थारो आतमा, दिन दस रहियो छाय।
पेम मगन माँ राचियो, चल्यौ निसाण बजाय।। 2 ।।
बारै बरस लग खेलणौ, तीसाँ बळि इधकार।
चालीसाँ चळ-चळ हुई, निकसण लागो भार।। 3 ।।
ग्यान गरथ करि गूदड़ी, हरि झोली ले हाथि।
करण कुमाई थारै सँगि चलै, पांचूँ चेला साथि।। 4 ।।
बीछड़ियाँ मेळो दुहेलो, तरवर पान प्रसंग।
फिरि पाछै पायबो नहीं, ज्यौं काँचळी भुवंग।। 5 ।।
पतर पुराऊँ थारो पेम सूँ, रँग री रेळा-पेळि।
मन मांहे डरती रहूँ, जिण जोऊँ ऊभी मेल्हि।। 6 ।।
जीमिजो जूठिजो विलसिजो, हरि भजि लीजौ भोग।
पदम भणै पायबौ नहीं, औ औसर औ जोग।। 7 ।।

—ग्रंथांक 201, 227

आरती, धनाश्री :

आरती जी त्रभुवणनाथ, किसन रुकमण आरती।
करै छै रुकमण री माय, करै छै भीषम राणी आय।। टेक1 ।।
धनि कुंदनपुर रो राजियौ, धन रुकमण री माय।
जिण कूख रुकमण अवतरी, चँवरी चढ्या जादुराय।। 2 ।।
हरि रै सेहरै सूरज सोहै, मुकट सोहै हीर।
कानै कुंडळ रतन झळकै, निरमळ साम सरीर।। 3 ।।

ब्रह्मा वेद ज ऊचर्‌या, इन्द्र कै झारी हाथ।
आदि माया साई रुकमणी, परणी त्रभुवणनाथ॥ 4॥
कसतूरी केसर अरगजो, चंदन तिलक लिलाटि।
करै श्रीपति री आरती, किसन विराज्या पाटि॥ 5॥
कसतूरी केसरि अरि कुंकम, सोवन सीप कपूरि।
हरि री सासू करै आरती, धन आजवणौ सूरि॥ 6॥
काळा केसाँ रो काबरा, हंस हलदवा रंग।
पाणी-पंथा गंगा जाती, नीलड़ा रंग सुरंग॥ 7॥
तुरंगम तेजी दिया डायजै, हीवर हसत हजार।
राजा भीषम दीयो दायजो, रुखमइयो दीय सिणगार॥ 8॥
दाणौ मारि दफै किया, नासि गयौ सिसपाळ।
निहचै तैं कारज सर्‌यौ, जीतो श्रीगोपाळ॥ 9॥
हरि री सासू करै वीनती, सांभळ त्रभुवण नाथि।
सोळा सहँस गोपि घरि थारे, भोजन रुकमण हाथि॥ 10॥
सोनों दीनूँ सोलवों, रूपो अंत न पारि।
भणै पदम जन आरती, आवागुवण निवारि॥ 11॥

—प्रति संख्या 48, पोथो ग्रंथ ज्ञान व प्रति संख्या 227

साखी :

घर क्यौं न आवौ प्रभु मेरे जादवा, तम बिन्य नैन दुखाने।
घर तो हम कूँ वन भया, तारे गिनत बिहाने॥
गिनूँ तारे रैन सारे, उदक अन्न न भावही।
सु-धण ऊभी माघ जोवै, मिंदर काग उड़ावही॥
उड़ि जाहि वायस लेहि भोजन, विलस सो मन भावही।
पदम के प्रभु नन्दनंदन, जादवा कदि आवही॥ 1॥
लेप चँदन के कारणैं, कुबज्या भई पियारी।
बहुरि मधुवन रमि रह्यो, छोड़ी चिन्त हमारी॥
चिन्त हमारी उन छोड़ी, जाय मधुवन छाइया।
कवण अवगण तजी ऊधौ, सो सँदेस न आइया॥
जाय कहियो किसन सेती, बधिक गिन्यक बचाइया।
लेप चन्दन के कारणैं, कुबज्या भई पियारिया॥ 2॥
गोकल मधवन घना अंतर, बीच बहै जमना तटिनी।
घर क्यौं न आवौ प्रभु मेरे गोकल, तुम बिन झँप्या न जाइया॥
नाहिं झंप्या जाहि तुम बिन्य, कहौ किस विधि आइया।
झंप लेकै पड़ूँ जमना, अैहल जनम गुमाइया॥

बसदेव सूँ तुम डरौ नाहीं, विरह वेदन अति घनी।
पदम के प्रभु नंद-नंदन, बीच बहै जमना तटिनी॥ 3॥
घर क्यौं न आवौ प्रभु मेरे कँवल-नैन, औगण तजो हमारे।
जो हम औगण लख किया, तो गुणि दास तुमारे॥
गुणि दास थारी नंद स्वामी, तुम चातर मथुरा-धनी।
हम अधम जाति अहीर गुजरी, तुम हो नागर बहु गुनी॥
बोह गुनी तुम नंद स्वामी, हम भई कु-पियारिया।
पदम के प्रभु नंद-नंदन, मिलौ बेग मुरारिया॥ 4॥

राग सोरठ के चेतावनी पूर्ण पद की भाषा को पढ़ने पर संतों द्वारा प्रयुक्त भाषा की स्मृति होने लगती है। यह ठेठ वैसी मरु-भाषा नहीं, जैसी विवाहलो में प्रयुक्त हुई है। मरुभाषा में 'ब' की जगह 'व' का प्रयोग प्राय: होता है। यहाँ 'पायबो', 'बरस' आदि का प्रयोग इसकी भाषा को ढूंढाड़ी के निकट ले जाते हैं। 'लागो भार', 'जीमिजो', 'जूठिजो', 'विलसिजो' पश्चिमी राजस्थानी के प्रयोग हैं जो मरुभाषा ही है। अत: यह पद मिश्रित भाषा का है और इसका जो रूप हमको मिल रहा है, वह काफी कुछ बदला-बदला लगता है।

आरती में 'छै'कार का प्रयोग इसको पुन: ढूंढाड़ी बोली के निकट बताता है किन्तु 'री', 'रै', 'री', 'रो' आदि प्रयोग पुन: इसको मरु-भाषा की ओर ले जाते हैं। जैसा हमने पूर्व में 'विवाहलो की भाषा' में विवेचन किया है, 'विवाहलो' में 'रा', 'रे', 'री', 'रो' आदि के प्रयोग पाठान्तर प्रतियों में मिले हैं जबकि मूल हस्तलेख में ना, नइ, नउ, नी आदि प्रयोग मिले हैं जो सिद्ध करते हैं कि पदम की भाषा 14-15 शताब्दी (विक्रम) की या 16वीं शताब्दी के पूवार्द्ध की है। इन प्रयोगों से निश्चित् ही लगता है, इन तीनों रचनाओं की भाषा मूल न होकर, परिवर्ती अर्थात् परिवर्तित है।

इस शीर्षक के अन्तर्गत एक महत्त्वपूर्ण बिन्दु पर चर्चा करना और शेष रह गया है; वह है 'शिवकरणी-पाठ' या उसके जैसा परिवर्तित-परिवर्द्धित पाठ। यह परवर्ती पाठ हमको दो रूपों में प्राप्य है (1) प्रकाशित शिवकरणी-पाठ, व (2) 19वीं शताब्दी के उत्तरार्द्ध और 20वीं शताब्दी के हस्तलेखों में मिलने वाला पाठ।

जैसा हम पूर्व में लिख आए हैं, शिवकरण दरकजी ने ग्यारह प्रतियाँ एकत्रित करके अपने पाठ को सुधारा, कथाक्रम को शृंखलाबद्ध किया, जहाँ पदों, छंदों में कमियाँ थीं, उन्हें सुधारा और आवश्यकतानुसार नए पद व छंद बनाकर मूल ग्रंथ में मिलाए।

प्राय: लोक-काव्यों की यह विशेषता होती ही है कि वे मौखिक, गेय व रचनाकार के नाम-विहीन होते हैं। गायक उनमें आवश्यकतानुसार पाठ को घटाते-बढाते रहते हैं और इस प्रकार उनमें से मूल रचनाकार का नाम व कथ्य गायब हो जाता है।

विवाहलो प्रारम्भ से ही गेय रचना रहा है, फिर भी यह मौखिक न रहकर, लिखित रूप में भी मिलता रहा है। गेय होने से इसमें गायक लोग सामग्री तो बढाते रहे, किन्तु

लिखित रूप में मिलने से इसके रचनाकार पदम तेली का नाम इसमें से निकल नहीं सका। गायक जन या तो अपनी रचनाओं में अपना नाम नहीं जोड़ते रहे अथवा नाम जोड़ते भी रहे तो ग्रंथ की प्रामाणिकता बनाये रखने के लिये उसमें छाप पदम की ही जोड़ते रहे।

शिवकरण दरक सम्भवतः पहले व्यक्ति थे जिन्होंने पदम तेली का नाम रखते हुए भी कहीं-कहीं स्वयं के नाम से भी पदादि बनाकर ग्रंथ में यथास्थान गुम्फित कर दिए। ग्रंथ को शृंखलाबद्ध कर सुसम्बद्ध बना दिया और छापेखानों के प्रचार हो जाने से प्रेस से छपवा भी दिया। ग्रंथ के छप जाने से प्रक्षेप होने की प्रक्रिया रुक गई और ग्रंथ की दुष्प्राप्यता समाप्त हो गई। गायक प्रकाशित पाठ खरीद कर गाने लगे।

लिखने का आशय यह है कि लगभग 400 वर्षों (1530-1930 वि० सं०) तक ग्रंथ में पाठांतरों का लगातार प्रक्षेप होता रहा जिस कारण ग्रंथ का ग्रंथाग्र लगभग पाँच, छः गुना बढ गया और मूल ग्रंथ की न भाषा बची, न ग्रंथ का ढाचा बचा। हाँ, मूल कथानक काफी कुछ अंश तक नहीं बदला। पदम जिस विचार को लेकर इस ग्रंथ को बनाने में प्रवृत्त हुए, वह भावना यथावत् बनी रही जैसे 'रुक्मिणी-कृष्ण का विवाह' द्वारका में न होकर, कुंडिनपुर में ही कृष्ण द्वारा निर्मित मधुपुरी में ही सम्पन्न हुआ।

डॉ० माहेश्वरी ने अपने विचार उक्त के विपरीत व्यक्त किये हैं। उनका कहना है कि परवर्ती हस्तलेखों में जो पदादि मिलते हैं, उनका रचयिता भी पदम तेली ही था, ये लोक गायकों द्वारा प्रक्षिप्त पाठ नहीं हैं। मुझे ऐसा लगता है, डॉ० माहेश्वरी ने या तो शिवकरण दरक का संस्करण देखा नहीं और देखा था तो उससे अनजान बने रहे और उन्होंने केवल दो तीन विश्नोई-सम्प्रदाय में प्राप्य परवर्ती हस्तलेखों को ऊपरी-ऊपरी तौर पर देखकर अपनी राय बना ली। डॉ० माहेश्वरी ने जिन हस्तलेखों को देखा, वे परिवर्द्धित पाठ वाले सभी ग्रंथ वि० सं० 1924 से 1958 के मध्य लिखे हुए हैं। 90 (1924 वि०), 91 (1939 वि०), 103 (1947 वि०), 138 (1948 वि०), 327 (1935 वि०), 339 (1958 वि०) व 403 (1937 वि०)। ये सभी सम्वत् आधारभूत मूल प्रति के सम्वत् 1669 वि० से लगभग 300 वर्ष पश्चात् के हैं। इन 300 वर्षों में क्या पाठ-प्रक्षेप नहीं हुआ होगा? अवश्य हुआ होगा क्योंकि वे स्वयं ही 1669 वि० के पाठ को भी किसी अंश तक 1819 व 1833-38 के पाठ की तुलना में प्रक्षेपित मानते हैं। ऐसी स्थिति में हमको मानना होगा कि इन 300 वर्षों के दरमियान मूल-पाठ लोक-गायकों द्वारा खूब प्रक्षेपित हुआ और बीसवीं शताब्दी के प्रथमार्द्ध की हस्तलिखित इन प्रतियों का पाठ प्रक्षेपित ही है और ये प्रक्षेपित पदादि इन गायकों द्वारा ही निर्मित हैं, पदम द्वारा नहीं; क्योंकि मूल-पाठ की भाषा और इन उक्त प्रक्षेपित पाठों की भाषा ही नहीं, मूल-पाठ-परंपरा के पाठों (वि० सं० 1819, 1881, 1833-38) की भाषा भी समान नहीं है। भाषा में अत्यधिक अन्तर आ गया है। यह भाषा का अंतर ही यह सिद्ध करने का प्रबल प्रमाण है कि बढा हुआ पाठ पदम तेली द्वारा निर्मित पाठ नहीं हैं, गायकों द्वारा निर्मित व प्रक्षिप्त पाठ है, छाप चाहे इनमें पदम की हो। शिवकरण दरक ने तो स्पष्टतः स्वयं के नाम की भी छाप लगाई है तथा कुछ पदों

में पदम की छाप के साथ स्वयं का नाम भी जोड़ा है। उदाहरणार्थ 'पदम स्याम शिवकरण मनोहर, नृत्य निरख अनुराग॥ 1760॥' उक्त जैसे कई उदाहरण हैं। पाठक मूल-पाठ पढ़ते समय संज्ञान में ला सकेंगे।

निष्कर्षतः डॉ० माहेश्वरी का निम्न निष्कर्ष ऊपर दिये गये विवेचन व प्रमाण के आलोक में निस्सार, अतः अस्वीकार्य है।

''पदम ने कृष्ण-रुक्मिणी-विवाह प्रसंग से सम्बंधित अनेक फुटकर पद भी लिखे थे। अनेक प्रतियों में उपलब्ध और सम्प्रदाय में बहु-प्रचलित ऐसे पदों से इसकी पुष्टि हाती है। 'व्यांवले' की पृष्ठभूमि पर, विवाह विषयक होने से उनमें एक क्षीण-सा तारतम्य भी दिखाई देता था। प्रत्येक पद अपने आप में तो पूर्ण था ही, वह एतद् विषयक कथा का अंश भी प्रतीत होता था। फिर ये भक्तिरस-पूरित और हृदयग्राही थे ही। अतः 'वृहत्' व्यांवले के निर्माण में प्रधान आधार (क) मूल व्यांवले का अंश तथा (ख) ये सब पद रहे।'' (जांभोजी, विष्णोई-सम्प्रदाय और साहित्य, पृष्ठ 517, सन् 1970 का संस्करण)।

डॉ० माहेश्वरी उक्त कथन लिखकर स्वयं ही स्वीकार करते हैं ''स्मरणीय है कि मूल व्यांवले का समस्त पाठ इसमें ज्यों का त्यों ग्रहण नहीं किया गया है। 'वृहत्' व्यांवले में पदम कृत काव्य का अंश तो इतना ही है, शेष मिलावट व अन्य कवियों द्वारा रचित प्रसंगानुकूल पदों और छंदों की है॥' (उक्त, पृष्ठ 517)

यहाँ डॉ० माहेश्वरी के एक बिन्दु पर चर्चा करना और जरूरी है, वह कि पदम तेली ने और फुटकर पद बनाए और वे सम्प्रदाय के हस्तलेखों में मिलते हैं।

वस्तुतः पदम तेली के मात्र दो पद व एक साखी, (एक आरती, एक चेतावनी पूर्ण उपदेश का पद और चार चरणों की एक साखी) मात्र, हस्तलेखों में मिले हैं। तीनों की भाषा भी परवर्ती है। पता नहीं, ये पदम की रचना हैं, या इनकी भाषा में परिवर्तन हो गया है। फिर भी हम यदि इनको पदम कृत मान लेते हैं, तब भी मात्र तीन ही पद-साखी विवाहलो के अतिरिक्त पदम की कृति के रूप में जुड़ते हैं।

अतः निष्कर्षतः वृहत् पाठ युक्त विवाहलो में मिले पद पदमकृत न होकर, अन्य गायकों के ही हैं जिनकी भाषा विक्रमीय 20वीं शताब्दी की है। अतः उनको पदमकृत नहीं माना जा सकता।

10. विवाहलो में पाठ-क्रमबद्धता/ क्रम-विपर्ययता

वि० सं० 1669 की प्रति				वि० सं० 1819 की प्रति			
कड़ी क्र०	छंद संख्या	शीर्षक	राग नाम	कड़ी क्र०	छंद संख्या	शीर्षक	राग नाम
01	01-05	गणेश-वंदना	मारू	01	01-05	-	मारू
02	06-10	सरस्वती-वंदना	मारू	02	06-10	-	मारू
03	11-15	विवाह-प्रस्ताव	मारू	03	11-15	-	मारू

वि० सं० 1669 की प्रति				वि० सं० 1819 की प्रति			
कड़ी क्र०	छंद संख्या	शीर्षक	राग नाम	कड़ी क्र०	छंद संख्या	शीर्षक	राग नाम
04	16–20	विवाह-प्रस्ताव	मारू	04	16–20	–	मारू
05	21–25	विवाह-प्रस्ताव	मारू	05	21–25	–	मारू
06	26–30	विवाह-प्रस्ताव	मारू	06	36–40	–	मारू
07	31–35	विवाह-प्रस्ताव	मारू	07	31–35	–	मारू
08	36–40	विवाह-प्रस्ताव	मारू	08	26–30	–	मारू
09	41–45	शिशुपाल को लग्नपत्र भेजना	मारू	09	41–45	–	मारू
10	46–54	शिशुपाल की बारात	मारू	10	46–54	–	मारू
11	55–58	शिशुपाल आगमन	मारू	11	55–58	–	मारू
				11	59–65	–	मारू
12	59–64	श्रीकृष्ण को संदेश	मारू	–	–	–	–
13	65–70	श्रीकृष्ण को संदेश	रामगिरी	12	66–72	–	रामगिरी
14	71–77	श्रीकृष्ण को संदेश	सोरठ	13	73–79	–	सोरठ
15	78–86	ब्राह्मण की यात्रा	मारवणी	14	80–88	–	मारू
				15	89–93	–	मारू
16	87–95	श्रीकृष्ण की बारात	मारवणी	16	94–102	–	मारू
17	96–103	श्रीकृष्ण की बारात	मारवणी	19	121–128	–	मारू
18	104–113	श्रीकृष्ण-आगमन	मारवणी	18	111–120	–	मारू
19	114–121	श्रीकृष्ण-आगमन	मारवणी	17	103–110	–	मारू
20	122–127	रुक्मिणी-शृंगार	केदार	20	129–134	सिणगार	हंसो
21	128–135	अंबिका-पूजन	देवसाख	22	151–158		केदार
22	136–155	अंबिका पूजन	केदार	21	135–150		केदार
	156–162	रुक्मिणी की पुकार	वेलाऊँली	23	151–164		राग नाम नहीं
23	163–174	रुक्मिणी-हरण	सिंधड़उ	24	165–175		राग नाम नहीं
24	175–183	युद्ध	सिंधड़उ	26	185–192		राग नाम नहीं
25	184–191	युद्ध	सिंधड़उ	25	176–184		राग नाम नहीं
26	192–200	जरा-आगमन	स्यन्धूड़ौ	27	193–202		राग नाम नहीं
27	201–210	रुक्मी-बंधन	स्यन्धूड़ौ	28	203–210		राग नाम नहीं

वि० सं० 1669 की प्रति				वि० सं० 1819 की प्रति			
कड़ी क्र०	छंद संख्या	शीर्षक	राग नाम	कड़ी क्र०	छंद संख्या	शीर्षक	राग नाम
28	211-222	मंडप	वेलावली	29	211-220		हंसो
29	223-235	विवाह	धनासी	30	221-233		राग नाम नहीं
30	236-242	पहरावणी	धनासी	-	-	-	-
31	243-251	विदाई	धवल धनाश्री	32	242-250	-	धनासी
32	252-262	द्वारका-आगमन	धवल धनाश्री	33	251-257	-	-
32	263-266	माहात्म्य	धवल धनाश्री	-	-	-	-
32	267-269	बधावा	बधावा	33	258-264		-
33	270-275	गाली-गीत	गाली	31	234-241	गाल्य	-

आधार प्रति में कुल 25 शीर्षकों में विषय-सामग्री को विभाजित किया गया है जबकि पाठांतर प्रति वि० सं० 1819 में मात्र दो शीर्षक 'सिणगार' एवं 'गाल्य' (गाली) हैं।

आधार प्रति व पाठांतर प्रति दोनों में राग निर्देश का एक जैसा ही तरीका है। राग विशेष जिस पद से प्रारम्भ होती है, उसके पूर्व राग का निर्देश मिलता है। आगे जब तक राग नहीं बदलती, तब तक दूसरी राग का निर्देश पद के पूर्व नहीं मिलता।

आधार प्रति में छंदांक 01-64 तक राग का कोई निर्देश नहीं है जबकि पाठान्तर प्रति में राग मारू का निर्देश है। वैसे भी, पूरे ग्रंथ में राग मारू का ही प्राधान्य है। अत: रागानुसार छंदों की जानकारी दो हस्तलेखों के आधार पर निम्न प्रकार है—

क्र०	राग नाम	छंद संख्या आधार प्रति	छंद संख्या पाठान्तर प्रति
01	राग मारू	01-64	01-65
		78-121	80-128
		कुल 108	कुल 114
02	राग रामगिरी	65-70	66-72
		कुल 06	कुल 07
03	सोरठ	71-77	73-79
		कुल 07	कुल 07
04	केदार	122-127	—
		—	135-158
		136-155	
		कुल 26	कुल 24

क्र०	राग नाम	छंद संख्या आधार प्रति	छंद संख्या पाठान्तर प्रति
05	हंसो	—	129–134 211–220 कुल 16
06	वेलाऊँली	156–162 211–222 कुल 19	159–164 — कुल 06
07	सिंधूड़ौ	163–210 कुल 48	165–210 कुल 46
08	धनासी	223–242 कुल 20	221–233 242–264 कुल 36
09	गाली	270–275 कुल 06	234–241 कुल 08
10	देवसाख	128–135 कुल 08	—
11	धवल धनाश्री	243–266 कुल 24	—
12	बधावा	267–269 कुल 03	—
	योग	कुल 275	कुल 264

ऊपर के विवरण के ज्ञात होता है कि आधार प्रति में ग्यारह रागों में 275 छंद निबद्ध हैं, जबकि पाठान्तर प्रति में 9 रागों में 264 छंद हैं।

छन्दों की गिनती लिखने में, या गिनने में दोनों ही हस्तलेखों में भूलें हैं, उनको लिखते/पाठ संपादित करते समय सुधार दी गई हैं तथा क्रमांक लगाने की पद्धति दोनों हस्तलेखों में एक जैसी कर दी गई है जिससे अब सही छंद संख्या ज्ञात हो गई है।

जैसा हम पूर्व में लिख चुके हैं, श्रीकृष्ण-रुक्मिणी-विवाहलो' मार्गी अर्थात् शास्त्रीय-पद्धति पर लिखा गया पाठ्य खंडकाव्य नहीं है। यह देशी-अर्थात् लोक-पद्धति पर तैयार किया गया गेय खंडकाव्य है। लोक-काव्य होते हुए भी इसका लिखित रूप तो मिलता ही है, इसके मूल लेखक का नाम भी अज्ञात नहीं है जबकि लोक-काव्यों में न मूल लेखक का नाम पता लगता है और न उसका मूल अथवा प्राचीन पाठ लिखित रूप में मिलता है जिस कारण गायक-दर गायक तथा पीढी-दर पीढी उसमें कोई न कोई संस्कार होता रहता है। विवाहलो भी अपने मूल रूप में सुरक्षित नहीं रह सका, इसमें प्रक्षेप होते ही रहे किन्तु इसके रचयिता के नाम में कोई फेरफार नहीं हुआ। यह ग्रंथ रागों में गेय है, अतः फेरफार होना आवश्यक भी था।

यह लोक-काव्य है, इसके दो सबल व महत्त्वपूर्ण कारण या प्रमाण पुस्तक में मिलते हैं।

(1) रागों में गेय होना।

(2) कड़वकों अथवा कड़ियों में निर्मित होकर उनके पंक्त्यांशों की आवृत्ति होना। पहला कारण तो पूर्ववर्ती रागों के विवेचन से स्पष्ट हो गया है किन्तु कड़वक या कड़ी और पंक्त्यांश-आवृत्ति का स्पष्टीकरण कर देना जरूरी है।

उदाहरण के लिये पहला कड़वक 'गणेश- वंदना' का लेते हैं। पहली पंक्ति प्रारम्भ होती है 'गवरिय नन्दन वीनवूँ जी' तो अंतिम पंक्ति प्रारम्भ होती है 'गवरिय नंदन विघन विहंडन'। दोनों में 'गवरिय नंदन' की आवृत्ति है। इतना ही नहीं, दूसरी पंक्ति के कुछ शब्द तीसरी पंक्ति में पुनरावृत्त हुए हैं यथा 'रिधि सिधि प्रसिध प्रमाण' दूसरी पंक्ति। 'रिधि सिद्धि प्रसिध प्रमाण करि नइ' तीसरी पंक्ति। इस प्रकार की आवृत्ति अधिकांश कड़वकों में देखने को मिलती है।

यह देखना भी कम दिलचस्प नहीं होगा कि हमारे आलोच्य ग्रंथ में कितने कड़वक ऐसे हैं जिनमें इस प्रकार की आवृत्ति हुई है और यदि आवृत्ति नहीं हो सकी है तो उसके संभावित कारण क्या हो सकते हैं?

पाठक देखेंगे कि मूल-पाठ हस्तलेख में कड़वकों की योजना है। अतः इस पाठ को देखने से यह पक्का निर्णय होता है कि मूलतः 'विवाहलो' कड़वकों में ही बनाया गया था किन्तु कुछ लिपिकारों ने कड़वकों के क्रमांक लिखे हैं, कुछ ने नहीं। जैसे परमानन्द बणिहाल ने कड़वक क्रमांक नहीं लगाएँ हैं (प्रति, वि० सं० 1819)।

श्रीशिवकरण दरक ने कड़वकों की मूल योजना को पूर्णतः नकार दिया और पूरा ग्रंथ सलंग बना डाला। चूँकि ग्रंथ राग-रागनियों में होने से गेय है; अतः है तो लोक-काव्य ही किन्तु कड़वक-पद्धति बिल्कुल नहीं अपनाई गई है।

आलोच्य ग्रंथ में एक से लेकर 10 तक कड़वक आवृत्ति युक्त हैं। 11वें कड़वक में आवृत्ति नहीं है किन्तु 12वें कड़वक के अन्त से 11वें कड़वक का प्रारम्भ मिलाने पर दोनों के एक होने की पूरी संभावना बनती है। पाठान्तर प्रति में ये कड़वक दो न होकर, एक ही 11वें क्रमांक का है। यहाँ यह बता देना आवश्यक है कि पाठांतर प्रति में कड़वकों के क्रमांक नहीं हैं किन्तु परमानन्दजी ने प्रत्येक कड़वक को राग का नाम लिखकर दोहे से प्रारम्भ किया है और शेष छंदों को चौपाई लिखा है। अतः जैसे ही दोहा प्रारम्भ होता है, इसका तात्पर्य है, नया कड़वक प्रारम्भ हो गया है। 11वाँ कड़वक पाठांतर प्रति में 55वें छंद से प्रारम्भ होकर 65वें छंद पर अंत होता है। हमने पूर्ववर्ती कोष्ठक में कड़वकों को इसी प्रकार दर्शाया है।

कड़वक 14 को देखने पर ज्ञात होता है कि पाठांतर प्रति का 80वें छंद का पंक्त्यांश 88वें छंद में आवृत्त होता है, इसका तात्पर्य है कि इस प्रति में यह कड़वक पूर्ण है जबकि मूल-पाठ प्रति में यह पंक्ति नहीं है जिसके कारण, या तो लिपिकार से लिखने से रह गया

या उसने जिस आदर्श प्रति से अपनी प्रति तैयार की, उसमें यह पंक्ति नहीं रही होगी किन्तु यह पंक्ति मूल-पाठ प्रति में 86वें छंद के पश्चात् 87वाँ छंद होना चाहिए, 'हूँ लछमी अरधंग ताँहरी, ओ डाहलियो आयो। महाकलप नी वार करे म, वेगा विपर चलायो।'

डॉ० माहेश्वरी ने दोनों परम्पराओं के पाठ में प्रक्षेप की चर्चा की है, तब इस 14वें कड़वक के पहले छंद अर्थात् 73वें छंद के बारे में कहा है कि यह 'ढोला मारू रा दूहा' नामक प्रेमकाव्य का दोहा है। (देखें, पृष्ठ 517, जांभोजी, विष्णोई-सम्प्रदाय और साहित्य

'संनेसोई लख लहै, जे कहि जाणै कोय।
ज्यौ हूँ आखूँ नीणै छल्या, यो जे अखै सोय॥ 73॥

यह पाठान्तर-प्रति में है, मूल-पाठ प्रति में नहीं। (**देखें** : 'ढोला मारू रा दुहा', पृष्ठ 25, संवत् 2011 का संस्करण)

यहाँ यह तथ्य भी ध्यान देने योग्य है कि पाठांतर प्रति जिसका लिपिकाल 1819 वि० सं० है, में यह छंद है जबकि वि० सं० 1881 की दोनों प्रतियों में यह छंद नहीं है। ढोला मारू रा दूहा में इसका पाठ है

''संदेसा ही लख लहइ, जउ कहि जाणइ कोइ।
ज्यूँ धणि आखइ नयण भरि, ज्यँउ जइ आखइ सोइ॥ 110॥''

इस कड़वक के पश्चात् पाठांतर प्रति में 89 से लेकर 93 तक कुल 5 छंद घोड़ों की जातियों का वर्णन करते हैं और उनको पृथक् कड़वक में रखा गया है। चूँकि हमने सर्वत्र मूल प्रति को आदर्श माना है, अतः इन घोड़ों के वर्णन से सम्बद्ध छंदों को भी 14वें कड़वक के नीचे ही सम्पादित कर दिया है, चाहे इनको पाठांतर प्रति के आधार पर क्रमांक 15वाँ कड़वक दिया गया है। आधार प्रति में घोड़ों की जातियों के वर्णन से सम्बद्ध छन्द नहीं हैं। शिवकरणी संस्करण में तो घोड़ों की ही नहीं, बैलों की भी भिन्न-भिन्न जातियों के नाम वर्णित किये हैं। बारात में रथ व बैलगाड़ी दोनों गए थे।

इसी प्रकार मूल प्रति के कड़वक 23 तथा पाठांतर प्रति के समानान्तर कड़वक 24 में आवृत्ति दो बार हुई है। प्रारंभिक छंदांक 163 का अंश, अंतिम 174वें छंद में तो आवृत्त हुआ ही है, बीच के छंदांक 169 की आवृत्ति भी, 174वें छंद में हुई लगती है और ऊपरी तौर पर लगता है, यहाँ दो कड़वक हैं किन्तु दोनों प्रतियों में ही छंदांक 163 से 174 तक व छंदांक 165 से 175 तक एक ही कड़वक माना गया है। अतः हमने भी एक ही कड़वक माना है।

अब हम पुनः मूल विषय पर आते हैं कि कितने कड़वकों में आवृत्ति है व कितनों में नहीं। बारीकी से अध्ययन करने पर ज्ञात होता है कि कुल मिलाकर 6 कड़वक (आधार प्रति के 14, 15, 20, 21, 26 व 28) ऐसे हैं जिनमें प्रारंभिक पंक्त्यांश व अंतिम पंक्त्यांशों के शब्द आपस में मेल नहीं खाते।

कड़वक 14 में विषय की तो समानता है किन्तु समान शब्द व शब्दों की पुनरावृत्ति नहीं है। अन्य कड़वक प्रायः पदों में, रागों में निबद्ध हैं, अतः उनमें शब्दांशों का मेल नहीं हो सका है।

मुझे ऐसा लगता है, पदम तेली ने उन चारण रचनाकारों के लिए एक मार्गदर्शक काव्य-परिपाटी अपने पीछे छोड़ी है जिन्होंने वयण-सगाई छंद रचना में अनिवार्य माना। वस्तुतः प्रारम्भ में विषय का स्थूल प्रतिपादन होता है, फिर धीरे-धीरे उसमें वैचारिक और सैद्धान्तिक मंथन होते-होते बारीकी व गंभीरता आती है। ऐसे ही पदम ने वर्ण-मैत्री का प्रचलन करके आगे के कवियों के लिए प्रति कड़वक नहीं, प्रति छंद नहीं, छंद के प्रत्येक चरण में 'वयण-सगाई' मिलाना अनिवार्य मानने का श्रीगणेश किया। बीसवीं शताब्दी के सूर्यमल मिश्रण ने इसे उतना उपयोगी नहीं माना (बरण सगाई वालियाँ, पेखीजै रस पोष। वीर हुतासण बोळ में, दीसै हेक न दोष॥), फिर भी आज भी चारण रचनाकार 'वयण-सगाई' का निर्वाह करते ही हैं।

(1) पाठ क्रम में पहला व्यतिक्रम छंदांक 58 के पश्चात् मिलता है। शिशुपाल बारात लेकर कुंडिनपुर आ जाता है। रुक्मिणी की माँ कहती है, पुत्री! गवाक्ष पर चढकर बारात को देख। अपने होने वाले पति को देख किन्तु रुक्मिणी मना करते हुए अपना सात जन्मों का पति श्रीकृष्ण को बताती है।

इतने ही में, बात करने के समय ही, हरि नामक विप्र आ गया (छंद 59-64) और उसको रुक्मिणी गुप्त समाचार लिख कर देती हैं कि लग्न के मात्र तीन दिन बचे हैं। आप बिना देरी किये तत्काल पधारें। 'गूपत गूझ लिख्या गुणवन्ती' से बोध होता है कि ब्राह्मण को मौखिक समाचार व लिखा हुआ पत्र गुप्त रूप से दिया, उस समय न माँ थी और न कोई और था।

चूँकि छंदांक 58 तक माँ-बेटी का सम्वाद पूरा नहीं हुआ, यह संवाद पुनः छंदांक 65 से 70 तक और चलता है जबकि पहले पूरा संवाद हो जाना चाहिए था, उसके पश्चात् 'रुक्मिणी द्वारा मौखिक और लिखित समाचार भेजना' वर्णन करना चाहिए था। पाठांतर प्रति में भी यही क्रम अपनाया गया है।

(2) छंदांक 71 से 95 तक कथाक्रम ठीक-ठीक चलता है। ब्राह्मण को लिखित एवं मौखिक-समाचार कहती हैं रुक्मिणी। ब्राह्मण जाता है। श्रीकृष्ण से मिलता है और श्रीकृष्ण पत्रस्थ समाचार पढ़कर सभी को बारात सजा-कर चलने को कहते हैं। बारात तैयार होकर कुंडिनपुर पहुँच जाती है। (छंदांक 95)।

इसके पश्चात् श्रीकृष्ण द्वारा कुमारी रुक्मिणी के रूपादि के बारे में हरि विप्र से पूछना क्रम-विपर्यय-सा लगता है। यदि कुमारी का रूप, शील, सौंदर्य, कुल आदि पूछना ही अभिष्ट था तो वह उस समय पूछा जाना चाहिए था जब हरि विप्र द्वारका में पहुँच-कर चिट्ठी देता है।

किन्तु यहाँ रचनाकार की मनोदशा को समझना आवश्यक है। रचनाकार वैष्णव है। विष्णु की मात्र भक्ति करना जानता है। अन्य काव्यशास्त्र, व्याकरण, पिंगल आदि नहीं जानता। अतः उसकी दृष्टि में कृष्ण एक तो क्षत्रिय हैं जो शरणागत-वत्सल होते हैं। शरणागत की विपत्ति मिटाने को क्षत्रिय बिना देरी किये तत्काल उठ खड़े होते हैं। दूसरे, उन्हें पहले रुक्मिणी को कुंडिनपुर पहुँचकर आश्वस्त करना जरूरी था कि श्रीकृष्ण आ

गये हैं। चिन्ता व घबराने का कोई कारण शेष नहीं रहा है। प्रसन्नतापूर्वक कुलदेवी की पूजा करने जाओ और कुलाचार जो भी हैं, उनको प्रसन्नतापूर्वक सम्पन्न कराओ ताकि पारिवारिक-जनों के मन में कोई शंका न उठे और रुक्मिणी बिना किसी रुकावट के कुलदेवी-पूजन करने को जा सके और कृष्ण अपनी योजना को सफल कर सकें।

जब कुंडिनपुर में श्रीकृष्ण पहुँच गये, तब श्रीकृष्ण भी आश्वस्त हो गये कि मैं समय पर पहुँच गया हूँ। इधर रुक्मिणी भी आश्वस्त हो गई कि मेरे प्राणप्रिय आ गये हैं। तब ही श्रीकृष्ण ने हरि ब्राह्मण से रुक्मिणी का शील, सौंदर्य, रूप आदि पूछा। अतः यह क्रम विपर्यय नहीं है।

(3) बिन्दु दो में आधार प्रति के 103 छंदों तक की चर्चा आ चुकी है। अब आगे की चर्चा करना आवश्यक है।

श्रीकृष्ण-आगमन का समाचार हरि विप्र, कुमारी रुक्मिणी को देता है। कुमारी प्रसन्न होकर उसको प्रचुर दान-दक्षिणा देती है और सलाह देती है कि राजा भीष्मक को कृष्णागमन की सूचना दे। ब्राह्मण ने सूचना दी। भीष्मक ने कृष्ण-बलराम व बारात का स्वागत-कर भोजन पर आमंत्रित किया।

श्रीकृष्ण ने कुंडिनपुर में एक अनुपमनगर की तत्काल रचना की और वहाँ अपना डेरा लगाया।

इसके पश्चात् रुक्मिणी कुलदेवी-पूजनार्थ जाने के पूर्व श्रृंगार करती है। फिर पूजनार्थ मंदिर में जाती है। पूजन धीरे-धीरे व जान बूझकर देरी करते हुए करती है। 'विलंब मंडई वार'। यह वर्णन छंद 134 तक है।

इसके पश्चात् 136 से 155 तक पुनः पूजन करने को जाने का वर्णन कर पुनः 19 छंदों में रुक्मिणी के श्रृंगार का वर्णन करना क्रम-विपर्यय को दर्शाता है। ध्यातव्य है कि पाठान्तर प्रति में क्रम का यह उलट-पलट नहीं है। वहाँ श्रृंगार का वर्णन दो कड़वकों में लगातार है, तत्पश्चात् पूजन करने जाने का वर्णन है।

(4) छंदांक 156 से 162 तक मंदिर में रुक्मिणी आर्त्त होकर कृष्ण से मन ही मन प्रार्थना करती है। छंदांक 163 से 174 तक श्रीकृष्ण-बलभद्र आते हैं। हरण करते हैं। शिशुपाल युद्ध करने की कहता है। 176 से 183 तक युद्ध होता है, सायंकाल तक। रवि अस्ताचल को चले जाते हैं। शिशुपाल की 95 अक्षोहिणी सेना, मात्र पाँच अक्षोहिणी रह जाती है। श्रीकृष्ण की विजय होती है। छदांक 184 से 191 तक पुनः युद्ध का वर्णन आता है किन्तु इस कड़वक में जीत-हार का निर्णय नहीं होता। इसका तात्पर्य यह है कि यह कड़वक पहले आना चाहिए व 176 से 183 तक का कड़वक जिसमें युद्ध का निर्णय होकर जीत यादवों की होती है, बाद में आना चाहिए। अतः यहाँ क्रम विपर्यय है। पाठांतर-प्रति में यहाँ क्रम-विपर्यय नहीं है। उसमें क्रम यथावत् वैसा ही है, जैसा होना चाहिए।

आगे छंदांक 192 से 200 तक जरा का आगमन व उसके द्वारा युद्ध का वर्णन दोनों परंपराओं के पाठों में है। जब जयमाला यादवों के गले में डल गई, तब जरा का आना,

युद्ध करना, श्रीकृष्ण का जरा का आगमन जान लेना व नेमीनाथ व बलभद्र द्वारा उसे बुरी तरह मरणासन्न कर भगा देने का वर्णन यहाँ न आकर पहले आना चाहिए। यहाँ दोनों ही प्रतियों अर्थात् पाठ-परंपराओं में क्रम विपर्यय मालूम देता है। यह वर्णन पाठांतर प्रति में 184 छंद के बाद तथा आधार प्रति में 191 छंद के पश्चात् आना चाहिए था।

वैसे इस जरा का प्रसंग युद्ध के समय न तो श्रीमद्‌भागवत्‌महापुराण में आता है और न 'वेलि कृष्ण रुकमणि री' में आता है। हाँ, जरा का वर्णन उस समय अवश्य आता है जब जरासंध का वध किया जाता है और वह मरता नहीं। उसके शरीर के दोनों दाँए-बाँए हिस्से बार-बार जुड़ जाते हैं। कृष्ण तब युक्ति बताते हैं कि दोनों हिस्सों को विपरीत दिशाओं में फेंकने से दोनों जुड़ेंगे नहीं और जरासंध का अंत हो जाएगा, क्योंकि जरासंध के जन्मने पर इस जरा नाम की देवी ने ही जरासंध के दोनों धड़ों को जोड़कर जीवनदान दिया था। अतः जरा का प्रसंग भी पहले आना चाहिए था।

(5) रुक्मी-बंधन, मंडप-रचना, विवाह एवं विवाह के पश्चात् पहरावणी तक का क्रम ठीक है। इसके पश्चात् बारात की विदाई होती है। यहाँ तक 17 से 31 तक के कड़वकों की सामग्री है। जब कृष्ण-बलराम कुंडिनपुर में आये तब राजा भीष्मक ने भोजन करने की मनुहार की थी किन्तु बलराम ने कहा, जाने के पूर्व भोजन करके जायेंगे, अभी तो जिस काम के लिए आये हैं, पहले वह करना जरूरी है। (छंदांक 112-113)

उक्त कड़वकों में विवाह होकर विदाई भी हो गई किन्तु भोजन करने, गाली गाने का कोई प्रसंग वर्णित नहीं हुआ जबकि यहाँ वह प्रसंग आना चाहिए, विवाहोपरांत पहरावणी या भोजन करने के समय। गाली प्रायः पहरावणी या भोजन करते समय गाई जाती हैं। पाठांतर-प्रति में गाली का प्रसंग बिल्कुल ठीक जगह पर आया है किन्तु आधार प्रति में बिल्कुल अंत में आया है जो क्रम विपर्यय ही है! अस्तु!

कुंडिनपुर से विदा होकर कृष्ण-रुक्मिणी 22वें शीर्षकानुसार द्वारका में आ जाते हैं। गठजोड़े से कुलदेवी की यात्रा (जात) करते हैं। यहीं बधावा गीत आना चाहिए था किन्तु बधावा गीत माहात्म्य के पश्चात् आया है। वस्तुतः माहात्म्य बिल्कुल अंत में आना चाहिए।

निष्कर्ष के तौर पर देखें तो कथाक्रम विपर्ययता मूल प्रति में अधिक जबकि पाठांतर प्रति में कम है। पाठक उक्त विवेचन से इस धारणा को भली प्रकार समझ सकते हैं। दोनों पाठों की परम्पराएँ सर्वथा भिन्न हैं। एक परम्परा विश्नोई-सम्प्रदाय की व दूसरी सम्प्रदाय-निरपेक्ष परंपरा है। दोनों के समय में 250 वर्षों का लम्बा अंतर है। जहाँ घोड़ों का वर्णन वाला कड़वक छंद 5 व एक ढोला मारू का दूहा छंद 1, कुल 6 छंद पाठांतर-प्रति में अधिक हैं, वहाँ आधार प्रति में पहरावणी के 7 तथा माहात्म्य के 4, कुल 11 छंद अधिक हैं। कहीं किसी में एक-दो छंद ज्यादा हैं, कहीं किसी में एक दो छंद कम हैं। बस, इन्हीं कारणों से दोनों में मात्र 11 छंदों का अंतर है जिनको देखकर ऐसा नहीं लगता कि इनमें प्रक्षेप हुए हैं। ये पाठ मूल के सर्वाधिक नजदीक हैं। हमने पाठान्तर न देकर, दोनों परम्पराओं के पाठ साथ-साथ दिये हैं जिसका गंभीर व सुविस्तृत अध्ययन करके अनेक तरह के निष्कर्ष निकाले जा सकेंगे।

11. सात जनम साथइ सामळिया

हे त्रिविक्रम! सात जन्मों से तेरे साथ हूँ, तेरी पत्नी हूँ (75)। रुक्मिणी को श्रीकृष्ण से जब भी कुछ कहने का अवसर मिलता है, तब वह सात जन्मों से पत्नी होने की स्मृति कराकर रामावतार के समय की घटनाओं का कुछ विस्तार से वर्णन करती है। प्रश्न है, रुक्मिणी ने ये सात अवतार कौन-कौनसे माने हैं।

रुक्मिणी सात जन्मों की चर्चा सबसे पहले छंद 64 में करती है जहाँ वह कहती है, हे साँवलिया! पिछले सात जन्मों से मैं आपकी रही हूँ, इस कारण मैं इस जन्म में भी आपके प्रति अनन्यभावेन आकर्षित हूँ। मेरा लग्न होने में मात्र तीन दिन बाकी हैं। अत: आप पत्र मिलते ही बिना सोचे-समझे यहाँ के लिये रवाना हो जाओ। यदि भोजन कर रहे हों तो जल यहाँ आकर पीना। वस्तुत: रुक्मिणी के ऐसे व्यग्रतापूर्ण संदेश को सुनते ही कृष्ण बिना ब्राह्मण से कुछ पूछे-ताछे द्वारका से चल दिये व कुंडिनपुर में आकर रुक्मिणी के बारे में जानकारी ली।

हाँ, तो सात नाम कौन-कौनसे हैं, का ब्यौरा रुक्मिणी ने इसी कड़वक के छंद 61 व 62 में दिया हैं। वह कहती है 'मत्स्य, कूर्म, वाराह, नृसिंह, वामन, परशुराम तथा दाशरथि राम। (छंद 61, 62)।

इन अवतारों में पाँच तो नैमित्तिक मात्र हैं। निमित्त विशेष के लिए अवतरित हुए और निमित्त पूर्ण होने पर अंशी रूप विष्णु से एकाकार हो गए। परशुराम आजीवन बाल-ब्रह्मचारी रहे। उन्हें अजर-अमर माना जाता है। सातवें रामावतार में रुक्मिणी ही सीता थीं, जिसकी स्मृति रुक्मिणी बार-बार कराती हैं। रुक्मिणी ने सात जन्मों की बात एक ही स्थान पर नहीं कही है, जहाँ भी उसे अवसर मिला है, उसने सात जन्मों की बात करके रामावतार की चर्चा विशेष रूप से की है। वैष्णव भक्ति-मार्ग में विष्णु की उपासना के बाद राम व कृष्ण की उपासना का ही प्राधान्य है। पदम राम व कृष्ण का रुक्मिणी के द्वारा स्मरण कराकर राम-कृष्ण दोनों में अभेद की भावना भी व्यक्त करता है। इससे ऐसा भी अनुमान लगाना सर्वथा प्रामाणिक है कि पदम किसी भी वैष्णव सम्प्रदाय का अनुयायी न होकर, स्मार्त वैष्णव सनातन धर्मावलम्बी था जैसा हमने पूर्व में भी जोर देकर कहा है।

सात जन्मों के सम्बन्ध का वास्ता रुक्मिणी छंदांक 75 में 'सात जनम साथइ सामळिया' भी देती है। जहाँ 'रामावतार में सीता रूपी मुझको विवाहित करके लाए' कहती है 'साँवरा मंडप सुर देखताँ, सीता ल्याया परणी रे'।

जब श्रीकृष्ण हरि जोशी से रुक्मिणी के गुण, रूप, सौंदर्य, स्वभाव आदि के बारे में जिज्ञासा करते हैं, तब यह ब्राह्मण रुक्मिणी का वर्णन लक्ष्मी की अवतार के रूप में करता है और कहता है, रुक्मिणी समुद्र से उत्पन्न चौदहों रत्नों में से एक है। (पाठांतर प्रति में 'आदइ सागर' की जगह 'आना सागर' पाठ है जो सर्वथा असंगत है। आनासागर अजमेर के अर्णोराज चौहान, लगभग 12वीं शती ने खुदवाया गया जबकि पौराणिक साहित्य में

स्पष्टतः लक्ष्मी को सागर-सुता कहा गया है) (छंदांक 96-103) विष्णु के वामांग में विराजने वाली लक्ष्मी है।

जब ब्राह्मण रुक्मिणी से मिलता है तब विप्र से कृष्ण के पहचान के चिह्न पूछती है। ब्राह्मण जो भी लक्षण बताता है, वे सभी विष्णु के हैं (देखें छंद 108-109)।

इस वर्णन व आगे के वर्णन में पदम द्वारा ग्रंथ का नाम 'विष्ण तणो वीवाह' 'विष्णु का विवाह' रखना सर्वथा सार्थक लगता है। पाठांतर प्रति में 'विष्ण तणो वीवाह' की जगह 'कृष्ण तणो वीवाह' पाठ मिलता है, वह प्रक्षिप्त या कहें, परिवर्तित पाठ ही है, मूल-पाठ नहीं। 'विष्णु का विवाह' नाम सार्थक तब भी होता है, जब 'कृष्ण-रुक्मिणी' का ग्रंथि-बंधन होता है। ग्रंथि-बंधन 'आदि विष्णु व आदि माया लक्ष्मी' का करवाया गया है, न कि कृष्ण-रुक्मिणी का (देखें छंदांक 230)।

12. डाहलिया-शिशुपाल

आधार-पाठ प्रति एवं पाठांतर-पाठ प्रति में शिशुपाल को कई बार 'डाहलिया' कहा गया है। प्रश्न उठता है कि 'डाहलिया' 'नाम' है या शिशुपाल 'डाहल-वंश' का क्षत्रिय था जिस कारण विवाहलो में बार-बार उसको 'डाहलिया' कहा गया है।

वस्तुतः चेदि का यह राजकुमार 'डाहल- राजवंश' का था, अतः इसको बार-बार 'डाहलिया' कहा गया है। [नवीं शती के मध्य 'डाहल' (जबलपुर) के पास 'त्रिपुरी' में कोकल्ल (प्रथम) ने कल्चुरीवंश की स्थापना की। (इसी कारण यह वंश 'डाहलिया' कहलाया) देखें: हिन्दी साहित्य का बृहत इतिहास, प्रथम खंड, पृष्ठ 43, सम्वत् 2036 का संस्करण]।

शिवकरणी-संस्करण में भी शिशुपाल को बार-बार 'डाहलिया' कहा गया है। इतना ही नहीं, शिवकरणी-संस्करण में श्रीकृष्ण द्वारा पत्री लाने वाले ब्राह्मण से रुक्मिणी के गोत्रादि पूछने पर राजा भीष्मक के भी गोत्रादि ब्राह्मण द्वारा बताए गए हैं।

रुक्मिणी की नानी खीचण अर्थात् चौहान खीची कुल की, माता सोलंकी व पिता पँवार=परमार जाति के क्षत्रिय बताए गए हैं। रुक्मिणी की दादी का कुल भी पँवार बताया गया है। प्रश्न होता है, पँवार जाति की दादी, पँवार क्षत्रियों में ही विवाहित होकर कैसे आ गई?

दूसरे, ये सभी राजवंश लगभग बारह सौ से पन्द्रह सौ वर्षों से पुराने नहीं हैं। ऐतिहासिक स्रोत ऐसा ही बताते हैं, फिर इन जातियों को बताने की आधिकारिकता या प्रामाणिकता कितनी है, विचारणीय है?

13. कृष्ण यादव अथवा अहीर

पौराणिक-साहित्य के अनुसार कृष्ण का जन्म नहीं, अवतरण हुआ। वे वसुदेव के औरस पुत्र नहीं हैं। हाँ, वे कंस के कारागार में देवकी व वसुदेव के यहाँ अवतरित हुए, अतः उनके वास्तविक माता-पिता देवकी-वसुदेव ही हैं। वे ही द्वारका में श्रीकृष्ण के साथ

रहे। पौराणिक-वंशावलियों के अनुसार कृष्ण यादव थे अर्थात् यदु के वंश में उत्पन्न होने से चन्द्रवंशी यादव।

रुक्मिणी के पिता राजा भीष्मक इस बात को भली प्रकार जानते हैं और ज्येष्ठ पुत्र रुक्मी द्वारा बार-बार कृष्ण के वंश को हल्का बताने पर कहते हैं कि कृष्ण का वंश 'विशुद्ध' अर्थात् शुद्ध है, मिलावटी-वर्णशंकर नहीं है। यादव उच्चकुल है 'छपन कोड़ि जादव नौ राजा, वंस विसुध बखाणूँ' ॥ 14 ॥

रुक्मी पिता की बात को बराबर यह कहकर काटता रहता है कि कृष्ण ग्वाला है, दूध-दही के रूप में कर लेता था। ब्रज की औरतों के साथ मौज-मस्ती करता था। कामी है, वंशी बजाकर औरतों को मोहित करता रहा है। अतः न उसका कुल ऊँचा है और न उसका आचरण आदर्श तथा स्पृहणीय। पिता-पुत्र का यह संवाद 11वें छंद से प्रारम्भ होकर 40वें छंद पर अंत होता है। 30 छंदों का यह सम्वाद बडा ही संयमित भाषा में गरिमायुक्त है, कहीं भी पिता-पुत्र के मध्य वाक्युद्ध जैसा आभास नहीं देता। दोनों ऊपरी-2 बातें कहते हैं। अस्तु!

अब प्रश्न उठता है, क्या नंद-यशोदा जो अहीर अर्थात् आभीर थे, यादव नहीं थे? यदि थे तो रुक्मी ने उनको यादव क्यों नहीं माना और यदि यादव नहीं थे तो क्या थे? चूँकि कृष्ण का बाल्यकाल नंद के यहाँ व्यतीत हुआ, राजा भीष्मक ने कृष्ण के जितने भी पराक्रम भरे कार्यों का वर्णन किया, वे सभी कार्य उस समय के हैं, जब कृष्ण का सीधा-सीधा संबंध नन्द-यशोदा से है। अतः रुक्मी द्वारा कृष्ण को यादव क्षत्रिय मान लेना संभव नहीं था।

शोधकर्त्ता ऐतिहासिकों का कहना है कि रुक्मी द्वारा कृष्ण का विरोध आर्य-संस्कृति द्वारा अनार्य-संस्कृति का विरोध है। इनका कहना है कि श्रीकृष्ण ने इन्द्रपूजा का विरोध कर गिरिराज-पूजन का प्रचलन किया। यह वास्तव में आर्य-संस्कृति के प्रतीक इन्द्र की पूजा का निषेध व स्वयं की अनार्य गो-पालन की संस्कृति की स्थापना है। इसकी पुष्टि हरिवंश पुराण के कुछ श्लोक करते हैं।

इन्द्र द्वारा अभिषिक्त हो जाने के उपरान्त कृष्ण के पास जाकर वयोवृद्ध आभीर उनके देवतुल्य पराक्रम से अभिभूत होकर कृष्ण की स्तुति करते हुए एक स्थल पर कहते हैं, 'हे कृष्ण! तुम्हारे कृत्य अमानुषीय और देवतुल्य हैं, आप महाबली हैं, तब आपके पिता वसुदेव कैसे हुए।'

''कस्त्वं भवसि रुद्राणां मरुतं च महाबलः।
वसूनां वा किमर्थे च वसुदेव पिता तव॥
देवो वा दानवो वा त्वं यक्षो गंधर्व एव वा।
अस्माकं बन्धवो जातो योऽसि सोऽसि नमोस्तु ते॥
मन्येत मां यथासर्पे भवन्तो भीम विक्रमं।
तथाहं नावमन्तव्यः स्वजातीयोऽस्मि बान्धवः॥''

—हरिवंशपुराण, ह० क्री० अध्याय, श्लो० 5, 8 व 11

श्लोक 11 में श्रीकृष्ण की स्वीकारोक्ति कि 'मैं भी आपका स्वजातीय बान्धव ही हूँ', महत्वपूर्ण है अर्थात् वे अपने आपको आभीर स्वीकार करते हैं!

मनुस्मृति में आभीरों को मिश्रित जाति कहा गया है। मनु ने ब्राह्मण पिता व अम्बष्ठा स्त्री से आभीरों की उत्पत्ति मानी है (मनुस्मृति 10,15)। वैसे, मनु इनको क्षत्रिय ही मानते हैं (मनु० 10, 43-45)। ब्रह्मपुराण में क्षत्रिय पिता व वैश्य माता से आभीरों की उत्पत्ति बताई गई है (ईलियट, रेसिस ऑफ दि एन० डब्ल्यू० पी० ऑफ इण्डिया, वाल्यूम 1, पृष्ठ 2)। पतंजलि आभीरों को एक स्वतंत्र जाति घोषित करते हैं और इनको वैश्यों में वर्गीकृत करते है (वैश्यमेदं एवं आभीरो गवाद्युपजीवोहेमचन्द्रः, अभिदान-चिन्तामणी, 512)। महाभारत में इनको शूद्र कहा गया है (महाभारत 14/30/16)।

ऊपर जिन विभिन्न मतों की चर्चा की गई है, लगता है, पदम ने उनमें से कुछ और हो सकता है, इनसे भी ज्यादा चर्चा सुनी हो, तबही उसने भीष्मक के मुख से कृष्ण के कुल को यादव व विशुद्ध क्षत्रिय कहलवाया है। रुक्मी आभीरों को शुद्ध क्षत्रिय नहीं मानता था, इसीलिए उसने कृष्ण का उग्र विरोध किया, शिशुपाल ने गालियाँ दीं, द्वारका के नष्ट हो जाने पर यदुवंश की जो नारियाँ अर्जुन द्वारा हस्तिनापुर ले जाई जा रही थीं, उन्हें मार्ग में ही वीर आभीरों ने अर्जुन से छीन लीं। इसका यही कारण समझ में आता है कि आभीर अपने सजातीयों की गृहणियों को आर्यों के अधीन नहीं छोड़ना चाहते थे।

वस्तुतः ब्रज के मध्य दोआब में रहने वाले आभीर या अहीर मुख्यतः नन्दवंशी हैं। यमुना के पश्चिम भाग तथा दोआब के अहीर अपने को यदुवंशी तथा वाराणसी के आसपास बसे अहीर अपने को ग्वाल-वंशी मानते हैं।

ब्रज के आसपास के यदुवंशियों में परंपरया यह अनुश्रुति प्रचलित है कि नंदजी के पिता ने किसी वैश्य कन्या से विवाह कर लिया था, इससे इनका वंश 'नन्दवंश' कहलाया और इन्होंने क्षत्रियत्व के काम को छोड़कर गो-पालन का काम अपना लिया था।

हरिवंश एवं महाभारत के सूत्रों को इन सूत्रों से जोड़ने पर लगता है कि कृष्ण ने बाल्यकाल में इन्द्र के स्थान पर पर्वत को पूज्य बनाकर आर्य-संस्कृति को जो चुनौती दी थी, उसके घात-प्रतिघात उनके जीवन के उत्तरार्द्ध तक चलते रहे। कृष्ण का उदय आरंभ में आभीर नेता के रूप में हुआ जिसके कारण अनेक क्षत्रिय उनके प्रतिद्वंद्वी व विरोधी के रूप में आगे आये परन्तु युधिष्ठिर की सभा में शिशुपाल को मारकर उन्होंने आभीर-शक्ति की अजेयता घोषित करके आर्यों का नेतृत्व स्वयं ग्रहण कर लिया। महाभारत के युद्ध में सभी विघटनकारियों का उच्छेद करके वे समग्र भारतीय राजनीति और संस्कृति के समर्थ सृष्टा के रूप में उभर कर सामने आये। इस प्रकार महाभारत कौरव और पांडवों के संघर्ष का ऐतिहासिक महाकाव्य तो है ही, प्रासंगिक रूप से वह आभीरों के क्षत्रियत्व और नेतृत्व-प्राप्ति के संघर्ष की भी गाथा है।

महाभारत में पाण्डवों के साथ-साथ दुर्योधन के हृदय में कृष्ण के प्रति कम कटुता नहीं है। शिशुपाल, रुक्मी आदि अनेक क्षत्रिय कृष्ण का विरोध करते हैं। वस्तुतः यह विरोध

आभीरों के उदय के विरुद्ध ही आर्यों के एक वर्ग विशेष की सामुहिक प्रतिक्रिया है जो कूटनीति से कुरुक्षेत्र में इन सभी के आपस में लड़ मरने के उपरांत ही समाप्त होती है जब आभीरों के क्षत्रियत्व को चुनौती देने वाला कोई भी विरोधी शेष नहीं बचा।

आभीर भारत में बाहर से आये, अतः अनार्य तथा भारतीय ही थे, आर्य की कसौटी है। डॉ० भांडारकर ने आभीरों का सीरिया से आकर भारत में बसना माना है। अन्य अनेक विद्वान् डॉ० भाण्डारकर की स्थापना से सहमत नहीं हैं। डॉ० कुमार स्वामी का कहना है कि 'आभीर' शब्द द्रविड़-भाषा का है जिसका अर्थ गोपालक होता है। वे आभीरों को दक्षिण भारत के मूल निवासी मानते हैं।

जिन विद्वानों ने आभीरों को ईसा की प्रथम शताब्दी में बाहर से आकर भारत में बसना माना है, वे भी मानते हैं कि आभीर सिंध के रास्ते भारत में प्रविष्ट होकर दक्षिण-भारत में बसे। फिर बाद में उत्तर भारत में आये। कैनेड़ी ने आभीरों को सीथियन माना है और वर्तमानकालीन अहीरों को इन्हीं सीथियनों के उत्तराधिकारी माना है। कैनेड़ी का यह भी कहना कि आभीरों की संतान अहीर, जाट, गूजर आदि की मुखाकृति दक्षिण भारतीय द्राविड़ों जैसी न होकर, सीथियनों जैसी है। (जर्नल ऑफ रायल एशियाटिक सोसायटी, 1907)

14. विवाह-संस्कार

आलोच्य ग्रंथ का वर्ण्य विषय कृष्ण एवं रुक्मिणी का विवाह है। सनातन-धर्म में सोलह-संस्कारों की मान्यता है जिसमें विवाह-संस्कार की महत्ता अन्यतम है। विवाह सम्बन्धी बहुत से शब्द विवाह-संस्कार के तत्त्वों की ओर संकेत करते हैं, यथा उद्वाह अर्थात कन्या को उसके पितृगृह से उच्चता के साथ ले जाना; विवाह अर्थात् विशिष्ट ढंग से कन्या को ले जाना या अपनी स्त्री बनाने को ले जाना; परिणय या परिणयन अर्थात् अग्नि की प्रदक्षिणा करना; उपयम अर्थात् सन्निकट ले जाना और अपना बना लेना एवं पाणिग्रहण अर्थात् कन्या का हाथ ग्रहण करना। यद्यपि ये शब्द विवाह-संस्कार के केवल एक-एक अंग को निर्दिष्ट करते हैं किन्तु शास्त्रों में इन सभी का प्रयोग हुआ है और विवाह-संस्कार के उत्सव के कतिपय कर्मों को इनमें समेट लिया गया है।

ऋग्वेद के अनुसार विवाह का उद्देश्य गृहस्थ होकर देवों के लिये यज्ञ करना तथा सन्तानोत्पत्ति करना है। (ऋग्वेद 10/85/36; 5/3/2; 5/28/3; 3/5/3/4) वस्तुतः धर्मशास्त्रों के अनुसार पत्नी, पति को धार्मिक कृत्यों के योग्य बनाती है; वह पुत्र या पुत्रों की माता होती है और पुत्र ही माता-पिता की नरक से रक्षा करता है। अतः स्पष्ट है कि विवाह से धर्म संपत्ति, प्रजा और रति इन तीन प्रमुख उद्देश्यों की पूर्ति होती है।

श्रीकृष्ण गोकुल से मथुरा में आये। यहाँ से वे विद्याध्ययन करने गये। लौटकर आये। इस प्रकार उनका पहले ब्रह्मचर्य-आश्रम का कार्यकाल पूरा हो गया। उन्हें मथुरा से द्वारका स्थानांतरित होना पड़ा। अब यहाँ उनकी आयु विवाह के लिये योग्य हो गई। उधर रुक्मिणी

के विवाह की चिंता राजा भीष्मक को सताने लगी। पिता–पुत्र में सम्वाद हुआ। दोनों का मार्ग पृथक्–पृथक् हो गया। रुक्मिणी ने कृष्ण को आमंत्रित किया। रुक्मी ने शिशुपाल को बुलाया। श्रीकृष्ण को न रुक्मी ने और न राजा भीष्मक ने ही बुलाया। कुंडिनपुर में राजा भीष्मक अथवा रुक्मी ने स्वयंबर का आयोजन नहीं किया था कि जिसमें आमंत्रित अथवा अनामंत्रित कोई भी आ सकता था। यह परिवारजनों की सम्मति से सम्पन्न होने वाला विवाह था। हाँ, परिवार में दो मत अवश्य थे। रुक्मी और उसकी माँ शिशुपाल के पक्ष में थे जबकि राजा भीष्मक व रुक्मिणी श्रीकृष्ण के पक्ष में थे। श्रीकृष्ण को राजा ने आमंत्रित नहीं किया, इसका अप्रत्यक्ष अर्थ यह भी है कि उसकी अप्रत्यक्ष सम्मति पत्नी और पुत्र के साथ हो गई थी। रुक्मिणी लक्ष्मी का अवतार थी; अतः उसको विष्णु रूप कृष्ण का ही वरण करना था। अतः उसने ही पत्र लिखकर श्रीकृष्ण को कुंडिनपुर में आमंत्रित किया। 'विवाहलो' के अनुसार कृष्ण–रुक्मिणी का विवाह कुंडिनपुर में ही संपन्न होता है जबकि 'श्रीमद्‌भागवद्‌पुराण' व अन्यान्य 'रुक्मिणी–मंगलों' में दोनों का विवाह द्वारका में संपन्न होता है। इस प्रकार से हरण करके विवाह करने को कौनसा विवाह कहा जाता था, उसको जानने के लिये हमें धर्मशास्त्रों से जानना होगा कि श्रीकृष्ण के समय में कितने प्रकार के विवाह प्रचलित थे और कृष्ण–रुक्मिणी का यह विवाह किस कोटि में आता है।

गृह्यसूत्रों, धर्मसूत्रों एवं स्मृतियों के काल से ही विवाह आठ प्रकार के कहे गये हैं। (1) ब्राह्म (2) प्राजापत्य (3) आर्ष (4) दैव (5) गान्धर्व (6) आसुर (7) राक्षस एवं (8) पैशाच (आश्वलायनगृह्यसूत्र 1/6; गौतम 4/6–13; बौधायन–धर्मसूत्र 1/11; मनु 3/21; आदिपर्व 73/8–9; विष्णु–धर्मसूत्र 24/18–19; याज्ञवल्क्य 1/58, नारद–स्मृति 38–39; कौटिल्य 3/1; 59वाँ प्रकरण, आदि–पर्व 102/12–15)।

(1) ब्राह्म–विवाह में बहुमूल्य अलंकारों एवम् परिधानों से सुसज्जित, रत्नों से मंडित कन्या को वेद–पण्डित एवं सुचरित्र व्यक्ति को निमंत्रित कर पिता द्वारा दी जाती है।

(2) दैव–विवाह में पिता अलंकृत एवं सुसज्जित कन्या को किसी पुरोहित को (जो यज्ञ करता व कराता हो) यज्ञ करते समय देता है।

(3) आर्ष–विवाह में एक जोड़ा पशु (एक गाय, एक बैल) लेकर कन्या दी जाती है।

(4) प्राजापत्य–विवाह में पिता वर और कन्या को 'तुम दोनों साथ ही साथ धार्मिक कृत्य करना' कहकर तथा वर को मधुपर्क आदि से सम्मानित कर कन्या का दान करता है।

(5) जब वर अपनी शक्ति के अनुरूप कन्या–पक्ष वालों तथा कन्या को धन देता है, तब इस प्रकार अपनी इच्छा के अनुकूल पिता द्वारा दत्त कन्या के विवाह को आसुर–विवाह कहते हैं।

(6) वर और कन्या की परस्पर सम्मति से जो प्रेम की भावना के उद्रेक का प्रतिफल हो तथा संभोग जिसका उद्देश्य हो, उस विवाह को गांधर्व–विवाह कहा जाता है।

(7) सम्बन्धियों को मारकर, घायलकर, घर-द्वार तोड़-फोड़कर जब रोती बिलखती हुई कन्या को बलवश छीन लिया जाता है, तब इस प्रकार से प्राप्त कन्या के सम्बन्ध को राक्षस-विवाह कहा जाता है।

(8) जब कोई व्यक्ति चुपके से किसी सोई हुई, उन्मत्त या अचेत कन्या से सम्भोग करता है, तब इसे निकृष्ट एवं महापातकी कार्य कहा जाता है और उसकी संज्ञा पैशाच-विवाह होती है।

प्रथम चार प्रकार के विवाह प्रशस्त जबकि 5 से 8 तक के विवाह अप्रशस्त बताए गए हैं। पहला विवाह सर्वोत्तम, दूसरा उससे कम, तीसरा उससे भी कम व चौथा उससे भी कम प्रशस्त प्रकार है। इसी प्रकार 5 से आठ तक भी उत्तरोत्तर हीन अथवा कम प्रशस्त होते जाते हैं। सातवाँ-आठवाँ तो विवाह न होकर, केवल काम-पूर्ति हेतु किया गया बलात् विवाह मात्र है।

पूर्ववर्ती संक्षिप्त विवरण से 'विवाहलो' का विवाह' प्रथम दृष्ट्या गांधर्व-विवाह व राक्षस विवाह का सम्मिश्रण लगता है क्योंकि कृष्ण-रुक्मिणी की ही परस्पर सहमति है और कृष्ण रुक्मिणी का बलात् हरण करते हैं। कृष्ण-रुक्मी से युद्ध करते हैं और उसको मारने को उद्यत होते हैं किन्तु रुक्मिणी के हस्तक्षेप से मामला शांत होता है।

किन्तु विवाहलोकार एक भक्त है। वह कदापि यह स्वीकार नहीं कर सकता कि उसके विष्णु पर लांछन आरोपित हो। अत: पदम, जैसे ही कृष्ण-बलराम कुंडिनपुर में आते हैं, राजा द्वारा उनका स्वागत कराकर, राजा भीष्मक की सम्मति व्यक्त करा देता है। पिता भीष्मक भोजन की मनुहार करता है किन्तु कृष्ण स्वयं की कुंडिनपुर में मधुपुरी बसाकर उसमें रुकते हैं और रुक्मिणी का हरण करते हैं। रुक्मी युद्ध करता है, हारता है, तब कृष्ण को कुंडिनपुर में आमंत्रित करके राजा भीष्मक दान-दक्षिणा, उपहार, भेंट देकर पुत्री रुक्मिणी का अग्नि की साक्षी में चतुष्पदी के द्वारा विवाह सम्पन्न करता है।

इस प्रकार पदम ने कृष्ण-रुक्मिणी का गांधर्व-विवाह न कराकर, 'ब्राह्म-विवाह' सम्पन्न करवाया है जो सर्वोत्तम है। कृष्ण पर हरण-जन्य लगे दोष का परिमार्जन भी होता है।

राजकुलों में गांधर्व-विवाह का प्रचलन था। पुराने अनेक उदाहरण मिलते हैं, यथा— सुभद्रा व अर्जुन का, इन्द्रराज का चालुक्यराज की कन्या से खेड़ा में विवाह (एपिग्रैफिया इण्डिका, जिल्द 18, पृष्ठ 235)। जैसा हमने कृष्ण-रुक्मिणी के मिश्रित विवाह की संभावना व्यक्त की है, वैसा ही उदाहरण संयोगिता तथा पृथिवीराज चौहान का विवाह है जिसमें हरण भी है तथा संयोगिता की सम्मति भी है। अत: यह विवाह गांधर्व व राक्षस विवाह का सम्मिश्रण है किन्तु कृष्ण-रुक्मिणी का ब्राह्म-विवाह है, विवाहलो के वर्णनानुसार।

15. विवाहों में सम्पन्न होने वाले विभिन्न आचार अथवा विधियाँ

विवाह-सम्बन्धी कृत्यों के विषय में बहुत प्राचीन काल से अत्यधिक मत-मतान्तर रहे हैं। स्वयं आश्वलायन-गृह्यसूत्र (1/7/1-2) का कहना है 'विभिन्न देशों एवं ग्रामों में

विभिन्न आचार हैं, उन्हीं का अनुसरण करना चाहिए। आपस्तम्ब-गृह्यसूत्र (2/15) के मत से लोगों को कुलवृद्ध स्त्रियों एवं अन्य लोगों से विवाह-विधि जाननी चाहिए।

इन उक्त वचनों का आशय इतना ही है कि जिन विधियों के सम्बन्ध में मंत्र उपलब्ध हैं, उनकी वैदिक या शास्त्रीय-विधि जाननी चाहिए और शेष विधियों को परिवार के बुजुर्गों से पूछकर सम्पन्न करना चाहिए।

आश्वलायन-गृह्यसूत्र अत्यंत प्राचीन हैं और इनमें विधि संक्षिप्त में दी गई है। बस, इनमें उल्लिखित विधियों के नाम दे देना ही यहाँ अभीष्ट है। आलोच्य विवाहलोकार ने कौन-कौनसी विधियों का उल्लेख किया है, वह इनके नाम लिखने के पश्चात् लिखेंगे।

(1) वधू-वर-गुण-परीक्षा (कन्या तथा वर के गुणों की परीक्षा)।

(2) वर-प्रेषण (कन्या को देखने को वर को भेजना)।

(3) वाग्दान (विवाह के लिये वचन-दान या मौखिक स्वीकृति)।

(4) मंडप-करण (विवाह संस्कार के लिये मंडप निर्माण)।

(5) पुण्याहवाचन तथा नान्दीश्राद्ध (संस्कार के पूर्व शुभाशंसा तथा पितरों की प्रसन्नता के लिये उनका आवाहन)।

(6) वधू-गृहागमन (कन्या के पिता के घर वर पक्ष का जाना)।

(7) मधुपर्क (मधुपर्क (मधु-शर्करा-घृतादि से निर्मित मिष्ठ विशेष) से स्वागत।

(8) विष्टरादान (वर को बैठने के लिये आसन देना)।

(9) गौरी-हर-पूजा (पार्वती तथा महादेव की पूजा, अचल सौभाग्य प्राप्त्यर्थ)।

(10) स्नापन, परिधापन व संनहन (स्नान, वस्त्रधारण, कटिबंधन आदि)।

(11) समंजन (वर-वधू को अंगराग (सुगंधित लेप) लगाना)।

(12) प्रति सरबंध (कन्या के हाथ में कवच बांधना)।

(13) वधू-वर निष्क्रमण (वर-वधू का घर के अन्दर से निकलकर मंडप में जाना)।

(14) परस्पर समीक्षण (वर-वधू का परस्पर देखना)।

(15) कन्यादान (पिता तथा अभिभावक द्वारा नियमतः कन्यादान)।

(16) अक्षतरोपण (अक्षत (अहत अथवा यव) रखना।

(17) कंकण-बंधण (वधू की कलाई में कंकण बांधना)।

(18) आर्द्रकाक्षत रोपण (गीले अक्षत करना)।

(19) तिलक-करण (ललाट पर तिलक लगाना)।

(20) अष्ट फल-दान (आठ प्रकार के फलों का दान)।

(21) मंगलसूत्र-बंधन (मंगलसूत्र बांधना)।

(22) गणपति-पूजा (गणेश की पूजा)।

(23) वधू वरयोरुत्तरीय-प्रान्तबंधन (वर-वधू की चादरों (उत्तरीय) का छोर बांधना)।

(24) लक्ष्मी-पार्वती-शची पूजा (लक्ष्मी, पार्वती तथा शची (इन्द्राणी) की पूजा)।

(25) वापन-दान (बोए हुए अंकुरित पौधों का दान)।

(26) अग्निस्थापन तथा होम (अग्नि की स्थापना तथा हवन)।

(27) पाणिग्रहण (वर द्वारा कन्या का हाथ थामना, ग्रहण करना)।

(28) लाजा-होम (धान के लाजा को अग्नि में हवन करना)।

(29) अग्निपरिणयन (वर द्वारा वधू के साथ अग्नि की प्रदक्षिणा)।

(30) अश्मारोहण (वधू का पत्थर पर चढना)।

(31) गाथा-गान (स्त्रियों की प्रशंसा)।

(32) सप्तपदी (सात पग (विवाह के सात उद्देश्यों की सिद्धि के लिए) रखना)।

(33) मूर्द्धाभिषेक (शिर पर जल छिड़कना)।

(34) सूर्योदीक्षण (कन्या द्वारा सूर्य की ओर देखना)।

(35) हृदयस्पर्श (वर द्वारा कन्या के हृदय को छूना)।

(36) सिन्दूर-दान (सिंदूर (सौभाग्य चिह्न) लगाना=सुमंगली)।

(37) प्रेक्षकानुमंत्रण (दर्शकों को संबोधन)।

(38) दक्षिणा-दान (आचार्य को दक्षिणा देना)।

(39) गृह-प्रवेश (वधू का वर के घर में प्रवेश)।

(40) गृहप्रवेशनीय-होम (गृह-प्रवेश के समय होम)।

(41) ध्रुवारुंधती-दर्शन (ध्रुव तथा अरुन्धती का दर्शन)।

(42) आग्नेय स्थालीपाक (पक्वान्न का हवन)।

(43) त्रिरात्रव्रत (विवाहोपरान्त तीन रात्रि का ब्रह्मचर्य-व्रत)।

(44) चतुर्थी-कर्म (विवाह के चौथे दिन वर-वधू की एकता के सूचक कर्म)।

(45) देवोत्थापन तथा मंडपोद्वासन (आहूत देवताओं की विदाई तथा विवाह-मंडप का उखाड़ना)।

ऊपर लिखित विधियाँ अनेक प्राचीन सूत्र एवं स्मृति ग्रंथों के आधार पर तैयार सूची है। बहुत-सी ऐसी विधियाँ हैं, जो वर्तमान में सम्पन्न शायद ही होती हों और कुछ ऐसी विधियाँ भी हैं जो वर्तमान में सम्पन्न होती हैं किन्तु उक्त सूची में नहीं हैं। वर्तमान में जो विधियाँ प्रायः होती हैं, उनकी सूची निम्न प्रकार हो सकती है:

(1) वर व वधू की तलाश तथा चयन।

(2) दोनों पक्षों का मिलकर विवाह की रूपरेखा पर चर्चा व वधू पक्ष द्वारा वर पक्ष के कुल देवी-देवताओं के निमित्त शकुन स्वरूप भेंट देना।

(3) हरा-भरा भेजना, मिलनी करना जिसे रोका भी कहा जाने लगा है, कुछ निजी पारिवारिक सदस्यों के साथ।

(4) सम्बन्ध पक्का करने के लिए वर की गोद वधू-पक्ष द्वारा व वधू की गोद वर-पक्ष द्वारा भरा जाना।

(5) यदि विवाह होने में देरी हो तो विवाह होने तक तीज-त्यौहारों पर वधू-पक्ष द्वारा वर-पक्ष के यहाँ मिठाई वगैरह भेजना।

(6) लग्नपत्र भेजना वधू-पक्ष द्वारा वर-पक्ष के यहाँ। साथ में मिष्ठान्न, कपड़े भेजे जाते हैं। मिलनी की भेंट होती है। एक प्रकार से यह विवाह का शुभारम्भ है।

(7) गणेश-निमंत्रण ताकि दोनों के यहाँ विवाह निर्विघ्न सम्पन्न हो।

(8) वर-पक्ष भी वधू-पक्ष के यहाँ निमंत्रण-पत्र भेजता है।

(9) बहन-बेटियों को सुवासिनी-सौभाग्यवती बहन-बेटियों को नेगचार करने को अपने-अपने यहाँ दोनों पक्ष बुलाते हैं।

(10) ब्याह हाथ लेना अर्थात् प्रतिदिन बन्ना-बन्नी गाना, तैयारियाँ करना आदि कार्य हाथ लेने के बाद से प्रारम्भ हो जाते हैं।

(11) बान बैठाना अर्थात् गणेश-पूजन करके विवाह का कार्य प्रारम्भ कर देना।

(12) बिरड़ी बड़ी का कार्यक्रम गणेश पूजन के दिन ही होता है, जिसमें मंगोड़ी बनाई जाती है।

(13) तेल चढाना, उतारना।

(14) हल्दी की रस्म करना।

(15) कंकण-बांधना।

(16) थाम-रोपना।

(17) बत्तीसी निमंत्रित करना अर्थात् वर तथा वधू की माताएँ अपने-अपने पीहर में भात न्योंतने जाती हैं।

(18) विवाह के एक या दो दिन पहले माहेरा पहनाने का दस्तूर होता है।

(19) जानी करवा, डाले की तैयारी, आदि की जाती है।

(20) वर की निकासी होती है।

(21) आँखों में काजल डालने की भाभी द्वारा रस्म की जाती है।

(22) घोड़ी का पूजन होता है।

(23) बारात का प्रस्थान।

(24) वधू के यहाँ तोरण-मारने की रस्म होती है।

(25) वरमाला कार्यक्रम।

(26) फेरे होने में समय हो तो पहले सजन-भोजन (गोठ) होता है।

(27) मामा के फेरे, फिर वर चरण प्रक्षालन, मधुपर्क, कन्यादान, ग्रंथि-बंधन, हथलेवा, लाजा-होम, मामा-सेवरा, अंतरपट, अश्मारोहण आदि होते हैं।

(28) सप्तपदी, सातवचन का कार्यक्रम होता है।

(29) कँवर कलेवा, जुआँ-जुईं का खेल आदि होते हैं।

(30) कंकन-डोरा खोलने की रस्म होती है।

(31) वधू की सिर-गूंथी होती है।

(32) फेर-पाटा होता है जिससे मुकलावा करने की जरूरत नहीं होती।

(33) विदाई।

(34) वर पक्ष के यहाँ, वधू का गृह प्रवेश कराना।

इस प्रकार प्रायः उक्त अनेक रीति-रिवाजें राजस्थान में होती हैं।

उक्त रीतियों में से रुक्मी द्वारा शिशुपाल को तथा रुक्मिणी द्वारा कृष्ण को आमंत्रित किया गया।

रुक्मिणी गौरीपूजन करने को गई जहाँ उसका हरण हो गया। उसके पूर्व उसने सूर्य के दर्शन किये।

रुक्मी के हारने पर राजा भीष्मक ने कृष्ण को आमंत्रित कर मंडप बनवाया जिसमें 94 प्रकार के वृक्षों के फूलों से सजावट की; कलशों को मंडप के चारों स्तंभों के पास रखवाए गये।

सप्तपदी की जगह चतुष्पदी हुई जिसमें प्रत्येक फेरे के समय राजा ने दहेज में अलग-अलग रत्नाभूषण आदि दिये।

भोजनोपरान्त गाली गाई गई।

बारात की विदाई के पूर्व पहरावणी हुई। फिर बारात की विदाई हुई।

द्वारका पहुँचने पर वर-वधू का स्वागत हुआ व बधावों का गायन हुआ।

इतने ही रीति-रिवाज पदम ने मूल विवाहलो में वर्णन किये हैं।

शिवकरणी-पाठ में अन्य अनेक रीतिरिवाजों व परम्पराओं का वर्णन है, उनको पाठक शिवकरणी-पाठ में स्वयं पढ़ने का कष्ट करें।

(16). 1. ग्रंथ सार : प्राचीन परंपरा के अनुसार ग्रंथारंभ में मंगलाचरण करना अनिवार्य माना गया है। गणेश सर्व देवों में सर्वप्रथम पूज्य माने गये हैं। ये विघ्नहर्ता, मंगलकर्त्ता एवं रिद्धि-सिद्धि प्रदाता हैं। पदम विष्णु-भक्त है, अतः वह गणेश-वन्दना सर्वप्रथम करता अवश्य है किन्तु अपने इष्ट श्रीहरि का मन में ध्यान करके करता है। इससे पदम की विष्णु के प्रति अनन्यभक्ति दर्शित होती है, वह गणेश का स्मरण करके यह भी बता देना चाहता है कि वह स्मार्त-वैष्णव व सनातन- धर्मावलम्बी है। उसका विश्नोई-पंथ से कोई सम्बन्ध नहीं है। विश्नोई-पंथ में सैद्धान्तिक रूप से विष्णु के अलावा अन्य देवी-देवताओं की कोई मान्यता नहीं है। हाँ, विश्नोई भी सनातन-धर्म के ही अंग हैं, अतः इनका अन्य देवी-देवों से निर्गुणी संतों की तरह विरोध भी नहीं है किन्तु विश्नोई एक मात्र परब्रह्म विष्णु के उपासक हैं जिसका रूप, रंग, आकार, प्रकार कुछ भी नहीं है। विष्णु 'शब्द' स्वरूप है; जर्रे-जर्रे में व्याप्त है।

(16). 2. अगले कड़वक में पदम सरस्वती की वंदना करता है और उससे विनय करता है कि मैं काव्य, पिंगल, व्याकरण, कुछ नहीं जानता। मुझे ग्रंथ बनाने की क्षमता प्रदान करो। हे माता! आप वैष्णवजनों की माता हैं। अतः मुझ वैष्णव को जो केवल कर्त्ता पुरुष विष्णु की भक्ति करना जानता है, काव्य करने की शक्ति दो। यहाँ भी पदम अपने आपको वैष्णव ही बताता है।

(16). 3. कड़वक तीन छंदांक 11 से 40 तक, कुल 30 छंदों का है। पदम ऐसा कोई विवरण नहीं देता जिससे ज्ञात होता हो कि राजा भीष्मक को कहाँ से पता लगा कि रुक्मिणी के लिए कृष्ण ही उपयुक्त वर है, जबकि श्रीमद्भागवत् महापुराण में (10/52/23) स्पष्टतः लिखा मिलता है कि राजा भीष्मक के महलों में आने वाले अतिथिगण प्रायः श्रीकृष्ण के सौंदर्य, पराक्रम, गुण और वैभव की प्रशंसा किया करते थे। उनको सुन-सुनकर रुक्मिणी के मन में श्रीकृष्ण के प्रति पूर्वराग जाग गया। इसी समय राजा भीष्मक भी श्रीकृष्ण के प्रति आकर्षित हुए जैसा 'क्रिसन-रुकमणी री वेलि' के द्वाले क्रमांक 29 व 30 में वर्णन मिलता है। विवाहलोकार केवल इतना संकेत देता है कि रुक्मिणी की वय विवाह लायक हो गई है, अतः पिता भीष्मक व बडा पुत्र जो पट्टधर व मंत्री है, विवाह के लिये योग्य वर ढूंढने और चयनित करने की चर्चा करते हैं। इसके विपरीत वेलिकार पृथिराज राठौड़ द्वाला क्रमांक 13 से लेकर 28 तक रुक्मिणी की वय-संधि का मनोरम चित्रण करता है। श्रीमद्भागवत तथा विवाहलो में वय-संधि की कोई चर्चा नहीं है।

पदम अपना ग्रंथ भक्तिभाव-भावित होकर निर्मित करता है जबकि वेलिकार स्पष्टतः ग्रंथ निर्माण की प्रतिज्ञा (द्वाला 8) शृंगार-रस-युक्त ग्रंथ बनाने की दोहराता है। यद्यपि वह भी भक्तिभाव की पूरी चर्चा द्वाला 7 में करता है।

श्रीमद्भागवत् से ऐसा कोई संकेत नहीं मिलता कि राजा भीष्मक व उनकी पत्नी कृष्ण से रुक्मिणी का विवाह करना चाहते हैं अथवा नहीं चाहते, किन्तु बन्धुगण (रुक्मी को छोड़कर, अन्य चार भाई) रुक्मिणी को श्रीकृष्ण को देना चाहते हैं, (10/52/25)। विवाहलोकार रुक्मिणी के अन्य भाइयों की क्या भूमिका थी, इस पर सर्वथा मौन है किन्तु राजा भीष्मक रुक्मिणी को कृष्ण को देना चाहते हैं किन्तु उसकी रानी बडे पुत्र रुक्मी का पक्ष लेकर रुक्मिणी को शिशुपाल को देना चाहती है। राजा भीष्मक 30 छंदों में श्रीकृष्ण के बारे में पुत्र रुक्मी से संवाद तो करते हैं किन्तु जब रुक्मी शिशुपाल को लग्न-पत्रिका भेजता है, तब लेशमात्र भी विरोध तो क्या, कहीं प्रकृत प्रसंग के पक्ष अथवा विपक्ष में कुछ भी भूमिका नहीं निभाते जिसका गर्भित फलितार्थ निकलता है कि राजा रुक्मी का विरोध करने की स्थिति में नहीं था। उसने इच्छा अथवा अनिच्छा से रुक्मी की बात को मान लिया किन्तु राजा रुक्मिणी की इच्छा का भी मान रखता हुआ, उस समय मालूम देता है, जब हरि ब्राह्मण श्रीकृष्ण के आगमन का समाचार रुक्मिणी को देता है और रुक्मिणी के कहने पर हरि ब्राह्मण श्रीकृष्ण के आगमन की सूचना राजा को देता है। राजा तत्काल श्रीकृष्ण का स्वागत करता है और भोजन करने को मंडप में आमंत्रित करता है।

वस्तुतः विवाहलोकार ने भीष्मक का चरित्र दुविधा भरा बताया है जो न पुत्र का उग्र विरोध करता है और न पुत्री की इच्छा का अनादर करता है। इधर वेलिकार माता एवं पिता दोनों को कृष्ण के पक्ष में बताता है (द्वाला 30–31) किन्तु रुक्मी को विपक्ष में बताता है। जहाँ विवाहलोकार पिता–पुत्र का संवाद 30 छंदों में वर्णित करता है, वहाँ वेलिकार माता–पिता व पुत्र की मनोदशा व संवाद का मात्र 30 से 33 द्वालों में करके 34वें द्वाले में रुक्मकुमार को अवज्ञा करने वाला पुत्र बताकर रुक्मी द्वारा 35वें व 36वें द्वाले में दमघोष के पुत्र शिशुपाल को चंदेरी से लग्न करने आने को आमंत्रित करता हुआ चित्रित करता है।

जैसा हम विवाहलोकार के प्रसंग में कह आये हैं, राजा ने रुक्मी का विरोध, संवाद होने के पश्चात् बिल्कुल नहीं किया और रुक्मी के आयोजन में लेशमात्र भी रुकावट नहीं डाली। श्रीमद्भागवत् 10/53/7 में स्पष्टतः आया है कि कुंडिनपुर–नरेश राजा भीष्मक बड़े लड़के रुक्मी के स्नेहवश अपनी कन्या शिशुपाल को देने के लिये राजी होकर विवाहोत्सव की तैयारी करने में दत्तचित्त हो गये।

विवाहलोकार शिशुपाल के पिता का नाम 'ब्रह्मघोख' बताता है जबकि उसका नाम 'दमघोष' था। विवाहलोकार कुण्डिनपुर से चंदेरी को पूर्व की ओर बताता है जो ठीक ही है क्योंकि कुण्डिनपुर भारत के पश्चिम दिशा के विदर्भ क्षेत्र में था।

(16). 4. विवाहलोकार पिता–पुत्र–संवाद का परिणाम क्या निकला, का कोई स्पष्ट कारण नहीं देकर सीधे रुक्मी द्वारा शिशुपाल को लग्नपत्र भेजने की चर्चा छंदांक 41–45 में करता है। भागवतकार केवल इतनी–सी बात बताते हैं कि जब रुक्मिणी को ज्ञात हुआ कि उनका ज्येष्ठ भ्राता रुक्मी 'मेरा विवाह शिशुपाल के साथ करना चाहता है' तो उन्होंने ब्राह्मण को बुलाकर श्रीकृष्ण के पास संदेश भेज दिया। रुक्मी अथवा राजा ने शिशुपाल के यहाँ लग्न–पत्र भेजा अथवा नहीं, भागवतकार इसकी कोई सूचना नहीं देता, मात्र इतना कहता है कि राजा ने विवाहोत्सव की तैयारी में योग दिया। सारा नगर सजाया गया, इत्यादि, (10/52/26 व 10/53/7–13)। वेलिकार केवल दो द्वालों में बताता है कि रुक्मी माता–पिता के विचारों को भारी भूल भरा मानकर अपने पुरोहित के पास गया और उससे कहा कि वह तत्काल चंदेरी जाकर दमघोष के पुत्र शिशुपाल को विवाह करने को ले आये। ब्राह्मण मानो पहले से ही तैयार था। वह तुरन्त चला गया, (द्वाला 35–36)।

(16). 5. लग्नपत्र पाकर शिशुपाल प्रसन्न हुआ। चारों ओर के राजाओं को बारात में चलने को पत्र भेजे। अनेक देशों के राजाओं की 95 अक्षोहिणी सेना एकत्रित होकर अस्त्र–शस्त्रों को धारण किये हुए रवाना हुई। 16 देशों के नाम विवाहलोकार ने गिनाये हैं जिनकी कुल 95 अक्षोहिणी सेना थी, (छंदांक 46–54)।

वेलिकार मात्र एक द्वाले में इस वर्णन को समेटता है (द्वाला 37) जहाँ कहा गया कि शिशुपाल कुण्डिनपुर के लिए शास्त्रीय–विधि को साधकर चला। न जाने उसके साथ कितने देशों के राजा थे। भागवतकार जिस प्रकार विवाह की तैयारी व विवाह पूर्व सम्पन्न

होने वाली विधियों का वर्णन कुण्डिनपुर के सम्बन्ध में (10/53/7-13) करते हैं, ऐसे ही दमघोष द्वारा चंदेरी में विधियों के सम्पन्न करने का व वहाँ से कुण्डिनपुर पहुँचने का वर्णन (10/53/14-15) में करते हैं और विदर्भ-राज्य द्वारा उनका स्वागत-सत्कार का वर्णन करते हैं (10/53/16)।

(16). 6. जब शिशुपाल की बारात कुण्डिनपुर आ गई, तब रुक्मिणी की माता, रुक्मिणी से कहती है कि गवाक्ष पर चढकर अपने होने वाले पति की आती हुई बारात को देख। मात्र इस वर्णन से ही पता चलता है कि माँ भी भाई रुक्मी की पक्षधर थी और वह चाहती थी कि रुक्मिणी का विवाह बराबर के राजकुल चंदेरी में हो (छंदांक 55)। किन्तु रुक्मिणी ने तत्काल उत्तर दिया कि मैं क्यों देखूँ, मेरा वर तो चौदह भुवन का स्वामी गोपाल है। मैं तो उसी का वरण करूंगी। यहाँ न माँ कोई वाद-विवाद या संवाद करती है और न कोई और करता है। माँ, संभवतः बेटी के भोलेपन पर अधिक विचार करना नहीं चाहती और उसने बात को आई-गई कर दी। रुक्मिणी कृष्ण व शिशुपाल की श्रेष्ठता व हीनता का तुलनात्मक वर्णन सात छंदों में करती है (58, 65-70), किन्तु माँ पर उसका कोई प्रभाव नहीं पड़ा। यदि प्रभाव पड़ा होता तो वह कदापि रुक्मिणी को गौरी-पूजनार्थ महल के बाहर न भेजती क्योंकि रानी को ही नहीं, शिशुपाल के खेमे को भी श्रीकृष्ण द्वारा विवाह में विघ्न उपस्थित करने की आशंका थी।

श्रीमद्भागवत् में माता व पुत्री का संवाद है ही नहीं। माता केवल वहाँ मिलती है जब विवाह के सम्बन्ध में ज्येष्ठ पुत्र रुक्मी से चर्चा होती है।

वेलिकार शिशुपाल के आगमन पर नगर की नारियों के बारात व शिशुपाल को देखने पर प्रसन्न होने का वर्णन करता है किन्तु सूर्योदय होने पर जैसे कुमुदिनी म्लान होती है, वैसे ही उसका म्लान होना वर्णन भी करता है (द्वाला 42)। वेलिकार न माँ से संवाद कराता है और न रुक्मिणी द्वारा कृष्ण शिशुपाल की तुलना कराता है।

(16). 7. माता और रुक्मिणी का सम्वाद चल ही रहा था कि इतने में एक ब्राह्मण आ गया, और उसको बैठाकर अपनी गुप्त मनोभावनाएँ उससे कहीं। एक पत्र भी लिखकर दिया। सात जन्मों का वास्ता दिया। आने को निमंत्रित किया। मिलनोत्सुकता-वश कृष्ण की आँखों से अश्रुपात होता है, (छंदांक 59-64)। विवाहलोकार रुक्मिणी द्वारा पत्र तब लिखवाता व भिजवाता है, जब शिशुपाल कुण्डिनपुर में आ जाता है और यह निश्चय हो जाता है कि रुक्मी ने पिता के साथ केवल जबानी जमाखर्च नहीं किया प्रत्युत् शिशुपाल को ब्याह देने को सपरिवार बुला भी लिया है। विवाह में मात्र तीन दिन शेष रहे हैं। मन में व्यग्रता है; चिंता है कि कृष्ण को कैसे समाचार भेजे जाएँ और वे मेरे निमंत्रण पर आयेंगे या नहीं, यह भी मन में आशंका है किन्तु आत्मविश्वास इतना है कि माँ के सामने शिशुपाल व कृष्ण की ऐसी तुलना की कि माँ की सिट्टी-पिट्टी गुम हो गई। वह आगे बोल न सकी। वेलिकार भी ब्राह्मण को शिशुपाल की बारात कुण्डिनपुर में आ जाने के बाद ही भेजता है। बारात आने पर उसने पत्र लिखकर तैयार कर लिया, किन्तु भेजे कैसे, इसी चिंता में

बारबार गोखे पर चढती व उतरती है। इतने ही में एक ब्राह्मण आ जाता है और उसको पत्र देकर श्रीकृष्ण के यहाँ द्वारका भेजती है, (द्वाला 43-47)।

श्रीमद्‌भागवत् में रुक्मिणी ब्राह्मण को तब ही भेज देती है जब रुक्मी शिशुपाल के साथ विवाह करने का पक्का विचार कर लेता है, (10/52/26)। इस ग्रंथ में ब्राह्मण के जाने, वहाँ श्रीकृष्ण से मिलकर समाचार देने आदि का वर्णन काफी विशद है क्योंकि यहाँ विवाह होने में मात्र तीन दिन नहीं, अधिक दिनों का अन्तराल है और श्रीकृष्ण ब्राह्मण का स्वागत भी कर सकते हैं और निमंत्रण भेजने वाले का परिचय भी पूछ सकते हैं और ऐसा हुआ भी। यहाँ ब्राह्मण को द्वारपाल अंदर लेकर जाता है। राजनीति के अनुसार जिस प्रकार दूत का और व्यावहारिक जीवन में ब्राह्मण का आदर-सत्कार किया जाता हैं उससे भी उच्चस्तर का भावभीना स्वागत व सत्कार श्रीकृष्ण ने ब्राह्मण का किया, (श्लोक 10/52/30-36)।

इसके पश्चात् ब्राह्मण ने रुक्मिणी द्वारा प्रेषित समाचार मौखिक ही कहे। श्रीमद्‌भागवत्कार पत्र की चर्चा कहीं नहीं करता। ब्राह्मण कुल, शील, सौंदर्य, प्रेम, आत्मसमर्पण, आदि का पूरा ब्यौरा देता है और रुक्मिणी ने जैसा तुलनात्मक वर्णन कृष्ण व शिशुपाल का अपनी माता के सामने किया, वैसा यहाँ ब्राह्मण श्रीकृष्ण के सामने करता है। 'कमलनयन! प्राणवल्लभ! मैं आप सरीखे वीर को समर्पित हो चुकी हूँ, आपकी हूँ। अब जैसे सिंह का भाग सियार छू जाय, वैसे कहीं शिशुपाल निकट से आकर मेरा स्पर्श न कर जाय! (10/52/37-44)।

वेलिकार भी ऐसा ही तुलनात्मक समाचार विप्र के मुँह से कहलवाता है 'हे बलि को बांधने वाले! यदि कोई दूसरा मुझे ब्याहता है तो समझो कि स्यार सिंह के भोजन को खाता है, अथवा कपिला गाय कसाई रूप पात्र को दी गयी अथवा तुलसी चांडाल के हाथ जा पड़ी'' (द्वाला 59)। वेलि का संदेश भी कम हृदयावर्जक नहीं है!

विवाहलोकार के अनुसार- ब्राह्मण को भेजने के उपरान्त रुक्मिणी का विरहभाव श्रीकृष्ण के प्रति और अधिक तीव्र हो उठता है। वह प्रियतम-प्रियतम वैसे ही रटती है जैसे पपीहा स्वाति नक्षत्र के जल के लिये आश लगाकर 'पी-पी' की ध्वनि करता है। वह बार-बार मन ही मन श्रीकृष्ण से प्रार्थना करती है कि आपने मुझे क्यों विस्मृत कर रखा है। आप अन्तर्यामी हैं। मन की जानते हैं फिर भी आ नहीं रहे हैं, क्या आपको अन्यान्य 16 हजार पत्नियाँ ने आने से रोक रखा है। वह सात जन्मों से रहे अटूट बंधन की भी स्मृति कराती है, (71-77)। ब्राह्मण को प्रभूत स्वर्णादि देकर भेजा। वायु के वेग से शीघ्र चलने की दोनों हाथ जोड़ कर प्रार्थना करती है। साथ में यह भी कहती है कि विष्णु को कहना कि जैसे महाकल्पान्त के समय आप वट-पत्र के संपुट पर बैठकर विश्राम करते हैं, वैसे मत करो। तत्काल पधारो। विलम्ब करने का अवसर नहीं है। सिंहद्वार पर ब्राह्मण को प्रछनकुमार मिलते हैं, उनसे सारी जानकारी लेता है और तत्पश्चात् शहर में व महलों में जाता है, (78-79)।

(16). 8. विप्र से समाचार, निमंत्रण पाकर श्रीकृष्ण तत्काल कुण्डिनपुर जाने को उद्यत होते हैं। बलरामजी व प्रसनकुमारजी को समाचार बताते हैं और चलने में देरी न करने का परामर्श देते हैं। पंचायण शंख की ध्वनि की। घोड़े, हाथी आदि के साथ पूरी तैयारी करके नेमीनाथ को भी साथ में लेकर चल देते हैं। कुण्डिनपुर की पुष्प-वाटिका में जाकर डेरे लगाए। वहाँ जाकर ब्राह्मण से रुक्मिणी के रूप-सौंदर्य, कुल, शील-स्वभाव आदि के बारे में प्रश्न पूछकर जानकारी लेते हैं, (87-103)।

श्रीमद्भागवत् में समाचार सुनकर श्रीकृष्ण अपने सारथी दारुक को रथ तैयार करने को कहते हैं। पहले ब्राह्मण को रथ पर चढ़ाकर स्वयं चढते हैं और एक रात्रि में ही आनर्त देश से विदर्भ देश में पहुँच जाते हैं, (10/53/4-6)।

वेलिकार के अनुसार सारथी सहित पुरोहित के साथ रथ में बैठ कर प्रस्थान करते हैं। विवाहलो में हरि ब्राह्मण के साथ रथ में बैठते हैं और सारथी की जगह स्वयं ही रथ को हाँकते हैं। वेलिकार का ब्राह्मण कुण्डिनपुर में प्रवेश करने के पूर्व ही कृष्ण द्वारा रथ से उतार दिया जाता है ताकि वह जाकर रुक्मिणी को समाचार दे सके जबकि विवाहलो का ब्राह्मण पुष्पवाटिका तक कृष्ण के साथ जाता है और कृष्ण द्वारा पूछे गये प्रश्नों का समाधान करके ही रुक्मिणी के पास जाता है। वेलि का ब्राह्मण संकेत में बताता है कि 'सुना है द्वारका से कृष्ण पधारे हैं' जबकि विवाहलो का ब्राह्मण स्पष्टता के साथ कृष्णागमन बताता है और पुरस्कार पाता है।

वेलिकार के अनुसार कृष्ण के जाने का समाचार सुनकर बलराम बाद में चले किन्तु पहुँचे दोनों भाई साथ-साथ। वेलिकार न प्रछनकुमार और न नेमीनाथ का ही जिक्र करता है। विवाहलोकार कृष्ण के साथ विशाल सेना जाना लिखता है जबकि वेलिकार कहते हैं कि 'उसने सेना की, अधिक तय्यारी नहीं की, अधिक सेना साथ में नहीं ली क्योंकि एक तो वे स्वयं (बलराम) युद्ध करने में ऐसे नामी थे, दूसरे उनके सारे साथी युद्ध में सिद्धहस्त थे'।

वेलिकार का कथन है कि कृष्ण तथा उनके साथियों को महलों में ठहरा दिया। एक व्यक्ति की सेवा में एक व्यक्ति हाजिर था किन्तु विवाहलोकार पहले कृष्ण-बलराम को पुष्पवाटिका में ठहराता है फिर कृष्ण अपनी अद्भुत शक्ति से एक मधुपुरी (मथुरा) की सृष्टि करते हैं और अपने साथियों सहित उसमें रुकते हैं। ऊँचे सिंहासन पर आसीन होते हैं जिसकी सूचना शिशुपाल-पक्ष को भी मालूम हो जाती है और वे कल्पना करते हैं कि कृष्ण आ गया है। विवाह में अवश्य विघ्न होगा। भागवतकार भी बलराम को श्रीकृष्ण के जाने के पश्चात ही भेजते हैं किन्तु भेजते चतुरंगिणी सेना के साथ, (10/53/20-21)।

जिस प्रकार विवाहलो में ब्राह्मण के जाने के पश्चात् रुक्मिणी नाना विचार करती है उसी प्रकार भागवत् की रुक्मिणी भी अपने मंदभाग्य के बारे में सोचती है, (10/53/22-27)। भागवतकार ब्राह्मण द्वारा 'श्रीकृष्णागमन का समाचार स्पष्टता के साथ बताना' कहते हैं, (10/53/28-31)। भागवतकार भीष्मक की मनोदशा बताते हुए कहते हैं कि

जब राजा ने श्रीकृष्ण का आगमन सुना तो उन्होंने उनका जोरदार स्वागत-सत्कार यह समझकर किया कि कृष्ण-बलराम रुक्मिणी का विवाह देखने को आए हैं। उन्हें अतिथि जान उनको अच्छे निवास स्थान में ठहराया। वहाँ अन्य जो भी राजा आये थे, उन्होंने भी श्रीकृष्ण-बलराम से भेंट की और मन ही मन सोचा, यदि रुक्मिणी का विवाह कृष्ण से हो तो अच्छा है। शहर के नर-नारी भी आकर दर्शन-परसन करते हैं (10/53/32-38)। वेलिकार भी नगर-पुरवासियों का मिलना वर्णन करता है किन्तु विवाहलोकार इस सम्बन्ध में मौन है।

विवाहलोकार स्मृत्यानुमोदित विवाह पूर्व, वधू द्वारा सूर्य-पूजन की प्रथा का पालन भी करवाता है। जब रुक्मिणी को पता लग गया कि कृष्ण-बलराम आ गये, तब वह सूर्य को अर्घ्य देकर उसकी पूजा करती है। ब्राह्मण से रुक्मिणी, कृष्ण के पहचान-चिह्न पूछती है कि वे कैसे हैं और उनका पहनावा-ओढावा कैसा है। वस्तुतः यह वर्णन विवाहलोकार को अपने समय का यथार्थवादी सिद्ध करता है। रुक्मिणी कैसे विश्वास करे कि वह ब्राह्मण कृष्ण से मिला है। हो सकता है, वह पुरस्कार-भेंट पाने को असत्य बोल रहा हो कि मैं श्रीकृष्ण से जाकर मिला और वे कुण्डिनपुर में आ गये। पूछने पर ब्राह्मण विष्णु के चिह्नों का वर्णन करता है 'आदि सनातन विष्णु के लक्षण सुनो। उनके चरणों में पद्म का चिह्न है, वक्षस्थल पर श्रीवत्स का अंकन है और कोटि-कोटि कौस्तुभ-मणियों का हार गले में है। समस्त पक्षियों का राजा गरुड़ उनका वाहन है। वे समस्त यादवों के स्वामी हैं। वे देवता, मनुष्य, नाग सभी में बड़े हैं और वे ईश्वरों के भी ईश्वर हैं ॥108-109॥

विवाहलोकार भी राजा भीष्मक द्वारा कृष्ण-बलराम का स्वागत कराता है। राजा अपना अहोभाग्य मानता है, अड़सठ तीर्थ व गंगा का घर-बैठे, घर पर आना मानता है। भोजनार्थ निमंत्रित करता है किन्तु दोनों भाई कहते हैं, अभी नहीं, जाते वक्त भोजन करके जाएंगे, (104-1113)।

न भागवतकार और न वेलिकार ही यह वर्णन करते हैं कि कृष्ण-बलराम ने कुण्डिनपुर में एक मधुपुरी की रचना की जो 21 खंडीय है और श्रीकृष्ण उसके 21वें खंड पर सिंहासन पर बैठे हैं। राग-रंग होते हैं। छतीसों रागों का गायन होता है और जिनको सुनकर दानव-दल सशंकित होता है। यहाँ अवश्य ही पदम एक भक्त की भाँति अपने उपास्य श्रीविष्णु की भगवत्ता का स्पष्ट उल्लेख करता है। यहाँ निश्चय ही कृष्ण एक अलौकिक पुरुष बन जाते हैं, (114-121)।

(16). 9. श्रीमद्‌भागवत् पुराण में गौरी-पूजन करने जाने से पूर्व रुक्मिणी ने किस प्रकार का शृंगार किया और वह कैसी लगती थीं, की कोई चर्चा नहीं की है किन्तु करनी अवश्य चाहिए क्योंकि गौरी-पूजन करने जाने से पूर्व वधू बिना किसी शृंगार के नहीं जा सकती, यह व्यावहारिक रीति है। सीता जब गौरी पूजन करने गईं, तब किस तरह का शृंगार, जाने के पूर्व किया, का वर्णन तुलसीदास ने भी नहीं किया है किन्तु जब सीता को राम ने देखा, तब सीता के रूप-सौंदर्य व शृंगार का वर्णन तुलसीदास ने इस प्रकार किया है-

देखि सीय सोभा सुख पावा।
हृदयँ सराहत बचन न आवा॥
जनु बिरंचि सब निज निपुनाई।
बिरचि बिस्व कहँ प्रगटि जनाई॥
सुंदरता कहुँ सुंदर करई।
छबिगृह दीपसिखा जनुँ बरई॥
सब उपमा कबि रहे जुठारी।
केहि पटतरौं बिदेहकुमारी॥ 1/230-3-4

हाँ, भागवतकार रुक्मिणी के रूप-सौंदर्य व शृंगार का तब वर्णन करते हैं जब रुक्मिणी पूजनोपरान्त मंदिर से बाहर निकलती हैं और उनकी रत्नजड़ित मुंदरी की ज्योति व उनके रूप-सौंदर्य के प्रकाश ने शिशुपाल के सैनिकों को जड़वत् बना दिया, उनके अस्त्र-शस्त्र भूलुण्ठित हो गये तथा वे स्वयं मूर्च्छित तक हो गये, (10/53/50-54)।

लगता है, पुराणकार व प्राचीन काव्यकारों की शृंगार-वर्णन करने की यही रीति रही हो किन्तु हमारे समय के दोनों मध्यकालीन रचनाकारों ने रुक्मिणी के शृंगार का वर्णन गौरी-पूजनार्थ जाने के पूर्व ही किया है।

विवाहलोकार शृंगार-वर्णन 122 से 127 तक व पुनः 135 से 155 तक करता है। बीच के 128 से 134 तक के छंदों में शिशुपाल द्वारा अपने सुभटों को मंदिर के चारों ओर तैयार रहने, कृष्ण द्वारा मंडप में विघ्न डालने की आशंका आदि का वर्णन करता है।

वेलिकार अंबिका-पूजन करने जाने की रुक्मिणी द्वारा माता से आज्ञा लेने व आज्ञा मिलने पर जाने के पूर्व किये गए शृंगार, मंदिर जाने और पूजन करने का वर्णन द्वाला संख्या 79 से 108 तक करता है। चूँकि वेलि की नायिका रुक्मिणी हैं, अतः उनके शृंगार का इतना लम्बा वर्णन करना जरूरी है, इससे कथा में अवरोध उत्पन्न न होकर उल्टे, पाठक व श्रोता का मन रमता है। दोनों ही रचनाकारों ने शृंगार-रसानुकूल वर्णन किया है, पाठक मूल ग्रंथों में पढ़ सकते हैं। विवाहलोकार मध्यकालीन रणनीतिकारों द्वारा अपनाई जाने वाली कूटनीति का वर्णन शृंगार के मध्य 128-134 छंदों में करता है। यह सही है कि रुक्मिणी जब गौरी-पूजन करने को जा रही है तब उसकी रक्षा, सुरक्षा व व्यवस्था करने की जिम्मेदारी रुक्मी व विदर्भ-नरेश भीष्मक की है। विदर्भ-नरेश ने पूरा दल-बल व सैनिक-समूह रुक्मिणी के साथ भेजा कि कहीं अनहोनी न हो जाए। वैसे भी राजकुमारी के साथ पर्याप्त सैनिकों का जाना राजोचित कार्य है ही। फिर भी शिशुपाल के पक्ष वालों ने भी अपने सैनिकों को मंदिर की सुरक्षा व रुक्मिणी की सुरक्षा में तैनात किये। यहाँ शिशुपाल की सोच उन मध्यकालीन (पदम के समय के) क्षत्रियों की है कि प्राण चले जाएँ किन्तु मांग (मंगेतर) हाथ में से न निकले। शिशुपाल ने स्पष्टतः अपने सैनिकों व पक्ष वालों को बताया कि कृष्ण कुण्डिनपुर में आ चुका है। वह माया करने में पूर्ण दक्ष है, अतः माया फैलाकर रुक्मिणी का हरण कर सकता है। आप सभी को सचेत रहना होगा। सभी सचेत थे भी

किन्तु माया-स्वरूपणी रुक्मिणी ही उनके पक्ष में नहीं थीं, तब उनको तो विफल होना ही था। मोहित होकर भूलुण्ठित होना ही था।

(16). 10. विवाहलोकार गौरी-मंदिर में रुक्मिणी की मनोदशा का वर्णन 'रुक्मिणी की पुकार' शीर्षक में छंद 156 से 162 तक करता है जिसमें रुक्मिणी कृष्ण पर अपना अधिकार जताते हुए बार-बार पुरानी घटनाओं की स्मृति कराती है कि आप मेरा उद्धार करें। क्रोध में भर कर कृष्ण को किसी का भी सगा न होने का उपालम्भ देती है और कहती है, मेरी विपत्ति के समय तुझे क्या हो गया है, मेरा उद्धार क्यों नहीं करता। तू पहले भी रण में पीठ दिखाकर भाग चुका है। संसारी जन तुझे 'रणछोड़' कहते हैं। शिशुपाल का पक्ष बार-बार इसी बात को जोर देकर कह रहा है। क्या तू रण छोड़ने में इतना माहिर हो गया है। अरे! अब तेरे पास रण छोडने के कलंक को धोने का अच्छा मौका है। महलों को छोड़ और सच्चा छत्रिय बन कर रणक्षेत्र में आ डट।

वस्तुतः यह पुकार न विरह है और उपालंभ है। यह एक मध्यकालीन क्षत्राणी की मध्यकालीन क्षत्रिय को उसके बल-पौरुष को याद दिलाने की पुकार है। मध्यकालीन क्षत्राणी शरीर की, सौभाग्य की परवाह न करके अपने पतियों, पुत्रों, भाइयों आदि को युद्ध में जाने को इस प्रकार प्रेरित करती थीं, मानों वे कोई खेल-तमाशा देखने, मनोरंजन करने जाने को प्रेरित कर रही हों। रणक्षेत्र उनके लिए भय का कारण नहीं, आनन्द का विषय होता था। क्षत्रिय न अपनी इला को देना चाहते थे और न अपनी मांग की ओर किसी को भी दृष्टि तक डालने देना चाहते थे। मरना उन्हें स्वीकार्य था किन्तु रण में पीठ दिखाना मंजूर नहीं था।

यहाँ रुक्मिणी एक सच्ची क्षत्राणी बनकर कृष्ण को रण में आकर अपना रण-कौशल दिखाने को प्रेरित कर रही है। ऐसी प्रेरणा देता कथन न श्रीमद्‌भागवत् में है और न वेलि में है। भागवतकार तो मंदिर में पूजा करके धीमी गति से रुक्मिणी को बाहर आते हुए लिखते हैं, उधर वेलिकार रुक्मिणी का भगवतीत्व वर्णन करते हुए लिखते हैं, पूजा के पश्चात् राजकुमारी द्वार पर आई। उसने अपनी चितवन, हास, लास, गति व अंग संकोच द्वारा आकर्षण, वशीकरण, उन्मादन, द्रावण व शोषण-काम के इन पाँच वाणों को धारण कर उनका विस्तार किया। फलतः बाहर के सैनिकों का मन खींच लिया, वश में कर लिया, उन्मत्त कर डाला, शिथिल बना दिया व उनकी शक्ति नष्ट कर दी, (109 द्वाला)। लेकिन मंदिर में रहते समय विवाहलोकार जैसा विरुद स्मरण नहीं कराया।

(16). 11. रुक्मिणी पूजन-कर मंदिर से बाहर निकलीं। जैसे ही वे निकलीं, सारे सैनिक निश्चेष्ट होकर पाषाणवत् हो गये। इतने ही में श्रीकृष्ण का रथ आया, रुक्मिणी रथ पर चढना चाहती हैं किन्तु कृष्ण ने तत्काल हाथ को हाथ में लेकर रथ में चढ़ा लिया और जैसे सिंह अपना भाग सियारों के झुंड में से लेकर निर्विघ्न चला जाता है, ऐसे ही कृष्ण रुक्मिणी को लेकर दौड़ पड़े। उस समय बलराम आदि यदुवंशी साथ में थे, (10/53/54-57)।

वेलिकार का भी कथन है कि श्रीकृष्ण का रथ इतनी त्वरित गति से आया कि यह पता ही नहीं चला कि वह पृथिवी पर होकर आया या आकाशमार्ग से आया। कृष्ण ने बिना देरी किए रुक्मिणी का हाथ पकड़ा और रथ में बैठा लिया। कृष्ण चोरों की भाँति रुक्मिणी को लेकर नहीं भागे अपितु उन्होंने तुमुलध्वनि में कहा, यदि रुक्मिणी को वरने वाला कोई अन्य वर हो तो सामने आये। कृष्ण रुक्मिणी को लिये जा रहा है। शिशुपाल के सैनिक जो मंगल गीतों को सुनने में मस्त थे, एकाएक सचेत हुए और ललकारने लगे कि कृष्ण! रुक। रुक्मिणी ब्रज की गोपी नहीं है जिसे ले भागेगा। हम आ रहे हैं। रुक। हमारे रहते रुक्मिणी को ऐसे ही नहीं ले जा सकता, (द्वाला 109-116)।

इधर विवाहलोकार रुक्मिणी की मन ही मन की गई पुकार को कृष्ण द्वारा सुनकर उनकी आगामी योजना का वर्णन करता है जिसमें कृष्ण, बडे भाई बलराम को बुलाकर कहते हैं, आज दुष्टों का भली प्रकार नाश करूंगा। आप तैयार होकर साथ में चलें और बलरामादि यादव हर्षित होकर साथ में चले। विवाहलोकार कहता है, कृष्ण ने अपना रथ अम्बालय के पास लाकर खड़ा किया और रुक्मिणी को रथ में बैठा लिया। शंख की ध्वनि की और कहा 'मैंने रुक्मिणी को रथ में बैठाकर विजय पा ली है। सुनने वाले कुछ करना चाहें तो कर लें।' शिशुपाल कहता है, मैंने कई बार कृष्ण को मारने के पूर्व सोचा किन्तु अब सोचूंगा नहीं, यादवों को श्मशान में भेजकर ही साँस लूंगा।

(16). 12. वेलिकार ने युद्ध का वर्णन कुल 19 द्वालों में किया है। दोनों ओर की सेनाओं ने हाथियों पर चलने वाली तोपें, हवाई-बाण, कुहुक-बाण, भाला, तलवार, ढाल आदि से युद्ध किया। बलराम ने हल व मूसल से युद्ध किया जबकि कृष्ण ने केवल धनुषबाण से युद्ध किया। वेलिकार के अनुसार जब शिशुपाल, जरासंध आदि हारकर युद्ध से विरत हो गए तब रुक्मी कृष्ण को अहीर सम्बोधन देते हुए अकेला ही युद्ध करने को आया। कृष्ण ने बार-बार रुक्मी द्वारा प्रहार किये गये आयुधों को काट डाला और उसे निःशस्त्र कर दिया। बलराम अन्यों से युद्ध कर रहे थे। वे कृष्ण के पास आये, उसके पूर्व कृष्ण ने रुक्मी को हराकर उसके कई जगह बाल काटकर उसे विरूप कर दिया। बलराम ने आते ही कृष्ण को उपालम्भ दिया कि सम्बन्धियों को इस प्रकार विरूप नहीं करना चाहिए। कृष्ण ने रुक्मी के उन-उन अंगों पर हाथ फेरा जहाँ के बाल काटे थे, हाथ लगाते ही उसके बाल पूर्ववत् हो गये। वेलिकार केवल कृष्ण व बलराम यादव के नाम गिनाता है, अन्यों के नहीं, (द्वाला 117-135)।

भागवतकार युद्ध में कृष्ण की ओर से योद्धाओं में यादव-सेना, गद, संकर्षण (बलराम) व कृष्ण का नाम लेते हैं। अस्त्र-शस्त्रों में धनुष, खड्ग, गदा, परिघ, पट्टिश, शूल, ढाल, तलवार, शक्ति, तोमर, का नाम लिया गया है। वाहनों में घोड़े, रथ, खच्चर, हाथी, ऊँट और गधों के उपयोग की चर्चा मिलती है। शिशुपाल जब युद्ध में हार गया तब उसको जरासंध ने अपना उदाहरण देकर समझाया कि शोक मत करो, प्रारब्धानुसार जो होना होता है, वही होता है। रुक्मी भागवतानुसार कृष्ण से लड़ने को अकेला न जाकर,

एक अक्षोहिणी सेना लेकर जाता है। हारने पर वह कुण्डिनपुर न जाकर भोजकट नगर बसाकर उस शहर में रहता है, (10/54/1-52)।

विवाहलोकार युद्ध का वर्णन 4 कड़वकों के कुल 36 छंदों में करता है। विवाहलोकार युद्ध में हारने की आशंका होने पर जरासंध व शिशुपाल द्वारा 'जरा' को बुलाने का एक नया प्रसंग और देता है। 'जरा' ने ही जरासंध के शरीर को जोड़ा था। इसलिये उसका नाम 'जरासंध' (जरा द्वारा संधि किये गये शरीर वाला) पड़ा। यह शक्तिशाली मायाविनी थी और इसको इसीलिये बुलाया गया कि कृष्ण-बलराम जैसे अद्‌भुत पराक्रमियों को अति मानवीय शक्ति के द्वारा जीता जा सके किन्तु जो समस्त शक्तियों के आदि स्रोत हैं उनको कौन जीत सकता है। युद्ध का वर्णन 2 कड़वकों में, एक में रुक्मी-बंधन व एक में जरा का आगमन, युद्ध व उसको भगाने का वर्णन है।

विवाहलोकार घोड़े, हाथी, रथ पर सवार होकर युद्ध करने की चर्चा करता है। अस्त्र-शस्त्रों व सुरक्षा साधनों में घोड़ों पर जीन कसने, सैनिकों द्वारा कवच धारण करने, पट्टा धारण करने, तोमर, बरछे, मुद्गर, सेल, साबल, कुंत, ढोल बजाने, शंखनाद करने, रणतूर बजाने, बाण-धनुष एवं तलवारों का वर्णन करता है। योद्धाओं में कृष्ण, बलराम, नेमीनाथ (कृष्ण के चचेरे भाई), ऋषिराज, कामपाल, रुद्र, रुक्मी, जरा, जरासंध का नाम काम में लिया है। शिशुपाल की 95 अक्षोहिणी सेना में से मात्र 5 अक्षोहिणी सेना शेष रही जबकि रुक्मी सवा अक्षोहिणी सेना लेकर लड़ने आया जिसमें से उसके अलावा मनुष्य मात्र कोई नहीं बचा। हाथी चिंघाड़ते हुए रास्ता भूलकर इधर से उधर दौड़ने लगे। रुक्मी ने कृष्ण को अहीर कहा है। वेलिकार ने भी कृष्ण को शिशुपाल से अहीर का सम्बोधन दिलवाया है।

विवाहलोकार न तो रुक्मी को विरूप करने की चर्चा करता है और न उसे पुनः वैसा का वैसा बनाने की चर्चा करता हैं। बस, इतना कहता है, रुक्मी ने कृष्ण पर तलवार से तीन प्रहार किये किन्तु उन्होंने कोई उत्तर नहीं दिया। तदनंतर रथ से उतरकर उसको बाथ में भर लिया और उसी के उत्तरीय से उसके दोनों हाथों को बांध दिया। उसके रथ को स्वयं के रथ से बांध लिया। रुक्मी के लिए विदर्भ पराया हो गया।

जैसा पूर्व में कहा गया है, जरा का प्रसंग केवल विवाहलोकार ने दिया है। जरा को जरासंध ने बुलाया। उसने पुरुष का वेश बनाया और वह कृष्ण-दल में घुसकर यादवों को प्रकंपित करने लगी। कृष्ण उसको दिव्य दृष्टि से जान गये। तत्काल नेमीनाथ ने उसका गला पकड़ लिया। बलरामजी ने उसके पैरों को (चाल को) रोक दिया और उसको स्वर्ग में फेंक दिया किन्तु ऋषिराज ने उसको स्वर्ग में न जाने दिया। कामपाल ने उसका कंठ पकड़ लिया और सारे शरीर को छेद डाला। बलभद्र ने ताड़ना देकर भूमि पर गिरा दी। पाताल जाती हुई को शेषनाग ने रोक ली। देवताओं ने कृपा की और उसको पृथिवी पर पटक दी।

विवाहलोकार एक महत्त्वपूर्ण वर्णन और करता है जिसकी चर्चा हम पूर्व में कर आये हैं। क्षत्रिय कभी भी अपनी पत्नी की प्रतिष्ठा का हनन होते नहीं देख सकता। वह जान पर खेल कर भी उसकी सुरक्षा करता है। वह कहता है 'स्त्री के कारण ही अर्बुदाचल पर

देवासुर संग्राम हुआ। दूसरी बार सीता के कारण रामजी लंका में गये। तीसरी बार द्रोपदी के कारण कुरुक्षेत्र में कौरवों का नाश हुआ। अब चौथी बार रुक्मिणी के कारण शिशुपाल-रुक्मी-जरासंधादि से श्रीकृष्ण-बलराम का युद्ध हुआ जिसमें कृष्ण ने युद्ध जीता।

(16). 13. श्रीमद्भागवत् में कृष्ण-रुक्मिणी के विवाह को दो बार 'राक्षस-विवाह' कहा है। पहली बार 10/52/18 में राजा परीक्षित ने प्रश्न किया है 'भगवन्! हमने सुना है कि भगवान् श्रीकृष्ण ने भीष्मकनंदिनी परमसुंदरी रुक्मिणीदेवी को बलपूर्वक हरण करके राक्षसविधि से उनके साथ विवाह किया था।'

दूसरी बार 10/54/18 में कहा गया है 'रुक्मिणी का बडा भाई रुक्मी भगवान् श्रीकृष्ण से बहुत द्वेष रखता था। उसको यह बात बिल्कुल सहन न हुई कि मेरी बहिन को श्रीकृष्ण हर ले जायँ और राक्षसी-रीति से बलपूर्वक उसके साथ विवाह करें। रुक्मी बली तो था ही, उसने एक अक्षोहिणी सेना साथ ले ली और श्रीकृष्ण का पीछा किया।'

इन दोनों कथनों से स्पष्ट है कि भागवतकार के मत में, जैसा उन्होंने श्रीमद्भागवत् में वर्णन किया है, कृष्ण-रुक्मिणी का विवाह 'राक्षस-विवाह' है। पूर्व में हम सूत्र तथा स्मृति ग्रंथों के आधार पर लिख आये हैं कि जब माता-पिता की सम्मति न हो, वर व वधू की आपसी सहमति से वर द्वारा वधू का बलपूर्वक हरण कर लिया जाता है और बाद में वर के यहाँ शास्त्रोक्त- विधि से विवाह किया जाता है, तब उसको 'राक्षस-विवाह' कहते हैं। शास्त्रोक्त-विधियों में माता-पिता के न होने के कारण कन्यादान विधि तो सम्पन्न नहीं होती किन्तु होम, सप्तपदी आदि अवश्य होते हैं। राक्षस-विवाह में वर, वधू पक्ष वालों को मारकर, घायल कर, ताड़न-कर व घर-द्वार तोड़फोड़-कर वधू का अपहरण करता है।

श्रीमद्भागवत् का कृष्ण-रुक्मिणी का विवाह पूर्णतः राक्षस है जिसमें भाई, माता, पिता इत्यादि की सम्मति नहीं थी। कृष्ण ने रुक्मिणी का बलपूर्वक हरण किया और रुक्मी को विरूप करके मारने के बराबर कर दिया। द्वारका में जाकर विधिपूर्वक होम, सप्तपदी और शास्त्रोक्त विधि-विधानों को पूरा किया, (10/53/8; 10/53/55-56; 10/54/35; 10/54/53)।

'वेलि क्रिसन-रुकमणी री' ने भी इस संबंध में अक्षरशः श्रीमद्भागवत् का अनुगमन कर कृष्ण-रुक्मिणी के विवाह को राक्षस-विवाह की परिधि से बाहर निकालने का कोई प्रयत्न नहीं किया है। पृथिराज ने कहीं भी इस विवाह को भागवत् की भाँति राक्षस नहीं कहा है किन्तु राक्षस-विवाह होने से उसे बचाया भी नहीं है। (भाई की सम्मति नहीं, अप्रत्यक्षतः माता-पिता द्वारा भाई रुक्मी का विरोध न करना बताया है, माता, पिता एवं भाई-सभी असहमत थे-द्वाला 35, रुक्मिणी द्वारा पत्र भेजना, परस्पर वर-वधू की सहमति द्वाला, 59-66, हरण द्वाला 112, रुक्मी को मारने के समान विरूप करना द्वाला 132, द्वारका में विवाह द्वाला 151-155)।

विवाहलोकार ने इस विवाह को 'राक्षस-विवाह' की परिधि से निकालकर 'ब्राह्म-विवाह' की परिधि में ले आने का पूरा प्रयत्न किया है। यद्यपि पहले भाई, फिर बाद में

माता-पिता भी कृष्ण के साथ विवाह करने के अनइच्छुक हैं, रुक्मिणी स्वयं ही कृष्ण को पत्र लिखकर, ब्राह्मण को भेजकर आमंत्रित करती है और कृष्ण आकर रुक्मिणी का हरण भी करते हैं, रुक्मी युद्ध भी करता है किन्तु विवाहलोकार का पदम रुक्मी को विरूप करने का वर्णन नहीं करता। चूँकि रुक्मी मारने का प्रयत्न करता है, अतः कृष्ण उसको उसी के उत्तरीय से बांधकर उसके रथ को भी अपने रथ से बांध लेते हैं। रुक्मिणी अनुनय-विनय करके रुक्मी को तत्काल छुड़वा देती है। तत्काल कृष्ण कहते हैं, मण्डप की रचना कराओ। मंडप को सजाने को नाना वृक्षों को मंगवाओ (94 प्रकार के वृक्षों के नाम गिनाए गए हैं) देवता, यक्ष, किन्नर, राजा-महाराजा, सिद्ध, साधकों को बुलाओ। रुक्मिणी के माता-पिता को बुलाओ। नंद-यशोदा को बुलाओ। देवकी, वसुदेव, कुंतारिषि, कृष्णद्वैपायन आदि ऋषि मुनियों को बुलाओ। (बुलाये जाने व आने वालों की सूची लंबी है।) नव ग्रहादि आसन पर आकर विराजे, ऋषि-मुनि वेदमंत्रों का उच्चारण करते हैं।

कृष्ण-रुक्मिणी का ग्रंथिबंधन किया गया। पाणिग्रहण करवाया। वरमाला धारण करवाई गई। स्वयं ब्रह्मा ने समस्त विधियाँ सम्पन्न करवाईं। तत्पश्चात् सप्तपदी की जगह चतुष्पदी की गई जिसमें राजा भीष्मक ने प्रत्येक फेरे में अलग-अलग प्रकार के दहेज दिये। प्रथम फेरे में असंख्य घोड़े, दूसरे फेरे में शृंगारित हाथी-घोड़े, तीसरे में करोड़ों के रत्नों के भंडार दिये, चौथे में पलंग, रजाई, करोड़ों की कीमत के आभूषण दिये। नारद, तुंबर, गंधर्व मंगल गीत गाते हैं। राजा ने सभी को पहरावणी दी। खास-खास को सिरोपाव दिये। राजा भीष्मक ने विधि-पूर्वक कुण्डिनपुर में ही विवाह किया। वेलिकार ने भी चार फेरों का ही वर्णन किया है। राजस्थान में प्रायः चार फेरों का ही प्रचलन है, (द्वाला 154)।

वस्तुतः यह विवाह राक्षस और ब्राह्म का मिश्रित रूप है। वर्तमान समय में जिसे हम लव-मैरेज कहते हैं, वह एक प्रकार से राक्षसी-विधि का विवाह है किन्तु जब माता-पिता, पुत्र-पुत्री की इच्छा से सहमत होकर उस लव-मैरेज को अरेंज-मैरेज में कन्वर्ट कर देते हैं, तब वह लव-मैरेज न कहलाकर, अरेंज-मैरेज कहलाने लगती है। ऐसे ही पदम द्वारा वर्णित विवाहलो आपाततः लगता तो राक्षसी-विवाह ही है किन्तु अन्त में जाकर वह ब्राह्म-विवाह में परिवर्तित हो जाता है। एक कहावत है, 'अंत भला तो सब भला'। यहाँ भी अंत में माता-पिता कुण्डिनपुर में ही विवाह संपन्न करते हैं। जहाँ समस्त विधियाँ सम्पन्न होती हैं। दोनों पक्षों के पारिवारिक-जन उपस्थित रहते हैं, दहेज दिया जाता है। बारात की पहरावणी की जाती है। भोजन कराकर स्त्रियों द्वारा गाली गाई जाती है, उसके बाद ही कृष्ण-रुक्मिणी द्वारका जाते हैं जहाँ उनका भव्य स्वागत-सत्कार होता है। बधावे गाये जाते हैं।

इन सभी बातों का सारांश इतना ही है कि पदम पहला व्यक्ति है जिसने कृष्ण-रुक्मिणी के विवाह को 'राक्षस-विवाह', की परिधि से निकालकर 'ब्राह्म-विवाह' में परिवर्तित कर दिया है। विदाई करते समय रुक्मिणी की माता ने कृष्ण से जिस तरह का सम्वाद किया है, वह विवाह को पूर्णरूपेण ब्राह्म-विवाह सिद्ध करता है। पाठक छंद 242-251 को मनोयोग पूर्वक पढ़ें।

द्वारका आने पर जुआँ-जुईं का खेल, कुलदेव की पूजा आदि सम्पन्न करते हैं। विवाहलोकार अपना ग्रंथ यहीं आकर पूर्ण कर देता है। वह कृष्ण की ऋतुचर्या, संतानोत्पत्ति द्वारा गृहस्थ-धर्म की पूर्णता, आदि की कोई चर्चा नहीं करता।

चूँकि श्रीमद्भागवत् महापुराण श्रीकृष्ण की संपूर्ण लीलाओं का वर्णन करता है। अतः उसमें तो गृहस्थ जीवन, पुत्र-पौत्रों का वर्णन सहित अन्यान्य चरित्रों का वर्णन व अन्त में गोलोक पधारने का भी वर्णन है। अतः उससे खण्डकाव्य 'विवाहलो' की तुलना नहीं की जा सकती किन्तु पृथिराज के ग्रंथ 'वेलि क्रिसन रुकमणी री' से अवश्य की जा सकती है। पूर्व में हम कथासार में कहते आ ही रहे हैं। अब संक्षेप में जो विवाहलो से अधिक बातें हैं, उनका विवरण पाठकों के लाभार्थ देना ठीक रहेगा।

(17) ग्रंथ सार लिखते समय जिस पात्र का चरित्र जैसा-जैसा विवाहलो में वर्णित हुआ है, वैसा-वैसा तत्तत स्थानों पर लिख दिया गया है। मुख्यतः ये चरित्र-नायक राजा भीष्मक, उनकी पत्नी, उनका बडा पुत्र रुक्मी, पुत्री रुक्मिणी, इस पुत्री के प्रस्तावित पति शिशुपाल व वास्तविक पति वसुदेवनंदन कृष्ण, कृष्ण के बडे भ्राता बलराम, चचेरे भाई (जैन ग्रंथों के अनुसार) नेमीनाथ, प्रछनकुमार (प्रसेनजित), शिशुपाल की ओर से उसके पिता दमघोष, मगधनरेश जरासंध, जरा नाम की राक्षसी और संदेश वाहक हरि का ब्राह्मण या हरि नाम का ब्राह्मण आदि हैं।

अन्य बहुत से नाम भी हैं किन्तु उनका चरित्र-गठन में कोई विशेष अवदान नहीं है। जैसे ऋषियों के नाम, ब्रह्मादिक देवताओं के नाम, सनकादिक, नारदादिक मुनियों के नाम, गोमती आदि नदियों के नाम, कुण्डिनपुर, द्वारका आदि पुरियों के नाम, यादवों का उल्लेख आदि। युद्ध आदि के समय सैनिकों का नाम स्मरण करना, मंडप बनाते समय वृक्षादि के नामों की गणना करना, युद्ध के लिये अक्षोहिणी सेनाओं का उल्लेख करना आदि।

महत्त्वपूर्ण नामों में से कतिपय का पौराणिक परिचय पाठकों के लाभार्थ प्रस्तुत है। विवाहलो का विवरण तो ग्रंथ-सार तथा सानुवाद ग्रंथ में है ही।

(17). 1. कुण्डिनपुर : विदर्भ-देश का प्राचीन नगर जो विदर्भ की राजधानी था। इसका आधुनिक नाम वीदर है और यहाँ से कुछ दूरी पर कुंडिनवती नाम की प्राचीन नगरी अब भी विद्यमान है। यहाँ के राजा भीष्मक थे, जिनकी पुत्री रुक्मिणी और पुत्र रुक्मी, रुक्म, रुक्मकेश, रुक्ममाली और रुक्मबाहु थे।

(17). 2. भीष्मक : कुण्डिन (बरार) विदर्भ का प्रतापी राजा तथा रुक्मिणी का पिता। पहले यह रुक्मिणी का विवाह कृष्ण के साथ करना चाहते थे किन्तु बाद में पुत्र के स्नेहवश रुक्मी के मंतव्यानुसार शिशुपाल से करने को राजी हो गये। जरासंध से उनके सम्बंध अच्छे थे और जरासंध के परामर्श तथा दबाव के कारण रुक्मी ने रुक्मिणी का विवाह शिशुपाल के साथ करना निश्चित किया।

(17). 3. रुक्मी : विदर्भ-नरेश भीष्मक का ज्येष्ठ पुत्र और रुक्मिणी का भाई था। जरासंध के कहने पर यह श्रीकृष्ण का विरोधी हो गया। रुक्मिणी हरण होने, तत्पश्चात्

कृष्ण से युद्ध में हारने पर यह कुण्डिनपुर नहीं लौटा। इसने भोजकट नामक दूसरा नगर बसाकर वहाँ अपना निवास बनाया।

(17). 4. **शिशुपाल** : चेदिनरेश दमघोष का पुत्र। यह श्रीकृष्ण का मौसेरा भाई था। जब यह पैदा हुआ, तब इसके तीन नेत्र व चार हाथ थे। जन्मने पर गदहे की भाँति रेंका था। इसके इस अनोखे रूप को देखकर इसके माता-पिता ने इसको त्यागना चाहा किन्तु आकाशवाणी के कहने पर इसका पालन-पोषण किया, इसी कारण इसका नाम शिशुपाल हुआ। आकाशवाणी ने बताया कि जिसके हाथ में जाने से इसकी एक अतिरिक्त आँख व दो भुजाएँ झड़ जाएंगी, वही इसको मारेगा। श्रीकृष्ण की गोद में जाने से ऐसा ही हुआ। शिशुपाल की माता ने श्रीकृष्ण से ऐसा वचन चाहा कि वह शिशुपाल के समस्त अपराधों को क्षमा कर देंगे किन्तु कृष्ण ने सौ अपराधों को क्षमा करने का आश्वासन दिया। युधिष्ठिर के राजसूय यज्ञ में श्रीकृष्ण को अर्घ्य देना इसको अनुचित लगा और इसने कृष्ण को गालियाँ बकना प्रारंभ कर दीं। 100 की गिनती पूरी होते ही कृष्ण ने इसका वध कर दिया। यह विष्णु का पार्षद था। इस तीसरे जन्म में कृष्ण के हाथ से मरकर यह पुनः विष्णुलोक को चला गया। जरासंध के परामर्श से रुक्मी ने रुक्मिणी के लिये शिशुपाल को वर चुना था किन्तु रुक्मिणी का श्रीकृष्ण द्वारा हरण कर लेने व इसके युद्ध में हार जाने पर रुक्मिणी कृष्ण की पटरानी बनी।

(17). 5. **जरासंध** : मगध-देश के राजा बृहदथ का पुत्र था। यह दो टुकड़ों में पैदा हुआ जिसको फेंक दिया गया किन्तु 'जरा' नाम की राक्षसी ने इसके दोनों हिस्सों को जोड़कर इसको पूर्ण बना दिया। इसकी राजधानी गिरिव्रज में थी। मथुरा-नरेश कंस इसका जामाता था। कृष्ण द्वारा कंस को मार देने के कारण यह कृष्ण पर अत्यंत कुद्ध हुआ और इसने मथुरा पर अठारह बार चढाई की। तंग आकर मथुरा निवासी द्वारका में आ बसे। युधिष्ठिर के राजसूय यज्ञ में श्रीकृष्ण, भीम व अर्जुन को लेकर इसके यहाँ गये थे। भीम से इसका 27 दिन युद्ध हुआ। अंततः कृष्ण ने युक्ति बताकर भीम द्वारा इसके दो टुकड़े कर विपरीत दिशा में फिंकवाये जिससे वे टुकड़े जुड़ न सके और इसका अंत हो गया।

यह कंस के वध का बदला युद्ध से न ले सका तो इसने रुक्मी को बहकाकर रुक्मिणी का विवाह शिशुपाल से तय करवा दिया किन्तु रुक्मिणी को कृष्ण हरण करके ले गये। यह तथा शिशुपाल हाथ मलते ही रह गये।

(17). 6. **दमघोष** को विवाहलोकार ने ब्रह्मघोख कहा है। यह शिशुपाल का पिता था। कुण्डिनपुर में पुत्र शिशुपाल की बारात लेकर गया था।

(17). 7. **दंतवक्त्र** का नाम विवाहलो में नहीं आया किन्तु शिवकरणी-संस्करण में है। यह शिशुपाल का बडा भाई व करुष-देश का राजा था। श्रीकृष्ण के हाथों मारा गया था।

(17). 8. **जरा नाम की राक्षसी** : मगध-देश की गृह-देवी थी। इसी को 'यष्ठि' भी कहते हैं। इसी ने मगधराज जरासंध के शरीर के दो टुकड़ों को जोड़कर पुनः ठीक करके

जरासंध को जीवित कर दिया था। जरासंध को इस पर खूब भरोसा था। अतः उसने इसको युद्ध के समय याद किया किन्तु बलरामजी के हल के प्रहार से इसको भागना पड़ा। यह यादव-सेना का अधिक कुछ न बिगाड़ सकी।

(17). 9. रुक्मिणी : भीष्मक की पुत्री व श्रीकृष्ण की पट्टमहीषी थीं। ये श्रीकृष्ण के प्रति तथा श्रीकृष्ण इनके प्रति आसक्त थे। श्रीकृष्ण ने मामा कंस की हत्या की थी। इससे इनका बड़ा भाई रुक्मी कृष्ण से नाराज था। रुक्मी ने जरासंध की सलाह से दमघोष के पुत्र चेदि-नरेश शिशुपाल को रुक्मिणी को देने का पक्का वादा किया किन्तु रुक्मिणी व कृष्ण की योजना ने रुक्मी की योजना को निष्प्रभावी कर दिया तथा कृष्ण ने रुक्मिणी का इन्द्राणी के मंदिर से हरण कर लिया। मधुपुरी में विधिवत विवाह किया। श्रीकृष्ण से इनके दस पुत्र हुए-प्रद्युम्न, चारुदेष्ण, सुदेष्ण, चारुदेह, सुषेण, चारुगुप्त, भद्रचारु, चारुविंद, सुचारु और चारु। चारुमती नाम की एक कन्या भी थी।

(17). 10. कृष्ण : भोजवंशी देवक की पुत्री देवकी जो कंस की चचेरी बहन थी, के पुत्र। इनके पिता वसुदेव थे। कंस अपने श्वसुर जरासंध की सहायता से पिता उग्रसेन को बंदी बनाकर स्वयं राजा बन बैठा। देवकी के विवाहोपरान्त आकाशवाणी हुई जिसके कारण कंस ने वसुदेव-देवकी को कारागार में डाल दिया जहाँ आठवीं संतान के रूप में कृष्ण का अवतार हुआ। कंस के डर से उनके पिता ने इनको नन्द-यशोदा के यहाँ गोकुल में पहुँचाया। इन्होंने ब्रज में रहकर अनेक अद्‌भुत, अमानवीय लीलाएँ कीं। मथुरा में आकर कंस को मारा। नाना उग्रसेन को पुनः राज-गद्दी पर बैठाया। जरासंध के आक्रमणों से तंग आकर समुद्र में द्वारका बसाई। इनकी आठ पटरानियाँ थीं—रुक्मिणी, सत्यभामा, जाम्बवती, सत्या, कालिन्दी, माद्री, मित्रविन्दा तथा भद्रा। इनमें रुक्मिणी सर्व ज्येष्ठा थीं। भीष्मक की पुत्री रुक्मिणी का हरण कर राक्षस-ब्राह्म विवाह किया जिसका विशद् वर्णन 'विवाहलो' 'श्रीमद्‌भागवत्' तथा 'वेलि क्रिसन रुकमणी री' में है।

(17). 11. बलराम : बलभद्र, सीरायुध आदि इनके नाम हैं। वसुदेव के पुत्र तथा कृष्ण के बड़े भाई बलदाऊ। कृष्ण की माता का नाम देवकी व इनकी माता का नाम रोहिणी था। ये गोकुल तथा मथुरा में कृष्ण के साथ रहे। जहाँ कृष्ण वाक्पटु, मधुरभाषी व मिलनसार थे, वहाँ ये उद्दंड प्रकृति किन्तु सिद्धांत-प्रिय थे। कृष्ण के 16108 रानियाँ थीं जिनमें रुक्मिणी ज्येष्ठा पटरानी थी जबकि इन्होंने एक ही विवाह किया। पत्नी का नाम रेवती था जिनसे इनको निशठ और उल्मुख नामक पुत्रों का पिता होने का गौरव मिला। ये सदैव श्रीकृष्ण के सहायक रहे किन्तु महाभारत युद्ध में इन्होंने भाग नहीं लिया। पाण्डवों से इनका स्वाभाविक स्नेह था किन्तु दुर्योधन इनका शिष्य था। अतः इन्होंने दोनों पक्षों से ही दूरी वैसे ही बनाकर रखी जैसे विदुर ने रखी।

वस्तुतः ये भी देवकी के गर्भ से ही उत्पन्न होते किन्तु योगमाया ने देवकी के गर्भ से इनको निकालकर रोहिणी के गर्भ में स्थापित कर दिया, इसीलिए इनका एक नाम संकर्षण भी है। ये स्वरूपतः सुन्दर व वर्ण के गौर थे, अतः इन्हें राम भी कहा जाता था। इनमें अपार शक्ति होने के कारण इनका नाम बलराम पड़ा। धेनुक को मारा। प्रलम्ब को मुक्के से मारा।

शंखचूड़ के वंदीगृह से मिली शंखचूड़ामणि इन्हें श्रीकृष्ण ने दी। मथुरा के मल्लयुद्ध में मुष्टिक, कूट, आदि मल्लों सहित कंस के आठ भाइयों को मारा। नैमिषारण्य में इन्होंने अपमान करने के कारण रोमहर्षण सूत का वध कर डाला, तदुपरांत ब्रह्महत्या का प्रायश्चित किया। जिस प्रकार वीरभद्र ने पूषा के दाँत तोड़ डाले थे, वैसे ही इन्होंने कलिंगराज के दाँतों को तोड़ा था। इनके प्रधान अस्त्र हल व मूसल थे। इस कारण इनको हलधर भी कहते हैं।

रुक्मिणी-हरण के समय ये श्रीकृष्ण के साथ थे। जब पीछा करती शिशुपाल की सेना आई, तब कृष्ण ने कुछ समय ही युद्ध किया। शेष समय इन्होंने युद्ध करके शिशुपाल, जरासंध व उनकी सेना को हराकर भगा दिया। पीछे से जब ये युद्ध कर रहे थे तब रुक्मी कृष्ण का पीछा करते-करते उन तक पहुँच गया। श्रीकृष्ण ने रुक्मिणी की प्रार्थना पर रुक्मी को मारा नहीं, विरूप कर दिया। शास्त्रों का कथन है कि 'वपनं श्मश्रु केशानां वैरुप्यं सुहृदो वधः' सुहृद् को विरूप कर देना उसका वध करने के बराबर है।

जब बलराम कृष्ण के पास पहुँचे तो इनको विरूप करना न्यायोचित नहीं लगा। इन्होंने, नाना उग्रसेन व पिता वसुदेव सहित अन्य वृद्धों ने भी कृष्ण द्वारा रुक्मी को विरूप करने को अनुचित बताया तथा रुक्मिणी को ढांढस बँधाया। जैसा पूर्व में कहा गया है, ये कृष्ण के ज्येष्ठ भाई थे किन्तु रहे सदैव उन्हीं के साथ। कभी भी उनका विरोध नहीं किया।

(17). 12. ब्राह्मण का नाम क्या था, इस सम्बंध में भागवतकार तथा वेलिकार दोनों मौन हैं किन्तु विवाहलोकार 'हरि ब्राह्मण' कहकर उसको 'हरि द्वारा भेजा गया ब्राह्मण' तथा 'हरि नाम का ब्राह्मण' दोनों प्रकार से समझने का अवकाश देता है। मैंने अनुवाद में हरि स्वरूप श्रीकृष्ण द्वारा प्रेषित विश्वासी ब्राह्मण अर्थ किया है। कुण्डिनपुर में क्या ब्राह्मणों की कमी थी कि रुक्मिणी एक क्षण में गोखे पर चढकर किसी पत्र-वाहक को देखती है, क्षण के बाद नीचे उतर जाती है। वह अतीव व्यग्र दिखाई देती है संदेश-वाहक को ढूंढने के लिये जबकि वह राजकुमारी है, किसी भी दासी को भेजकर किसी भी विश्वास-भाजन ब्राह्मण को बुलवा सकती थी। इसलिए रुक्मिणी की चिंता, व्यग्रता एवं अनन्यनिष्ठा को मन ही मन में जानकर श्रीकृष्ण ने एक ब्राह्मण को भेजा। वही हरि-ब्राह्मण है। यह नाम विवाहलोकार द्वारा बडी सूझ-बूझ के साथ रखा गया है जो श्लेषात्मक है। ब्राह्मण वृद्ध है अथवा वृद्ध नहीं है, इसकी विवाहलोकार कोई चर्चा नहीं करता किन्तु वेलिकार तथा शिवकरणी-संस्करण उसको वृद्ध बताते हैं। चाहे संदेशवाहक वृद्ध हो या जवान, एक निश्चित दूरी ही तय कर सकता है, पैदल अधिक नहीं चल सकता। ब्राह्मण नगर के बाहर जाकर सो जाता है किन्तु श्रीकृष्ण उसको द्वारका के सिंहद्वार पर लाकर जगाते हैं। भारतीय वैदिक परम्परानुसार उक्त तीनों स्रोत बताते हैं कि कृष्ण ने रथ पर चढने के पूर्व संदेशवाहक विप्र को चढाया तत्पश्चात् स्वयं चढ़े। विवाहलोकार रथ को स्वयं कृष्ण द्वारा हँकवाते हैं। कुण्डिनपुर की वाटिका में जाकर कृष्ण रुक्मिणी के कुल, शील, स्वभाव, सौंदर्य आदि के बारे में ब्राह्मण से पूछते हैं। विप्र उत्तर देकर रुक्मिणी के पास जाता है और स्पष्ट शब्दों में कृष्णागमन का समाचार देकर प्रभूत मात्रा में इनाम पाता है। वेलिकार के अनुसार ब्राह्मण

को कृष्ण ने कुण्डिनपुर के पलसे (सिंहद्वार के पहले) में ही उतार दिया और वह रुक्मिणी के पास जाकर संकेत करता है कि सुना है, कृष्ण कुण्डिनपुर में आ गये। सुनकर रुक्मिणी पिता भीष्मक तक समाचार पहुँचाने के लिये कहती है। बस, यहीं इस ब्राह्मण की भूमिका का अंत हो जाता है।

(17). 13. प्रछनकुमार अथवा प्रसनकुमार : यादवों में प्रछनकुमार या प्रसनकुमार नामक कोई यादव था, मेरे पढ़ने में नहीं आया। प्रसेनजित यादव अवश्य था जिसको कृष्ण ने मथुरा के द्वार पर द्वार-रक्षक के रूप में रखा था। यह वीर था, कृष्ण का विश्वास-पात्र था, ये दोनों बातें द्वार-रक्षक होने से समझ में आती हैं। यह निघ्न का पुत्र और सत्राजित् का भाई था। इसके पास स्यमन्तक नामक मणि थी। शिकार करते समय सिंह ने इसका ही शिकार कर लिया। फलतः सत्राजित् ने मणि की चोरी का इल्जाम कृष्ण पर लगा दिया। मणि जाम्बवान के पास पहुँच चुकी थी। कृष्ण ने जाम्बवान् को ढूंढा और उनको हराकर उनकी पुत्री जाम्बवती से विवाह किया और स्यमन्तकमणि को लाकर सत्राजित् को दे दी। कुण्डिनपुर-युद्ध में दोनों भाई सत्राजित् व प्रसेनजित् मौजूद थे और उन्होंने कृष्ण को शिशुपाल की सेना से जिताने में अच्छी भूमिका निभाई थी।

(17). 14. नेमीनाथ : जैनों के 'नेमीनाथ-पुराणानुसार' उनके 22वें तीर्थंकर नेमीनाथ श्रीकृष्ण के चचेरे भाई थे। इनके पिता का नाम समुद्रविजय तथा माता का नाम शिवदेवी था। जैन-पुराणानुसार न उन्होंने राज किया और न विवाह किया। विवाह करने गये किन्तु जीवों का वध होता देख इन्होंने उनके बंधन खोल दिये और ये गिरनार गिरि पर जाकर श्रावण सुदि 6 को संन्यस्त हो गये। इनकी भावी पत्नी राजमती भी दीक्षा लेकर आर्यिका बन गई और दुर्धर्ष तप करके स्वर्ग को गई।

हमारा विवाहलोकार नेमीनाथ को श्रीकृष्ण के साथ कुण्डिनपुर जाता हुआ तो वर्णन करता ही है, वहाँ दुर्धर्ष युद्ध करता हुआ भी बताता है। शिशुपाल के अनेक योद्धाओं को युद्ध में मारा होगा, यह निश्चित् है। जो युद्ध करता हो, शत्रुओं को मारता हो, वह कैसे जीवों (पशुओं) की हत्या को देखकर करुण-हृदय हो सकता है? विवाह करना त्यागकर संन्यासी केसे हो सकता है? ये सारे प्रश्न हमारे सामने हैं।

सनातन-धर्म का पौराणिक-साहित्य नेमीनाथ के बारे में न जैनों के नेमीनाथ-पुराणानुसार वर्णन करते हैं और न विवाहलोकार के अनुसार करते हैं। दोनों ही एक प्रकार से लोक-काव्य हैं। विवाहलो भी 15वीं-16वीं शताब्दी का ग्रंथ है तो नेमीनाथ-पुराण भी इन्हीं शताब्दियों में रचित पुराणशैली का काव्य है।

चूँकि इस सम्बन्ध में हमारे पास कोई आधिकारिक जानकारी नेमीनाथजी के बारे में नहीं है, अतः हम दृढ़ता से नहीं कह सकते कि तथ्य कितने निर्भरता योग्य हैं।

(17). 15. विवाहलो में अनेक ऋषियों, यादवों, देवताओं के उल्लेख भी आये हैं किन्तु भूमिका का कलेवर बढ़ता ही जा रहा है। अतः इसको यहीं विराम देना ठीक है।

18. आभार

जैसा उपोद्घात में लिखा गया है, आलोच्य ग्रंथ पर कार्य करने की मनोऽभिलाषा तो काफी समय से थी किन्तु समयाभाव से वह फलीभूत नहीं हो सकी। इसके लिए समय निकलवाने में निमित्त बने, श्रीविनोदजी जंभदास, महासचिव : जांभाणी साहित्य अकादेमी, बीकानेर। उन्होंने कई हस्तलेख उपलब्ध करवाकर मेरे से अनुरोध किया कि मैं इस कार्य को अवश्य करूँ।

अन्तर्राष्ट्रीय रामस्नेही-संप्रदाय के संत भी इस ग्रंथ का गायन चातुर्मासीय-सत्संगों में करते रहे हैं। मैंने कई बार मेरे श्रद्धास्पद गुरुमहाराज ब्रह्मलीन पं० कीर्तिरामजी महाराज से चातुर्मासीय सत्संगों में इसको सुना है। मेरी माताजी भी इसका सुमधुर गायन करती थीं।

अन्तर्राष्ट्रीय रामस्नेही-सम्प्रदाय के वर्तमानाचार्य ब्रह्मनिष्ठ, श्रोत्रिय, जगद्गुरु श्रीस्वामी रामदयालजी महाराज के प्रति श्रद्धा समन्वित आभार!

मैं अन्य सभी ज्ञाताज्ञातों के प्रति भी हार्दिक आभार व्यक्त करता हूँ।

—ब्रजेन्द्रकुमार सिंहल
सम्पादक : श्रीरामस्नेही - संदेश (त्रैमासिक)
सम्पादक : श्रीरामस्नेही-भास्कर (मासिक)
60/60, रजतपथ, मानसरोवर,
जयपुर 302020 (राजस्थान)
ई-मेल : bksinghal57@gmail.com
चरभाष: 9351503555

पदम तेली कृत कृष्ण-रुक्मिणी-विवाह
कृष्ण-रुक्मिणी-विवाहलौ
(ब्याहलौ श्रीकिसनजी को)

राग मारू
1. श्रीगणेश-वन्दना, राग मारू

गवरिय-नन्दन वीनवूँ जी, श्रीहरि सुरतइ आणि।
विष्ण तणो वीवाहलो जी, रिधि सिधि प्रसिध प्रमाण॥ 1॥
रिधि सिधि प्रसिध प्रमाण करि नइ, विष्ण तणो वीवाह।
सुंडाडंवर करि धर फरसी, लीला लोचन चाह॥ 2॥
दंतूसल मुखि दिनकर झलकै, उर मणि फणि मणि हार।
पहिलो वेद पुराण अगोचर, प्रणमीजइ प्रतिहार॥ 3॥
पंच विगति सुत पंच तुझ, पंच तत्त्व अम्हे दाखूँ।
पंच मिले नइ जे क्रम करता, सिधि सबदइ इम भाखूँ॥ 4॥
थोर गात्र ठरठिम्म कइ चालइ, सिर सेवंत्रा भार।
गवरिय-नंदन विघन विहंडन, दुख खंडन सुख सार॥ 5॥ 1॥

❖ ❖ ❖

राग मारू

गवरी को नन्दन वीनऊँ, सुर तेतीस व्यवाण।
किसन तणौ विवाहलौ, रिध्य सिध प्रसिध प्रवाँण॥ 1॥
रिध्य सिध प्रस्यध परवांण भणीज, किसन तणौ वीवाहौ।
सुंडाडंवर कर धर फरसी, लीला लोचन चावौ॥ 2॥
एक दाँत मुखि नीत करि झलका, उर वंण्य फुरवैणहारौ।
पहला वेद पुराण अगोचर्य, परणीज पति सारौ॥ 3॥
पाँच वेद नै पाँच वेगति सुध्य, पाँच पुराणी दाखौ।
पाँच करण जुगता से मुगता, सीव सबद यौ भाखौ॥ 4॥
ठोल गात सिर ठमक चालसी, सिरि सोहंता भारौ।
गवरीनन्दन विगन विहंडन, दुख खंडन सुख सारौ॥ 5॥

प्रमाण (प्रणाम) सहित रिद्धि-सिद्धि के साथ प्रसिद्ध गौरी-नन्दन गणेश की वन्दना कर श्रीहरि का स्मरण करता हूँ। श्रीविष्णु के विवाह का वर्णन करता हूँ॥ 1॥ विष्णु के विवाह का वर्णन करने के पूर्व सर्वप्रथम उन गणेश को रिद्धि-सिद्धि सहित प्रणाम करता हूँ जो वेदों व पुराणों को भी अगम्य हैं (विवाह में आने वाली संभावित विघ्न-बाधाओं को रोकने के लिये) जो प्रतिहार (रक्षक) स्वरूप हैं, जिनके मुख के दाँत सूर्य की भाँति चमकते हैं, जिनके गले में सर्प के मस्तक से प्राप्त मणियों की माला विराजती है, जिनकी सूंड विशाल है, जो हाथ में फरशा (परशु) धारण करते हैं तथा जिनके नीलाभ नेत्र प्रसिद्ध हैं॥ 2-3॥ पाँच मुख वाले पंचानन के पुत्र गणेश! आप पाँच देवों में से एक उपासनीय देव हैं। मैं आपको पाँच तत्त्व के रूप में कहकर वर्णित करता हूँ। जिस कार्य को पाँच व्यक्ति अर्थात् व्यक्तियों का समूह मिलकर करता है, वह कार्य सिद्ध (सफल) होता है, ऐसे वचन मैं कहता हूँ॥ 4॥ जिनका शरीर स्थूल (मोटा) है, जो धमक के साथ किन्तु धीमे-धीमे चलते हैं, जिनके मस्तक पर स्वर्ण का सेहरा शोभायमान है, जो विघ्नों को नष्ट करने वाले, दुःखों को खंडित करने वाले व सार-स्वरूप सुखों के प्रदाता हैं, उन गौरी-नंदन गणेश की मैं वन्दना करता हूँ॥ 5॥

❖ ❖ ❖

2. सरस्वती-वन्दना

ब्रह्म सुतन देवी वीनवूँ जी, सरसती हंसारूढ।
वाणी आपौ मात वेग सूँ जी, मो मति माया मूढ॥ 6॥
वेग करी नइ वाणी आपौ, मुखि मांडो व्यापार।
एकइ कर धरि वीणा वावई, वीजइ पुस्तक धार॥ 7॥
तीजइ अमिय कमंडळ झलकइ, चउथइ सोहै ताल।
आदि रूप तो ताहरउँ माता, सेवक नइ प्रतिपाल॥ 8॥
भरह पिंगल नो भेद न जाणूँ, नवि जोयौं व्याकरणा।
केवल भगति करूँ करता नर, कलि मल मिथ्या हरणा॥ 9॥
कासमीर मुख मंडण देवी, दुख हरणी सुख दाता।
पदम भणइ प्रणमीं पाइ लागूँ, तू वइष्णव जण नी माता॥ 10॥ 2॥

❖ ❖ ❖

ब्रहमानी एक सारदा, सुरसती हंसा-रोड़।
वाणी आपौ वेग द्यौ, मो मुखि माया जोड़॥ 6॥
वेग करै नै वाणी आपौ, मुख मंडौ व्यापारौ।
एक करि धरि वीणा सोहे, दूजै पुसतग धारौ॥ 7॥
तीजै अमी कमंडल सोहै, चौथे सोहै तालौ।
आदि रूप कहिये मेरी माता, सेवग नी प्रतपालौ॥ 8॥

वरह पिंगल रा भेव नैं जाणौ, ना जाणौ व्याकरणा।
केवल भगति करूँ करता जी, कल्य मल्य मंछा हिरणौ॥ 9॥
कासमेर मुख मंडो देवी, पिसण गँजण री माता।
परम गुरू पाय लागै पदमूँ, दुख खंडण सुख दाता॥ 10॥

हंसारूढ ब्रह्मा की पुत्री सरस्वती देवी की वन्दना करता हूँ। हे माता! मेरी बुद्धि माया-विमूढ़ है, अतः मुझे शीघ्रता-पूर्वक वाणी प्रदान करो॥ 6॥ सेवकों का प्रतिपालन करने वाली हे माता! आप एक हाथ में वीणा धारण कर उसे बजाती हो, दूसरे हाथ में पुस्तक धारण करती हो, तीसरे हाथ में अमृत से भरा कमंडलु शोभा देता है तथा चौथे हाथ में ताल सुशोभित होती है। आपका आदि सनातन रूप यही है। अतः आप शीघ्रता-पूर्वक मुझको मुख को शोभा देने वाली कविता रूपी व्यापार करने को वाणी प्रदान करो॥ 7-8॥ भरह (भरत) कृत साहित्यशास्त्र, नागराज कृत पिंगलशास्त्र का मैं मर्म नहीं जानता। व्याकरण भी मैंने पढ़ा नहीं है। मैं तो केवल कर्त्ता-पुरुष विष्णु की भक्ति करता हूँ जो कलिकाल के मिथ्या मलादिक (मल, विक्षेप और आवरण) को हरण करने वाली है॥ 9॥ काश्मीर निवासिनी, मुख को काव्य के द्वारा शोभित करने वाली, दुःखों को हरने व सुखों को देने वाली हे माता! आप वैष्णवों की माता हैं, पदम आपके पाद-युगलों में नमन करता हुआ साष्टांग प्रणाम करता है॥ 10॥

❖ ❖ ❖

3. विवाह-प्रस्ताव

चूड़ा मँडन चुड़ामणी जी, भीमक घर अवतार।
बंधव रुखमइयो भलो जी, मंत्रीसर मति सार॥ 11॥
रुखमइयो नइ राजा भीमक, मंत्र करेवा वइट्ठा।
ए कन्या नइ जे वर जुगता, ते वर तम कहिं दिट्ठा॥ 12॥
रुखमइयो बोलइ सुणि राजा, तुम्हे घणेरो जाणउँ।
अमनइ वय सारू बुधि आवइ, पिरि यो तुम्हे पिछाणउँ॥ 13॥
भीमकराय भणइ रुखमइया, वर वनमाली जाणूँ।
छपन कोड़ि जादव नौ राजा, वंस विसुध बखाणूँ॥ 14॥
त्रिहु भवने श्रवणे संभाळताँ, समवड़ि कोइ न दीठा।
रुखमइयउँ नइ राजा भीमक, मंत्र करेवा वइट्ठा॥ 15॥ 3॥

❖ ❖ ❖

चूड़ा मंडण चुड़ाँवणी, भीषम घर अवतार।
रुखमइयो बंधू भलौ, मंत्री श्रोवण्य सार॥ 11॥
रुखमइयो नै राजा भीमक, मंत्र करेवा बैठा।
इण्य कन्या नै से वर जुगता, से वर कउवे दीठा॥ 12॥

वर तो राव भणै रुखमइयो, तमे घणेरो जाणौ।
हमनै मति वी सारौ आवै, परि यो तमे पिछाणौ॥ 13॥
वर तो राव भणै रुखमइयो, वर वनमाली जाणौ।
छपन कोड़ि जादम नौ राजा, वंस विसुध्य बखाणौ॥ 14॥
त्रिभुवणे सरवणे सांभळताँ, संकड़ि कोइ न दीठौ।
रुखमइयो नै राजा भींवक, मंत्र करेवा बैठा॥ 15॥

सर्वोत्कृष्ट को भी शोभायुक्त करने वाली चूड़ामणि स्वरूपा रुक्मिणी राजा भीष्मक के घर अवतरित हुईं। उनका भला भाई रुक्मी (रुकमय्या) है जिसकी बुद्धि अच्छी है तथा जो राजा का मंत्री है॥ 11॥ रुक्मी और राजा भीष्मक परामर्श करने बैठे। राजा ने पूछा, रुक्मी! उक्त कन्या के लिये जो वर उपयुक्त हो, ऐसा वर तुमने कहीं देखा है!॥ 12॥ रुक्मी ने कहा, हे राजा! सुनो। आप मेरे से अधिक जानते हो। मुझको तो मेरी आयु के अनुसार ही इस सम्बन्ध में जानकारी है किन्तु इस बारे में आप (अधिक) जानते हो॥ 13॥ भीष्मक राजा कहते हैं, हे रुक्मी! मैं तो वनमाली श्रीकृष्ण को सर्वोपयुक्त वर मानता हूँ। उनका यादव-वंश विशुद्ध है और वे छप्पन कोटि यादवों के राजा हैं॥ 14॥ तीनों लोकों में वरों को खोजने पर उक्त वनमाली के सदृश दूसरा और कोई नहीं दिखता। रुक्मी और राजा भीष्मक परामर्श करने को बैठे॥ 15॥

❖ ❖ ❖

सुत भणइ सुणि राजेन्द्रजी, ए किम एवड़ई मान।
गोकलि गौव चरावतो जी, किसूँ सराहिउ कान्ह॥ 16॥
विन्द्रावन मँइ गौ चरावी, भरवाड़ा नैं साथे।
कामी मोहण वंस वजावई, जीमैं तेहनउ भाते॥ 17॥
पर नारी नइ पालव झूँवइ, मांगइ दाण दही नउँ।
तुम्हे कहौ त्रिभुवन नो राजा, त्रीजो खंड म हीनउँ॥ 18॥
खित्री वंश तणी मति ओछी, पर पिंडा रा जाणूँ।
जेहनइ वंस कोइ संकन आणइ, ते तुम्ह किसूँ बखाणऊँ॥ 19॥
दरसण-कालउ बोलइ कूड़उ, मुखि मुधरो अभिमानं।
रुखमइयो बोलइ सुणि राजा, किसूँ सराह्यो कान्हं॥ 20॥ 4॥

❖ ❖ ❖

कँवर पाटोधर वीनवै, जां रा एवड़ मान।
गोकल्य गउव चरावतौ, काँयौ सराह्यो कान्ह॥ 16॥
वन्नावन माँ गउव चरावै, भड़वाला रै साथे।
कामण मोहण वंस बजायो, जीम्यो तारै हाथे॥ 17॥
पर नारी नैं पालै झूंबै, मांगै दान मही नौ।
तमे कहौ त्रभुवणे राजा, तीजे खंड म हीनूँ॥ 18॥

खत्री वंस तणी मति ओछी, पर पिंडा र जाणौ।
तिणरे कुले कुसाख्या आवै, तिणरौ काँयो बखाणौ॥ 19॥
दरसण-कालौ बोलै रूड़ौ, मुख्य मधरौ अभेवानौ।
गोकल्य गउव चरावै राजा, काँयो सराह्यो कान्हौ॥ 20॥

पुत्र रुक्मी ने कहा, हे पिता! राजेन्द्र! सुनो। आपकी कही इस प्रकार की बात को कैसे माना जाए? वह तो गोकुल में गाएँ चराता था। आपने कैसे कन्हैया कान्हा की महिमा का गान किया है?॥ 16॥ उसने ग्वालों के साथ वृन्दावन में गायें चराई हैं। कामी मोहन ने वहाँ वंशी-वादन किया और उनके साथ भोजन जीमा॥ 17॥ पर-स्त्री अर्थात् गोपियों का पल्ला पकड़कर दही का दाण-कर मांगा करता था। आप उसको त्रिभुवन का राजा बता रहे हो जबकि वह तो तीनों लोकों में हीन (निकृष्ट व्यक्ति) है॥ 18॥ क्षत्रिय-वंश की दृष्टि से उसकी बुद्धि सीमित-हल्की-ओछी है तथा उसको दूसरे वंश का जानो। उसके कुल के सम्बन्ध में कई प्रकार की शंकाएँ हैं, उसको आपने कैसे अच्छा बता दिया॥ 19॥ जो प्रात:काल अर्थात् जागने के समय से ही झूठ बोलता है। उसके छोटे से मुख से बडे-बडे अभिमानी वचन निकलते हैं। रुक्मी कहता है, हे राजा! सुनो। आपने कैसे कान्हा की सराहना की है॥ 20॥

❖ ❖ ❖

राइ भणई सुत सांभळो जी, तू तो अवड़ अबूझ।
बीजा नर कर बे अछइ जी, हरि नइ छइ च्यार भुज॥ 21॥
चतुर्भुज नै भुज च्यार ज सोहई, गुरुड़ासन गोब्यंद।
इन्द्र रूप इन्द्रादिक थरप्या, दिन दिनकर निसि चंद॥ 22॥
इणि अवतार पवाड़ा कीधा, तेता सहूई जाणूँ।
जुग अंतर आगै अवतरिया, तेहनउँ पार न जाणूँ॥ 23॥
प्रथम पुवाड़ई पूतना सोखी, मरदळियो मूसाळ।
ए हरि नइ आगइ दावानळ, दाणव नइ कुलि काळ॥ 24॥
असुर तणा ऊपरि खळकई, तोडर डावइ पाए।
भीमक-राइ भणइ रुखमइया, चउपट मल चउवाहे॥ 25॥ 5॥

❖ ❖ ❖

राव भणै सुत माहि नै, थे छौ अपढ़ अबूझ।
अवर नराँ कर दोइ छै, हरि नै चार्‌यौ भूज॥ 21॥
चत्रभुज नै भुज्य च्यार्‌यौ सोहै, गुरड़ासण गोम्यंदो।
इन्द्र रुद्र ब्रंभा जिण थरप्या, निसचर थरप्या चंदो॥ 22॥
इण्य अवतार्‌य प्रवाड़ा कीया, तेहू सहु व जाणौ।
जुग्य आगल्य आगला अवतरियो, जाँह रा माघ नै जाणौ॥ 23॥

प्रथमै प्रवाड़ पुतेन सोखी, मठ कीया ममसालो।
हरि नै तो दावानल कहिजै, दाणवाँ रै कुल्य कालो॥24॥
अमर तणा दल्य ऊपरि खलकै, तोडर डाव पाए।
भीमक राव भणै रुखमइयो, चौपर मल चौपाए॥25॥

राजा कहता है, हे पुत्र! सुन। तू अत्यधिक अनाड़ी–नासमझ है। अन्य पुरुषों के केवल दो हाथ होते हैं जबकि श्रीहरि के चार हाथ हैं॥21॥ चतुर्भुज रूप गोविन्द के चार भुजाएँ शोभित हैं। वे गोविन्द गरुड़ पर सवार होकर चलते हैं। उन्होंने इन्द्र को इन्द्रासन पर इन्द्र के रूप में, दिन में सूर्य को व रात्रि में चन्द्रमा को स्थापित किया है॥22॥ इस बार अवतार धारण करके उन्होंने जो–जो विशेष पराक्रम किये, उन सभी को मैं जानता हूँ। पूर्ववर्ती युगान्तरों में अवतरित होकर जो–जो पराक्रम किये, उनकी पार–उनको पूर्ण रूप से मैं नहीं जानता॥23॥ पहला पराक्रम पूतना के प्राणों को स्तन–पान कराते समय सोख लेने–खींच लेने का है। मामा व मामा के सहायकों का मर्दन किया। उन्होंने दावानल का पान किया तथा वे दानवों के कुल को नष्ट करने के लिये काल हैं॥24॥ भीष्मक कहते हैं, हे रुक्मी! तोडर–त्रिविक्रम कृष्ण अवसर मिलते ही असुरों के ऊपर उनको नष्ट करने को टूट पड़ते हैं। उन्होंने चौकोर अखाड़े में मल्लों (चाणूर, मुष्टिक) को मारा था॥25॥

❖ ❖ ❖

सुत भणइ सुणि राजेन्द्रजी, जोइजैई विवसाल।
पूरव देस नौ राजियो जी, वर कीजइ सिसिपाल॥26॥
पूरव देस नरेसर भणियो, वर कीजइ सिसपाल।
बाल वृध मति एक ज भणीइ, तात म झंखो आल॥27॥
साहण समुद्र तणी परि जोताँ, किमैं न लाभै पार।
आपण थी वर अधिको कीजइ, अड़वड़ियाँ आधार॥28॥
पूरव देस नरेसर भणिइ, ईस्वर नउँ वरदान।
सरिस चढई निन्याणूँ राजा, रूड़ी दीसइ जान॥29॥
सबळा सूँ सहियारो कीजई, पाणी पहली पाळ।
रुखमइयो बोलै सुणि राजा, जोईजई विवसाळ॥30॥6॥

❖ ❖ ❖

राव सुणौ सुत वीनवै, जोइजै विमसाल।
पूरव देस रो राजवी, वर वरस्याँ सिसपाल॥36॥
पूरव देस नरेस भणीजै, वर वरस्याँ सिसपालौ।
बाल बिरध मति एका आवै, तातै झखौ न आलौ॥37॥
सोहेण समँद तणी परि जोवौ, खिस्याँ न लाभौ पारौ।
आपण ताँ वर इधकौ कीजे, अड़बड़िया आधारौ॥38॥

पूरव देस नरेस भणीजे, ईसर नो वरदानौ।
सरसा चडै निनाणव राजा, रूड़ी दीसै जानौ॥ 39॥
सबलाँ सूँ सहयारो कीजै, पाणी पहली पाले।
भीवकराव भणै रुखमइयो, जोइजै विमसालौ॥ 40॥

पुत्र कहता है, हे पिता! उस बेमिशाल तथ्य को सुनो, जिसको मैं बता रहा हूँ। पूर्वी-देश चंदेरी का राजा जो शिशुपाल है, उसको रुक्मिणी का वर निश्चित् करो॥ 26॥ हे पिता! ऊल-जलूल (व्यर्थ) की बातें मत कहो। वर के रूप में शिशुपाल का वरण करो जो पूर्वी-देश का राजा कहा जाता है। इस सम्बन्ध में बालक, वृद्ध सभी एकमत होकर यही बात कह रहे हैं॥ 27॥ समुद्र पार के सम्बन्धी से सम्बन्ध करने पर किसी भी प्रकार का लाभ नहीं लिया जा सकता। वस्तुतः जो अपने से बलवान, धनवान आदि हो, उससे सम्बन्ध करना चाहिए जो अड़ी-बड़ी बख्त अर्थात् संकट के समय आश्रय या आधार या सहायता देने में समर्थ हो॥ 28॥ वह पूर्वी देश का राजा कहा जाता है। उसको ईश्वर का वरदान प्राप्त है। जब वह बराबर के निन्यानवे राजाओं के साथ बारात लेकर चढाई करेगा, तब बारात अच्छी लगेगी॥ 29॥ रुक्मी कहता है, हे राजेश्वर! इस बेमिशाल तथ्य को समझो कि जल का विकराल बहाव आकर बहुत कुछ को नष्ट करे, उसके पूर्व ही पाल बाँध लेना बुद्धिमानी है, वैसे ही संकट आने के पूर्व ही बलशाली से सम्बन्ध कर लेना चाहिए॥ 30॥

❖ ❖ ❖

राइ भणइ सुत सांभळउ जी, हरि ना प्रोढि पवाड़।
काग बकासुर मारिया जी, वृक्ष अमूल्या ताड़॥ 31॥
ताड़ वृक्ष अमूल्या कान्हउ, सिकटासुर संघार्‌या।
नड़ कूवर नइ भमण कराव्या, खड़खड़ लंबक मार्‌या॥ 32॥
घोरामर्दन पुलिंद पास करि, धेनुक बछक ताड़्या।
विद्याधर नउँ विख अपहरियो, कंटक कोड़ि विभाड़्या॥ 33॥
यमुना जळ मांहि कालिग नाथ्यो, अजगिर नउँ बल जीतो।
केसी धरणि धरी नइ चूर्‌यो, जादव जगत्र वदीतो॥ 34॥
कमला-पीड़ित कुंजर मार्‌या, मुष्टिक मल्ल अखाड़इ।
कंस चिणोर सरीखा जीता, वृक्ष अमूल्या ताड़इ॥ 35॥ 7॥

❖ ❖ ❖

राव भणै सुत माहरा, हरि रा ए परवाड़ा।
काग बगासिर मारिया, बिरख अमूल्या ताड़ा॥ 31॥
ताड़ बिरख अमूल्या कान्हड़, सुघटासिर संघार्‌या।
नल कँवल ना भँवल भुँवाल्या, खड़खड़ लंबक मार्‌या॥ 32॥

घोड़ा-मर्दन पवण पेसग्रह, धेनक बंछा चार्या।
विदियागर नै विस उपगरनू कंटक कोड़ि विभार्या॥ 33॥
जमना जल माँ वास्यग नाथ्यो, इजगर नै वल्य जीतो।
चरण चुणे ने केसी चूर्यो, जादम जुगाँ वदीतो॥ 34॥
कँवला-पीड़ण कुंजर मार्यौ, मुसटी मल अखाड़ै।
कंस सरीसा दाणौं छेद्या, बिरख अमूल्या ताड़ै॥ 35॥

राजा कहते हैं, पुत्र! श्रीहरि के और प्रौढ पराक्रमों को सुनो। उन्होंने कौवे जैसे बकासुर को मारा तथा यमलार्जुन नामक ताड़ के वृक्षों को मूल सहित उखाड़ डाला॥ 31॥ कान्हा ने ताड़ के वृक्षों को अमूल-जड़ सहित उखाड़ फेंका, शकटासुर का संहार किया। नलकूवर व मणिग्रीव को बंधन मुक्त (शाप मुक्त) किया तथा प्रलंबासुर को बलरामजी के द्वारा मुष्टिक प्रहार कर ऊँची ध्वनि करते हुए तत्काल मार दिया गया॥ 32॥ यमुना-पुलिन के पास केशी नामक दैत्य को मारा। विद्याधरों के विष का अपहरण किया। ऐसे अनेक कंटक स्वरूप दैत्यों-दुष्टों का नाश किया॥ 33॥ यमुना के जल में कालियनाग को नाथा। उस अजगर-सर्प के बल को जीत लिया अर्थात् बल को नष्ट कर दिया। केशी नामक दैत्य को भूमि पर पटककर चूर्ण कर डाला और यादव-कुल को जगत्प्रसिद्ध किया॥ 34॥ कुवलयापीड़ हाथी को मारा और अखाड़े में मुस्टिक मल्ल को मार गिराया। वहीं कंस को मारकर चाणूर मल्ल को जीता तथा ताड़ के वृक्षों को अमूल-मूल सहित उखाड़ फेंका॥ 35॥

❖ ❖ ❖

कुँअर कुलोधर वीनमई जी, सांभळि भीम भुआळ।
पंच्याणूँ क्षोहणि मिलै जी, जेह नइ त्रीजी ताळ॥ 36॥
जेह नइ मिलइ पंच्याणूँ खोहणि, पूरब देस नरेस।
आंगइ इण तो जादव जीता, ताड़ी लीधा देस॥ 37॥
समुंद्र तणइ जाइ सरणै पैठा, नगर बसाव्यो माँहे।
ते वीहताँ म आवइ बाहिर, जाण्यूँ लेसी साहे॥ 38॥
ब्रह्मघोख नउँ बेटो भणियइ, सहू सिमाड़ मनाया।
जे गिरि कंदिर मांहे बसता, अंनमीकंध नमाया॥ 39॥
अनड़ मड़्या नड़ आगैं जीता, दिन दिन कोस पयाणूँ।
रुखमइयो बोलैइ सुणि राजा, क्षोहिणी मिलइ पंच्याणूँ॥ 40॥ 8॥

❖ ❖ ❖

कवर पाटोधर वीनवै, सांभल्य भींव भुँवाल।
पचांणवै खोहण्य मिलै, तिणरै तीजी ताल॥ 26॥
जिण रे जुड़ै पचांणवै खोहण्य, पूरब देस नरेसो।
आगल्य तौ जिण्य जादम जीता, ताड़े लीधा देसो॥ 27॥

संमद तणै जाय सरणै पैठो, नगर बसायो माहे।
ता विहँतो नावै बाहरि, जाणौ लेसी साहे ॥ 28 ॥
ब्रंभगोख नौ बेटो भण्यजै, संसे मांल उगाह्या।
जे घरि कान्हड़ माहे बसता, अनड़ीकंध नुवाया ॥ 29 ॥
अनड़ नड़्या नड़ि आगल्य जीतौ, दिन दिन कोस पयाण।
रुखमइयो यौं बोलै राजा, खोहण्य जुड़ै पचांण ॥ 30 ॥

कुलोद्धारक-कुलपाटवी कुमार विनती करता है, हे राजा भीष्मक! सुनो। पिचाणवे अक्षोहिणी सेना मिलेगी। 'तिण रै....त्रीजी ताल' का अर्थ स्पष्ट नहीं है। जिसके पास तीसरी ताल है ? ॥ 36 ॥ पूर्व-देश के नरेश के यहाँ पिचाणवे अक्षोहिणी सेना होगी अर्थात् बारात में आने के लिये पिचाणवे अक्षोहिणी सेना एकत्रित होगी। यादवों को तो इस पूर्वी-नरेश द्वारा पहले ही जीता जा चुका है और उनसे उनका देश-ब्रजदेश छीन लिया है ॥ 37 ॥ फलतः वे यादव समुद्र की शरण में चले गये और उसके भीतर उन्होंने नगर बसा लिया है। अब उसके भीतर से बाहर नहीं आते। वे मानते हैं कि यदि बाहर आयेंगे तो हमें यह पूर्वी राजा पकड़ लेगा ॥ 38 ॥ शिशुपाल दमघोष का बेटा कहा जाता है जिसने सभी सीमावर्ती आसपास के शूरवीर राजाओं को मना लिया अर्थात् अपने पक्ष में कर लिया है। जो डर के मारे गिरि-कन्दराओं में, न झुकने वाले राजा रह रहे थे, उनको भी उसने अपने समक्ष झुका लिया है ॥ 39 ॥ जो न झुकने वाले शूरवीर थे, वे मारे गये, जो झुक गये, उनको पहले ही जीत लिया। दिन-प्रतिदिन वह आगे से आगे जीतता जाता है (कोस दर कोस, आगे से आगे जीतता हुआ आगे बढता है।) राजेश्वर! सुनो, रुक्मी कह रहा है। शिशुपाल को वर बनाने पर पिचाणवे अक्षोहिणी सेना मिलेगी ॥ 40 ॥

❖ ❖ ❖

4. शिशुपाल को लग्नपत्र भेजना

सूर सुभट तेड़ाविया जी, तुरिय अमोलक आणि।
अंनल थका उतावला जी, वेगइ वाहो पलाणि ॥ 41 ॥
वेग करी नै तुरिय पलाणौ, वाटइ विलँव न कीज्यो।
विड़साल्याँ सूँ बात न कहज्यो, कर सूँ कागळ दीज्यो ॥ 42 ॥
चडे तुरी चपक भड़ चाल्या, सुकन तणा विखमान।
अमनै आइस जोइ सकै हो, फळज्यो वर नी जान ॥ 43 ॥
पोळइ जाइ नैपरि सूँ बोल्या, भींतर भेद जणायो।
लगन हुँतो ते लेइ सिर चहुड़्यो, दूत किहाँ थीं आयो ॥ 44 ॥
मंत्री सूँ आलोचै बैठा, मूल मरम सहु जाणौ।
रुखमइयो राजा ऊवेखई, तुरी अमोलिक आणौ ॥ 45 ॥ 9 ॥

❖ ❖ ❖

सुर सुभट तेड़ाविया, सूंड सुध केकाण्य।
अनख पंख रा आणज्यो, वेरल वेग्य पलाण्य॥ 41 ॥
बेग करे नै विरल पलाणौ, वाटे वेलम न करजौ।
वेरसालाँ सूँ बात न कीजो, कागद कर सूँ दीजौ॥ 42 ॥
चडे तुरी चंपक ज्यौ चाल्यौ, सुगन तणा विषवानूँ।
आप स जोय सह मन दीजे, फल्य जो वरणी जानूँ॥ 43 ॥
राजदवार आंगण्य जाय नै, भीतर भेद जणायो।
कागद करता सिर चहोड़्यो, बेगा दूत पठायो॥ 44 ॥
मंत्री सूँ आलोचे बैठा, मूल मंत्र किम जाणौ।
रुखमइयो नै राजा भीवक, तुरी अमोल्यक आणौ॥ 45 ॥

शूरवीर योद्धाओं को अमूल्य घोड़ों सहित बुला भेजा जो वायु से भी शीघ्र चलने वाले थे। उन पर शीघ्रतापूर्वक जीन कसो, यह आदेश दिया गया॥ 41 ॥ आदेश दिया, शीघ्रतापूर्वक घोड़ों पर जीन कसो। मार्ग में देरी मत करना। बीच वालों को समाचार मत बताना। सीधे लग्नपत्रिका शिशुपाल के हाथ में अपने हाथ से देना॥ 42 ॥ घोड़ों पर सवार होकर योद्धा शीघ्रतापूर्वक चले। मार्ग में विषम (अशुभ) शकुन हुए। पत्र में समाचार लिखकर भेजा कि यदि हमारा लिखा समाचार आपको उचित लगता है तो वर की बारात सजाकर पधारना॥ 43 ॥ पौल (प्रवेश द्वार) पर जाकर नैपर-सेवक, द्वाररक्षक से कहा। उसने अन्दर समाचार पहुँचाए। अन्दर पहुँचने पर पूछा, हे दूत! कहाँ से आये हो। दूत ने समस्त समाचार कहे, तब शिशुपाल ने लग्नपत्रिका को लेकर मस्तक से स्पर्श कराई॥ 44 ॥ शिशुपाल मंत्री से विचार-विमर्श करने बैठा। कहा, आप, मुख्य-मुख्य संपूर्ण बातें जानते हो। राजा रुक्मी हमारी राह देख रहा है, अतः अमूल्य घोड़ों को तुरन्त तैयार कराओ॥ 45 ॥

❖ ❖ ❖

5. शिशुपाल की बारात

चीरी चिहुँ दिसि मोकळी जी, हुई हलोहल जान।
दळ मिल्या नइ देस देस ना जी, बाज्या त्रंबक निसान॥ 46 ॥
दळ देस-देस तणा मिलि चाल्या, घड़ियालइ टमकारो।
सळक्यो मेर समुद्र झळहळियो, अहि डोल्यो महि भारो॥ 47 ॥
कुंकण कनवज कलहटो, मरहठ नइ मुलवारी।
स्यंघल सेतबंध नौ राजा, ते सबि लिया हकारी॥ 48 ॥
उड़ीसा रो नइ नाडूलौ, चीण भोट चंदेरी।
गवड़-देस बइरागर सागर, जालंधर भंभेरी॥ 49 ॥
हेम लगइ सहु हाके आण्याँ, संख्याँ पार न जाणूँ।
मोड़ौघाना माग न लाभइ, राजा मिल्या निन्याणूँ॥ 50 ॥

पंच्याणूँ खोहणि दळ चाल्या, गजघट मोगर थाट।
पवन पहीला वहइ बहीला, गिणइ न ऊबट बाट॥ 51॥
जांगी ढोल अपइ सरणाई, रिण काहल रिण तूर।
बाजा बाजई अंवर गाजइ, खुर रजि छायो सूर॥ 52॥
एक-एक एकइ थी अधिका, सइहजइ सांग उळाळइ।
नर नरवइ आगिल थी नाचइ, आयुध अधिका झालइ॥ 53॥
इम करता कुंदनपुर आव्या, रुखमईयई लिया झाली।
नगर नेवेरा दीया डेरा, चीरी चिहुँ दिसि चाली॥ 54॥ 10॥

❖ ❖ ❖

चीरी चोह दिस साँचरी, हुई हलोहल जान।
दल मिलिया देस देसना, घुरिया तबल निसान॥ 46॥
दल देस-देस तणा चडि चाल्या, घड़ियालै ठमकारौ।
सलक्यो मेर समद झलहलिया, अह डोल्या महे भारौ॥ 47॥
कूंकूं कनवज नै कलवटा, मलवट नै मलवारी।
सेततदीप सिंघल नो राजा, से पण्य लिया हकारी॥ 48॥
ओरीसो नै अरड़ नाडूलौ, चरड़ भाट चंनेरी।
गौड देस वैरागर सागर, जालंधर भंभेरी॥ 49॥
हेम लगू सह हाके आण्या, संख्या पार न जाणौं।
मोड़ बंधाँ रा माघ न जाणौं, राजा चड़्या नीनाणौ॥ 50॥
पचांणवै खोहण्य चडि चाली, गज गर मोगर थाटो।
पवन पहेला वहै वहेला, उझड़ गिणै न वाटो॥ 51॥
जांगी ढोल नै सन्यवा, रिण काहल रिण तूरौ।
बाजा बाजै अंबर गाजै, खुरे रज छाया सूरौ॥ 52॥
एक एकै सू इधका चालै, इधका आवध झालै।
नर नरवै सू इधका चालै, सहजे सांग उलालै॥ 53॥
यौं करता पहुँता कुंदण्यपुर, लिया रुखमइयै झाली।
नगर नवेरा डेरा दीन्हा, चीरी चौंह दिसि चाली॥ 54॥

शिशुपाल ने चारों दिशाओं में पत्र भेजे। चारों ओर बारात ही बारात हो गई। देश-देशान्तरों के राजाओं के दल आ-आकर एकत्रित हुए और ढोल तथा नगाड़े बजे॥ 46॥ देश-देशान्तरों के दल (बारातियों के समूह, सैन्य-समूह) मिलकर जंगी घंटों को बजाकर चल पड़े। सुमेरु पर्वत डोलने लगा। समुद्र में हलचल मच गई। पृथिवी के भार से (सैन्य-दलों के भार से) शेषनाग भी डोलायमान हो गये॥ 47॥ कोंकण, कन्नौज, कलहट (कालीकट?) मराठवाड़ा, मालावार, सिंघल, सेतुबन्ध रामेश्वरम्-इन सभी देशों के राजाओं

को बुला लिया ॥48 ॥ उड़ीसा, नाडौल, चीन, भोट (भूटान) चंदेरी, गौड़देश, वैरागर अर्थात् सागरवर्ती देश, जलंधर तथा भंभेरी (?) ॥ 49 ॥ हिमालय तक के देशों के सभी को बुला भेजा जिनकी संख्या का पार (संख्या की सही गिनती) मैं नहीं जानता। मोड़ बांधने वाले राजाओं की संख्या इतनी अधिक थी कि उनको चलने का मार्ग तक नहीं मिलता क्योंकि निनानवे राजा एक साथ मिलकर चल रहे थे॥ 50 ॥ पिचाणवे अक्षोहिणी सेना का समूह चला जा रहा था जिसमें हाथियों के मस्तक व सेना का समूह ही दिखता था। वे चलने में पवन से भी पहले या अधिक वेग से चलने वाले थे जो ऊबड़-खाबड़ मार्ग की भी परवाह नहीं कर रहे थे॥ 51 ॥ जंगी (विशाल) ढोल, और सहनाई, रण में बजने वाला विशाल ढोल व रण में मुख से बजने वाली तुरही नामक बाजे बजने लगे जिनके घोर से आकाश गूंजने लगा और हाथी-घोड़ों के पैरों व खुरों से उडने वाली रज से सूर्य छा गया, छिप गया॥ 52 ॥ एक से एक अर्थात् हरेक सैनिक अधिकता से अधिकता के साथ सांगों को सहज में ही प्रहार करने की मुद्रा में ऊपर-नीचे लहराते हैं। राजा व सैनिक लोग भी आगे-आगे नाचते-कूदते चलते हैं और अधिक से अधिक आयुध धारण करते हैं॥ 53 ॥ इस प्रकार करते हुए कुन्दनपुर में आये जिन सभी का स्वागत व व्यवस्था रुक्मी ने की। नगर के निकट उनके निवासार्थ डेरे लगवाये व चारों दिशाओं में पत्रादि द्वारा सूचना दी गई॥ 54 ॥

❖ ❖ ❖

6. शिशुपाल का आगमन

गोख चडी दळ जोइया जी, बोलइ भीमक नारि।
वर नइ देखाळूँ बाई ताहरौ जी, आवौ नइ राजकुमारि॥ 55 ॥
वळती रुखमणी इम भणइ जी, माई म जाँखो आल।
चवद भुवण नउ राजियो जी, वर वरस्यूँ गोपाल॥ 56 ॥
चवद भुवण नो राजा भणिई, वर वरसूँ वनमाळी।
कइ या देह दहूँ दावानळ, बोलइ अबला वाळी॥ 57 ॥
सारंग स्यंघ द्रिष्टि जिमि कंपइ, तिम डाहलियो द्रिष्टइ।
नलणी नीर बिना किम जीवइ, कूँहरि विना वि शेषइ॥ 58 ॥ 11 ॥

❖ ❖ ❖

गोख चडी दल जोइयौ, बोलै भीव की नारि।
वर जोवाड़ौ बाइ ताहरौ, आवौ रूड़ी राजकँवरि॥ 55 ॥
बलती रुखमण्य यो भणै, माये म झंखो आल।
चवर भुवण रो राजियो, वर वरस्याँ गोपाल॥ 56 ॥
चवर भुवण नौ राजा भण्यजू, वर वरस्या वनमाली।
का या देह दहूँ दावानळ्य, बोलै अवला वाली॥ 57 ॥

सारंग सिंघ दिसटि ज्यौ काँप्यै, यो डाहलियै दिसटी।
नीर पखो ज्यौ सुक नलणी, यो हूँ हराँ ब सेखी॥ 58॥

गवाक्ष पर चढकर व बारात को देखकर भीष्मक नरेश की पत्नी ने कहा, हे पुत्री राजकुमारी! आकर अपने वर को देख॥ 55॥ माँ से क्रोध में भरकर रुक्मिणी इस प्रकार कहती है कि आप झूठ मत कहो। मैं उस गोपाल को वर के रूप में वरण करूंगी जो चौदह-भुवन का राजा है॥ 56॥ जो चौदह भुवन (लोकों) का राजा कहलाता है, मैं उस वनमाली वर का वरण करूंगी। अल्प वय वाली अबला रुक्मिणी कहती है, अन्यथा स्थिति में मैं इस शरीर को दावानल में दग्ध कर दूंगी॥ 57॥ उदाहरण देकर कहती हैं, जिस प्रकार सिंह की दृष्टि पड़ते ही हिरण काँप उठता है, वैसे ही वनमाली की दृष्टि मात्र से शिशुपाल डरता है। पुनः जिस प्रकार कमल पुष्प बिना जल के खिला नहीं रहता, वैसे ही मुझ कँवरी का बिना हरि के जीवन भी शेष-नष्ट हुए के समान है॥ 58॥

❖ ❖ ❖

7. श्रीकृष्ण को सन्देश

इम करताँ हरि ब्राह्मण आयो, वइसारी वोलाव्यो।
गूपत गूझ लिख्या गुणवन्ती, संदेसड़ो चलाव्यो॥ 59॥
वाटइ जाताँ बिलंव न कीयो, वीसम्भर सूँ कहज्यो।
लगनई आडा त्रीणि दिहाड़ा, एहवउँ जाणे रहज्यो॥ 60॥
पीतांबर सूँ प्रीति पहलि की, ते ताँ सहुई जाँणई।
मछ कोरम बाराह नारसिंह, वामन फरस बखाणई॥ 61॥
राम रूप हूँ आगइ परणी, सुर नर पंनग वइट्ठा।
त्रबंक धनुष किया तिहुँ कुटका, तँहीयइ त्रिभुवन दीट्ठा॥ 62॥
हिवड़ा हरि मेल्हा वीसारी, सोळ सहस घरि राणी।
उत्पम तणउँ नेह नारायण, आवौ सारंगपाणी॥ 63॥
सात जनम आगइ सामळिया, तिणि कारणि मन मोहइ।
आँसू ढाळई चिहुँ दिसि न्हालई, गोख चढी दळ जोवइ॥ 64॥ 12॥

❖ ❖ ❖

यम करताँ हर जोसी आयो, वैसाणै बूलायो।
गूपत गुझ दीन्हौ गुणवन्ती, संनेसो पठायो॥ 59॥
वाटे जाँता विलम न कीजे, बसंबर सूँ कहेजे।
तीन्य दिहाड़ा लगनै आडा, यो भो जाण्य म रहेजो॥ 60॥
पूरव जलम नै प्रीति पहल्य की, ते हूँ सहू व जाणौ।
मछ कछ कोरभ वारा नोरस्यंघ, वावन फरस बखाणौ॥ 61॥

राम रूप हूँ जदे आगल्य परणी, सुर नर पंनक बैठा।
तंमक धनख कियो तिहु कुटका, सो त्रिभुवणे दीठा॥ 62॥
हीवड़ हुंता हरि हरे विसारी, सोला सहस घरि राणी।
उत्तम तणौं नेह नारायण, आवो सारंगपाणी॥ 63॥
सात जलंम साथे साँवळिया, त्रिकमाँ ताँहरी तरणी।
सुरा मंडप नै सुराँ देखताँ, सीता आपन परणी॥ 64॥
सात जलंम साथे साँवळिया, तेण्य कारण्य मन मोह्यौ।
आँसूँ ढाल चोह दिस नालै, गोख चढी दल्य जोवै॥ 65॥

उक्त संवाद होते समय श्रीहरि द्वारा प्रेरित हरि ब्राह्मण आया जिसको बैठने को कहा। गुणवन्ती रुक्मिणी ने पत्र में गुप्त भेद लिखकर श्रीकृष्ण के पास संदेश भेजा॥ 59॥ ब्राह्मण से निवेदन किया, मार्ग में जाने में देरी मत करना। विश्वम्भर भगवान् से कहना कि विवाह होने में तीन ही दिन शेष बचे हैं, अत: इस बात को भली प्रकार जान लेना, याद रखना॥ 60॥ पीताम्बर के प्रति मेरी प्रीति पुरानी है जिसको समग्रत: वे जानते हैं। मैं उनके साथ मत्स्यावतार कूर्मावतार, वाराहावतार, नृसिंहावतार, वामनावतार, परशुरामावतार व रामावतार के समय विवाहित हुई हूँ। रामावतार के समय धनुषयज्ञ में देवता, मनुष्य, नागादि सभी बैठे थे। उस समय महादेव के धनुष के तीन टुकड़े रामजी ने किये, उसको तीनों लोकों ने देखा था॥ 61-62॥ मेरे हृदय में श्रीहरि विराजमान हैं किन्तु उन्होंने मुझे अपने घर की सोलह सहस्र रानियों के कारण विस्मृत कर दिया है। परन्तु हे नारायण! हे सारंगपाणि! मेरे उत्तम, एकान्तिक, अनन्य प्रेम के कारण कुन्दनपुर पधारो॥ 63॥ पुराने सात जन्मों से मैं आपकी हूँ, अत: हे शामळिया! उसी कारण से मेरा मन आपके प्रति विमोहित है। रुक्मिणी आँखों से विरहजन्य आँसू ढलकाती है, चारों ओर आपको देखती है और गवाक्ष पर चढ़कर आपको आपके दल सहित आते देखती है॥ 64॥

❖ ❖ ❖

राग रामगिरी

अन्तर नक्षत्र सूर खर गइवर, अन्तर सीह सियाळइ।
इवड़ो अंतर हरि सिसपालइ, गरुड़-वाहन गोपालइ॥ 65॥
मेरी माई वो रुखमणी इम भणई, वर वनमाली अम्ह तणई॥ 66॥
अन्तर पाप पुन्य दिन रयणी, अंतर ब्राह्मण विनड़ा।
इवड़ो अंतर हरि सिसपालइ, कनक कळस काचा घड़ा॥ 67॥
अन्तर काग हंस सर सायर, चंदन काष्ट पलासा।
इवड़ो अंतर हरि सिसपालइ, पारिजातक अरडूसा॥ 68॥
अन्तर वंदक मेर सिखर गिरि, अंतर दारुण मूसा।
एवड़ो अंतर हरि सिसपालइ, राइण रूँख जवासा॥ 69॥

अंतर सइँवल कुसुम कमल दळ, अमृत वेल विष वेली।
इवड़ो अंतर हरि सिसपालइ, भणइ पदमियो तेली॥ 70॥ 13॥

❖ ❖ ❖

राग रामगिरी

इमरत कूप पलट्टि कै, जहर पिवै कुण जाण्य।
कंचन काच पटंतरौ, गहली माय मै जाण्य॥ 66॥
अंतर नखतर सूर खर गीवर, अंतर सिंघ सियालं।
एवड़ो अंतर हरि सिसपालां, गुरड़-वाहण गमपालं॥ 67॥
बाई ए रुखमण्य यो भण्यै, माहे वर वनमाली हम तणौ॥68॥
अंतर विवक मेर सिखर गिर, अंतर दारण मूँसा।
एवड़ो अंतर हरि सिसपालां, रायण रूँख जवासाँ॥ 69॥
अंतर सीवल कुसम कँवलदल, चंदण कास्ट पलासां।
एवड़ौ अंतर हर्‌य सिसपालां, पारिजात अरडूसा॥ 70॥
अंतर काग हंस सरि सायर, अंतर बांभण गुरड़ा।
एवड़ो अंतर हरि सिसपालां, किनस कलस काचा घड़ा॥ 71॥
अंतर पाप पुण्य दिन रीणी, इम्रत डाल विष वेली।
एवड़ो अंतर हरे सिसपालां, भैण पदमयो तेली॥ 72॥

रुक्मिणी पुनः आगे कहती हैं, जितना अंतर नक्षत्र-तारों और सूर्य; गदहे और हाथी; सिंह और श्रृगाल में होता है, उतना श्रीहरि, गरुड़वाहन गोपाल और शिशुपाल में है॥ 65॥ ओह! मेरी माँ! मेरा वर वनमाली है, रुक्मिणी इस प्रकार कहती है॥ 66॥ जितना अंतर पाप व पुण्य; रात्रि व दिवस; विप्र-ज्ञानी व अज्ञानी; स्वर्ण-कलश व मिट्टी-कलश में होता है, उतना ही अंतर श्रीहरि व शिशुपाल में है॥ 67॥ जितना व जैसा अन्तर कौवे और हंस; तालाब और समुद्र; चंदन व पलाश; पारिजात व अड़ूड़-आडू के वृक्ष में है, उतना व वैसा ही अन्तर श्रीहरि व शिशुपाल में है॥ 68॥ जितना व जैसा अंतर वंदक (खंदक)-गड्ढे व सुमेरु पर्वत के शिखर; शूरवीर योद्धा व चूहे; अरण्य के वृक्ष व जवासे में होता है, उतना व वैसा ही अंतर श्रीहरि व शिशुपाल में है॥ 69॥ जितना व जैसा अंतर सैंवल के फूल व कमलदल; अमृत-वेल व विष-वेल में होता है, उतना व वैसा ही अंतर श्रीहरि एवं शिशुपाल में है। पदमय्या तेली गाता है॥ 70॥

❖ ❖ ❖

राग सोरठ

माझिल रातइ लबइ बपीहड़ो, अंबर नीर न पूरइ रे।
प्रीय प्रीय सबद भणइ सा सुंदरि, माग निहालई मनि झूरैइ रे॥ 71॥
रूड़ा ब्राह्मण रूड़ा रिष जन, संदेसड़ो माहरो गोव्यंद जी नै कहज्यो रे॥ 72॥

पूरव जनम प्रीति पीताम्बर, वनिता काँई विसारी रे।
सोल सहस गोपी घरी ताहरई, तिणि मोहियो मुरारी रे॥ 73॥
जान लेइ नइ डाहलियो आव्यो, एहवौ जाणी रहज्यो रे।
रूड़ा ब्राह्मण रूड़ा रिष जन, संदेसड़ो माहरो गोव्यंद जी नै कहज्यो रे॥ 74॥
सात जनम्म साथइ सामळिया, त्रीकम ताहरी तरुणी रे।
सँवरा मंडप सुर देखंताँ, सीता ल्याया परणी रे॥ 75॥
दीन वचन बोलै सा सुंदरि, सांभळि दीन दयालु रे।
अविहड़ नेह छेह काँइ दाखउ, माहवा मुगति मयालु रे॥ 76॥
पदमइया स्वामी सुखदाइक, नाइक नयणे दीठ्ठा रे।
राम नाम मनोरथ पूर्‌या, दूधड़े पावस बूठा रे॥ 77॥ 14॥

❖ ❖ ❖

राग सोरठ

संनेसोई लख लहै, जे कहि जाणै कोय।
ज्यौ हूँ अखूँ नीणै छल्या, यो जे अखै सोय॥ 73॥
पावस मास लवै पापहियौ, आंबर नीर न पुरवै जी।
पीव पीव वचन चवै सा सुंदरी, माघ निहाल झूरवै जी॥ 75॥
पूरव जलंम नै प्रीति पहल की, मन में काँय विसारी।
सोला सहस गोपि दर जाँ, मोहीया मुरारी॥ 77॥
रूड़ा रखेजणा संनेसो माहरौ, हरजी आगल्य कहेजो जी।
जी हो जान ले जुरास्यंध आयो, यो भी जाण्य म रहजो जी॥ 74॥
सीत जलम्म साथे साँवलिया, त्रीकम ताहरी तरणी।
सुर मंडप नै सुराँ देखताँ, सीता आय नै परणी॥ 78॥
अविहड़ नेह छेह काँय दाखौ, एवड़ा दीन दयालो जी।
दीन वचन ले आव दमोदर, महुवा मुगट मयालो जी॥ 76॥
पदमइया सामी सुखदायक, नायक नीणे दीठौ।
विसनौ विसन मनोरथ पूरवा, दूधो पावस बूठौ॥ 79॥

मध्य रात्रि में पपीहा बोलता है किन्तु मेघ नीर बरसाते नहीं। 'सा सुन्दिरी' अर्थात् वह रुक्मिणी 'प्रियतम', 'प्रियतम' पुकारती है। मन में व्यथित हुई प्रियतम के आने का मार्ग देखती है॥ 71॥ हे भले ब्राह्मण! हे भले ऋषिराज महाराज! मेरा सन्देश गोविन्दजी से कहना॥ 72॥ हे पीताम्बर! मुझ नारी को क्यों भुला दी है। अरे! आपसे तो मेरी प्रीति पूर्व जन्म की है। हे मुरारी! तेरे घर में सोलह सहस्त्र गोपिकाएँ हैं जिन्होंने तुझको मोहित कर रखा है॥ 73॥ बारात लेकर शिशुपाल कुन्दनपुर में आ गया है। इस बात को जान लेना।

हे भले ब्राह्मण! हे भले ऋषिराज! मेरा यह सन्देश गोविन्दजी से कह देना॥ 74॥ हे साँवलिया! हे त्रिविक्रम! सात जन्मों (जन्म-जन्मान्तरों) से तेरे साथ तेरी पत्नी के रूप में रही हूँ। शूरवीरों के मण्डप में से देवताओं के देखते-देखते मुझ सीता को विवाहित करके लाये थे॥ 75॥ वह रुक्मिणी सुन्दरी दीन होकर विनती करती है, हे दीनदयालु! सुन। न बिछुड़ने वाले मेरे प्रेम की सीमा का मैं क्या वर्णन करूँ? हे मुक्ति देने वाले! माँ जैसी करुणा करने वाले माधव!॥ 76॥ पदमय्या का स्वामी सुखदायक नायक है जो नेत्रों से देखने में आया है। राम-नाम के मनोरथ को पूर्ण किया। दूध की वर्षा हुई॥ 77॥

❖ ❖ ❖

8. ब्राह्मण की यात्रा

राग मारवणी

बेगइ विप्र चलावियो जी, दीधा कंचन कोड़ि।
अनल थका ऊतावला जी, बोलई वे करि जोड़ि॥ 78॥
हरी बिना हथलेवड़ो जी, देताँ लागइ खोड़ि॥ 79॥
कलप तणी सुणउँ बारता जी, पउढ्या वट वृक्ष पान।
जिहा हूँ चिलण तळाँसती जी, सांभळ्ज्यो भगवान॥ 80॥
महा कलप नी बात सुणी नै, बेगइ विप्र चलाव्यो।
जोजन पाँच सात जाइ सूतो, जादव माहिं जगाव्यो॥ 81॥
जाग्यो विप्र नयण निरखंताँ, दीठ्ठा गढ कैलास।
जोजन वार सहु सोनाँ नउ, गढ मढ पौळि अवास॥ 82॥
सीह द्वारि जइ स्वामी नइ, पूछ्या प्रछन-कुमार।
कवण देस कवण गढ राजा, ए कहो कवण विचार॥ 83॥
ए रतनागर पास गोमती, जादव जगत्र नरेस।
हरष वदन हूआ हरि जोसी, कीधूँ नगर प्रवेस॥ 84॥
राज द्वार रायांगण जइ नइ, भींतरि भेद जणायो।
कागळ कृष्ण तणइ करि दीधो, विप्र किहाँ थी आयो॥ 85॥
वाच्या गूझ भोज जे आव्या, कुँअरी ना कर लेख।
हेत संकेत हेत हेतारथ, माहइं घणा विशेख॥ 86॥ 15॥

❖ ❖ ❖

राग मारू

वेगा विपर चलावियो, अहल कंचन कोड़ि।
हरी बिना हथलेवड़ा, लागै मोटी खोड़ि॥ 80॥

महा कलप नी वारता, संभल्यजो भगवान।
ताँहरा चरण पलोटती, पोढ्या वेष वट पान ॥ 81 ॥
महा कलप नी वार करेगौ, वेगाँ वपर चलायो।
जोजन पाँच सात जाय सूतो, जादम माहिं जगायो ॥ 82 ॥
उठियो वपर नीणे निरखंता, देखे घर किवलास्यो।
वारा जोजन सर्व सोन रा, गढ महल पोल्य अवासो ॥ 83 ॥
पोली जाय नै परस्यौ बोल्यो, पूछ्यो पचंन-कँवारो।
कुण देस नैं कुण गढ राजा, कहो नै कैसो विचारो ॥ 84 ॥
ओ रतनागर पास्य गोमती, जादम जुगति नरेसो।
हरष वदन हूवो हरि जोसी, नगर कियो परवेसो ॥ 85 ॥
राजदवार आंगण्य जाय नै, भीतरि भेद जणायो।
कागद कृष्ण तणै करि आप्यौ, विपर कहाँ तै आयो ॥ 86 ॥
वाचै भोज गूझ ले आगै, कँवरी ना करि लेखौ।
आदि संतोषन हेत हितारथ, माँहे घणाँ वसेखौ ॥ 87 ॥
हूँ लछमी अरधंग ताँहरी, ओ डाहलियो आयो।
महा कलप नी वार करे म, बेगा विपर चलायो ॥ 88 ॥
साम्य तेड़ाया साहणी, तुरिय्या तेज बखाण्य।
अैराकी अस कूदंणां, हंस हलदवाँ आण्य ॥ 89 ॥
हंस हलदवा अवर अवल्या का, रथ जोत्या केकाणौ।
करड़ कमेता करड़ काहेड़ा, पाँच रतंन कल्याणौ ॥ 90 ॥
सावकरंण नै सुवा साम, तीतर वरणा आणौ।
खोरासणी प्यारोढ़ा पहड़ा, पाणीपथा पलाणौ ॥ 91 ॥
काछेला कुरवाण रोझड़ा, किसनागर रतनाल्या।
चावकी उजाल्या धवल किसोर, मेघ वरण अणियाला ॥ 92 ॥
बोर कुड़छिया बब्बरवाला, आवरस तीनाँ ताजी।
कालबा कबूतर कूकड़ बंध, ऊँचीसरवा मांझी ॥ 93 ॥

ब्राह्मण को शीघ्र ही जाने को विदा किया और उसको करोड़े के मूल्य का स्वर्ण दिया। दोनों हाथ जोड़कर कहा कि आप पवन के वेग से भी शीघ्र चलना। कहना, यदि बिना श्रीहरि के मेरा पाणिग्रहण हो गया तो बहुत दोष-पाप लगेगा ॥ 78-79 ॥ कल्प (महाकल्प) की बात सुनो। उस समय आप विष्णु के रूप में वट-वृक्ष के पत्र पर शयन कर रहे थे। वहाँ मैं आपके चरणों को पलोट रही थी, हे भगवन्! इसको जानो, सुनो ॥ 80 ॥ महाकल्प की विनती सुनकर ब्राह्मण को शीघ्रतापूर्वक चलाया। पाँच-सात योजन चलकर ब्राह्मण सो गया। (भगवान् के आदेशानुसार यादव उसको उठाकर ले गये तथा द्वारका के सन्निकट

वृक्ष तले सुला दिया।) प्रात:काल होने पर ब्राह्मण को यादवों ने जगाया॥ 81 ॥ ब्राह्मण को, जागने पर नेत्रों के सामने द्वारकापुरी का गढ दिखाई दिया। वह बारह योजन में स्वर्ण से निर्मित होकर विस्तारित थी। गढ, मंदिर, पौली व निवास स्थान-सभी स्वर्ण निर्मित दिखे॥ 82 ॥ सिंहद्वार पर जाकर स्वामीजी (ब्राह्मण) ने प्रछनकुमार (प्रसेनजीत) से पूछा, यह कौनसा देश है, इस गढ का राजा कौन है, कृपया इन प्रश्नों के उत्तर बताओ॥ 83 ॥ इस रत्नागर समुद्र के पास गोमती है। यहाँ के जगत्-नरेश यादव-वंशी हैं। हरि-जोशी का मुख हर्षित हो उठा और नगर में प्रवेश किया॥ 84 ॥ राजद्वार से राजा के आंगण में जाकर अंदर आने का समाचार कहलवाया (श्रीकृष्ण ने मिलने पर पूछा) हे विप्र! कहाँ से आये हो। (विप्र ने उत्तर देते हुए) पत्र को श्रीकृष्ण के हाथ में भेंट किया॥ 85 ॥ कुँवरी (रुक्मिणी) के हाथ का लिखा गुप्त समाचार युक्त भोजपत्र पर लिखा जो पत्र मिला उसको पढ़ा और उसमें लिखित अत्यधिक मात्रात्मक आन्तरिक प्रेम के संकेत व प्रेम-स्नेह को भली प्रकार जाना॥ 86 ॥

❖ ❖ ❖

9. श्रीकृष्ण की बारात

गूझ तणा गुण वाँचताँ जी, नयण न खांडइ धार।
सामळ व्रण साँसई थया जी, निष्ठुर वयण विचार॥ 87 ॥
बलिभद्र बंधव तेड़ियो जी, वीजउ प्रसनकुमार।
वईद्रभा नयरी विवाह छइ जी, रहिय म लावौ वार॥ 88 ॥
बेग करी नइ बिलंब न कीज्यो, रामइ रथ जोतरिया।
हरि जोसी हाकेवा बइठ्ठा, श्रीबेगइ संचरिया॥ 89 ॥
ओडण बाहण भाथा भीड़्या, अंगइ आयुध झाल्या।
पंचाइण पूर्‌यउ परमेश्वर, चौपट मल चढि चाल्या॥ 90 ॥
जादव जान करइ अति ओपम, छपन कोड़ि कुल साख।
टाटर टोप जरद जिणसाला, सांढि भरी साठ्ठि लाख॥ 91 ॥
सीत्यरि लाख कुंजर सिणगार्‌या, स्वेतभद्र सुंडाला।
ढाल ढलकइ नेजा फरकइ, चाली परवतमाला॥ 92 ॥
साठ्ठि लाख नू थाट भणीजइ, कुंत करण सूँ छूटई।
सहश्र अठ्यासी रिष तणा रथ, नेमनाथ नी पूठई॥ 93 ॥
इन्द्र क भोज सबळ सित्रादिक, पाळा लेई परवरिया।
बार क्षोहणि दळ बलिभद्र लेइ नइ, हरि पूठ्यइ संचरिया॥ 94 ॥
पुहपावती जई नइ पुहँता, कुंदणपुर मेल्हाण।
गूझ तणा गुण गोब्यंद बाचई, नयण भर्‌या निरवाण॥ 95 ॥ 16 ॥

❖ ❖ ❖

गूझ तैणा गुणाँ गुण वाचताँ, नीण नै खंडै धार।
साँवल व्रण साँसै थयो, नीसटे वचन विचार्य॥ 94॥
बल्यभद्र बन्धु तेड़ावियो, बीजो पचंन-कँवार।
विद्भवरक वीवाह छै, चड़ौ मै लावौ वार॥ 95॥
वेग करे नै वार मैं लावौ, किसने रथ जोतरिया।
हर्य जोसी हाके बैठा, सीध बेग साँचरिया॥ 96॥
उडंण वाहण भाथा भीड़्या, अंग जे आवध झाल्या।
पचाइण पूर्यो परमेसर, चोहवट मिल्य चडि चाल्या॥ 97॥
जादम जान चड़ी स पलाणी, छपन कोड़ि कुल साख्य।
पाखर टोप जीर जिनसाला, सांढ छली सढि लाख्य॥ 98॥
सत्रे लाख कुंजर सिणगार्या, सेतभद्र सुंडाला।
ढालाँ ढलकै नेवर खलकै, चाली परबत माला॥ 99॥
असी लाख नव थाट भणीजै, कुंभकरण सा छूटै।
सहँस अठ्यासी रिषा बांभणा, नेमनाथ ले पूठै॥ 100॥
इन्द्र भोज नै चीतरंगाँ, पाला ले परवरिया।
बारा खोहण्य बल्यभद्रो बन्धू, हरि पूठै साँचरिया॥ 101॥
पोहपहंती जाय नै पोहती, कुन्दणपुर मेल्हाणै।
गूझ तणा गुण वाचै मोम्यंद, नीण छल्या निरवाणै॥ 101॥

गुप्त प्रेम व रुक्मिणी के गुणों को पढ़ते समय कृष्ण-वर्ण द्वारकाधीश के नेत्रों की अश्रुधारा रुक नहीं रही। उनके श्वास की गति अनियमित हो गई व वचन निष्ठुर अर्थात् वचन कहने में असमर्थ हो गये॥ 87॥ बलभद्र भैया को बुलाया, दूसरे प्रसनकुमार (प्रसेनजीत) को। विदर्भ देश में विवाह है। तत्काल वहाँ के लिए चलो। देरी मत करो॥ 88॥ जल्दी करो। विलम्ब मत करो। तत्काल बलरामजी ने रथ जोत दिया। श्रीहरि रथ हाँकने लगे। यात्रा के लिये शीघ्रतापूर्वक चले॥ 89॥ चलने को वाहन तैयार किये। तूणीर बांधे व शरीर पर अन्यान्य आयुधों को धारण किया। श्रीकृष्ण ने पंचायन शंख बजाया। योद्धा लोग रथों पर सवार होकर चारों ओर होकर चलने लगे॥ 90॥ यादवों की बारात अत्यधिक अच्छी लग रही थी, जिसमें छप्पन करोड़ की संख्या वाला कुल व उसकी शाखाएँ थीं। साठ लाख ऊँटनियों पर टोप-लोहा-निर्मित टोपी जो टाटर-मस्तक पर धारण करने के लिये थीं, जरद-कवच व जिणसाला-कवचों को लादा गया॥ 91॥ श्वेतभद्र सूंडों वाले सत्तर लाख हाथियों को शृंगारित किया गया जिनके माथों पर ढालें कसी गईं और भाले लहराए गये। उनके चलने पर ऐसा लगता था, मानो पर्वतों की शृंखलाएँ चल रही हों॥ 92॥ थाट-सेना की संख्या साठ लाख कही गई है जिनके हाथों से कुंत-भाले छूटते थे (भाले प्रहार करने को उतावले थे) अठ्ठासी हजार ऋषियों के रथ थे जो नेमनाथ के पीछे-पीछे चल रहे थे॥93॥ राजाओं, ब्राह्मणों और बलशाली सत्राजित आदि को पैदल लेकर चले। बारह

अक्षोहिणी सेना को लेकर बलरामजी श्रीकृष्ण के पीछे चले॥ 94॥ पृष्पावती (पुष्पवाटिका) में जाकर पहुँचे कुन्दनपुर में समाचार मालूम करवाए। पत्रस्थ रुक्मिणी के गुणों को गोविन्द वाँचते हैं जिससे उनके नेत्र सजल हो गये॥ 95॥

❖ ❖ ❖

हरि हरिजोसी पूछियो जी, केहउ रूप कुँआरि।
जाणे जेहवी ज्यानकी जी, पुनरपि लियो अवतारि॥ 96॥
आदइ सागर ऊपनी जी, कमला कमल निवास।
तत्त्व लेइ त्रिभुवन तणउँ जी, कीधउ पिंड प्रगास॥ 97॥
त्रिभुवन तणौ तत्त्व लेइ नइ, कमलाकर सूँ कीधी।
उभया इष्ट पवित्र सा गंगा, वे कुळ वंस विसूधी॥ 98॥
बावन चंदन अंगई परिमल, धूरत तपई निसंभ।
उरजे हवउ दीसइ उरवंसी, रूप विसेखइ रंभ॥ 99॥
ब्रह्मा नइ सावित्री सोहइ, रुद्र तणइ रुद्राणी।
आदि विष्णु अरधंगइ सोहई, तिम ए कमला राणी॥ 100॥
अस्व माहिं जिम ऊँचीसरवा, अइरावत गज सारि।
नक्षत्र सूर सोम ग्रह उत्यम, स्त्री माहिं भीमकुमारि॥ 101॥
वृक्ष माहिं जिमि कलप तरोवरि, मानसरोवर सार।
जिमि गिरि हेम प्रेमति प्रमादा, पर पदमनी विचार॥ 102॥
त्रिभुवण तणा रूप की संख्या, आणइ एकणि वाणी।
हरि जोसी तेड़ी नइ पूछ्या, वैष्णव पदम बखाणी॥ 103॥ 17॥

❖ ❖ ❖

जादवाँ तेड़ो मूकियो, किहुव रूप कँवारि।
कहिनैं पंथी बातड़ी, किसड़ी-सी उणहारि॥ 121॥
आनासागर नीपनी, कँवला कँवल निवास।
तत्त लियो तिहुँ लोक नो, कीधो पिंड प्रगास॥ 122॥
तिहूँ लोकाँ नो तत्त लिया नै, कँवलाकर सूँ लीधी।
अंमु ववि सुव पूरव गंगा, दोय कुल वंस विसूधी॥ 123॥
बावनै चंदण अंग परेमल, धूप तिपत निखंभा।
उरजै ही सोहै उरवंसी, रूप विसेषै रंभा॥ 124॥
ब्रह्मा नै सावतरी सोहै, रूद्र तणै रुदिराणी।
आदि विसन अरधंग्या सोहै, सो है कँवला राणी॥ 125॥
असपते माँहे सरवा-ऊँचा, ग्रह पति माँहे तारा।
नखता हे चांद र सूरेज, नारी भींव-कुवारा॥ 126॥

रूँख माँहे कलप-तरोवर, मानसरोवर सारा।
गिरी मेर मोटो परवताँ, पदमण्य बात बेचारा॥ 127॥
रुखमण्य रूप तणी कुण संख्या, आणौ एका वाणी।
जादमे तेड़ो मूकियो, पदमइयै साध्य बखाणी॥ 128॥

श्रीहरि ने हरि जोशी से पूछा, कुमारी रुक्मिणी का रूप कैसा है? जोशी ने उत्तर दिया, वे ऐसी लगती हैं, मानो जानकीजी ने पुनः अवतार लिया हो॥ 96॥ कमल = जल = समुद्र में निवास करने वाली कमला आद्यावस्था में सागर में से उत्पन्न हुईं। उन्होंने तीनों लोकों का सारतत्त्व लेकर शरीर धारण किया॥ 97॥ तीनों लोकों का सारतत्त्व लेकर जल के आकर=समुद्र से जिनको निकाली गईं, वह गंगा के जल की भाँति पवित्र और दोनों कुलों को पवित्र करने वाली हैं अथवा उनका सम्बन्ध दो विशुद्ध कुलों (मातृकुल एवं पितृकुल) से है॥ 98॥ उनके अंगों से बावन चन्दन की सुगंधि आती है। धूर्त बलशाली निशुम्भ दैत्य को ताप दिया-नष्ट कर दिया। उर्वशी जैसे इनके स्तन हैं तथा रम्भा जैसा विशिष्ट-अपूर्व सौंदर्य है॥ 99॥ ब्रह्मा के साथ सावित्री, रुद्र के साथ रुद्राणी हैं, ऐसे ही आदि विष्णु के अर्द्धांग में ये कमलारानी सुशोभित होती हैं॥ 100॥ घोड़ों में जैसे उच्चैश्रवा, हाथियों में ऐरावत, नक्षत्रों में सूर्य एवं चन्द्रमा श्रेष्ठ हैं, ऐसे ही स्त्रियों में भीम-कुमारी रुक्मिणी श्रेष्ठ हैं॥ 101॥ जिस प्रकार वृक्षों में कल्पतरु, सरोवरों में मानसरोवर सार स्वरूप हैं। जिस प्रकार पर्वतों में स्वर्णमय सुमेरु पर्वत और प्रमदाओं में पद्मिनी जाति की नारी होती है॥ 102॥ वैसे ही, तीनों भुवनों में विद्यमान रूप-सौंदर्य के समस्त भांडार को एकत्र लाकर रुक्मिणी में एकत्रित कर दिया गया है। श्रीहरि ने हरि जोशी को बुलाकर जो पूछा, वह वैष्णव पदम ने वर्णन किया है॥ 103॥

❖ ❖ ❖

10. श्रीकृष्ण का आगमन

सूरज किरण संभाळिया जी, दीधो अरघ कुँआरि।
अंग उल्हसइ नइ मन हसइ जी, मिलस्यूँ आज मुरारि॥ 104॥
त्राठी हिरणी तणी परइ जी, दह दिसि जोवइ माग।
दीठउ ब्राह्मण आवतउ जी, श्रीहरि प्रणम्याँ पाग॥ 105॥
विप्र तणा पय पूजी प्रणमी, इम बोलइ श्री-मात।
डाहल नइ दळ मंगळ गावई, विष्णु तणी कहो बात॥ 106॥
बळतो विप्र भणै श्री सांभळि, देव तणा दळ आव्या।
सोवन थाळ भरी मणि माणिक, वेगइ विप्र बधाव्या॥ 107॥
चूड़ामणि बोलइ सुणि ब्राह्मण, आदि विश्नु अहिनाण।
पाई पदम उर श्रीवछ लंछन, कोटइ कौस्तुभ मयण॥ 108॥

वाहण गुरुड़ सयल पंखीपति, जादव करई जगीस।
सुर नर पंनग माहे मोटा, ईस्वर नउँ वर ईस ॥ 109 ॥
हरष वदन हूई हरिणाखी, विप्र दान मोकळाव्या।
भीमसेन नइ जाई जणावो, कहइ छइ केसव आव्या ॥ 110 ॥
राइ बेगौं पीतांबर प्रणम्याँ, बोलसि बोल्या चंगा।
अड़सठ तीरथ अम्ह घरि बैठा, आळसुआँ माहिं गंगा ॥ 111 ॥
मंडप माही बेग पधारौ, जगिन तणी द्यौ सीख।
बलिभद्र बोलइ आंगइ अम्ह सूँ, दाणव सरिसउ दीख ॥ 112 ॥
परण्या पूठइ जीमें जास्याँ, वचन संतोषे वाल्या।
तन मन अरघ देइ सा कुँमरी, सूरिज किरण संभाळ्या ॥ 113 ॥ 18 ॥

❖ ❖ ❖

सुरेज किरण्य संभालती, दीन्ही अरग कँवार्‌य।
अंग हुलसै मन हसै, मिलस्याँ आज मुरार्‌य ॥ 111 ॥
ताण हिरण पर्‌य जोवती, जोवती दोह दिस वाट।
दीन्होइ दिज गोरिया, सही पुनवीया पाट ॥ 112 ॥
विपर तणा पग पूज्य हे कँवरी, यों बोलै श्रीमात।
डाहल दल्य मंगल्य गाव्यजै, किसन तणी कुण बात ॥ 113 ॥
वलतो विपर सुणै श्री माता, देव तणा दल आया।
सोवन थाल छाल्य नै मोतियाँ, वेगा विपर बधाया ॥ 114 ॥
चूड़ावणियो ब्राह्मण बोलै, आदे विसन इहनाणौ।
पाय पदम सिर उरि सिर लंछण, माथै कुसढमणौ ॥ 115 ॥
गुरड़वाहण नै पंख पंखेपत्य, जादम करै जगीसो।
हरष वंदन हूवो हरि जोयसी, नगर कियो परवेसो ॥ 116 ॥
हरष वदन हूई हेरणाखी, विपर दान मुकलाया।
भीमसेण नै जाय जगावौ, कहि नै केसौ आया ॥ 117 ॥
भीवसेण पीतंमण पणम्याँ, बोल ज बोल्या चंगा।
अठसठि तीरथ हम घरि बैठा, आलसुवा घरि गंगा ॥ 118 ॥
मांहड़ भीतर बेग्य पधारौ, जिगन तणी द्यो सीखौ।
हमन तो बल्यभद्रो बन्धू, दाणवा सरसा दूखौ ॥119 ॥
परण्या पाछै जीम्य र जायस्याँ, वचन संतोख्यो भाली।
इण्य विध अरग दीव छै कंवरी, सूरज किरण्य संभाली ॥ 120 ॥

सूर्य की किरणों का दर्शन होने पर राजकुमारी ने अर्घ्य दिया। उनके अंग उल्लसित व मन हर्षित हो रहे हैं क्योंकि 'आज वे श्रीमुरारी से मिलेंगी' ॥ 104 ॥ रुक्मिणी राजकुमारी

भयभीत हिरणी की भाँति निढाल हुई गिरती-पड़ती हैं और श्रीकृष्ण के आने की राह को दसों दिसाओं में देखती हैं। इतने ही में ब्राह्मण आता हुआ दिखाई दिया जिसके चरणों में श्रीहरि ने प्रणाम किया॥ 105 ॥ ब्राह्मण के चरणों का पूजन कर प्रणाम किया और श्रीमद् राजकुमारी ने इस प्रकार कहा, शिशुपाल के दल में मंगल गान हो रहे हैं। अब आप विष्णु के समाचार कहो॥ 106 ॥ वापिस आया हुआ ब्राह्मण बोला, श्रीमद् राजकुमारी! सुनो। श्रीकृष्ण का दल आ पहुँचा है। रुक्मिणी ने स्वर्ण के थाल में मणि-माणिक्य भरकर तत्काल ब्राह्मण का स्वागत किया॥ 107 ॥ चूड़ामणि ब्राह्मण बोला, आदि सनातन विष्णु के लक्षण सुनो। उनके चरणों में पद्म का चिह्न है, वक्षस्थल पर श्रीवत्स का अंकन व कोटि-कोटि कौस्तुभ-मणियों का हार है॥ 108 ॥ समस्त पक्षियों का राजा गरुड़ उनका वाहन है। वे समस्त यादवों के स्वामी हैं। वे देवता, मनुष्य, नाग-सभी में बड़े हैं और वे ईश्वरों के भी ईश्वर हैं॥ 109 ॥ सुनकर हिरण्याक्षी रुक्मिणी का मुख प्रसन्न हो गया। ब्राह्मण को दान दिया और कहा, हे ब्राह्मण देव! जाकर भीष्मक महाराज को कहो कि केशव आ गये हैं॥ 110 ॥ भीष्मक ने पीताम्बरधारी कृष्ण को प्रणाम किया और अच्छे वचन कहे। हम आलसियों, भाग्यहीनों के घर-बैठे ही अड़सठ तीर्थ और गंगा आ गये हैं॥ 111 ॥ राजा ने निवेदन किया, मंडप में जल्दी ही पधारो। इस पर बलभद्रजी ने विवाह रूपी यज्ञ में जाने के लिये विदा मांगी और कहा, विवाह करने का इच्छुक हमारा जैसा ही शिशुपाल भी आया हुआ है, जो दानव है॥ 112 ॥ विवाहोपरान्त ही भोजन जींम-कर जायेंगे (पहले नहीं)। राजा को वचनों द्वारा संतोष देकर लौट आये। इधर वह कुमारी (रुक्मिणी) तन व मन से सूर्य की किरणों को देखकर अर्घ्य देती है॥ 113 ॥

❖ ❖ ❖

स्यंघासण चढी सामळो जी, वइट्ठो सारंगप्राण।
मइंगल नइ मद पाइ ज्यइ जी, दीजई खंभोट्ठाण॥ 114 ॥
वरणावरण निवेड़ई जी, तुरिय अमोलिक ल्हास।
त्रिकलसा जिम त्रप तपइ जी, जेहवा इन्द्र अवास॥ 115 ॥
इन्द्र अवास थकी अधिकेरा, दामोदर ना डेरा।
चउरासी चउहटा मंडाव्या, बाजारी बहुतेरा॥ 116 ॥
पंच सहस्त्र नीसाण धड़ूकई, मेघनाद ते नाम।
भंडारी कोठारी सारी, वहइ अवारी आन॥ 117 ॥
वैगरणा सैगरणा मुँहता, साद करई सूआर।
दोमी दळ को संक्या आणइ, माँहइ चक्रत लार॥ 118 ॥
त्रिणसइ साठि छत्रना सोहै, आडंबर अधिकाई।
रवि तलि समवड़ि कोइ न आवइ, श्रीपति तणी संजाई॥ 119 ॥
नव नाटिक पेखइ नव लीपरि, अमर कोड़ि तेतीस।
भरह प्यंगल नइ भाइ भावइ, गावई नाद छतीस॥ 120 ॥

दाणव नइ दल संक्या पइट्ठी, असुर तणइ घरि आमलो।
इकबीसमइ खिण ऊँचइ वइठो, सिंघासण चढि सांमलउ ॥ 121 ॥ 19 ॥

❖ ❖ ❖

सिंघासण चड़ि साँवलौ, बैठो सारंगप्राण्य।
मंलिया सिणगार्यजो, देजो खंभाठाण्य ॥ 103 ॥
वरनाइ-वरनै नवेड़ि जौ, तुरी अमोल्यक ल्हास।
त्रकालसाइ तप तपै, जेहुवा इन्द्र अवास ॥ 104 ॥
इन्द्र अवास तणा इधकेरा, दंमोदर ना डेरा।
चौरासी चौहटा मंडाणा, बाजारू वोहतेरा ॥ 105 ॥
पाँच लाख नीसाण गड़ूकै, मेघनाद सा भारी।
कोठारी भंडारी सारी, वहै उवारा सारी ॥ 106 ॥
वैगरणा सेगरणा मुँहता, साद करै सवारौ।
दाणोर दल्य संक्या पैठी, चक्र वहै तल्ययारौ ॥ 107 ॥
तीन्य सै साठि छत्रणा सोहै, अडंबर इधकाई।
रीव तल्य संबड़ि कोइय नै दीसै, श्रीपति तणी सझाई ॥ 108 ॥
नव नाटिके नवली परिपेखे, अंमर कोड़ि तेतीसौ।
ब्रह पिंगल नौ भेद वांवै, गावै राग छतीसौ ॥ 109 ॥
दाणौर दल्य संक्या पैठी, असर तणा दल्य आँवलौ।
इकबीसवै खंडि ऊचौ बैठो, चडि स्यंघासण साँवलौ ॥ 110 ॥

साँवला सारंगपाणि चढकर सिंहासन पर बैठे। सैनिकों को कहा, हाथियों को मद पिलाकर मस्त कर उनको खूंटों से बांध दो। (हाथियों को साँकलों से बांधा जाता है एवं जहाँ रखा जाता है उस जगह को खम्भठाण कहा जाता है।) ॥ 114 ॥ वर्णावर्ण सभी सैनिकादिकों को भोजनादि से निपटाकर घोड़ों को भी चारा-दाना खाने को दिया। कृष्ण-बलराम के डेरों के कलश ऐसे प्रकाशित हो रहे थे जैसे कि वे इन्द्र के आवास-इन्द्रलोक हों ॥ 115 ॥ दामोदर के डेरे इन्द्र के आवास से भी अधिक सुन्दर एवं आरामदायक हैं। उनमें चौरासी चौराहे एवं बहुत से बाजार बने हैं ॥ 116 ॥ पाँच लाख नगाड़े बज रहे हैं जिनकी ध्वनि मेघगर्जन जैसी है। भंडारी, कोठारी आदि सभी बिना सैनिकों की वर्दी पहने आम आदमी की तरह घूम रहे हैं ॥ 117 ॥ वैगरणा (जाति विशेष), सैगरणा (जाति विशेष), मुँहता (पद विशेष का व्यक्ति) और भोजन बनाने वाले आदि सभी तैयार होने, भोजन करने आदि के लिये आवाज लगाते हैं। दानव शिशुपाल के दल में शंका-डर व्याप गया। पूरा सैनिक समुदाय भीतर ही भीतर चकित हो रहा है ॥ 118 ॥ तीन सौ साठ राजाओं के मण्डप सुशोभित थे जिनकी शोभा अत्यधिक थी। श्रीपति कृष्ण द्वारा अपने यहाँ की जो सजावट-शोभा की गई है, वह सूर्य के प्रचण्ड तेज से किसी भी प्रकार कम नहीं है ॥ 119 ॥ तेतीस कोटि देवता नये नाटक देखते हैं। भरत के नाट्य-शास्त्र एवम् शेषनाग के पिंगल के भावों

से भावित होकर छतीसों रागों में गीत गाते हैं ॥ 120 ॥ श्यामल भगवान इकीसवें खण्ड पर ऊँचे चढकर सिंहासन पर विराजमान हुए। उनको देखकर दानवों का दल सशंकित हो उठा क्योंकि उनकी सेना श्रीकृष्ण की सेना की तुलना में हाथ पर रखे आँवलों की तरह अति छोटी थी ॥ 121 ॥

❖ ❖ ❖

11. रुक्मिणी का शृंगार

राग केदार

पाई नी आंगुली पोलरा परठव्या, नेवरा संठवी नाद सारा।
पहिर पटोलड़ी हीर नी चोलड़ी, नारी नै नयनड़े हरणहारा ॥ 122 ॥
भलईं चिहुँ दिसि चाहती, अंग नीहालती चतुर सा सुंदरी माग जोवै।
काम कोवंड लेइ पूठि पूरइ घणौ, आज मो मेलवइ कृष्ण कोई ॥ 123 ॥
रतनमै राखड़ी वेणि वासग जड़ी, सूभरा वाँहड़ी लहक लोड़ै।
स्वाति नौ विंदलौ नासिका निरमयो, आज आल्यंगन क्रस्न क्रोड़ै ॥ 124 ॥
श्रीफळ सरीखा कठन पयोहरा, उर वरि मंडन तरल हारा।
द्वादसी दिणय रा मुकुट मोती तपै, चम्पला कुसुम ची भरथ भारा ॥ 125 ॥
कदली गर्भ सी जांघ नी ओपमा, केसरी नउ लियो लंक गोरी।
गयण नउ चंदलौ ते मुखि परठव्यो, इन्द्र ऐरापति चालि चोरी ॥ 126 ॥
च्यंत नै चाउ ले वयण नै वाउ ले, गोपी गदाधर देव दीठा।
रुखमणी मनि रळी अमी-अमी ढळी, पदम वाचा प्रति नाथ तूठा ॥ 127 ॥ 20 ॥

❖ ❖ ❖

राग हंसो

पाँव नी आंगली पोलरा परठया, लेपनी सुंदरी नंद सारा।
पहरे पटोलनी हीरा नी चोलनी, मुंधरा लोयणा हिरण हार्‍या ॥ 129 ॥
भलाँ चौ दिस चाहती अंग नीहालती, चातरी सी सुन्दरी माघ जोवै।
कान्य कंमडला पूठि पूरा घणा, आज सखी कोई किसन मेला ॥ 130 ॥
रीण री राखड़ी विणी वास्यग जड़ी, बाँहड़ी सूभरा लहै किलोली।
स्यात्य को विंदलो नास्यका निर्मली, आज अलींगणी केसनैं केरी ॥ 131 ॥
श्रीफल सार्‍यखा केठन पहोवरा, उरि ब्रहमंडण तेण्य हार्‍या।
गंण नो चंदलौ जो मुख्य परठियो, कसुंभली चंपला वरध हारा ॥ 132 ॥
केल नी ग्राभ नी अंग नी ओपमा, केहरी लंक लियो गोरी।
....रद नी ओपमा, इधक अनोपमा, इन्द्र अैरापती चाल चोरी ॥ 133 ॥

नीण जो चाँहला वैण जो भाँहला, गोप गुजाधरा देव दीठा।
रुखमणी अंग जो रली पूरवै, पदम पणवताँ नाथ तूठा॥ 134॥

रुक्मिणी ने पाँव की अंगुलियों में 'पोलरा' पहने। टखनों के ऊपर पैरों में 'नेवरी' धारण कीं जो मधुर ध्वनि करती हैं। रेशमी साड़ी एवं हीरों से जटित चोली धारण की, जो कि नारियों की दृष्टि को हरण करते हैं॥ 122॥ चारों ओर भलाई चाहती हुई, स्वयं के अंग-प्रत्यंगों को निहारती, वह सुन्दर चतुर रुक्मिणी श्रीकृष्ण का मार्ग देखती है। काम रूपी धनुष को धारण कर रखा है किन्तु उसको छिपाने को उसकी ओर पीठ करती है फिर भी मन में आशा करती है कि आज कोई मुझे श्रीकृष्ण से मिला देगा॥ 123॥ रत्नमय शीशफूल, नाग जैसी काली व लंबी वेणी, मांसलता से भरे दोनों हाथ सुन्दरता पा रहे हैं। नासिका पर स्वाती की बिन्दी निर्मित की है। मन में कामना है कि आज श्रीकृष्ण की गोद व आलिंगन मिलेगा॥ 124॥ श्रीफल जैसे कठिन पयोधर-स्तन हैं, वक्षस्थल को सुन्दरता-पूर्वक मंडित करने को तरल हार पहन रखा है॥ द्वादशादित्य के समान दीप्तमान मोती मुकुट में चमक रहे हैं और चम्पक के पुष्पों की भारी माला गले में है॥ 125॥ जंघाओं की उपमा-चमक कदली-गर्भ (केले के वृक्ष के तने के अन्दर का चिकना स्तम्भ जो ऊपरी छिलके की परत को उतार देने पर दिखता है।) के समान; कमर, सिंह जैसी पतली व लचकदार है। आकाशस्थ चन्द्रमा जैसा मुख है। चाल इन्द्र के ऐरावत हाथी जैसी ही चुरा ली हो, ऐसा लगता है॥ 126॥ चित्त में चाह लिये, वचनों में प्रतिज्ञा लिये गोपीवल्लभ, गदाधर कृष्ण दीख पड़े। रुक्मिणी के मन में आनन्द का अमृत ढुला-ढुला जा रहा है। पदम कहता है, नाथ-स्वामी श्रीकृष्ण अपने वचन को पूरा करने को अनुकूल हो गये हैं॥ 127॥

❖ ❖ ❖

12. अम्बिका-पूजन

राग देवसाष

फूल पगर भरिया मंडप माहिं रे, जोई जरासंधौ इम भणइ रे।
कुँअरी सिरोमणी अम्बिके जाई, राई चढि नइ सहु आवयौ रे॥ 128॥
राई बेगई चढि आवौ, विलम न करो बार।
सोल सइयर रुखमणी, सारीखी लेज्यो साथ॥ 129॥
कड़इ आनि क्रसन बैठउ, तेह नई धरि कूड़।
वैसास आणि झूटिसई, विवाह करिसइ धूड़॥ 130॥
त्यारइ पंच क्षोहणी परवरिनइ, सुहड़ निज भड़ टालि।
कर करीय करपट धरिय संपट, कंठि टोडरमाल॥ 131॥
कपूर केसर छाँटणा, म्रगमद ना अमट।
वावन चंदन तन लेपन, अंग करी उगट॥ 132॥

प्रासाद माहीं निनाद बाजै, करइ पूजन मात।
ताहरइ सरणै आविया, दई अम्बिके अहिवात॥ 133॥
परदक्षण दई दक्षणा नइ, विलंब मंडई वार।
कर कनक कापई दान आपई, सूपिऊ सिणगार॥ 134॥
हरि जोसी हरणइ कहौ, त्रीकम ताहरी बार।
फूल परंग मंडप भर्‌या, पूजन करइ कुँवार॥ 135॥ 21॥

❖ ❖ ❖

राग केदार

फूल फगर छल्या मंडप माल रे, राय जुरासंध ठंभण।
कँवर्‌य सरेवण्य अंब्यका पूजण जाय रे, राय सभ चड़ि चाल्य जो॥ 151॥
राय सभ चड़ि चाल्य जो, विलम न कीजो बार।
सोला सहियाँ झूलरा, थे दियो रुखमणी लार॥ 152॥
कड़ आए किसन बैठो, बाँहनै घटि कूड़ि।
वैसास साही उझंटिसी, व्याह करीसी धूड़ि॥ 153॥
पाँच खोहण्य परवर्‌या, नर सोहड़ निज टाल।
करे कंकण धरेसी लंपट, कंठ टोडरमाल॥ 154॥
कपूर केसरि छंटणा, मृघमंट ण महमट।
बावन चन्दन अंग्य लेपनै, तेण्य कारण्य अहवट॥ 155॥
परसाद नाद विवाद बाज्यै, रच्य पूजा नौ मंत।
थानै सरणै आविया, दे अंब्यका अहमत॥ 156॥
दे दीखण प्रदीखणा, विलम न कीजो वार।
केनक कापै दान आपै, सूपिया सिणगार॥ 157॥
हरि हरि जोयसी यो भणै, त्रीकम जीता ताहरी वार॥ 158॥

विवाह-मंडप को फूल-पत्तों से सुसज्जित देखकर जरासंध ने सभी राजाओं से कहा, शिरोमणि कुमारी रुक्मिणी पूजन करने को अंबिका के मंदिर जा रही है। अत: सभी चढकर-तैयार होकर आ जावो॥ 128॥ हे राजाओ! अपने-अपने वाहनों पर आयुधों सहित तैयार होकर आओ। जरा भी विलंब मत करो। रुक्मिणी ने स्वयं जैसी सोलह सखियों को साथ में लिया है॥ 129॥ कपट रूप धारण करके कृष्ण निकट ही आकर बैठ गया है, विश्वास मानो, वह झूठ-पूर्वक इस विवाह को धूल में मिला देगा, बर्बाद कर देगा॥ 130॥ पाँच अक्षोहिणी सेना के निजी शूरवीर योद्धा (रुक्मी अथवा राजा भीष्मक की सेना रुक्मिणी की सुरक्षार्थ जाती है।) रुक्मिणी की सुरक्षार्थ प्रस्थान कर रहे हैं। उनके हाथों में कंकण व तेज धार युक्त म्यान में रखी तलवारें तथा गले में मालाएँ हैं॥ 131॥ रुक्मिणी, देवीमाता के कर्पूर, केशर व कस्तूरी के न मिटने वाले छींटे लगाती है, माता की मूर्ति पर इनको लगाती

है। देवी के शरीर पर उक्त उबटन लगाने के उपरान्त उत्तम जाति का बावना चंदन लेपती है॥ 132॥ देवी के मंदिर में ध्वनि हो रही है और रुक्मिणी माताजी का पूजन करती है। प्रार्थना करती है, हे माता! मैं आपकी शरण में आई हूँ। मुझको सौभाग्य प्रदान करो॥ 133॥ प्रदक्षिणा देकर दक्षिणा चढाई। बाहर निकलने में देरी करती हैं। हाथ के स्वर्णाभूषणों को उतारतीं और दान देती हैं। सारा शृंगार अर्पित-दान कर दिया॥ 134॥ हे हरि जोशी! त्रिविक्रम से कहो कि यह बारी आपकी है। मेरा हरण कर लो। फूल-पत्तों से सुसज्जित मंडप में कुमारी रुक्मिणी पूजन करती हैं॥ 135॥

❖ ❖ ❖

राग केदार

रुखमणि अंबिका पूजिवा जाहि रे, साथ लीधी वर कामणी।
देवीहइ सोहइ सयल सिणगार, माय मायाँ तणी मांडणी॥ 136॥
मायमायाँ तणी मंडणी, सज्या सयल सिणगार।
अहि ओपमाँ सिर वेणी ढळकइ, चिहुर चंपक मार॥ 137॥
हार डोर सुघट सोहईं, भर्‌या मांग स्यंदूर।
राखड़ी रतंन अनेक भळकइ, जाणि ऊग्या सूर॥ 138॥
दोई नयण तास सुरंग दीसई, लिलाट पून्यम चन्द।
भुँहराति चंचल चपल सोहई, भमर अलि-अलि वृन्द॥ 139॥
नासिका सुक चंच सरिखी, मुगतफल संजोति।
अहिर विद्रम ओपमा जेहा, डसन हीरा जोति॥ 140॥
सारंग वाणी सरिस बोलई, नहीं तोलई कोइ।
करणेनि सोवन झाल झबकई, अवसि रंभा होइ॥ 141॥
खींटली खंजित अनेक माणिक, जड़्या रतन अपार।
ओगन्याँ ओपइ अधिक तेजइ, नयण काजल सार॥ 142॥
वे कंध जाणे कळस ढाळ्या, बाँह पोइण नाळ।
सोवन चूड़ी अती रूड़ी, सोहइति झंझर पाँइ॥ 143॥
सोहती मन मोहती, पुँहचउ सदल सुरंग।
अंगुली मूंग नी फळी, समस्त तीखा नख सुरंग॥ 144॥
कर करीय ठोसी वाँकुड़ी, वींटली विविध प्रकारि।
मुंद्रड़ी हीरे जड़ी नई, कनक कंकण सारि॥ 145॥
कंठली कनक प्रवाल माणिक, विविध रूप विस्तार।
दाणउ दुआसर मांदल्याँ, उर मोतिया भरि हार॥ 146॥
झळकंति कंठळ गोदरी, लहँरिआँ मोती सार।
माणिक मयण ते सदल सोहइ, उर एकावलि हार॥ 147॥

उतंग चिहुरे ओपमा, लइहइति अधिक अपार।
सदाफळ जंबीर नारंगि, वीळ फळ उणिहार॥ 148॥
कनक केरा कळस मंडित, मोतियाँ बिचि हार।
जाणे सोवन तणा घड़िया, जड़िया ऊपरि रतन॥ 149॥
कूंचूअइ इक कसण कसिया, अधिक प्रीति ज मंन।
अबलाति बाली अति विसाली, नाभि जंभ गंभीर॥ 150॥
कड़ि लंक चित्रा जंत्र जाण्यो, जंघ कदली थंभ।
पींडी तिसु घड़ सुघट सोहई, जाणे कनक महाबलि रंग॥ 151॥
गढि गोल गोफळ अलति पीनहि, जिहा रतन पायल रेख।
नेपुराँ नांदइ रुणझुणइ, बहु विविध प्रति रव भेख॥ 152॥
भंभर भोली पहिर चोली, अवर दक्षण चीर।
चालताँ गजहंस गयणी, बोलतीय गंभीर॥ 153॥
अंबिका तणइ प्रासाद चाली, जोवइ जादव वाट।
आगइ ति अबला बाल गावई, भणइति बंभण भाट॥ 154॥
रथ चडी जादव आविया, हुऊति जय-जयकार।
पदमिया स्वामी मिली रुखमणी, वंछित फल दातार॥ 155॥

❖ ❖ ❖

राग केदार

रुखमणी अंबेका पूजण जाय रे, साथिली लीय वर कामैणी।
अणद वीणा सोह सहल्य सिणगार रे, माया अंति जमाँ नैणी॥ 135॥
माया अंतिह जिमाँ नैणी नै, सझ्या सहल्य सिणगार।
ओपमा सिर विण ढलकै, चहर चंपक माल्य॥ 136॥
हीर डोर सघट्ट सोहै, छल्या मांग संनूर।
राखड़ी रतनै अनेक झलकै, जाण्य ऊगौ सूर॥ 137॥
कीर नास्यका ओपमा, मुगट फल सैंजुत।
अहर विद्रम ओपमा, डसण हीरा जोत॥ 138॥
सारंग वाणी सरस आणी, नाहीं तोलै कोय।
बे कान सोवन झाल झबकै, अवस रंभा होय॥ 139॥
खीटलाँ खत्र अनोप सोभा, लहरि मोत्याँ हार।
ओगन्य इधक अनोप है, दोय नैण कज्जल सारि॥ 140॥
वे कांध जाणे कलस ढाल्या, पदमणी वरमाल।
सोवन चूड़ी इधक रूड़ी, सोह जंजर पाल॥ 141॥

सोहती अति मोहती, पुँहचोत सुध सुरंग।
आंगली मूंगाफली, नतीख नख नौ रंग॥ 142॥
मूंदड़ी हीराँ जड़ी, करि किनक कंचन सार।
किनक कंठ प्रभाण माण्यक, विवध रे विस्तार॥ 143॥
दाँनूँ दवा सु नीर दल, उरि रल मोत्याँ हार॥ 144॥
सोवन तंन अनेक घड़ियो, ऊपरि जड़्या रतंन।
काँचवौ कसणे जड़्यो, बोहत प्रीति जतंन॥ 145॥
अबलात वलाउ रंभ साला, नाज नीज गंभीर।
भंभर भोली पहरि चोली, और दिखणै चीर॥ 146॥
चालती गज हंस गँवणी, बोलती असंभ।
कड़ि लाक चीता चत्र जाणी, जांघ कजली खंभ॥ 147॥
गुटल गुलफ अनेक वाणी, रगत पय तल्य रेख।
रण पूर नादा रुणझुणा, विविध्य परचै भेख॥ 148॥
अंबिका परसाद चाली, जोव जादव वाट।
अबलात बाला गीत गावै, भैण वंभण भाट॥ 149॥
रथ चडे जादव आविया, हूवा जैजैकार।
पदमइयो सामी नवी नवै, मुगती फल दातार॥ 150॥

श्रेष्ठ सुन्दर कामिनियों को साथ लेकर रुक्मिणी अम्बा-माता का पूजन करने जा रही है। रुक्मिणी देवी ने समस्त शृंगार धारण कर रखे हैं जो मायमायाँ=मायावती=कामदेव की पत्नी रति को भी सुन्दरता देने वाली लगती हैं॥ 136॥ रति को भी मंडित अर्थात् उससे भी अधिक सुंदर रुक्मिणी ने समस्त शृंगार कर रखे हैं। सिर पर से लटकती वेणी काली सर्पिणी जैसी लगती है और केशों के जूड़े में चम्पक-चम्पा के पुष्पों की माला अथवा गजरा गूँथ रखा है॥ 137॥ गले में सुंदर हार व डोरा (गले में ही धारण करने का आभूषण, बोलचाल में 'हार-डोर' साथ-साथ बोला जाता है।) शोभायमान हैं। मांग में सिंदूर भरा है। शिरोभूषण-चूड़ामणि में अनेक रत्न प्रकाशमान हैं जो ऐसे लगते हैं मानो सूर्य का उदय हुआ हो॥ 138॥ उनके दोनों नेत्र सुन्दर दिखते हैं। ललाट पूर्णिमा के चन्द्रमा जैसा लगता है। आँखों के ऊपर की भौंहें चपल व चंचल होने से सुशोभन हैं, जिन पर भौंरों ही भौंरों का समूह मँडराता है॥ 139॥ मोती सहित शुक की चंचू सदृश नासिका है। ओष्ठों में प्रवाल जैसी जबकि दाँतों की ज्योति हीरे जैसी है॥ 140॥ कोयल जैसी सुहावनी मीठी बोली बोलती हैं जिसकी कोई समता नहीं है। कानों में सोने के कर्णाभूषण झिलमिलाते हैं। इन उक्त से युक्त रुक्मिणी ऐसी लगती हैं कि वे अवश्य रम्भा हैं॥ 141॥ खींटली-कर्णाभूषण में अनेक माणिक्य खँचित हैं, अपरिमित रत्न जड़े हुए हैं। ओगन्या नामक कर्णाभूषण अत्यधिक प्रखरता से दीप्तिमान है। आँखों में काजल सार रखा है॥ 142॥ दोनों कंधे ऐसे लगते हैं, मानो कलश ही ढाले गये हों। दोनों बाँहें कमल-नाल जैसी हैं जिनके पहुँचों में

सोने की अति सुन्दर चूड़ियाँ और पैरों में पायल शोभायमान हैं॥ 143॥ मन को मोहित करने वाली, दल वाली सुंदर पहुँची पहुँचे में शोभा देती है। अंगुलियाँ मूंग की फली के सदृश व सारे नख तीखे तथा सुन्दर हैं॥ 144॥ हाथों की अंगुलियों में छल्लेदार अनेक प्रकार (भाँत, डिजाइन) की अंगूठियाँ पहन रखी हैं जो हीरों से जटित हैं और उनका गोल आकार (कंकण) स्वर्ण निर्मित है॥ 145॥ गले के आभूषण कंठी में प्रवाल व माणिक्य जटित हैं जिस कारण रुक्मिणी का रूप-स्वरूप विविध विस्तार युक्त हो गया है। भली दुवा-शुभकामनाओं से युक्त ताबीज व मोतियों से भरा हुआ हार गले में लटक रहा है॥ 146॥ कंठ में कंठल-कंठा व गोदरी झिलमिला रही हैं। मोतियों से जटित लहरिया धारण कर रखा है। कामदेव रूपी माणिक्य युक्त सदल एक लड़ का हार वक्षस्थल पर शोभा दे रहा है॥ 147॥ ऊँचे उठे हुए स्तनों की सुन्दरता अत्यधिक व अपरिमित है। वे नारियल, नींबू, नारंगी और विल्वफल के समान हैं॥ 148॥ वे स्तन सोने से निर्मित कलश जैसे हैं जिनके मध्य (गले में) मोतियों के हार हैं। वे ऐसे लगते हैं मानो सोने के बने हैं और उनके ऊपर रत्न जड़े हुए हैं॥ 149॥ चोली को कसने वाले डोरे से भली प्रकार कस रखा है। मन में श्रीकृष्ण के प्रति अत्यधिक प्रीति है। लघुवयसा स्त्री हैं किन्तु सुन्दरता व बल में बढी-चढी हैं। उनकी नाभि तरकस की भाँति गंभीर-गहरी है॥ 150॥ कमर पतली है जिसको चित्रा (पुराने जमाने का एक वाद्य-यंत्र) यंत्र जानो। जंघाएँ केले के तने जैसी चिकनी हैं। उनकी पिंडुलियाँ इस प्रकार घड़ी हुई हैं कि उनकी घड़ावट सुंदर लगती है मानो उनका रंग सोने अथवा पीतल जैसा पीला है॥ 151॥ गले में गोल गहना पहन रखा है। पैरों में गहरी महावर अथवा मेहंदी लगी है। पैरों में रत्न जटित पायल पहन रखी हैं। पायलों से पैरों पर महावर की रेखाएँ उभर रही हैं। नूपुर रुनझुन की ध्वनि कर रहे हैं और विविध प्रकार का वेश धारण कर रखा है॥ 152॥ रुक्मिणी अत्यधिक भोली लगती है। उन्होंने चोली धारण कर रखी है। दक्षिणी वस्त्र की साड़ी पहन रखी है। गजहंस की गति से चलती व गंभीर वाणी बोलती हैं॥ 153॥ रुक्मिणी ने अंबा के मंदिर की ओर प्रस्थान किया। यादव इनके जाने की राह देख रहे हैं। आगे-आगे चलती स्त्रियाँ एवं बालिकाएँ मंगल गीत गाती हैं तथा ब्राह्मण और भाट विरुदावली बखानते हैं॥ 154॥ रथारूढ़ हो यादव आये। जय-जयकार हो रही है। मनोवांछित फल देने वाले पदम के स्वामी से रुक्मिणी मिलीं॥ 155॥

❖ ❖ ❖

13. रुक्मिणी की पुकार

राग वेलाऊँली

रोस चडी रुखमणी मुखि बोलइ रे, जड़ तोलै रे त्रीकम ताहरई को नहीं रे।
काई काई स्युँ थया माहरी वार जो, सार साँवल व्रण नवि करो रे॥ 156॥
सार करि श्रीसामळा, स्याआमळा मन माहिं,
सात जनंम जनार्दन, हरि नाह नै हूँ नारि॥ 157॥

हथलेवड़इ हरि जाणज्यौ, आणज्यो हीयड़इ गाढ।
मोरौ हिदो बाजइ गयण गाजई, मेघ जिम आसाढ॥ 158॥
विखय विसहर डंसियाँ, गारुड़ी श्री गोव्यंद।
अति अंग भाजई लहर बाजई, जीवीई जगदानन्द॥ 159॥
ऊगारि अबळा स्वामि सबळा, कान्ह टाळि कलंक।
केतला रिण भाजस्यइ, केसरी नर वर संख॥ 160॥
अंबर गिरवरि ऊतरई, अनइ नयण नाँखई नीर।
परमाद परहरि आवि नरहर, सबळ साहस धीर॥ 161॥
विलवंत वाणी विलस जाणी, स्वामी कीधी सार।
रोस चडी रुखमणि इम बोलइ, तउलै कवण मुरार॥ 162॥ 22॥

❖ ❖ ❖

कोप करे रुखमणी बोलै तोलै, त्रिकमाँ ताहरै को नहीं।
काय राखियो माहरी वार, साँवला व्रन कर्यहो सार॥ 159॥
सार करि हो साँवला, सह आँवला मन माहिं।
सात जनंम तुझना अरिजन, हूँ नारी तू निज नाह॥ 160॥
हथलेवड़ा हरि जाणज्यो, हिय धरिजो ताड़।
रुद्र बाजै गीण गाजै, मेघ ज्यौ आषाढ॥ 161॥
अस्व गज दल कोड़ि पुलिया, तत्तवल नरस्यंघ।
उपारे अबला साम्य सबला, कंत टाल्य कलंक॥ 162॥
अंबर गिरवर उतरै, नीण नैखै नीर।
पर नारी परहरि आव नरहरि, सबल साम्य सधीर॥ 163॥
विलविल वाणी खरी विलमाणी, साम्य कीधी सार।
हरि हरि जोयसी यों भणैं, त्रीकम जीता हरि वार॥164॥

व्यथित हुई, रोस में भरकर रुक्मिणी कहती हैं, हे त्रिविक्रम! आप जड़ तुल्य हैं। आपका अपना कोई नहीं है अर्थात् आप किसी को अपना नहीं मानते। जब मुझे आवश्यकता आ पड़ी है, तब आपको पता नहीं क्या-क्या हो गया है। हे श्यामल वर्ण वाले! आप सार-याद भली प्रकार नहीं कर रहे हो॥ 156॥ हे श्यामल! मेरी सार करो, सुन लो। हे श्यामल, हे जनार्दन! मन में याद करो कि सात जन्मों से आप मेरे पति व मैं आपकी पत्नी हूँ॥ 157॥ हे हरि! मन में अच्छी प्रकार जान लेना कि विवाह तो होना ही है। मेरा मन वैसे ही घबरा रहा है जैसे कि आषाढ में मेघ-गर्जन से गगन घड़घड़ाहट करता है॥ 158॥ हे गोविन्द! मुझको विपत्ति रूपी सर्प ने डस लिया है, आप विष उतारने वाले गारुड़ी हैं। हे जगदानन्द! शरीर तेजी से भागा-क्षीण हुआ जा रहा है और मन में नाना तरंगें-संकल्प-विकल्प उठ रहे हैं॥ 159॥ हे सबल स्वामी! अबला नारी का उद्धार करो। हे कान्हा! कलंक को टाल

दो। हे नर केशरी, श्रेष्ठ शंखधारी! कितने रणों से भागोगे?॥ 160॥ हे सबल, साहस-धीर, नरहरि! प्रमाद-आलस्य त्याग कर यहाँ आओ। आकाश रूपी पर्वत से उतरो अन्यथा यहाँ मेरी आँखें अश्रु रूपी जल वर्षायेंगी॥ 161॥ रुक्मिणी को वैवर्ण्य-वाणी और व्यग्रचित्त जानकर स्वामी श्रीकृष्ण ने याद किया। रोस भरी रुक्मिणी इस प्रकार बोली, 'हे मुरारी! आपकी बराबरी करने वाला कौन है?॥ 162॥

❖ ❖ ❖

14. रुक्मिणी-हरण

राग सिंधुड़उ

बलिभद्र बंधव बेगि बोलावयो रे।
आव्यो रे हळधर हीयड़इ हरखतउ रे॥ 163॥
काँई गिरुअइ गोव्यंद गूझड़लू परगास्यूँ रे।
काँइ कंदल रे करिसूँ सरिसूँ दाणवा रे॥ 164॥
डहिली डोर उसारी नइ, तुम्हे चलउ रे।
घालउ नै पारवार गज वेगइ गुड़ो रे॥ 165॥
गज गुड़िय पारवर वेगि वाहड़ मिलो मोगरथट्ट।
ए सीसमणि ऊतरिस्यइ, किम मेल्हस्याँ महि मट्ट॥ 166॥
संनाह पहिरउ तंग तहरो, जुध मांडो लोड़ि।
अंतरीख थी अमर पेखइ, आवस्यइ कुलि खोड़ि॥ 167॥
हरि हरख आणी मन जाणी, इम थयो आनंद।
वीर वचने सांमह्या, परवर्या परमानन्द॥ 168॥
रथ राजन कीयो भेळो, नाथ होई निसंक।
रुखमणी दीठी रथइ बइठी, स्वामी पूरयउ संख॥ 169॥
गज धरणि ढलिया सुहड़ छलिया, पड़इ बूंबारोळ।
सुर दियई ताळी वाग वाळी, द्वारका नी पउळि॥ 170॥
सिसपाल संक्यो चित्त चमक्यो, जरासंधि नइ जाण।
हिवइ माहरा हाथ जोज्यो, मिली राणौराण॥ 171॥
मइ घणि वार विचारि मेल्हिउ, हिवइ आणूँ अन्त।
दुष्ट काळ कराळ दाणव, जादवाँ कुल जंत॥ 172॥
मसाँहणी छोड़ा विसाहण, ठमक कीधो ताल।
सिसपाल बोलई नहीं तोलई, डगमग्या दिगपाल॥ 173॥
डिगमग्या दिगपाल रे रे, बेगइ बाहर धाईउ।
रथ राजन कीयउ भेळउ, हरखइ हळधर आवियउ॥ 174॥ 23॥

❖ ❖ ❖

बल्यभद्र बन्धु तेड़ावियो, हीवड़ हळधर हरषियो।
ताखे तोखे हल हाकि हळधर, आडो आवियो ॥ 165 ॥
गरव गरव गोम्यंद गूझड़लो परगास।
कंदल करिस्याँ सरसो दाणवा, महरे डोरी उसारो।
पाखर भीड़ोइ घुड़ेलाँ गज गुड़ा ॥ 166 ॥
गज गुड़ पाखर बेगि बाँह मिल्या मोगरथाट।
सीस मैण ऊतार्‌यस्याँ, मुंकिस्या मंहमाट ॥ 167 ॥
संनाह पहरौ तंग तहरौ, जुध मंडिसी जोड़।
अंतरिरेखो अंबर पेखो, आविसी कुल खोड़ ॥ 170 ॥
हर्‌य हरेवाणी जते जाणी, मन्य थयो आणंद।
वीर पहलू संचर्‌या, परवर्‌या परमानंद ॥ 169 ॥
रथ राज्यंदर किया भेला, हूवा नाद निसंक।
रुखमणी दीठी रथ्य बैठी, साम्य पूर्‌यो संख ॥ 168 ॥
जोध ढुलणी ढोलिया सोहड़ चड़िया, पड़ी बंबारोल्य।
सुर देह टाली बाग वाली, दवारिका दिसि पोल्य ॥ 171 ॥
सिसपाल संकै चित चमकै, जुरासंध नै जाण्य।
हमे माहरा हाथ जोयजो, मिली राणोराण्य ॥ 172 ॥
घणी वार विचार मूंक्यो, हमे आण्यो अंति।
सिंघ काल कराळ दाणौ, जादमा मृघ जंति ॥ 173 ॥
बेग तेड़ो साहणी, तमक्य मेलो ताड़।
सिसपाल बोलै नाहि तोलै, डिगमिगिया दिगपाल ॥ 174 ॥
डिगमिगिया डिगपाल, बेग्य बाहर धाविया।
रथ राज्यन्दर किया भेला, हरखे हळधर आडा आविया ॥ 175 ॥

बलभद्र भाई को शीघ्र बुलाया। हलधर हर्षित-मन आये ॥ 163 ॥ गिरिवर गोविन्द ने गुप्त रहस्य बताया कि आज दानवों का अच्छी तरह नाश करूँगा ॥ 164 ॥ आप हाथियों की कतार को एकसूत्र-बद्ध कर चलने को सन्नद्ध कर आगे बढो। उनको ठेठ अम्बालय तक पहुँचाने को शीघ्र ही चलो ॥ 165 ॥ शीघ्र ही हाथियों को गन्तव्य तक पहुँचाने को चलो और शत्रुओं की सेना के समूह तक पहुँचो। उनके शिर की मणियों अर्थात् मुकुटों को उतारेंगे और उनको मिट्टी में मिलायेंगे ॥ 166 ॥ परतदार पट्टे से बांधकर कवच पहनो और युद्ध करो। ऐसा युद्ध करो कि आकाश से भी देवता देखें अन्यथा हमारे कुल को दोष लगेगा ॥ 167 ॥ श्रीहरि का मन हर्षित था। मन में जान लिया। इस प्रकार आनंदानुभूति हुई। वीर-वचनों को स्वीकार किया-धारण किया। परमानन्द की लहर व्याप गई ॥ 168 ॥ रथ को नाथ ने निश्शंक होकर अम्बालय के सन्निकट खड़ा किया। रुक्मिणी दिखाई दी। उनको रथ में बैठा लिया और स्वामी कृष्ण ने शंख बजाया ॥ 169 ॥ शत्रु के हाथी भूमि पर लुढक गये।

शत्रु योद्धाओं को छल लिया। चारों ओर हाहाकार मच गया कि कृष्ण रुक्मिणी को ले चला। देवताओं ने दुंदुभी बजाई और रथ द्वारका की ओर चल पड़ा॥ 170॥ शिशुपाल शंका (डर) से भर गया। उसका चित्त चमका (चिंता-ग्रस्त हो गया)। जाकर जरासंध को गाली दी। कहा, मेरे हाथों का पराक्रम शत्रु सेना के साथ होने वाले युद्ध में समस्त लोग देखना॥ 172॥ यादव-कुल के प्राणियों के लिये, कराल काल के समान दुष्ट दानव शिशुपाल बोला, मैंने कई बार मेरे विचारों को रोका किन्तु अब इस यादव-कुल का विनाश कर दूंगा॥ 173॥ अब यादव-कुल का निवास श्मशान में होगा, ऐसा कहकर शिशुपाल ने धमकदार ताल ठोकी। वह उक्त प्रकार कहता तो है किन्तु अपनी बात को तौलता नहीं (कि क्या कह रहा है और उसका पिछला इतिहास कैसा है), दर्प भरी उसकी बातों को सुनकर दिक्पाल डगमगा गये॥ 173॥ दिक्पाल डगमगा गये। शीघ्र ही बाहर को दौड़े। रथ-सवार राजाओं को एकत्रित किया। हर्षित हुए बलराम आये॥ 174॥

❖ ❖ ❖

15. युद्ध

छूटई ल्हासई चढइउ पलाणै रे,
काँई जाणै रे बोलइ दाणव बळ भर्‌या रे।
काँई गजदल कोड़ि पचास नै रे,
काँई को जन रे बिहुँ दिसि फारक फरवार्‌या रे॥ 175॥
पुट्ठि पुँहुँता दाणव दुष्टन रे,
काँई कष्टन रे दाखूँ हिवड़ा यादवाँ रे॥ 176॥
यादवाँ हिवड़ा कष्ट दाखूँ, बोलियो सिसपाल।
ए सुभट एहवा बळ्या जाणे, भिळ्या विहु दळि ताल॥ 177॥
उरि लोह फूटइ तंग तूटइ, बेगि बाहई चोट।
ए भल कुँअर सहइ तुँअर, दड़बड़ई दड़ दोट॥ 178॥
सुंडाल भिड़िया आबि अड़िया, सुहड़ अंगोअंग।
नर सीस विहसई वदन विगसई, सेल वाहई संगि॥ 179॥
धड़धड़ण नाचई वदन वाचई, पड़ई खंडोखंड।
हरि कोप कीधू जइत लीधू, रोळव्या रुण रुंड॥ 180॥
द्यो माग धरणी राखि सरणइ, आजि किमइ ऊगारि।
जादवे जीतो जग वदीतो, दाणवाँ दळि हारि॥ 181॥
रुधिर नीर गंभीर नीपरि, वेगइ वहई अति पूर।
पंच क्षोहण रही दाणव, आथम्यो रवि सूर॥ 182॥
आथम्यो रवि सूर रे रे, जादवाँ जयमाल।
दुष्ट दाणव पूट्ठि पुँहता, बोलियो सिसुपाल॥ 183॥ 24॥

❖ ❖ ❖

छूटै छूटै ल्हास चड़ैअ, पलाणी रे दाणवा।
घोड़ा बल्य चड़्या, सपलाणी रे जादवा॥ 185॥
गज दस कोड़ि पचास नै रे, जोजन रे फौजाँ दवादस फारेक फरवरै।
पूठि पहोतड़ला दाणौं दुष्ट कुसट, हिवड़ै दाखै जादमा॥ 186॥
जादवाँ हिवड़ै कुष्ट दाखै, बोलिया सिसपाल।
सुघड़ जाणैं वीर मिलिया, मिली दहुँ दल्य ताल॥ 187॥
उरि लोह तूटै अँग्य फूटै, वेग्य वाहै चोट।
संमह कुंवर सहै तुँवर, दड़वड़ै दड़ दोट॥ 188॥
सुंडाल अड़िया आय विड़िया, सोड़ड़ अंगोअंग।
नर देह नसै वदन विहसै, सेल वाहै संग॥ 189॥
धड़ धड़ नाचै वदन वाचै, पड़ै खंडो-खंड।
हरि रोस कीधो सुजस लीधो, रोलिया कलरंड॥ 190॥
सुर नीरनी गंभीरनी, वही वेग पूर।
पाँच खोहण्य रह्या दाणवाँ, आथवै रिण सूर॥ 191॥
आथवै रिण सूर रे, जादवाँ जैमाल।
दुष्ट दाणौ पूठि पोहता, बोलिया सिसपाल॥ 192॥

आनंद-मौज छोड़कर घोड़ों पर जीन कसो। बल से भरे दानव बोल रहे हैं कि यादव भी जानेंगे कि हम दानव कितने बलशाली हैं। उनके पास पचास कोटि गज-दल है। दोनों ओर के योद्धा शीघ्र गति से युद्धार्थ चले॥ 175॥ कृष्ण-रथ के पीछे दुष्ट दानव पहुँचे और शिशुपाल कहने लगा, यादवों के मन में कष्ट पहुँचाऊँगा॥ 176॥ शिशुपाल बोला, यादवों के मन में कष्ट (भय) उत्पन्न करूंगा। ये शूरवीर इस प्रकार चलने को सन्नद्ध हुए मानो ताल ठोककर दोनों दल भिड़े हों॥ 177॥ वक्षस्थल पर कसा कवच टूट रहा है। वह पट्टा भी टूट रहा है जिस पर कवच कसा गया है और ऊपर से शीघ्रतापूर्वक चोट पड़ती है। जो अच्छे शूरवीर योद्धा हैं, वे तोमर-बरछे (तीरादि, शस्त्रादि) का प्रहार करते हैं जबकि कायर भागते हैं॥ 178॥ हाथी से हाथी लड़ने लगे, कुछ सामने आकर अड़ गये तथा शूरवीर आमने-सामने लड़ने लगे। योद्धाओं (रणभूमि में गिरने वालों के) के मस्तक खिलखिलाकर हँसते हैं, मुख प्रफुल्लित होते हैं और शूरवीर सेल व सांगादि से प्रहार करते हैं॥ 179॥ योद्धा अपने शरीरों को बचाते हुए धड़ाधड़ प्रहारार्थ इधर से उधर होते हैं, फिर भी प्रहार होने पर खंड-खंड होकर गिरते हैं। श्रीहरि ने क्रोध किया, शत्रुओं के मस्तक काटकर रणक्षेत्र में गिरा दिये व विजय प्राप्त की॥ 180॥ शत्रुओं के सैनिक कहने लगे, हे पृथिवी माता! हमको अपनी शरण में रख। आज कैसे भी हमारा उद्धार कर। जगत् जानता है, यादव जीत गये हैं, दानवों का दल हार गया है॥ 181॥ रक्त-जल की नदी पूर्ण वेग से खूब बह रही है। दानव पाँच अक्षोहिणी मात्र रहे, इतने में रवि अस्त हो गया॥ 182॥ सूर्य अस्त

हो गया। जय की जयमाला यादवों को मिली। पीछे-पीछे दुष्ट-दानव पहुँचे, शिशुपाल बोला ॥183 ॥

❖ ❖ ❖

बिहुँ दळि ढोलड़ा ध्रसुकई रे,
काँई बिहुँ दळि रे सूरा सुहड़ संनाहिया रे।
बिहुँ दळि हुव हुव हूँकलि बाजइ रे,
काँई गाजइ रे दळ काहल यादव तणा रे ॥ 184 ॥
बिहु दळि ढम ढम ढोल ढमकई, क्याँ बाजई रिणतूर।
गळी रात्री प्रभाति अंबर, उदइ ऊग्यो सूर ॥ 185 ॥
वीरारस घण घोख बाजई, अभिनवा सिरि द्रोण।
सेल साबल कुंत मुदगर, ऊछळई अति श्रोण ॥ 186 ॥
रळ्तलइ रथ नइ मगर कुंजर, अस्व जेहवा कछ।
लड़थड़इ घड़ नइ सुहड़ु, सड़फई, जाणि जळ विण मछ ॥ 187 ॥
घण घाय पूर प्रवाह पूर्‌या, चक्र चूर्‌या सेन।
ब्रह्मादिक इन्द्रादिक सरिखा, असुर मेल्है बाण॥
चक्र सरिसूँ चक्र भागूँ, छाँडियो पग ठाण ॥ 188 ॥
त्रीय कारण अर्वुदाचल, देवासुर संग्राम।
बीजळई सीता काजि लंका, कीधलू श्रीराम ॥ 189 ॥
त्रीजलूँ कारण द्रोपदी, कैरव रह्या कुरुखेत।
चउथलू कारण रुखमणी, श्रीकृष्ण लीधी जैत ॥ 190 ॥
श्रीकृष्ण लीधी जइत रे रे, सिसिपाल बोल्या बोल।
बिहुँ दळि सूरा सुहड़ संनाहिया रे, बिहुँ दळ बाज्या जांगी ढोल ॥ 191 ॥ 25 ॥

❖ ❖ ❖

बहु दले हल हुकल हुई, सूरा सोहड़ संनाहिया।
दल देवाँ नै दानवाँ, जांगी ढोल दड़ूकिया ॥ 176 ॥
जांगी ढोल दड़ूकिया नै, बाजिया रिण तूर।
घली रात्य परभात अंपर, उदै ऊगौ सूर ॥ 177 ॥
वीररस घणघोर गाजै, असनिवा सक द्रूण।
सेल संबल कुंत मुदगर, ऊछलै सति सूण ॥ 178 ॥
पास्य आँकस गदा फरसी, पेट पूठि प्रहार।
भले मैंगल दहुँ दलाँ, रुधिर खेलत दल विकट सेनड़ हाल ॥ 179 ॥
वीर सत्र घाए अस घूमै, करै जिसी मतवाल।
लड़थड़ै ते सोहड़ संकै, मीन ज्यौ घण घाव ॥ 180 ॥

परहरे पुहच्या राकस चूर्‌यो, सेन अगन्य सुवाह।
सीस चक्र चक्र बाज्ये, छाडिया करि रिण छोह॥ 181॥
असत्री अरबदाँ कारण, अचल कीधलो संग्राम।
दूजै सीताँ कारणै, लंक कीधलो श्रीराम॥ 182॥
तीजै द्रौपती कारण्य, कैरवाँ कर खेत।
चौथे रुकमण्य कारणै, श्रीकिसन लीवी जीत॥ 183॥
राजा रावत हुवा भेला, जुरासिंध सिसपाल बुलाया।
बेहूँ दले जांगी ढोल दड़ूकिया, सूरा सोहड़ संनाहिया॥ 184॥

दोनों दलों में जंगी ढोल (जंग प्रारम्भ होने के पूर्व ढोल पर चोट करके युद्ध प्रारम्भ करने का शंखनाद किया जाता था।) बज रहे हैं। दोनों दलों के शूरवीर योद्धाओं ने कवच धारण किये। दोनों दलों से 'हो' 'हो' की हुंकार की आवाज आ रही है। यादवों के दल का बडा जंगी ढोल बज रहा है॥ 184॥ दोनों दलों के ढोल ढम-ढम की ध्वनि करते हुए बज रहे हैं। कहीं-कहीं रण-तूर (युद्ध का वाद्य विशेष) बज रहे हैं। रात्रि समाप्त हो गई है। आकाश की पूर्व दिशा में सूर्योदय होने से प्रभात हो गया॥ 185॥ वीर-रस रूपी मेघ तीव्र प्रवाह से बरस रहे हैं। योद्धाओं के कटे सिर पत्ते की तरह बह रहे हैं। सेल, सावल, कुंत एवं मुद्‌गरादि शस्त्रों से उछल-उछलकर रक्त खूब बह रहा है॥ 186॥ रथ गिर रहे हैं। हाथी मगर की भाँति व घोड़े कछुवे की भाँति मालूम पड़ रहे हैं। कटे हुए योद्धाओं के धड़ इधर-उधर डुल रहे हैं। योद्धा बेचैन हैं, मानो वे जल के बिना मछली हों॥ 187॥ सेना पर पूरा प्रहार हो चुका है जिससे रक्त का प्रवाह बह रहा है। सेना को चक्र ने चूर डाला। जो असुर ब्रह्मादिक, इन्द्रादिक के समान थे, उन पर वाणों का प्रहार किया। चक्र से चक्र को काटा जिससे शत्रुओं के पैर उखड़ गये॥ 188॥ स्त्री के कारण अर्बुदाचल पर देवासुर संग्राम हुआ। दूसरी बार सीता के कारण लंका में रामजी ने युद्ध किया॥ 189॥ तीसरी बार द्रोपदी के कारण कुरुक्षेत्र में कौरवों का नाश हुआ। चौथी बार रुक्मिणी के कारण युद्ध हुआ जिसको श्रीकृष्ण ने जीत लिया॥ 190॥ शिशुपाल के बोल बोलने पर श्रीकृष्ण ने उस पर जीत हाँसिल की। दोनों दलों के शूरवीर योद्धाओं ने कवच धारण किये व दोनों सेनाओं के जंगी ढोल बजे॥ 191॥

❖ ❖ ❖

16. जरा का आगमन

राग स्यन्धूड़ौ

काँई जरा रे जरासंध वेगइ तेड़ावी रे,
काँई आवी रे, डोकरी कर सिर काँपती रे।
काँई जादवाँ दळि कीधलू परवेस रे,
काँई भेस नरे नर वरस हुई पालट्या रे॥192॥

पालट्या वेष सिमेष नी परि, पकड़इ करि हथियार।
नर अंग कंपइ दृष्टि जंपइ, श्रवण मधुर विकार॥ 193॥
जरा धाअइ हस्ति घूमइ, अस्व नइ असवार।
न्यान रूपइ कृष्ण जोयूँ, दृष्टि दीठी नारि॥ 194॥
नेमनाथइ गलैइ, साही, राम रोप्या पाइ।
हरि कोप कीधौं सर्गि नाखूँ, राखीई रिषराइ॥ 195॥
काम पालइ कंठ ग्रहिया, देह दाखूँ छिन्द्र।
बलिभद्र ताड़ी धरणि ढाली, रोस कीधू रुद्र॥ 196॥
पाताळ जाती सेस राखी, मंनि विमास्यूँ आहि।
देवता नी दया आणी, मूँकीई महिमाहिं॥ 197॥
डोकरी दळ छांडि छूटी, गई दाणव पासि।
माँहरू प्राण म जाणि मूरख, बछ बाहिलूँ न्हासि॥ 198॥
पुट्ठि पुँहता यादवा नँइ, बोलियो ज मुरारि।
राम बौलइ राखज्यो इणि, काम बीजी वार॥ 199॥
काम बीजी वार रे रे, केसव लीया गज नीसाण।
ताके तोके जोइयूँ वळ, दाँणवे निरवाण॥ 200॥ 26॥

❖ ❖ ❖

काँय कुबेड़ी जाण्य वेनाणन रे, ताके तोके केवल जो दाणवा।
जुरा जुरास्यंध बण्य बुलावै रे, जुरा आई वेग्य धाई॥ 193॥
आई रे डोसी सिर कर कंपती, जादमाँ दल्य कीधड़लो परवेस।
वेस न सहुव नर व पालट....... ॥ 194॥
पालट भेष ब भेष वह बल, पड़ै करि हथेयार।
नर देह कंपै दिस्टि झंपै, सरवणा विद रे विकार॥ 195॥
जुरा धाए असै घूमै, करि जीसी मतवारि।
न्यान रूपी किसन जोयो, दल माहिं दीठी नारि॥196॥
काम पाले कठ ग्रह्यो, देह राख्या छ्यद्र।
वल्यभद्र ताड़ी धरण्य ढाली, रोस कीधो रुद्र॥ 197॥
नेमनाथो गलो साह्यो, किसन रोक्या पाव।
हरि रोस कीधो सुरग रालो, राख्यहो रुघराय॥ 198॥
पताल्य जाती सेस राखी, कहै वास्यक राव।
देवताँ नी दया आणी, मूकीजो महिमाहि॥199॥
डोकरी दल छाडि चाली, गई दाणव पास्य।
माँहरो प्राण म जोय मूरिख, वछ पहलू नास्य॥ 200॥

जादमाँ दल्य पूठि पहुँता, पचौ लेहु मुरारि।
किसन बोल्यो राख्या लेजो, काम बीजी बार॥ 201॥
....................................केसव वल्या नीसाण।
ताके तोके जाय, जादवाँ निरवाण्य॥ 202॥

जरासंध ने जरा को शीघ्र बुलाई। जरा नामक वृद्धा हाथ व मस्तक दोनों को कँपाते हुए आई। उसने यादवों के दल में प्रवेश किया। पलटकर वह नर के समान वेश वाली हो गई॥ 192॥ उसने अपना वेश पलटा। हाथ में आयुध पकड़े। उसके गहरे प्रहारों से मनुष्यों के शरीर कँपकँपाने लगे, दृष्टि झपकने लगी और श्रवणों में विकार उत्पन्न हो गया–सुनने की शक्ति जाती रही॥ 193॥ जरा घोड़े पर सवार होकर सेना में दौड़ती है, जिससे हाथी तितर-वितर होने लगे। इतने ही में श्रीकृष्ण ने ज्ञान-दृष्टि से देखा तो उनकी दृष्टि में वह नारी दिखाई दी॥ 194॥ नेमनाथ ने उसका गला पकड़ा। राम ने उसके पैर रोक दिये। श्रीहरि ने क्रोध किया और उसको स्वर्ग की ओर फेंक दिया किन्तु ऋषिराज ने उसको वहाँ न जाने दिया॥ 195॥ कामपाल ने उसका कंठ पकड़ा और उसके शरीर को छेद डाला। बलभद्र ने उसको ताड़ना दी, भूमि पर गिरा दी। रुद्र ने क्रोध किया॥ 196॥ पाताल जाती हुई जरा को शेषनाग ने रोक लिया। मन में विचार किया। देवताओं ने कृपा की। पृथिवी पर ही उसको पटक दी॥ 197॥ वृद्धा जरा ने रणक्षेत्र छोड़ दिया। दानव जरासंध के पास गई। कहा, हे वत्स! मैं जीवित हूँ, यह मत देख। मैंने बहुतों का नाश कर दिया है॥ 198॥ मेरे पीछे पड़े यादव जब मेरे पास पहुँच गये, तब मुरारी ने कहा, इसको पकड़ो अथवा मारो मत, इसको रहने दो। इससे आगे काम पड़ेगा॥ 199॥ आगे काम पड़ेगा। केशव ने गज-नीशान को हाथ में लिया। (हाथी पर चलने वाला झंडा, जो जीतने पर विजयी दल अपनी सेना के आगे लेकर चलता है।) चारों ओर ताक-झाँककर देखा। शत्रुओं का दानव-दल शान्त हो चुका था॥ 200॥

❖ ❖ ❖

17. रुक्मी-बन्धन

काँई भूला भमई गज थाटन रे, वाटन रे, वळती न लहई वैद्रभा रे।
डोली घाल्या दाणव आवइ रे, काँइ पावइ रे, कीधूँ कुबधी अपणाउ रे॥ 201॥
रुखमइयो बल बोलइ छइ ताड़ी रे,
काँई भागा रे भरवाड़ा गोकल तणा रे॥ 202॥
गोकल तणा भरवाड़ा भागा, सदा ही का नट।
बहिन मेरी गया चोरी, यादवाँ स्यामाट॥ 203॥
सवा क्षोहणि दळ लेई नई, रुखमीयो तिणि आँहि।
दिवस तीजई जाइ पुँहतो, जादवाँ दळ माहिं॥ 204॥

रिण रोस काढई अस्व वाढई, सिंघ रूतो रानि।
वाण ना संमोह साम्हा, सह्या पूर प्रवाह ॥ 205 ॥
निवेड़ी निज भड़ भाजि गज-घड़, गयो पास मुरारि।
तिणि रंग माँहै भंग कीधूँ, रह्या मंगलचार ॥ 206 ॥
आहीर आगइ माउला, मारी नइ थयो सूर।
माहरी भगनी प्राण आणी, भरम भूलो भूर ॥ 207 ॥
करवाल काठी मूँकिऊँ, बोलावियो बळवंत।
त्रिण घाव त्रीकम सह्या कारणि, हस्या देव अनंत ॥ 208 ॥
रथ छाडि राजन ऊतर्या, रुखमण्यो साहिउ वथ।
दड़ दोट बाजई कोट भांजई, वेग वाळ्या हथ ॥ 209 ॥
वेग वाळ्या हथ रे रे, रथ सूँ रथ बांध्यो रळी।
गज थाट मोगर वहइ ऊवट, वैद्रवा थई बेगळी ॥ 210 ॥ 27 ॥

❖ ❖ ❖

भूला भूला भुँव गज थाटन रे, वाट न पावै वलता विद्रवा तणी।
रुखमइयो बोलै बल्य ताड़े न रे, भागे भड़ेवाल गोकल धणी ॥ 203 ॥
भड़ेवाल गोकुल तणो भागो, ले गयो ललाट।
बाहण मोरी गयो चोरी, जादवाँ समाट ॥ 204 ॥
रुखमइयो ले सवा खोहण्य, ले चड्यो तिण्य वार।
रंग माहे भंग कीधो, रह्या मंगलचार ॥ 205 ॥
अहीर आगै मावला, तुवर थाहीय सूर।
माहरी भगनी प्राण प्यारी, भरम भूला भूर ॥ 206 ॥
वाहण न संभू संमाहि, वसह पूर प्रवाह।
नवेड़ी नजु गुड़ भांज्य गज गुड़, गयो पास्य मुरार ॥ 207 ॥
केरवाण काढे मुंकियो, बोलियो बल्यवंत।
तीन्य घाव त्रीकम सह्या, हस्या देव अनंत ॥ 208 ॥
रथ राज्यंदर ऊतरै, रुखमइये घातै बाथ।
दड़ दोट बाजै चोट गाजै, वेग्य वाल्या हाथ ॥ 209 ॥
रथ बांस बांध्यो र लो, भूलाभूला भुँवै गज थाटन रे।
वाट न पावै दाणौ वेद्रवा तणी ॥ 210 ॥

चोट खाए, गन्तव्य को भूले हाथियों के समूह मार्गों में इधर-उधर घूम रहे हैं किन्तु उनको विदर्भ का रास्ता नहीं मिल रहा है। डोलियों में डाल-डालकर दानवों को लाया जा रहा है। उन कुबुद्धियों ने स्वयं के किये ही का परिणाम पाया है ॥ 201 ॥ ऊँची आवाज में ताड़ना देता हुआ रुक्मी बोल रहा है कि गोकुल का ग्वाला भागा जा रहा है ॥ 202 ॥

सदा से ही नट जैसे कार्य करने वाला गोकुल का ग्वाला भागा जा रहा है। मेरी बहन की चोरी करके यादवों का सम्राट् उसको लिये जा रहा है ॥ 203 ॥ सवा अक्षोहिणी सेना लेकर रुक्मी अंबालय के पास आया और तीसरे दिन यादवों के दल तक पहुँच गया ॥ 204 ॥ रुक्मी रणक्षेत्र में क्रोध करता हुआ घोड़ों को आगे की ओर हाँकता है, वह शूरवीर सिंह की भाँति रणोन्मत्त हुआ। सामने से आते बाण-समूहों के वेग को सहन किया ॥ 205 ॥ हस्ती-सेना को तैयार कर सैनिकों को तैयार किया और दौड़कर मुरारी के पास गया। उसके आनन्द को भंग कर दिया। मंगलाचार होने रुक गये ॥ 206 ॥ रुक्मी बोला, हे अहीर! तूने पहले अपने मामा को मारा जिस कारण अपने आपको तू शूरवीर मानने लगा है। मेरी बहन को परण-कर (हाथ पकड़कर) ले आया है। इन छोटे-मोटे कारनामों को करने के कारण तू शूरवीर होने के भ्रम से भ्रमित हो गया है ॥ 207 ॥ बलशाली रुक्मी ने तेजी के साथ तलवार से प्रहार किया और श्रीकृष्ण को ललकारा। कारणवश त्रिविक्रम ने तीन बार के प्रहार सहे और अनंत भगवान श्रीकृष्ण हँसे ॥ 208 ॥ राजन श्रीकृष्ण रथ से उतरे और रुक्मी को बाथ में भरकर पकड़ लिया। शस्त्रों के दोट-प्रहार हो रहे हैं। रक्षा-कवच नष्ट हो रहे हैं। इतने ही में श्रीकृष्ण ने वेगपूर्वक रुक्मी के दोनों हाथ बांध लिये ॥ 209 ॥ तत्काल दोनों हाथों को बांधकर रथ से रथ को भी बांध लिया। हाथियों का समूह व सेना रास्ते-बेरास्ते दौड़ गई। उनके लिये विदर्भ पराया हो गया ॥ 210 ॥

❖ ❖ ❖

18. मण्डप

राग वेलावली

रथ छाडी नइ रुखमणी मुखि बोलइ रे,
काँइ आसूँ रे ढालई हीयड़ई दुख धरइ रे।
काँइ उग्रसेन सित्रादिक मिलि आवउ रे,
काँइ भाब्याँ रे राजन रूड़ा रुखमइयै रे ॥ 211 ॥
रुखमीई रूड़ा भावीयइ, छोडावियै जो आजि।
कर बंध कापौ ग्रास आपौ, भींम नी बहु लाज ॥ 212 ॥
तेड़ावि मोटा राय राणा, रचौ मंडप माल।
ए जक्ष क्यंनर सिध साधिक, आविया सुर चाल ॥ 213 ॥
रिक्ष तेड़ो वृक्ष आणौ, सयल भार अढार।
प्रथम पीपळ साग सीसमइ, आमली अधिकार।
वडवोर वील बहेड़ वाउल, कूरमँदी कंथार ॥ 214 ॥
एरंड अरणी अगथिउ, अखोड़ ताड़ असोख।
खजूरि खारिक कुड़ोसालर, सिवंन सइबल मोख ॥ 215 ॥

केवड़ो कचनार चाँपौ, कइर नइ कट्टंग।
गोराड़ गोवळ गींगची, अरुचिता चोल पतंग॥ 216 ॥
अरक आउल तिणासिरा सिम, रोहीड़ो रोहिंण।
इन्द्रोख अवरस आसिद्रो, अरम्यंज वकाईण॥ 217 ॥
धव धामण खइर खिरणी, पास पाडल लींव।
अंबु जंबू आंबिली, करंगची कइवट्ठ काँव॥ 218 ॥
गलो गोवल तणस त्रंवठ, करंज नइ कैलास।
विदाम बंणकउ सेलपी, फिर सांगणी पलास॥ 219 ॥
जाई नइ जंबीर दाड़िम, गूगळणि गोअंख।
कंटाळि आसंधि बावची, तुळसी मिझन्यो फंग॥ 220 ॥
कणवीर पकरणी केतकी, बीजोरड़ी नारेळ।
कंबोई कुदाळी थाई सरस, सइबल वर्ण तंबोल॥ 221 ॥
बीयो टमरियो वंद्रावनवासी, बणराय भार अढार संख्या विष्णु बाणी एह।
जेतलूँ जाण्यूँ तेतलूँ बखाण्यउँ, भणइ पदम विशेष॥ 222 ॥ 28 ॥

❖ ❖ ❖

राग हंसो

रथ छाड रे मुखवाल आँसूँ ढाल, हीवड़ै दुख धर।
काँय विधाता एहड़लो संप कीधो, रे दुख दीधो बंधव देखताँ।
रुखमण्य नै रूडौ भाव रे, जो प्रामीजै अजो रे॥ 211-212 ॥
रुखमैण्य नै रूडौ भाव, जो प्रामीजै आप।
क्रबंध कापो ग्रास आपो, भीव नी भव लाज॥ 213 ॥
तेड़ि मोटा राव राणा, रचो मंडप आज।
जीख केनर सीधक साधक, आविया रिषिराज॥ 214 ॥
जीष आये व्रष ल्याए, सकल भार अठार।
प्रथम पीपल्य सांग सीसू, आँवली इधकार॥ 215 ॥
बड़ बोरी वील्ह बहेड़ा, आँवला क्रमंली कथीर।
कण वीर क्रण्या केतकी, जंभीरणी नालेर॥ 216 ॥
धौव धामण्य बेर खिरणी, पास्य पाड़ल लंब।
आंब जामुण्य आंबली, गिरगची काथ कुलंब॥ 217 ॥
अरथ अगथो अरड़ियो, धूसरल पदमाख।
किसकी खीवल्य फोफली, गुंद रायण दाख॥ 218 ॥
सोलह गुण गरगची, चित्र ताड़ चोल पतंग।
किसन राजा रुखमणी, दीसै सैदा सुरंग॥ 219 ॥

बणराय साख्या कुण लहै, किसन वाणी एक।
जेतली जाणी तेतली बखाणी वे, भण पदम वमेख ॥ 220 ॥

रथ से उतरकर रुक्मिणी मुख से बोलीं। मन में दु:खानुभव करते हुए आँखों में आँसूँ ढलकाती हैं। उग्रसेन सत्राजितादिक मिलकर आये और कहा, रूक्मी का कैसा अच्छा भाग्य है ॥ 211 ॥ रुक्मी का भाग्य अच्छा है जिसको आज छुड़वा लिया। हाथों के बंधन कटवा दिये। शरण प्रदान की व पिता भीष्मक की लज्जा-प्रतिष्ठा रखी ॥ 212 ॥ श्रीकृष्ण ने कहा, बड़े-बड़े राजाओं को बुलाओ। मंडप की रचना करो। यक्ष, किन्नर, सिद्ध, साधक, देवतादि चलकर आये ॥ 213 ॥ रीछों को बुलाकर उनसे अठारह भार वनस्पति जो पर्वतादि पर है को मंगवाओ। सर्वप्रथम पीपल, सागवान, शीशम, अच्छा इमाली का वृक्ष ॥ 214 ॥ बड़ा बेर, बील, बहेड़ा, बौंल, कूरमंदी (?) कंथार (?), एरंड, अरणी (छेकुर), अगथिया (?), अखोड (अखरोट, जायफल ?) ताल, अशोक, खजूर, छुहारा, कूड़ो (इन्द्र जौ), सालर (शल्लकी), सिवंन (?), सैमल ॥ 215 ॥ केवड़ा, कचनार, चंपा, कैर, कट्ठंग (कटहल ?), गोराड़ (?) गोवल (?), गींगची (?), चिताचोल (?) पतंग (?) ॥ 216 ॥ अर्क-मंदार, आऊल (?), तिणासिरा (?) सिम (?), रोहिड़ा, रोहिण (?), इन्द्रोख-इन्द्रोक, अबरस, आसिंद्रो (?), अरम्यंज (?), बकाइण (?) ॥ 217 ॥ धव-धामण (?), खैर, खिरणी, पाडल-पारस पीपल, लींव (?), अंब-आम, जंबू-जामुन, आंबिली (आँवला ?) करंगची (कांगची ?), कैवटा (?), कांब (?) ॥ 218 ॥ गलौ-गोवल (?) तणस (?), त्रंबठ (?), करंजन (?), बदाम, बणकै (?), सेलपी (?), सांगणी, पलास (?) ॥ 219 ॥ जाई (?), जंबीर (नींबू), दाड़िम (अनार), गूगलणि (?), गोअंख (?), कंटाळि (?), आसंधि (?), बावची, तुलसी, मिझन्या फंग (?) ॥ 220 ॥ कणवीर (?), पकरणी (?), केतकी, बीजारेडी (?), नारियल, कंबोई (?), कुदाली (?), थाई सरस (?), जो सैंवल के पान के वर्ण का है ॥ 221 ॥ वृन्दावन में मिलने वाला वियो टमरिया (?)। इतनी अठारा भार (एक भार अढाई मण का होता है।) वनस्पति है जिसके लिये श्रीविष्णु ने कहा। जितना मैंने जाना, उतना मुझ पदम ने वर्णन किया है ॥ 222 ॥

❖ ❖ ❖

19. विवाह

राग धनासी

तेड़ो रे राजा भीमक कुमरी केरड़ो तात रे,
तेड़ो रे नन्द जसोमति, कुमरी केरड़ी मात रे,
तेड़ो रे गुरु कुंता रिष कृष्ण दीपाइण व्यास रे ॥ 223 ॥
कंनक जनंक रिष तेड़ो कास्यप कपिल अगस्त रे।
बालमीक रिष तेड़ो विस्वामित्र वसिस्ट रे ॥ 224 ॥

संनक संनक रिष तेड़ो, लोमस आतस अस्वस्ति रे।
सुक सनकादिक तेड़ो, जक्ष किन्नर नै कहावौ रे।
देव दाणव सहु तेड़ो रे, मंडप भीतर आवौ रे॥ 225॥
तिहाँ जक्ष क्यंनर सिध साधक, आविया सुरताम।
सुरा नारी धवळ गावई, रची चउरी ताम॥ 226॥
नवग्रह आसण आवि वइट्ठा, सुभ सांतिग होई।
रिष वेद भणंति वाणी, सांभळै तिरलोई॥ 227॥
तोरण त्रीकम आविया, ल्यो वेहड़ा वर नारि।
वर वेहडू वैकुंठ नायक, वंदीयूँ कर चारि॥ 228॥
वाँम अंगई ब्रह्मा ऊभा, हुआ अणवर इंद।
दक्षणा दिसि ईस ऊभा, नाथ निलवट चंद॥ 229॥
आदि विष्णु नइ आदि माया, हूआ अंचलि गंठि।
मधू पुरख हथलेवड़ौ, वरमाळ वीठळ कंठि॥ 230॥
कनक मइ तिहाँ वेह परठी, कीधा लोंक सार।
प्रथम फेरइ डाइचो द्यइ, राय अस्व अपार॥ 231॥
बीजलई फेरई डाइचउ देइ, गज रथ सिणगार।
त्रीजलई फेरई डाइचो देइ, रतन कोडी भंडार॥ 232॥
चौथलई फेरई डाइचो, पल्यंग सावटू सोड़ि।
कुँअरी कर मेल्हावणइ, दीया भाव भूषण कोड़ि॥233॥
श्रीराम यमला रुखमणी, दीसंती सकल सरूप।
नारद तुंबर गीत गावई, विप्र दान अघट्ट।
मंगळीक अनेक वरत्या, विड़द वोलइ भट्ट॥234॥
पहिरामणी सीरामणी नई, करे चलावो साथ।
वीवाह कीधो सुजस लीधो, तेड़ो कुँअरि नउँ तात॥ 235॥ 29॥

❖ ❖ ❖

अब तेड़ो जी राजा भीमक, कँवरी केरो तातो जी।
अब तेड़ो जी नंद जसोदा, वसदेव देवकी मातो जी॥ 221॥
तेड़ो जी गुरु कुंता रखेषर, किसन दीपाण्यवे पासो जी।
तेड़ो वालमिया रिष, वरग दुरग दुरभासो जी॥ 222॥
तेड़ो जी मारकुंड रषेसर, लुंभस मंडल आवै जी।
तेड़ो रे सिनक सिनंदण, जिख केनर कहावै जी॥ 223॥
जीख केनर सिध साधक, आविया सुर चाल्या।
सुरह नारी धवल गावै, रचौ चवरी आज॥ 224॥

तोरण त्रीकम आविया, पेखाणौ वर माल।
बड बेहड़ोय वैंकुठ नायक, वंदियो कर च्यार॥ 225॥
आदी विसन नै आदि माया, हूई अंचल गाँठि।
मध पुरुष करि हथलेवड़ौ, वरमाळ बीठळ गाँठि॥ 226॥
नवग्रह आसण आय बैठा, सुभ सुवायत होय।
रीष ब्रंभा वेद वाचै, संभलै सोर लोय॥ 227॥
वाइ दिसा नै ईस ऊभौ, अवर अणवर इन्द।
दिखण दिया नभ चंद ऊगौ, नाथ निलवट चंग॥ 228॥
कनक केरी वेह परठी, कीधा लोक सार।
प्रथम फेरे दायजो, राय अस दे अपार॥ 229॥
दुजत फेरे दायजो, गज गरथ दे सिणगार।
तीजत फेरे दायजो, रतन कोड़ि भंडार॥ 230॥
कँवरी करै बधावणाँ, राय भोषण भूर।
किसन राजा रुखमणी, दीसै सकल सनूर॥ 231॥
नारद तुंबर गीत गावै, विप्र दान अघाट।
मंडली अनेक बरतै, विरद बोलै भाट॥ 232॥
पहरामणी सीरावणी, चल्य आया सुर साथ।
हरि व्याह कीधो सुजस लीधो, तेड़ो कँवरी रो तात॥ 233॥

कुँवरी रुक्मिणी के पिता राजा भीष्मक को बुलाओ। नन्द व यशोदा को बुलाओ। कुँवरी की माता को बुलाओ। गुरु कुंतारिषि (?) व कृष्ण-द्वैपायन व्यास को बुलाओ॥ 223॥ कनक जनक, कश्यप, कपिल व अगस्त्य ऋषि-मुनियों को बुलाओ। वाल्मीकि, विश्वामित्र व वशिष्ठ ऋषि-मुनियों को आहूत करो॥ 224॥ संनक-संनक(सनक-सनंदन?) लोमश, अतिश व अश्वस्ति ऋषियों को बुलाओ। शुक, सनकादिक मुनियों को बुलाओ। यक्ष, किन्नरों से कहलवाओ। देव, दानव सभी को बुलाओ ताकि वे मण्डप (विवाह परिसर) में आएँ॥ 225॥ वहाँ यक्ष, किन्नर, सिद्ध, साधक, समस्त देवतादि आए। देवताओं की स्त्रियाँ सुयश गा रही हैं। वहाँ चँवरी बनाई गई॥ 226॥ शुभ व सात्विक नवग्रह आकर आसन पर विराजे। ऋषि वेद-मंत्रों का उच्चारण करते हैं जिसको पूरी त्रिलोकी सुनती है॥ 227॥ तोरण मारने को त्रिविक्रम-श्रीकृष्ण आये। मंगल-कलशों से स्त्रियों ने उनका स्वागत किया। वैकुंठ का नायक चार हाथों वाला श्रेष्ठतम दूल्हा है जिसकी वन्दना करो॥ 228॥ प्रभावशाली प्रकाशमान चन्द्रमा की भाँति उनके बाँई ओर ब्रह्मा खड़े हैं। दक्षिण में शंकर खड़े हैं जिनके मस्तक पर चन्द्र विराजता है और इस कारण वे चन्द्र के नाथ कहे जाते हैं॥ 229॥ आदि विष्णु व आदि माया (कृष्ण-रुक्मिणी) का गठजोड़ा हुआ। मधुपुरुष-श्रीकृष्ण के हाथ में रुक्मिणी का हाथ झिलाया गया। रुक्मिणी ने विट्ठल के गले में वरमाला पहनाई॥ 230॥ स्वर्णमयी विधाता को वहाँ स्थापित किया गया। समस्त लोक-

रीतियाँ सम्पन्न की गईं। प्रथम फेरे में दहेज के रूप में राजा ने अपरिमित संख्या में घोड़े दिये ॥ 231 ॥ दूसरे फेरे में शृंगारित हाथी एवं घोड़े दिये। तीसरे फेरे में करोड़ों रत्नों का भंडार दिया ॥ 232 ॥ चौथे फेरे के दहेज में पलंग व बहुत अच्छी रजाई-बिछौने दिये। कुँवरी का पाणिग्रहण कराया और करोड़ों के मूल्य के उत्तम किस्म के आभूषण दिये ॥ 233 ॥ श्रीराम (श्रीकृष्ण) व रुक्मिणी की युगल जोड़ी हर कोण से पूर्णतः स्वरूपवान दिखती है। नारद मुनि व तुंबर गंधर्वादि मंगल गीत गाते हैं और ब्राह्मणों को न घटने वाला अखूट दान दिया जा रहा है। अनेक मंगलकार्य हो रहे हैं। भाट विरुदावली का गान कर रहे हैं ॥ 234 ॥ पहरावनी (आपाद मस्तग वस्त्र पहनाना), व सीरामणी (समधियों के सिर पर साफा धारण करवाये जा रहे हैं) कर विदाई का कार्य संपन्न हो रहा है। भीष्मक ने विवाह किया, सुयश पाया। कुँवरी के पिता राजा भीष्मक को बुलाओ ॥ 235 ॥

❖ ❖ ❖

20. पहरावणी

पहिरामणी रे अणावो, तेड़ो नइ जादव राउ रे।
रुखमणीउ रळीआईत, उल्हस अंगि न माई रे।
जीतूँ जगत्र वदीतउँ हरि नइ, कदइ ना आवइ हारि रे ॥ 236 ॥
नेपुर गादई बाजई, चीर चलंताँ रे।
छु मुकतावळि लावाँ हइ, सोहई रूप सोझंता रे ॥ 237 ॥
कूंकू भरी कचोळिय, भोळीय छाँटणाँ छाँटइ रे।
अहर तंबोळै रतीय मातीय, ऊवट वाटइ रे ॥ 238 ॥
गोव्यंद गाँइ गोरीय, डोरिय सिर ढलंती रे।
सोवन चूड़ीय रूड़ीय सोहई, वाँह माल्हती रे ॥ 239 ॥
चेड़ीय वेगइ तेड़ीय, रुखमणि साथ मोकळावउ रे।
लावण लाडू व दोवड़ी छावड़ी, भरीय अणावउ रे ॥240 ॥
फळहळि छाब भरावउ रे, वेगइ कळस पुरावउ रे।
मोतिए चौक पूरवउ रे, वेगइ मंडप वधावउ रे ॥241 ॥
वधवीयइ त्रिभुवन धणी, एवड़ी बात सौ कहियइ घणी।
गुरु वणउँ करि जान चलवउ, राजा कीधी पहिरावणी ॥ 242 ॥ 30 ॥

❖ ❖ ❖

(वि०सं० 1819 के हस्तलेख में इन छंदों के समानार्थी छन्द नहीं हैं।)

❖ ❖ ❖

पहिरावनी की सामग्री मंगाओ। यादवों के राजा को बुलाओ। रुक्मिणी प्रसन्न है। उल्लास से भरी अंगों में समा नहीं रही। श्रीहरि ने जगत को जीत लिया, यह सभी को

विदित हो गया। उनकी कभी भी हार नहीं होती ॥ 236 ॥ भारी पायल व वस्त्र चलते समय ध्वनि करते हैं। मुक्ताओं की अवली ही लावा हैं जिनका रूप सुन्दरतायुक्त है ॥ 237 ॥ कुंकुंम से भरी कटोरी लेकर रुक्मिणी छींटे छींट रही है। रुक्मिणी के होठ पान से आरक्त हैं। ऊबड़-खाबड़ मार्ग में भी आनन्दित है ॥ 238 ॥ गोरियाँ गोविन्द का गुणगान कर रही हैं। सिर पर डोरा ढालती हैं। आनंदित हुई बाँहों में सोने की सुशोभन सुन्दर चूड़ियाँ धारण कर रखी हैं जो देखने में आकर्षक हैं ॥ 238 ॥ दासी को जल्दी ही बुलाओ और रुक्मिणी के साथ भेजो। दोहरी टोकरियों में लड्डुओं का लावणा (विदा के समय मिष्ठान्नादि वधू के साथ भेजा जाता है, वह लावणा कहलाता है) भरवाओ ॥ 240 ॥ फलों से टोकरियाँ आपूरित कराओ तथा शीघ्रतापूर्वक कलश भरवाओ। मोतियों से चौक पूरकर शीघ्र ही मंडप तैयार करो ॥ 241 ॥ त्रिभुवन-नाथ का स्वागत करो। इस प्रकार की बहुत-सी बातें कहीं। राजा ने पहिरावणी की। गुरूर से भरी बारात चल पड़ी ॥ 242 ॥

❖ ❖ ❖

21. विदाई

राग धवल धनाश्री

गज गुड़ियला हे सखी, तुरीय पलाणि, कुँअरि चालइ नइ माता मिलई ए।
बोलती ए सखी भीम की नारि, भव भव एह वर तुम्ह तणइ ए ॥ 243 ॥
उलट हे सखि अंग न माई। पाई लागूँ परब्रह्म तणइ जी ॥ 244 ॥
परिब्रह्म नई हूँ पाई लागूँ, राम राखी टेक।
जस पड़हौ त्रिभुवन वायौ, दइत दलण अवेख ॥ 245 ॥
मानवी माहिं नाम राखी, बोलताँ जण भूर।
सिसपाल कंद निकंदवा, परगट्या श्रीमुखि सूर ॥ 246 ॥
प्रीति चन्द्र कमोदिनी नइ, धरणी पावस जेम।
तिम रुखमणी सूँ नेह धरज्यो, नाथ निश्चल प्रेम ॥ 247 ॥
प्रीति अलियळ केतकी नइ, प्रीति बींझ गयंद।
तिम रुखमणी सूँ नेह धरज्यो, प्रीति परमाणंद ॥ 248 ॥
गुझना गुण मोकळ्या ते, पतीवृता नउँ धर्म।
जगत्र जीवन तुम्हे जाणौ, सो कि बोलइ मर्म ॥ 249 ॥
देवकी नी कुँख जनम्या, यादवाँ कुल राज।
संसार तार्या भव निवार्या, ऊधर्या हरि आज ॥ 250 ॥
भूधर किसी भलावणी नइ, विष्णु वाचा किम चलइ।
गज गुड़िय तुरिय पलाणि चाल्या, कुँअरि चालइ नइ माता मिलई ए ॥ 251 ॥ 31 ॥

❖ ❖ ❖

राग धनासी

गज गुड़्या हे सुखी तुरी पलाण, चाली कँवरी माता मिलै।
बोलै छै हे सखी भीव री नारि, भव भव ओ वर धी तणै ॥ 242 ॥
अलस्या हे सखी अंग न माय, पाय लागूँ परब्रह्म रे ॥ 243 ॥
पारब्रह्म रे पाँय लागूँ, किसन राखी रेख।
जस पड़ै त्रभूण नायके, दैत दलण अभेख ॥ 244 ॥
मानवियाँ मा माम राखी, बोलता जे भूरि।
सिसपाल कंद निकंदना, प्रगटी श्रीमुख सूर ॥ 245 ॥
रुखमैणी सूँ नेह करे जो, जहाँ लग रिव चंद।
आणंद अवचल राज कीजे, सकल कला गोम्यंद ॥ 246 ॥
प्रीती चंद कमोदनी, धरण्य पावस जेम।
रुखमणी सूँ नेह कीजो, नाँव निहचल प्रेम ॥ 247 ॥
प्रीति अलियल केतकी, प्रीति बींझ गयंद।
रुखमणी सूँ नेह करेजो, प्रीति परमाणंद ॥ 248 ॥
गूझ तणा गुण मोकला, पतीव्रता नो धर्म।
जगत जीवण तुम्हे जाणौ, सो कि बोलै मर्म ॥ 249 ॥
बुध रे किसी भलावणी, वीसन वाचा नै टलै।
गज गुड़्या हे सखी तुरी पलाण, चाली कुँवरी माता मिलै ॥ 250 ॥

❖ ❖ ❖

हे सखी! हाथी चलने को तैयार हैं, घोड़ों पर जीन कसी जा चुकी है। कुँवरी रुक्मिणी चलने को है। माता उनसे मिली। भीष्मक की पत्नी कहती हैं, हे सखी! जन्म-जन्मान्तर में पुत्री को यही वर मिले (ऐसी मनोकामना है।) ॥ 243 ॥ हे सखी! मैं उल्लास से भर गई हूँ। प्रफुल्लित हुई अंग में समा नहीं रही हूँ। मैं परब्रह्म के पाँवों में नँवकर वन्दना करती हूँ ॥ 244 ॥ परब्रह्म के पद में नतमस्तक होती हूँ। रामजी ने हमारी प्रतिष्ठा को रखा है। त्रिभुवन-नायक श्रीकृष्ण को यश मिल रहा है, देत्यों का दलन व उनको उपेक्षित करने के कारण ॥ 245 ॥ मानवों में (जगत् में) उन्होंने अपना नाम (अपनी प्रतिष्ठा) रखा है। जनता उनके पक्ष में अच्छा बोल रही है। शिशुपाल के समूह को नाश करने को शूरवीर श्रीमुख परमात्मा प्रगटे हैं ॥ 246 ॥ हे नाथ! रुक्मिणी से वैसी ही निश्चल प्रीति रखना जैसी कुमुदिनी व चन्द्रमा की होती है, भूमि व वर्षा की होती है ॥ 247 ॥ हे परमानन्द स्वरूप श्रीकृष्ण! जिस प्रकार की प्रीति केतकी एवं भौंरे की, हाथी व विन्ध्याचल पर्वत (जहाँ उसको खाने, घूमने व जल-क्रीड़ादि करने की पूरी सुविधा प्राप्त हैं) की होती है, वैसी ही प्रीति रूक्मिणी से करना ॥ 248 ॥ पातिव्रत- धर्म के अनेक रहस्यमय अथवा गुप्त गुणधर्म होते हैं। जगत् में जीवन कैसे जीना है, वह आप जानें। उसके बारे में हम क्या कहें ? ॥ 249 ॥ हे हरि! आप देवकी की कुक्षि से जन्मे। यादव-कुल के राजा हैं। आपने संसार का उद्धार

किया है। जन्म-मरण के चक्र का निवारण किया है। आपकी कृपा से आज हमारा उद्धार हो गया है ॥ 250 ॥ हे भूधर! आपको क्या समझाना? आप विष्णु के वचनों को हम टालने में योग्य नहीं हैं। गज चलने को तैयार हैं। घोड़ों पर जीन कसी जा चुकी है और चल दिये हैं। कुँवरी भी माता से मिलकर प्रस्थान करती है ॥ 251 ॥

❖ ❖ ❖

22. द्वारका-आगमन

राग धवल-धनाश्री

बळियला हे सखी घाव निसाण, सेन वळ्य नइ यादव वळ्या ए।
पुँहतला हे सखी सायर तीर, निरमल जळ रूडूँ गोमती ए ॥ 252 ॥
साँमही ए सखी कुळीय छतीस, घरि घरि गुडिय उछली ए ॥ 253 ॥
घरि घरि गूड़ी उछली नइ, हूआ मंगलचार।
करि मात बेगि बधामणउ, आवीया जग आधार ॥ 254 ॥
अवर स्त्री नी ओपमा, ते कृष्ण ल्यावा साथि।
पुत्र संपुट परइ मूँक्यउँ, चाँपीयो बलि मात्र ॥ 255 ॥
कुळदेवी आगळि छोडि अंचळ, जुअ नो आचार।
रुखमणी राम रमतंड़ा, कुण जीपस्यँइ कुण हार ॥ 256 ॥
विस्वस्व जोति कळामती नइ, विश्व नऊँ अधिकार।
तुम्हे महा लिखमी महा मोटा, कृष्ण नउ अधिकार ॥ 257 ॥
श्रीकृष्ण जीत्या दळ्या दाणव, रुखमणी वर कान्ह।
पटरंगना करि अंगना, हरि दीधलू निज मान ॥ 258 ॥
निज मान दीधू राज कीधू, द्वारकापुर थान।
पदम भणइ वळ्या वीठल, वळी यादव जान ॥ 259 ॥ 32 ॥
श्री पीताम्बर परणी नइ आव्या, देव दुवारिका माहिं।
जय जयकार हुऊ त्रिहुँ भुवने, ऊलट अंग न माहिं ॥ 260 ॥
नारद तुंबर त्रित्य करताँ, हरी हरख्या बंभ।
मावीत्र च्यार थया रळी आईत, तोरण नाचइ रंभ ॥ 261 ॥
महाकल्पवृक्ष उल्हस पाम्या, आव्या मांडी क्षत्रि वराह।
बाल मात्र वट संपुट पौढ्या, लीला ती लिक्ष्मी नाह ॥ 262 ॥

❖ ❖ ❖

वाज्या वाज्या हे सखी तबल निसाण, जान वली अछ जादवा।
पोहतला हे सखी सायर तीर, निर्मल निज तट गोमती ॥ 251 ॥

सामही हे सखी कुलिय छतीस, घरि घरि गुड़ी उछ्छली ॥252 ॥
घर घर गुड़ी ऊछली नै, हूवा मंगलचार।
कर माय बधावण, आयो जगत अधार ॥ 253 ॥
इसनी ओप किसन ल्यायो, बल्य चंपियो पयाल्य।
कुलदेव आगल्य छोड़े अंचल जुव नौ आचार ॥ 254 ॥
किसन रुखमण खेलताँ, कुण जीपसी कुण हार।
किसन जीत्यो दल्या दाणा, करि जुवा अचार ॥ 255 ॥
संग ना पट रंगना, दीधलो निज नाँव ॥ 256 ॥
निज नाम दीधो सुजस लीधो, दवारेका इसथान।
पदम गावै मुगति पावै, घरि पोहती जादमा री जान ॥ 257 ॥

हे सखी! सेना लौट आई। यादव लौट आये। लौटे हुओं के आघात के निशान हैं। समुद्र के किनारे पर पहुँचे जहाँ गोमती का निर्मल एवं स्वच्छ जल है ॥ 252 ॥ स्वागत करने को छतीसों कुलों की जनता सामने हाजिर हुई। घर-घर पर पताका पहरा रही हैं ॥ 253 ॥ घर-घर पर पताका पहरा रही हैं। मंगलाचार हुए। हे माता! शीघ्र ही स्वागत करो। जगदाधार श्रीकृष्ण पधार गये हैं ॥ 254 ॥ श्रीकृष्ण रुक्मिणी रूपी ऐसी स्त्री-पत्नी को लाये हैं जिसकी समानता की उपमा अन्य स्त्रियों से नहीं दी जा सकती अर्थात् रुक्मिणी अनुपमेय हैं ॥ 255 ॥ कुलदेवी के समक्ष गठजोड़े का पल्ला जोड़कर रुक्मिणी व श्रीकृष्ण जुवा का खेल खेल रहे हैं। कौन हारेगा व कौन जीतेगा, यह देखना होगा ॥ 256 ॥ हे रुक्मिणी! आप विश्व की ज्योति कलावती एवं विश्व की आधार हो। आप ही सबसे बड़ी, लक्ष्मी हैं व श्रीकृष्ण की अधिकार स्वरूपिणी हो ॥ 257 ॥ श्रीकृष्ण दानवों का दलन करके जीते और रुक्मिणी ने कान्ह-कन्हैया को जीता। रुक्मिणी को पट्टमहिषी व वामांगी बनाकर अनन्य मान दिया ॥ 258 ॥ द्वारकापुरी में आपको पूर्ण मान दिया, आपके साथ वहाँ राज्य किया। पदम कहता है, विट्ठल भगवान् कुन्दनपुर से लौट आये, यादवों की बारात भी लौट आई ॥ 259 ॥ श्रीपीतांबरदेव विवाहित होकर द्वारका में लौट आये। तीनों लोकों में जय-जयकार हुआ। उमंग व प्रसन्नता अंगों में समा नहीं रही ॥ 260 ॥ नारद व गंधर्व नृत्य कर रहे हैं। श्रीहरि खूब प्रसन्न हैं। माता प्रसन्न हुईं और द्वार पर अप्सराएँ नृत्य कर रही हैं ॥ 261 ॥ स्वर्ग में महा कल्पवृक्ष भी आनंदित हुआ। वह भी वाराह भगवान् द्वारा उद्धारित भूमि पर आ गया। महाप्रलय के समय लीला करते हुए लक्ष्मी के पति विष्णु छोटे से बालक बनकर वटपत्र के दोने में विराजे ॥ 262 ॥

❖ ❖ ❖

23. माहात्म्य

बालमीक रिख आगम भाख्यूँ, राम रामाइण ग्रन्थ।
वेद व्यास रिख आगम भाख्यूँ, सवा लाख भारत्थ ॥ 263 ॥

हरि हरिवंस तणी परिजोता, भागवंत भव पार।
षट दरसन नितु खोज करंता, परइ न लाधउ पार॥ 264॥
अहि निसि सेस जपइ सहसे मुख, जिह्वादिक गुण सार।
पारब्रह्म नउँ पार न जाण्यउँ, बोलइ वेद पुराण॥ 265॥
विष्ण तणउँ वीवाह बखाण्यो, जे गास्यो नर नारि।
पदम भणइ पुनरपि नहीं आवइ, अवतीरण ए संसार॥ 266॥

❖ ❖ ❖

(उक्त चार छन्दों के समतुल्य 1819 वि० सं० की प्रति में पाठ नहीं मिला)

❖ ❖ ❖

वाल्मीकि मुनि ने रामजी का चरित्र रामायण में रामावतार के पहले ही वर्णन कर दिया। इसी प्रकार वेदव्यास मुनि ने महाभारत युद्ध होने के पूर्व ही सवा लाख श्लोकों का महाभारत ग्रंथ बना दिया॥। 263॥ हरि व हरिवंश की कीर्ति की खोज करके पार पाने का प्रयत्न नित्य ही षड़दर्शन करते हैं किन्तु उन्होंने भी इनका पार पाया नहीं। कोई भाग्यवान ही भवसागर से पार होता है॥ 264॥ सहस्त्रमुख व दो हजार जिह्वाओं से रात्रि-दिवस शेषनाग भगवद् नाम एवं गुणों को जपते हैं किन्तु परब्रह्म का पार पाना संभव नहीं हुआ, वेद पुराण ऐसा वर्णन करते हैं॥ 265॥ विष्णु के विवाह का वर्णन किया है। जो नर-नारी इसका गायन करेंगे, पदम कहता है, वे भव-सागर में नहीं आयेंगे। वे भगवसागर से पार हो जाते हैं॥ 266॥

❖ ❖ ❖

24. बधावा गीत

तोडरमल जीतो रे, जीतूँ जीतूँ द्वारका नूँ राई।
जीतूँ जीतूँ हळधर वीर, जीता केरा दोलड़ा दिवाड़ि॥ 267॥
आरती कीजे मुगती दीजै, चमर ढालइ देवता।
गोवळ गाई वेणु वाई, रहस अणंद खेलता॥ 268॥
जण पदम गावई दरस पावई, क्रिष्ण मंदिर आवणा।
वसुदेव नंदन जगत्र वंदन, मुहर घरे बधामणा॥ 269॥

❖ ❖ ❖

जीतो जी तोडरमल राय, तोडरमल जीतो जी।
जीतो जी दवारिका को राय, तोडरमल जीतो॥ 258॥
जी तोडरा ढोल घुराय, तोडरमल जीतो।
जीतो जी त्रिलोकीनाथ, तोडरमल जीतो॥ 259॥
त्रभुवण कौ राव केसौ, परणी राणी रुखमणी।
अघासिर को उरध फाड़्यो, कला कैसौ अति घणी॥ 260॥

सिसपाल हार्यो वैर सार्यो, जीत्य जाणी आवणा।
वसदेव-नंदण जगत वंदण, महर घरे बधावणा॥ 261॥
आरती कीजे मुगति लीजे, सकल सुर नर मंडली।
जुग्य जुग्य जग माँ विसन जीतो, व्याह मंन पूगी रली॥ 262॥
कामणी गावै वीण वावै, कान्ह जुव खेलताँ।
नवकुली माला मुगट सोहा, चँवर ढोलै देवताँ॥ 263॥
रंग राग आणंद मंगल, दवारेका असथान।
पदम गावै मुगति पावै, घरे पुहँती जादमाँ री जान॥ 264॥

त्रिविक्रम जीते हैं, जीते हैं, जीते हैं। हलधर भाई जीते हैं, जीते हैं, जीत का पुरस्कार दो लड़ों वाला हार दो॥ 267॥ आरती करो। मुक्ति प्राप्त होगी। देवता चँवर ढोल रहे हैं। आपने ग्वाले के रूप में गायें चराई, वंशी-वादन किया एवं रास के द्वारा आनन्दमय खेल खेले॥ 268॥ वसुदेव-नन्दन, जगतवंद्य के घर के आगे बधाई गाई जा रही है। कृष्ण-मंदिर में प्रवेश पाने को पदम भक्त यश गाता है, दर्शन पाता है॥ 269॥

❖ ❖ ❖

25. गाली गीत

राग धनाश्री

थाँकी जाति न जाणूँ हो, महाराज कुण जता।
थाँकइ पाँचइ पाण्डव हो, जिणाँ कर च्यारि पिता॥ 270॥
थाँकी कुंताँ कुँवारी हो, महाराज करण जायो।
थाँकी बहिन सहोदरा हो, तपसी साथै गई॥ 271॥
थाँ तो हँसनापुर माहीं हो, महाराज तुखायो।
चन्द्रवळी सेती हो, महाराज दाण लियो॥ 272॥
वृन्दावन माहीं हो, महाराई धेनु चारी।
रुखमणी रथ बइट्ठी हो, महाराज एक सरी॥ 273॥
थाँ तो डाहलियो विडार्यो हो, नारद जोती पुरी।
थाँकी सासूजी बधाव्या हो, मोतियाँ थाल भरी॥ 274॥
म्हाँ तो साळी लागाँ हो महाराज, गाळ गास्याँ।
चीर पटोली हो सरीसा, पान लेस्याँ।
थाकाँ पाय पलोटण हो, पदमो तेली साथि॥ 275॥ 33॥

(इतिश्री पदम कृत वीवाहलो संपूर्ण समाप्ता)

सम्वत् 1669 वर्षे फागुण वदि 10 दिने लिखतं फूलखेड़ा मध्ये॥ राज्य श्रीरामचन्दजी राज्ये लिखितं रांमां॥ शुभम्॥

❖ ❖ ❖

गाल्य

नवरंग लाल बिहारी, गावै कुंदणपुर की नारी।
मांगै लौंग सुपारी, देत मिसोमिस्य गारी॥ 234॥
थे ब्रज जादू-कुल आया, मात पिता वंक्ष क्षाया।
तोनैं कंस तणौ डर लागौ, तू बरसत मेहा भागौ॥ 235॥
तू वसदेव देवकी जायो, क्यों नंद महर को कहायो।
थारी बात म्हैं जाणी, तोनैं ऊखल बांध्यो ताणी॥ 236॥
थारी भुवा भरंम गुमायो, कुंता करन कँवारी जायो।
थारी बेहण सोदरा जाणी, अरजन के रूप लुभाणी॥ 237॥
तैं वंनावन वाई वंसी, तैं मार्‍यो मामूँ कंसी।
वंन्रावन वंसी बजाई, पर नारी पलै लगाई॥ 238॥
गारी रे कहाँ लग गावै, व्रंभादिक पार न पावै।
जीमो कान्हजी लपसी, थारो जान महादेव तपसी॥ 239॥
आक धतूरा चावै, बालक सभै डरावै।
जीमो कान्हजी खाजा, तू तीन्य भुवण को राजा॥ 240॥
जीमो कान्हजी चावल, थारा साथी सभी बिलावल।
जन पदमूँ जस गावै, कुछ गार्‍य देत दत पावै॥ 242॥

एती श्रीकिसनजी को विवाहलो सपुरण समाप्त लिखतु परमाणंद वचनारथी मोहणजी का चेल (चेला) महराज सं० 1819।

हे महाराज (वर राजा!) आपकी जाति कौनसी है, हम नहीं जानते। आपकी भुवा के पाँच बेटे हैं जिनके चार पिता हैं॥ 270॥ आपकी भुवा कुंती ने अविवाहित अवस्था में कर्ण नामक पुत्र को जन्म दिया। आपकी बहन सुभद्रा तपस्वी अर्जुन के साथ भागी है॥ 271॥ आपने महाराज! हस्तिनापुर में केले के छिलके खाए। ब्रज की चन्द्रावली से आपने दही का दाण-कर लिया॥ 272॥ वृन्दावन में हे महाराज! आपने गाएँ चराईं। रुक्मिणी जो अकेली थीं, उनको रथ में बैठा लिया॥ 273॥ आपने शिशुपाल को भगा दिया। आपकी सासु-माँ थाली में मोती भरकर आपका स्वागत कर रही है॥ 274॥ हे महाराज! हम आपकी साली लगती हैं, गाली तो गायेंगी हीं। कपड़े, रेशमी कपड़े व पान लेंगी। आपकी पग-चंपी करने को पदम तेली को साथ में भेजेंगीं॥ 275॥

❖ ❖ ❖

अथ भक्त पदमदासजी कृत रुक्मिणी–मंगल प्रारभ्यते

दोहा : गौरी सुत गणनायका, ऋद्धि सिद्धि दातार।
कर जोरे करै वीनती, दास पदम बलिहार॥ 1॥
हरी भक्ति करते हुते, सदा लगाये ध्यान।
कृष्णाज्ञा जब ही भई, गावन लगे सुजान॥ 2॥
रुक्मणी मंगल पद विषय, अपनी भाषा माहिं।
ऐसी सुन्दर तिन लिखी, बाँचत सब हरषाहिं॥ 3॥
गौरी-नंदन वीनवाँ, सुरपति सुरति सुजाण।
कृष्ण तणौं वीहावलौ, रिधि सिधि प्रसिध प्रवाण॥ 4॥

मारू : रिधि सिधि प्रसिध प्रवाण भणीजे, कृष्ण तणौं वीवाहौ।
सुंडाडंवर सीस चन्द्रमा, लीला लोचन-वारौ॥ 5॥
थूहल गाथ ठमक्कै चालै, सिर सौहंदो भारौ।
गवरी-नन्दन विघन विहंडन, दुख खंडन सुख सारौ॥ 6॥
दाँता सनमुख दिनकर झलकै, उर फूलाँ दो हारौ।
पहले वेद पुराण अगोचर, वरणीजै वर थारौ॥ 7॥
मूसा-वाहन कर धनु फरसी, पहले पूजा तेरी।
पदम भणैं प्रणमैं पाँय लागूँ, आसा पूरौ मेरी॥ 8॥

दोहा : ब्रह्म-सुता नै वीनवाँ, सरस्वति हंसारूढ।
वाणी माता वेग द्यौ, मो मन माया मूढ॥ 9॥

मारू : वाणी माता वेग करौ नी, मुख मंडन व्याकरणी।
येकण कर धनु वीणा सोहै, दूजै पुस्तक धरणी॥ 10॥
तीजै अमी कमंडल झलखै, चौथे सोहै थालौ।
आदि अंति अवतार भवानी, सेवग नै प्रतिपालौ॥ 11॥
छंद पिंगल भेव न जाणूँ, नहिं जाणूँ व्याकरणी।
केवल भक्ति करूँ केशव की, कलमल माया हरणी॥ 12॥
कासमीर मुख मंडन देवी, दुख खंडन सुखदाता।
पूरण ब्रह्म पदम के स्वामी, वर द्यौ सारद माता॥ 13॥

दोहा : जै माता ज्वालामुखी, जै जै जगत करी।
वर दे अपणा भगत कौं, तुम से काज सरी॥ 14॥

पहले ध्याई पंडवाँ, अर्जुन छोटै भींव।
नगर कोट नागर रच्या, उंडी दिलाई नींव॥ 15॥
तुम गुन विद्या सरस्वती, जाचत नर सब कोय।
यह वर दीज्ये पदम नैं, रुकमणि मंगल होय॥ 16॥

मारू : वचन तुमारौ सुभ द्यौ दुरगा, धौलागढ की राणी।
बावन भैरू चौसठ जोगण, लांगुड़िया अगवाणी॥ 17॥
कृपा करौ तेरे जन ऊपर, निज मुख वेद बखाणी।
सतजुग में तैं रक्षा कीनी, कलजुग में सहनाणी॥ 18॥
कंठाँ आण विराजौ दुरगा, हृदै ग्यान मृदु वाणी।
ब्रह्मा घर ब्रह्माणी सोहै, इन्द्र घराँ इन्द्राणी॥ 19॥
केशव के घर लक्ष्मी सोहै, रिषी मुनी जन ध्यावै।
बडे बडे राक्षस तुम हनिया, यह वेदन में गावै॥ 20॥
अंब अराधै सो नर सुखिया, वचन सिद्ध होइ जावै।
तेरी महिमा कब लग बरणूँ, जन पदमइयौ गावै॥ 21॥

दोहा : संसार सागर अथग जल, सूझत वार न पार।
गुरु गोविन्द किरपा करो, गावाँ मँगलाचार॥ 22॥
गुरु गोविन्द बताइये, हरि थरप्या ब्रह्मंड।
येक खंड ब्रंह्मंड में, जे थरप्या नव खंड॥ 23॥
सुर तेतीसूँ वीनवाँ, ब्रह्मा विष्णु महेस।
जटाजूट गंगा बहै, कंठ विराजै सेस॥ 24॥
सावित्री पति वीनवाँ, आदि ब्रह्म अवतार।
सकल सृष्टि ज्याँनैं रची, पंथ चलावणहार॥ 25॥

मारू : ब्रह्मा वेद निगम रो नायक, भूलाँ नै समझावै।
चित दे सुनै कृष्ण को मंगल, सौख्य मुक्तिफल पावै॥ 26॥
मंगल सुनै महा सुख उपजै, मन इछ्या फल पावै।
काया कष्ट कदे नहिं व्यापै, जन पदमइयो गावै॥ 27॥

दोहा : ब्रह्माजी कौं सुमरिये, थल जल कियो विचार।
च्यार वेद चवदै भवन, सबको सिरजनहार॥ 28॥

मारू : च्याराँ वेद भवन चवदै में, सब मिल सिरजनहारौ।
नारद सारद सनक सनन्दन, संकर सेस पियारौ॥ 29॥
चौदह इन्द्र राज सब करिहैं, दिन ब्रह्मा को सारौ।
वृध ऊमर ब्रह्मा बणि बैठो, प्रहर रुद्र को न्यारौ॥ 30॥
ब्रह्मा भवन तीन को नायक, अग्या सब बरतावै।
हिरदै धरिकै सुनिहैं मंगल, भगति मुगति फल पावै॥ 31॥

मंगल सुण्याँ भक्ति होइ आवै, प्रभु को दास कहावै।
काया निर्मल सहजै होवै, पदमइयो जस गावै॥ 32॥

दोहा : परमेश्वर कौं वीनवाँ, श्रीपति अलख अभेव।
तीनूँ लोक उपाविया, भवन चतुर्दस देव॥ 33॥

मारू : भवन चतुर्दस देव दमोदर, जल थल जीव उपाया।
दस अवतार धर्‌या अविनासी, आप गर्भ नहिं आया॥ 34॥
परमेश्वर कूँ वीनवाँ जी, थरप्या पृथी अकासा।
चन्द्र सूर तारा जिन थरप्या, पाणी पवन प्रकासा॥ 35॥
परमेश्वर कूँ वीनवाँ जी, जिन थरप्या ब्रह्मंडा।
जल थल जीव उपाविया जी, सप्तदीप नवखंडा॥ 36॥
मेघ-माल जिन थरपिया जी, कर दिया दिवस रु राते।
रजनी में तारा दरसाया, बिनसाया परभाते॥ 37॥
शेषनाग सिर धरणी थरपी, जल पाताळ पठाया।
ऊपर जलधर नीचे कीना, बिच बिच देस बसाया॥ 38॥
दाणा मारण देव उधारण, जुग जुग में हरि कीया।
देव निरंजण आग्या दीजे, भक्ति आपकी लीया॥ 39॥
सोइ सोइ रूप धर्‌या नाराइण, सोइ सोइ परगट जाणौं।
कृष्ण कोप सिसपाल उधार्‌यो, रुखमणि ब्याव बखाणौं॥ 40॥
कब लग कहूँ कहाँ लूँ वरणूँ, शेष पार नहिं पाया।
पदम कहै तेरि लखी न जावै, बिन थंभा मँड छाया॥ 41॥
ब्याव तणी मृदु वाणी बोलाँ, राग रंग सुर गावाँ।
चंदन चरच चतुरभुज पूजाँ, दास पदम बलि जावाँ॥ 42॥

दोहा : गौरीपति नैं वीनवाँ, नांदेसुर असवार।
जटा-जूट गंगा बहै, कंठ भुजंगाँ हार॥ 43॥

मारू : कंठ भुजंगाँ हार विराजै, अरु सोहै मृगछाला।
चन्द्र ललाट रवी जूँ चमकै, पन्नग भूषण माला॥ 44॥
सेली सिंगी डमरू कर में, और बणी स्त्रप माला।
ब्रह्मा प्रगट करै सृष्टी कूँ, विष्णू पोषणहारा॥ 45॥
परम गती विसनूँ सूँ तुमरी, राखस वचन दिराया।
जो जो राखस हुए भवन में, तुम ही वचन सुनाया॥ 46॥
नंदीगण अरु स्यामी कार्तिक, वीरभद्र मन भाया।
आदि प्रभू अवतार धारिकै, सब कूँ आन निभाया॥ 47॥
अजर अमर अविनासी कहिए, सर्व रिषिन मन भाया।
पदम कहै प्रणमौं सिव-संकर, रुंडमाल लटकाया॥ 48॥

मारू : गौरि गँगा को कंथ भणीजै, हँस हँस वचन उचारै।
जटा मुकुट सिर गंग खलहलै, खँग असुराँ सिर डारै॥ 49॥
माथै सेली गल रुँडमाला, कर में डमरू राजै।
भाँग धतूरा विषम अहारी, कंथ गवरि को छाजै॥ 50॥
उडगणपति जाके सीस विराजै, सुरति विचार न होई।
पूरण ब्रह्म पदम के स्वामी, पारवती पति सोई॥ 51॥

दोहा : परम गुरू गुरुदेवजी, रहौ कृपाल सहाय।
ता दिन कर मस्तक धर्‍यो, भाग जु प्रगट्यो आय॥ 52॥

मारू : गुरु गोविन्द कूँ वीनवाँ जी, अविनासी आ देवा।
तन मन गुरु पै वारणा जी, करूँ गुराँ की सेवा॥ 53॥
गुरु पूरे परमातमा, गुरु तुम दीन दयाला।
जब तुम कृपा करौ स्वामीजी, मिट जाय काल अकाला॥ 54॥
गुरू बडे परमारथी जी, सीस हाथ धर दीन्हा।
ध्यान धर्‍यो गुरुदेव तुम्हारौ, जन अपणा करि लीन्हा॥ 55॥
गुरू मेरे मात पिताजी, गुरु है भाई बंधा।
अगम अगोचर तुरत बताया, तोड़ि दिया जम फंदा॥ 56॥
देवगुरू तुम अग्या दीज्यौ, जड़ बुधि देवौ बहाई।
पदम कहै गुरु ग्यान भनै नैं, भक्ति मुक्ति फल पाई॥ 57॥
गुरु गोविन्द के सरणै आयो, कुल की लज्जा फेरी।
पूरण ब्रह्म पदम के स्वामी, आसा पूरौ मेरी॥ 58॥

मारू : कंठी तिलक बण्यो हिरदा में, मन आयो विसवासो।
जब तुम कृपा करी स्वामीजी, कट गइ जम की फाँसो॥ 59॥
जम की फाँस सही तुम काटी, सरण तुम्हारी आयो।
जब तुम कृपा करी स्वामीजी, तब गुरु नाम सुनायो॥ 60॥
दुख-खंडन सुख-दायक स्वामी, गुरु तुम दीन-दयाला।
दास पदम पर किरपा कीज्यो, अंतर करौ उजाला॥ 61॥

दोहा : याद कियो हरि पदम नैं, लियो हजूर बुलाय।
आज्ञा दीनी स्याम नैं, पीतांबर पहिराय॥ 62॥

मारू : पाँय लग्यो हरि के पदमय्यो, बैठे यादवराई।
कृष्ण रुखमणी कीरति गावौ, निज मुख आप सुनाई॥ 63॥
रुखमणि कहै सखा तुम सुनियो, रचियो चित्त लगाई।
यो मंगल परगट तुम करियो, पुरी द्वारका माँई॥ 64॥

अज्ञा ले पदमइयो आयो, निज मुख मंगल गाई।
ज्यूँ अज्ञा दी कृष्ण रुखमणी, किय उचार सुखदाई॥ 65॥
सुर तेतीसूँ अग्या दीज्यो, राग रंग सुर गावाँ।
पारब्रह्म तुम पार लगाओ, रुकमणि ब्याव रचावाँ॥ 66॥

दोहा : रुकमणि मंगल गावताँ, हुवै पवित्तर गाम।
काया रा कलमष झरै, होत सुची सब धाम॥ 67॥
नर नारी मंगल सुनै, हरि चरणाँ चित लाय।
नारी अमरापुर बसै, नर बैकुंठाँ जाय॥ 68॥
ब्यावलौ भागीरथी, श्री भागौत-पुराण।
बोलै राणी रुकमणी, सुणियो भगत सुजाण॥ 69॥
कूड़ मती ना भाखियो, कथि सो हो परमाण।
यह कीरत श्रीकृष्ण की, समझ र करौ बखाण॥ 70॥
म्हैं म्हारी मत सूँ कहूँ, लीज्यो स्याम सुधार।
पदम भणैं प्रणमूँ सदा, भक्ताँ प्राण अधार॥ 71॥
गणनायक गणराज कूँ, विनवाँ बारम्बार।
आरंभ्याँ पूरण करौ, रच द्यो मंगलचार॥ 72॥

मारू : गवरीनन्द गणेस मनाऊँ, सिव कूँ सीस नवाऊँ।
सुर तेतीसूँ अग्या दीजे, रुकमणी मंगल गाऊँ॥ 73॥
कृष्ण रुकमणी अग्या दीनी, निकट हजूर बुलायो।
नन्दकँवर राधावर जू को, पदमइयो जस गायो॥ 74॥

दोहा : सदा भवानी दाहिनी, कीज्यो मोरि सहाय।
कीरति गाऊँ कृष्ण की, लीज्यो आप बणाय॥ 75॥

मारू : लीज्यो आप बनाय भवानी, निज सेवक कर जानौं।
कृष्ण कोप सिसपाल संहारण, रुकमणि ब्याव बखानौं॥ 76॥
पूर्व जनम की सीता कहिये, लछमी जन्म सु जानौं।
रामचन्द्र अवतार कहीजे, वसुदेव पुत्र बखानौं॥ 77॥
जहाँ जहाँ भीर पड़ी भक्तन में, परम धाम सूँ आये।
पदम भणैं प्रणमैं पाँय लागूँ, यादव-नाथ कहाये॥ 78॥

॥इति मंगलाचरण अष्टपदी॥

अथ कथा प्रारम्भ

दोहा : दक्षिण देस सुहावनौ, राजा भींव नरेस।
गढ चौरासी गंजणा, शेष पचायण देस॥ 79॥

मारू : शेष पचायण देस भणीजै, पाँच पुत्र यक बाई।
त्रिभुवन-तारण जगत-उधारण, सिंधु-सुता यह आई॥ 80॥
कुल छत्तीसों जात भणीजे, घर-घर मंगलचारौ।
चाव उछाव सकल नगरी में, ब्राह्मण वेद उचारौ॥ 81॥
रतन जड़ित के भवन बने हैं, मोतियन लूंबाँ लागी।
कुंदनपुर के भवन देखि कै, भये विप्र अनुरागी॥ 82॥
तिनके पूर्व जनम लियो लछमी, घर रुकमणि अवतारा।
भीम नरेश्वर अधिक दान दिय, नौबत बाजैं द्वारा॥ 83॥
पंडित बेग बुलाया राजा, जनम नछत्र दिखाई।
ब्राह्मण कहै नछत्तर करड़ा, नाम रुकमणीबाई॥ 84॥
लछमी को अवतार कहीजै, सुर नर कीरति गाई।
बार सनिश्चर सिद्ध जोग है, स्वाति नछत्तर जाई॥ 85॥
लछमी को अवतार हुवो है, रुकमण नाम धराई।
राजा से जोसी इम बोलै, अठ सिध नौ निधि छाई॥ 86॥
गली-गली में नारकेल है, बाग रहे गरणाई।
घर-घर बंदनवार लगाई, सुगँध रही लिपटाई॥ 87॥
राजा भींव घर बँटत बधाई, हाट बाट रँग छाया।
चौहटड़ा सिणगार कराया, सखियन मंगल गाया॥ 88॥
हगमग रहै अधिक चतुराई, पुरुषन बाल गोपाला।
लछमी मंद्र बसै सबही के, ब्राह्मण किये निहाला॥ 89॥
अधिक-अधिक सुंदर चतुराई, घुड़ला गिण्या न लेखा।
कुंदणपुर सिणगार ओपमा, गावै पदम विसेषा॥ 90॥

दोहा : सुजस सुण्यो सुर लोक में, नारद अपणै कान।
बीणा में झीणाँ सुराँ, करत चले गुणगान॥ 91॥

छंद : एक समै नारद गुँसाई, भवन भीषम के गये।
कर जोर राजा भीम ठाढ़ौ, मुनी कस आवन किये॥ 92॥

आरती बहु भाँति कीनी, जोरि कर पूजा करी।
ताहि दिन नृप भीष्म ने, आसिका मांगी खरी॥ 93॥

मारू : नारद कहै सुनौ नृप मेरी, लछमी रुखमणि-बाई।
द्वारावती सगाई कर द्यौ, और ठिकाणौ नाँई॥ 94॥
छपन कोटि जादव को राजा, नँदजु को लाल कन्हाई।
श्री गिरधर सूँ करौ सगाई, जादव जोड़ै नाँई॥ 95॥
दानव मारण देव उधारण, लियो मनुज अवतारी।
देइ वचन रणवास पधारे, दास पदम बलिहारी॥96॥

छंद : रुकमणी की माता बोली, पुत्री चरणाँ लाग री।
मन भाँवतौ वर देहिं नारद, पूरव प्रगटे भाग री॥ 97॥
मन में सकुच कछु हरष कै, कर जोरि तब ठाढी भई।
कृष्ण वर तोकूँ वरौ यह, आसिका नारद दई॥ 98॥

मारू : नारद वचन कहैं रुकमणि कौं, नंद नँदन वर थारौ।
साँवरि सूरति माधुरि मूरति, पीत पितांबर-वारौ॥ 99॥
रुकमणी कहै सुनौ रिषिराजा, क्या हरि की सहनाणी।
गोकुल माहीं ग्वाल घणेरा, कैसे निश्चय जाणी॥ 100॥
मोर मुकुट कानाँ बिच कुंडल, कौस्तुभ-मणि सहनाणा।
शंख चक्र अर च्यार भुजा है, गरुड़ासन अहनाणा॥ 101॥
चारुँहिं भुजाँ चार ही आयुध, नंद जसोदा प्यारौ।
पदम भणैं रुकमणि कूँ छुप कहि, बरस्याँ कृष्ण मुरारौ॥ 102॥

छंद : रुकमनी कौं वर दे नारद, आप मुनी भोजन किये।
ताहि दिन तैं कुँवरि रुकमनि, हरि मिलन को व्रत किये॥ 103॥
रुकमनी यूँ हृदै ठानी, कृष्ण मोकूँ वर जुलै।
दास पदम कह गये नारद, अंबिका हरि वर मिलै॥ 104॥

मारू : राणी कह एकंत पधारौ, प्यारी रुकमणि-बाई।
हो सरवग्य आप कूँ सूझै, वर द्यौ मोहि बताई॥ 105॥
नारद कहै चंदेरी राजा, दन्तवक्र से भाई।
जरासंध से काका कहिये, चहुँ दिसि फिरै दुहाई॥ 106॥
करै राज सिसुपाल धरापति, नवखँड में नहिं छानौं।
पदम भणैं नारद इमि भाखूँ, सत्य वचन वर मानौं॥ 107॥

दोहा : नारद कह राणी सुणौ, चंदेरी को राय।
डाहल सूँ सगपण करौ, दीन्हौं गुप्त बताय॥ 108॥

नृप कूँ कृष्ण बताविय़ो, राणी कूँ सिसपाल।
नारद दुविधा नाखग्यो, कर दाना को काल॥ 109॥
दानव बधियाँ देव दुख, पृथिवी करी पुकार।
भू को भार उतारणैं, लियो कृष्ण अवतार॥ 110॥

वार्ता : राणी कूँ या प्रकार सौं कहकै नारदजी अपणे स्वस्थान में जाते भये॥ 111॥

दोहा : नृप रणवास पधारिया, मिली सहेली द्वार।
किण री बाई डीकरी, किण री राजकँवार॥ 112॥
सखी भणै सुण राजवी, सांभळ भीम भुवार।
या छै बाई रुकमणी, भीषम गृह अवतार॥ 113॥
जब राजा साँसा कियो, चिंता बहुत कराय।
ध्रिक है म्हारौ जीवणौ, जनम अकारथ जाय॥ 114॥
बाई रुकमणि कारणै, राजा जोवै बींद।
पल पल देखत तन घटै, नैण न आवै नींद॥ 115॥

मारू : नैनाँ नींद पलक नहिं झंपै, चितवत रैन विहावै।
चन्द्र-वदनि चूड़ामणि कारणि, सुरत साँवरौ आवै॥ 116॥
असुराँ में सगपग मत कीज्यो, वे तो है सब फीठा।
मथुरा मल्ह अखारे जीत्या, देव द्वारका दीठा॥ 117॥
वसुदेव-नंदन असुर-निकंदन, तीन लोक को राजा।
पदम भणैं राजा इम भाखै, सरै हमारे काजा॥ 118॥

सोरठा : भीषम सुता जनमिया, कृष्ण समर्पणिया।
कहत सुनत पातक कटै, मंगल रुकमणियाँ॥ 119॥

दोहा : चन्द्र-वदन चूड़ामणी, भीषम गृह अवतार।
बन्धू रुकमइयो भलौ, मंत्रि शिरोमणि सार॥ 120॥

मारू : कुन्नणपुर में भीम नरेश्वर, पाँच पुत्र अधिकारी।
जिण सूँ छोटी एक रुकमणी, लछमी की अवतारी॥ 121॥
रुकमइयो अर रुकमकँवर है, रुकमकेस बल भारी।
रुकमारथ रुकमागंद कहिए, छट्टी राज दुलारी॥ 122॥
राजा भीम कँवर रुकमइयौ, मंत्र करैवा बैठा।
इक कन्या कूँ सो वर जुगता, सो वर कित नहिं दीठा॥ 123॥
रुकमइयो कह सुणौ पिताजी, थे तो सगली जाणौं।
म्हाँनै तो बालक बुधि आवै, पिछली तुमहि पिछाणौं॥ 124॥
राजा भणैं सुणौं रुकमइया, वर बनवारी जानौं।
छपन कोटि जादुन को राजा, जदव वंस बखानौं॥ 125॥

त्रिभुवन माहिं निघै करि देख्यो, उन सम कोइय न लागै।
पदम भणैं राजा यूँ बोलै, रुकमइया के आगै॥ 126॥

दोहा : कँवर कनौधर यूँ भणैं, टीकम अहड़ौ जान।
गोकुल गऊ चरावतौ, भलौ सरायो कान॥ 127॥

मारू : वृन्दावन में गऊ चरावै, भिड़वाल्याँ रे साथै।
कामिनी मोहै वंसि बजावै, जीमैं उनके हाथै॥ 128॥
पर नारी के पल्लै झूलै, मांगै दान मही को।
तुम जु कहौ त्रिभुवन को राजा, चौथो खंड अही को॥ 129॥
छत्रिवंस हतनापुर वौख्या, फिर भड़वाल्यौ जानौ।
जिनका कुल की लज्जा आवै, तिनको कहा बखानौ॥ 130॥
दरसन-कालै बोलै कूड़ौ, तन मन धर अभिमानौं।
पदम भणैं पदमइयौ भाखै, भलौ सरायो कानौं॥ 131॥

दोहा : भीम भणैं सुत माहरा, थे छौ मूढ गिंवार।
औराँ के भुज दोय छै, हरिजी के भुज चार॥ 132॥

मारू : चत्रभुज नैं च्यारूँ भुज सोहै, गरुड़ासन गोविन्दा।
ब्रह्मादिक सनकादिक थरप्या, सूरज अहनिसि चंदा॥ 133॥
वासक के सिर धरणी थरपी, जल पाताल चलायो।
जल थल पवन अपरबल पानी, बिच बिच मुलक बसायो॥ 134॥
ज्यूँ मरजाद आप हरि बाँधी, हुकमी काम चलायो।
पदम भणैं प्रणामैं पाँय लागूँ, बिन थँभ आभौ छायो॥ 135॥

दोहा : कँवर भणैं सुण राजवी, सांभल भीम भुवाल।
पुरव चँदेरी राजवी, वर बरस्याँ सिसपाल॥ 136॥

मारू : दम्मघोष राजा को नंदन, धन को वार न पारा।
सिव किरपा तैं लछमी पाई, सोहै राजदवारा॥ 137॥
भंडारी कोठारी सोहै, हस्ती पुरी अपारौ।
आपाँ से अधिका वर लीजे, अड़बड़िया आधारौ॥ 138॥
सबलाँ सेती सगपण कीजे, पाणी पहली पाजै।
कँवर भणैं सुणज्यो राजाजी, ग्वाल्याँ सूँ कुल लाजै॥ 139॥
दम्मघोष को पुत्र भणीजै, इसो बली यक दानौ।
जिण सँग चढै पंचायण खोहण, रूडी वाँ की जानौ॥ 140॥
जाकूँ निंवै निनाणूँ राजा, पूरव तणौं नरेसा।
पहली तो सब जादू जीत्या, खौंस लिया सब देसा॥ 141॥
समँद तणैं जाइ सरण बैठा, नगर बसायो माहीं।
डरतौ-सो बाहरि नहिं आवै, मानूँ मिल गयो छाई॥ 142॥

कालजमन के आगे भागो, थाँसूँ किसड़ौ छानौ।
पदम भणैं रुकमइयो भांडै, भलौ सरायो कानौ॥ 143॥

दोहा : भीम भणैं सुत माहरा, तुम हो निपट अयान।
नख पर गिरिवर धारियो, कुबज्या राख्यो मान॥ 144॥
सीताँ री बाहर चढ्यो, सागर बांधी पाज।
धनुषबाण कर धारिकै, देव सुधार्‌या काज॥ 145॥

मारू : सागर पाज सही कर बांधी, बाँदर रीछ मिलाया।
कुंभकरण महिरावण मार्‌या, आगै असुर सताया॥ 146॥
रावण रूप देख सीता को, असुर कुबद बुधि आई।
रावण के दस मस्तक छेदे, बँध तैं सीत छुड़ाई॥ 147॥
बीभीषण नैं राजतिलक दे, कनकमाल पहिराई।
जनक-सुता जब लेकर आया, घर-घर बटी बधाई॥ 148॥
असंख्य जुगाँ अवतार भगत हित, साख वेद में गाई।
पदम भणैं भीषम यूँ भाखै, वह अब जादू-राई॥ 149॥

दोहा : भींव भणैं सुत माहरा, रुकमणि यह वर साज।
जिनैं अघासुर मारिया, वृक्ष अमूलक भांज॥ 150॥

मारू : वृक्ष अमूलक प्रभु नैं तार्‌या, सकटासुर संघार्‌या।
नर कूबर दोऊँ बलवंता, तिनकौं मूल उखार्‌या॥ 151॥
जमना जल में काली नाथ्या, बलि इजगर कूँ मार्‌यो।
कंस मारि धरणी सिर चूर्‌यो, जदुवन कियो उबारो॥ 152॥
पीड़-कुबलिया कुंजर मार्‌यो, मुष्टिक मल्ल अखाड़ै।
असुर कंस चाणूर पछाड़्यो, असुराँ तणैं पँवाड़ै॥ 153॥
ये अवतार पँवाड़ा भाख्या, यूँ म्हैं येता जाणूँ।
छपन कोटि जादव को राजा, जिणरो वंस बखाणूँ॥ 154॥
भवन चतुर्दस तीन लोक में, नहीं किसी से छानौं।
पदम भणैं भीषम यूँ भाखै, वर बनवारी जानौं॥ 155॥

दोहा : कंस ज तेड़ी पूतना, जहर लगायो गात।
सिसु मारन आवत भई, सुन इचरच की बात॥ 156॥

आसावरी: लाल को मैं मुख देखन कौं आई।
रात बसी असुरन की नगरी, देह माहिं दुख पाई॥ **टेक**॥ 157॥
पुरुषन का मूंढा नहिं देख्या, अड़सठ तीरथ न्हाई।
जब मैं ध्यान धर्‌यो बैकुँठ में, बैकुँठ खाली पाई॥ 158॥
येता बालक देख्या ब्रज में, इनमें जोत सवाई।
जो म्हैं थारा बुरा चीतऊँ, आँखिन की सुँह खाई॥ 159॥

चित सुध जाण जसोदा राणी, पलना दियौ बताई।
विष लगाय थन मुख में दीयो, खैंचे प्राण तहाँई॥ 160॥
पड़ी जाय जब चार कोस पै, असुरन संक्या आई।
पदम भणैं प्रणमैं पाँय लागूँ, माता की गति पाई॥ 161॥

छंद : ब्याव बैर अरु प्रीति लायक, बरोबर सूँ कीजिये।
राज तखत विराजि कै क्यूँ, ग्वाल कूँ सुता दीजिये॥ 162॥
जात कुल के हीण सब मिल, ब्याह कैसे दीजिये।
मान वचन भुवाल भीषम, भूल यह मत कीजिये॥ 163॥
दमघोष को सिसुपाल राजा, ताहि कन्या दीजिये।
जात सूर सुजात सुंदर, जाय सगपण कीजिये॥ 164॥
पिता मेरी सुनो अरजी, उचित निर्णय कीजिये।
ताय कन्या देत सोभा, वचन मोर पतीजिये॥ 165॥

मारू : भरी सभा में इन्दर कोप्या, ब्रज सूँ भेंट न आई।
या ब्रज ऊपर जल बरसावौ, सब कूँ द्यौह बहाई॥ 166॥
आवरछन कौं आदी लैकैं, च्यारूँ पुत्र बुलाई।
बरस्यो घन अन्तर सुर धारा, पर्वत लियो उठाई॥ 167॥
राजा भींव भणैं रुखमइया, किण राजा कौं दीजे।
ओछे सगाँ सगापन करताँ, मान बडाई छीजे॥ 168॥
पूरे सगे सगारथ करताँ, वाके सरणै रीजे।
वसुदेवनंद असुर दल-गंजन, उनकौं कन्या दीजे॥ 169॥
विलम न करौ हुकम उर धारौ, पीछौ ज्वाब न दीज्यो।
पदम स्याम तेरा गुण गावै, काम भलेरौ कीज्यो॥ 170॥

दोहा : चमकि कनोधर उठि चल्यो, घर जाय पूछी माय।
तखत चँदेरी छोड़ि कै, सगपण अकुल कराय॥ 171॥

मारू : सात बरस की बाई रुकमणि, सखि सँग खेलण जावै।
कोटिक अरुण अंग की सोभा, विद्युत रूप लजावै॥ 172॥
राणी के मन चिंता उपजी, कुँवरि बडी अब होई।
पुत्र बुलाय रुकम नैं भाखै, वर सोधीज्यो कोई॥ 173॥
राणी कहै सुणौं रुकमइया, रुकमणि बींद विचारौ।
साखाँ सिरै सरीखौ सगपण, कारज सुधरै थारौ॥ 174॥
कह रुकमइयो सुण हे जननी, राजा मंत्रि पठावाँ।
बड़ा घराणा बाई ब्यावाँ, तो जग में जस पावाँ॥ 175॥

चंदेरी सिसुपाल धरापति, जिणनैं कोक बुलावाँ।
पदम भणैं यूँ कह अभिमानी, राज-दुवारै जावाँ॥ 176॥

मारू : राव और वर हेरै माता, थारै मन काँई भावै।
माखन चोर छाछ को दानी, तिनकौं राव सरावै॥ 177॥
गज दल ठाट गढाँ रो पूरौ, तखत चँदेरी सोहै।
च्यार कूँट नव खंड बिचालै, इसड़ौ और न को है॥ 178॥
नेम धरम की सब विध जाणै, नगर धरम की पाजा।
सुंदर वर सिसुपाल भणीजै, ताहि न झंपै राजा॥ 179॥
रुकमइया का वचन सुणै-सुण, हिवड़ा माहीं साल्यो।
देखौ मति राजा भीषम की, करै जँवाई ग्वाल्यो॥ 180॥
माता सुत मिल मंत्र विचारौ, दोष न लागै कोई।
करौ सगाई देर न कीजे, होनी होय स होई॥ 181॥
रुकमइया का वचन सुनै-सुन, गाढौ मतौ उपावौ।
विप्र बुलाय र लगन लिखावौ, चंदेरी पहुँचावौ॥ 182॥

दोहा : नृप रणवास पधारिया, राणी सूँ बतलाय।
रुकम कँवर उत्तर दियो, करता कोटि उपाय॥ 183॥

मारू : करता कोटि उपाय नरेस्वर, विधना ओछी वाणी।
राणी भणैं सुणौं राजाजी, म्हैं थारी मत जाणी॥ 184॥
राणी भणैं सुणौं राजाजी, येहि बात मन पेखौ।
रुकमइयो थारी पत राखै, बैठा-बैठा देखौ॥ 185॥
राणी भणैं सुणौ राजाजी, थारी बात न भाई।
थानैं राजा बडपण दीनौं, बैठ करौ ठकुराई॥ 186॥

दोहा : एक ज घर में दो मता, भली काँय से होय।
पुरुष जु पूजै देवता, भूत जु पूजै जोय॥ 187॥

भीष्म-उवाच

मारू : बाँस बिड़ा अपणौं कुल जारै, ऐसो पुत्र तुम्हारौ।
पिता वचन मूरख नहिं मानै, रुकम कँवर अपगारौ॥ 188॥
राजा भणैं सुणौं राणी तुम, एह बात ना सोई।
पदम भणैं प्रणमैं पाँय लागूँ, कर देखौ सब कोई॥ 189॥

आसावरी, दीपचंदी :

कहा तेरे नंदनँदन मन मान्यौ॥ 190॥
राणी अरज करै राजा सैं, वृद्ध भयो हम जान्यौ॥ 191॥

जात पाँत कुल वाके नाहीं, सो रुकमणि वर ठान्यौ ॥ 192 ॥
वृन्दावन में गऊ चरावै, कांधै कामर कान्यौ ॥ 193 ॥
पदम भणैं राणी यूँ भाखै, मोर मुकुट वाको बान्यौ ॥ 194 ॥

सोरठ : भोली राणी बावरी हे, गिरवरधारी नै परणास्याँ ॥ 195 ॥
सठ रुकमइयो एक न मानै, कह सिसुपाल बुलास्याँ ॥ 196 ॥
वो सिसपाल चँदेरी को राजा, म्हैं त्रिभुवन-पति ध्यास्याँ ॥ 197 ॥
जो हरि म्हारै भवन पधारै, घर बैठाँ गति पास्याँ ॥ 198 ॥
प्राण तजूँ पण प्रण नहिं छाडूँ, रुकमणि रथ बैठास्याँ ॥ 199 ॥
पदम स्याम जो हरि नहिं आवै, तो मरस्याँ विष खास्याँ ॥ 200 ॥

दोहा : राणी सूँ राजा कहै, सुणौ प्राण आधारि।
तीन लोक पति कृष्ण की, रुकमणि है वर नारि ॥ 201 ॥

मारू : तीन लोक को नायक केसौ, केता किया पँवाड़ा।
मारे दानव देव उबारे, अनगिन देव खपाड़ा ॥ 202 ॥
बाल रूप होय हती पूतना, पहल पवाड़ा कीया।
पाई सज्ज्या सिरधर जोसी, विप्र जान जिव दीया ॥ 203 ॥
मल्ल अखाड़ै हस्ती मार्या, कर से दसन उपारो।
काली-नाग नाथ कर ल्यायो, नख परि गिरवर धारो ॥ 204 ॥
मार्यो कंस केस गह केसौ, जन प्रहलाद बचायो।
उग्रसेन पर किरपा कीनी, राजा कर बैठायो ॥ 205 ॥

दोहा : भगत जानि हरि अवतरे, राजा दसरथ धाम।
परणी सीता पैज कर, धनुष चढायो राम ॥ 206 ॥

मारू : धनुष चढाय किया दोय टुकड़ा, राजा सब मुख जोहै।
सुर नर मुनिजन रहे अचंभै, ब्रह्मा का मन मोहै ॥ 207 ॥
रावण का दस मस्तक छेद्या, कियो विभीषण राजा।
परसराम छत्री वँस काट्या, शस्त्र अवधपुर साजा ॥ 208 ॥
वराह रूप होय पृथिवी ल्यायो, जाणैं सकल जहाना।
मच्छ रूप होय वेद निकार्या, ब्रह्मा करै बखाना ॥ 209 ॥
बावन होय कर पृथिवी मापी, बलि पाताल पठायो।
नृसिंह रूप होय हत्यो हिरणाकुस, जन प्रहलाद बचायो ॥ 210 ॥
जहाँ जहाँ भीर पड़ी भगतन में, वहाँ आप चलि आयो।
पदम भणैं बुद्धा अवतारी, बहुता काम बनायो ॥ 211 ॥

राग सोरठ, ताल ठुमरीः

राज वर हेर्‌यो कारौ कानौ ॥ 212 ॥
जानी तुमरी अकल रावजी, वृद्ध समै विष छान्यौ ॥ 213 ॥
साठी बुद्धि गई अब थाँकी, पुत्र कहै सो मानौ ॥ 214 ॥
वृन्दावन में धेनु चराई, मांग्यो महि को दानौ ॥ 215 ॥
भटकत फिर्‌यो गोकुल गलियन में, कैसो राव बखानौ ॥ 216 ॥
अबही तजौ राव हट अपना, लोग हँसी घर हानौ ॥ 217 ॥
अरि भय मान बस्यो सिंधू में, वो म्हाँसूँ नहिं छानौ ॥ 218 ॥
यो सिसपाल चँदेरी को राजा, लाख गढाँ को रानौ ॥ 219 ॥
उनकौं तजौ ग्वाल धी देताँ, नैंक लाज उर आनौ ॥ 220 ॥
ब्याहन आय चँदेरि धरापति, यह तुम निश्चय जानौं ॥ 221 ॥
पदम भणैं राणी यूँ भाखै, थे मानौं मत मानौं ॥ 222 ॥

दोहा : राणी कह राजा सुणौ, यही अरज महाराज।
तुम बैठा माला भजौ, कँवर सुधारै काज ॥ 223 ॥
राजा सूँ राणी कँवर, मंत्री जोड़ै हाथ।
कर जोर्‌याँ विनती कराँ, सुणौ नरेश्वर बात ॥ 224 ॥

मारू : सुणौ नरेश्वर बात हमारी, ब्याह तणी बुध राखौ।
भली बुरी में रहौ निराला, बोझ कँवर सिर नाखौ ॥ 225 ॥
रुकमइयो अति मूरख राजा, कही सुनी नहिं मानैं।
कुल अभिमान बडाई राखै, वेद भेद नहिं जानैं ॥ 226 ॥
असुर तणा दल ऊपर हरख्यो, छाड्यो त्रिभुवनराई।
पूरण ब्रह्म पदम के स्वामी, जिन यह सृष्टी उपाई ॥ 227 ॥

रुकमणी-वचन :

दोहा : बंधु मात मानी नहीं, पिता कही सो बात।
कृष्ण तजे सिसुपाल को, पाणी-ग्रहण करात ॥ 228 ॥
रुकमइया की बात सुण, रुकमणि चली रिसाय।
नैन झड़ै आँसूँ पड़ै, सरवर न्हावण जाय ॥ 229 ॥
कै तो नीर प्रवाह ल्यूँ, कै आवै गोपाल।
प्राण तजूँ या वीर पै, नहिं परणूँ सिसपाल ॥ 230 ॥

मारू : सावण की बड तीज सहेल्याँ, सब मिल न्हावन चाली।
रुनक-झुनक पग नेवर बाजै, सुघड़ सख्याँ सँग हाली ॥ 231 ॥
और सहेल्याँ ईराँ-तीराँ, रुकमणि बीच पधारी।
जब जल माहीं डूबण लागी, याद किया गिरधारी ॥ 232 ॥

भुजा पकड़ि हरि बाहर लीनी, या काँइ बात विचारी।
कौन देस में जनम तुम्हारौ, कौन घराँ अवतारी॥ 233॥
कुंनणपुर में जनम हमारा, भींव घराँ अवतारी।
नानी खींचण माय सोलँखणी, दादा जात पँवारी॥ 234॥
वाचा देह भींव की कँवरी, जब थे घराँ पधारौ।
वाचा तो मैं जबही देऊँ, रूप चतुरभुज धारौ॥ 235॥
रूप चतुरभुज धार्‌यो हरि नै, सोभा अनत अपारौ।
औराँ नै तो घुड़ला सोहै, कृष्ण गरुड़ असवारौ॥ 236॥
सिव वाचा अरु ब्रह्मा वाचा, वाचा कृष्ण मुरारी।
जनम-जनम का साहिब मेरा, हूँ अरधंग्या थारी॥ 237॥
कहै कृष्णजी सुणौ रुकमणी, थे तो खुसी रहीज्यो।
माँ बेटा कोइ मतौ उपावै, कागद बेगौ दीज्यो॥ 238॥
कहै रुकमणी सुणौ कृष्णजी, या थे भली सुणाई।
लगन साँकड़ै सावौ देवै, कागज पहुँचै नाँई॥ 239॥
कागज लिख मिस्सर नै दीज्यो, येक मजल आय रैसी।
येक घड़ी और एक रात में, कागज आय र देसी॥ 240॥
वाचा देय भींव की कँवरी, रंग महल में धाई।
और सहेल्याँ कब की आई, थे क्यौं बार लगाई॥ 241॥
जल में माता न्हावण लागी, आ गये कृष्ण मुरारी।
वाँ देखत बाहर नहिं निकसी, लाज करी अति भारी॥ 242॥
फिट-फिट हे म्हारी बाई रुकमणी, कुल कूँ काट लगायो।
बडाँ घराँ की बेटी होयकर, जाय ग्वाल बतलायो॥ 243॥
फिट-फिट हे म्हारी माय सुलखणी, उठ-उठ जाय परै री।
पदम भणैं प्रणमौं कह रुकमणि, म्हारौ गिरवरधारी॥ 244॥

दोहा : पंडित बेग बुलाइया, लीन्हा निकट बिठाय।
लगन लिखावौ राज रा, नींकाँ सोध बनाय॥ 245॥

मारू : सारा दूषण छोडौ जोसी, निरमल सावौ काढौ।
पत्री देख र पाटा मांडौ, घड़ी मोहोरत साधौ॥ 246॥
जोसी भणैं सुणौ राजा जी, निरमल साहो काढ्यो।
इण सावा में चूक न हो पिण, सुकना स्वामी आडो॥ 247॥

दोहा : कँवर कहै मंत्री सुनौ, राव बुलावौ तेज।
लगन लिखायो बाई को, देवाँ चँदेरी भेज॥ 248॥

मारू : मंत्री भेज दियो हलकारौ, सुरसत भाट बुलायो।
रुकम-कुँवरजी याद किया छै, सुनत वचन उठ ध्यायो॥ 249॥

सुरसत भाट सवेलौ आयौ, चोपदार गुदरायो।
जाय सभा में मुजरौ कीन्हौं, टीकौ हाथ धरायो ॥ 250 ॥
बाइ रुकमणि को लगन लिख्यो छै, नृप कौं मती सुनावौ।
जावौ गुप्त कहौ मत किणनै, तीखा खड़ नैं धावौ ॥ 251 ॥
बिसटाला सूँ काम नहीं छै, सिसूपाल कर दीजो।
कह पदमइयो कँवर राव सूँ, अरु मुख वचनाँ कीजो ॥ 252 ॥

दोहा : टीको डाहल तेड़ियो, पुर में मंगलचार।
राजा भींव रु रुकमणी, दोनूँ करै विचार ॥ 253 ॥

मारू : बोलै रुकमणि सुणि महाराजा, थे धार्‌यो गिरधारी।
रुकमइये रानी डाहल सूँ, करी सगाई म्हारी ॥ 254 ॥
बोलै राजा सुण बाइ रुकमणि, परणास्याँ बनवारी।
छपन कोटि जादव सँग आसी, बलदाऊ हलधारी ॥ 255 ॥
तेतिस कोड़ि देवता आसी, सिव नंदी असवारी।
सिसूपाल की सेना मारै, भू को भार उतारी ॥ 256 ॥
भगताँ हेत धरै अवतारौ, दास जाणकर आवै।
सबलाँ नैं छाडै गिरधारी, अबलाँ मान बधावै ॥ 257 ॥
दुष्टाँ नैं तो कालौ दीखै, भक्ताँ भूधर गोरौ।
पदम भणैं भीषम यूँ भाखै, वर बनवारी तोरौ ॥258 ॥

दोहा : सुरसत भाट चढाविया, तुरी अमोलक आण।
पवनाँ बेग उतावला, बेगा-बेग पलाण ॥ 259 ॥

मारू : तुरी पलाणा बेग करौ नैं, बाटाँ विलम न कीजो।
बटवाल्याँ सौं बात न कीज्यो, बेगा कागद दीज्यो ॥ 260 ॥
सुरसत भाट चंदेरी चाल्यो, फूल्यो अंग न माई।
विधवा नारि डुसकती कन्या, सोही आडी आई ॥ 261 ॥
तिलक बिहूणौ मिल्यो पांडियो, उरधाँ केसाँ नारी।
माल मुकदमै मिल्यो चौधरी, रिक्त घड़ै पणिहारी ॥ 262 ॥
मूँड मूंडिया मिल्या चौधरी, बिन मुद्रा का जोगी।
छुरी-मार गतराड़ा मिलिया, साम्हा मिलिया सोगी ॥ 263 ॥
ल्याली जरख ढूंढिया मिलिया, खोटा सुगन खवाँरी।
सुरसत बाटाँ ऊभौ लीन्हा, ए सब सगुन विचारी ॥ 264 ॥
इतरा तो उण आँख्याँ देख्या, और सुण्या भी काना।
म्हारै तो घर कुसल रहीज्यो, पड़ौ बींद की जाना ॥ 265 ॥
ये तो सुगन बुरा सब हूवा, जाय'र करसूँ काँई।
सुरसत सुगन सोच मन माहीं, मुतलब अगलौ नाई ॥ 266 ॥

दोहा : सुरसत सुगन बुरा हुआ, चंदेरी की ओर।
बाँबी बोलै कोचरी, फोही कूकै मोर॥ 267॥

मारू : तखत चँदेरी जाय'र पहुँचा, भीतर भेद जनायो।
कागद ले डाहल कर दीन्हौं, दूत कठाँ सूँ आयो॥ 268॥
दस हजार हैवर लिख भेज्या, कागद रुकम पठायो।
कुंदनपुर में कँवर सूरमौ, सबही सीस नवायो॥ 269॥
कुंदनपुर का टेवा सुनकर, फूल्यो अंग न मायौ।
पदम भणैं प्रणमैं पाँय लागूँ, टीकौ रुकम पठायौ॥ 270॥

दोहा : कागद डाहल वाचियाँ, मन में कियो विचार।
ये कागद नहिं भींव रा, कागद लिख्या कँवार॥ 271॥

मारू : राव भींवजी ग्वाल सरावै, कँवर सरावै थानै।
साँची बात कहौं म्हैं थाँनै, कागद लिखिया छानै॥ 272॥
राव जरासँध तेड़िया जी, भेला हुवा सब आई।
दोनूँ राजा छत्रपती जब, बैठा तखत बिछाई॥ 273॥
बिसटाला की वीनती जी, सुणौ नरेस्वर रावौ।
कुँदनापुर निहचै जुध होसी, पाखर सेल सम्हावौ॥ 274॥
जरासंध जब यूँ उठ बोल्यो, सुणल्यो सभा मंझारी।
जादू कटक बिडाराँ पल में, परणाँ भींव-कुमारी॥275॥
उमरावाँ जब बीड़ौ लीयो, पाखर सेल सम्हाई।
इतनी सुनकर दम्मघोष जी, आये सभा मँझारी॥ 276॥
कुंदनपुर को टेवौ आयो, सब कूँ वाँच सुणावौ।
पदम भणैं प्रणमै पाँय लागूँ, जोसी बेग बुलावौ॥ 277॥

दोहा : डाहल जोसी तेड़िया, लीनौं तुरत बुलाय।
कुंदनपुर की पत्रिका, म्हाँनै वाँच सुणाय॥ 278॥

मारू : सत का वचन कहाँ सुन राजा, निगम होय नहिं झूठा।
इसे मोहोरत लिखी पत्रिका, आवौ भाग अफूटा॥ 279॥
जोसी कहै सुनौ राजाजी, कह्यो हमारो कीज्यो।
मृतक जोग में सावौ लिखियो, आगै पाँव न दीज्यो॥ 280॥
डाहल राजा बलकर बोल्यो, जोसी थे घर जावौ।
पदम भणैं प्रणमैं पाँय लागूँ, जोसी और बुलावौ॥ 281॥

दोहा : पीपा जोसी तेड़िया, रंग तखत बैठाय।
कुंदनपुर की पत्रिका, म्हाँनै वाँच सुनाय॥ 282॥

मारू : पीपा जोसी टेवा बाँचै, सुण रे डाहलराई।
वो तो आप कृष्ण की राणी, थारै लायक नाँई॥ 283॥

क्याँनै राजा करौ सागती, क्याँनै जान बनावौ।
रिषि पंचक में लिखी पत्रिका, फेरा लेण न पावौ॥ 284॥
डाहल राजा बलकर बोल्यो, जोसी थे घर जावौ।
पदम भणैं प्रणमैं पाँय लागूँ, जोसी और बुलावौ॥ 285॥

दोहा : सम्मन जोसी तेड़िया, रंग तखत बैठाय।
कुंदनपुर की पत्रिका, म्हाँनै वाँच सुणाय॥ 286॥

मारू : पोथी खोल'र पाटा मांडा, घड़ी मोहोरत काढौ।
यह सावा में चूक नहीं है, सगुन स्याम ही आढौ॥ 287॥
दसूँ दोष सावा का छाटूँ, रासाँ वर्ग मिलाई।
कुँवर राव का करूँ जोरवा, नवग्रह करौ सहाई॥ 288॥
लात पात या मित्र उपग्रह, युती बेध भी नाहीं।
क्रान्ति साम्य येकार्गल दीखै, मृतु पंचक है माहीं॥ 289॥
संमन जोसी मन में डरपै, सिसपालौ बल खावै।
जे हूँ सावौ खोटौ कहसूँ, नगरी बार कढावै॥ 290॥
थालोड़ी पर भदरा अटकी, पत राखै म्हारौ साँई।
पदम भणैं जोसी इम सोचै, फेरा लेण न पाई॥ 291॥

दोहा : राव रसोड़ै पधारिया, लीन्हौ अपने साथ।
कुंदनपुर का भाट नैं, भला जिमावै भात॥ 292॥

मारू : वहु विंजन पकवान मिठाई, मिसरी खीर मिलानी।
कुंदनपुर का सरस भाट की, खूब करी मिजमानी॥ 293॥
घुड़ला पाँच सात दस दीना, भलौ मनोरथ कीन्हौं।
पदम भणैं सिसपाल भाट को, मुख मांग्यो सोहि दीन्हौं॥ 294॥

दोहा : नृप रणवास पधारिया, भाभी सूँ बतलाय।
टीकौ आयो रुकम को, थारै मन काँइ भाय॥ 295॥

मारू : सुरसत भाट संग ले आयो, डौड्याँ भीतर धायो।
कुंदनपुर को टीकौ आयो, भावज नैं वाँच सुनायो॥ 296॥
भाभी भणैं सुणौ म्हारा देवर, या काँइ बात उठाई।
नाँव जु नाहीं भींवराज को, म्हारै मन नहिं भाई॥ 297॥
भाभी भणैं सुणौ जी देवर, कुंनणपुर मति जावौ।
इण अवसर थे रहौ जीवता, फेरहि राव कहावौ॥ 298॥
थे पीहर उठ जावौ भाभी, म्हैं कुंनणपुर जास्याँ।
भीषम-कँवरि परणि घर लास्याँ, थारै पगाँ लगास्याँ॥ 299॥
म्हैं पीहर तो जब से चाल्या, जब थे जान बणावौ।
अबही बात समेटौ देवर, क्यूँ थे लोग हँसावौ॥ 300॥

आतुर हो सिसपालौ बोल्यो, कड़वा काँइ सुणावौ।
छपन कोटि नैं बाँध र ल्याऊँ, तो मनै रंग चढावौ॥ 301॥
थारौ रँग म्हैं जबही जाणाँ, जब थे परण पधारौ।
सोवन चुड़लौ घर-घर पड़सी, अपजस होसी थारौ॥ 302॥
वा अरधंग्या हरि की लछमी, थे देवर मति जावौ।
म्हारी कही बुरी मत मानौ, लाज खोय घर आवौ॥ 303॥
बहुतक कही एक नहिं मानी, दम्मघोष राजा रौ।
पदम भणैं भाभी यूँ बोलै, भलौ न होसी थारौ॥ 304॥

दोहा : भाभी का सुणकर वचन, लागी उर बिच लाय।
रोस भर्‌यो पीछौ फिर्‌यो, मनाँ न क्रोध सम्हाय॥ 305॥

मारू : भाभी म्हैं गुण अधिका जाण्याँ, जद म्हैं मिलबा धाया।
कुंनणपुर भीषम-कँवरी का, टेवा वाँच सुणाया॥ 306॥
सुणकर टेवा रोस भरी अति, नैणाँ नीर बहाया।
होतब होणहार काँइ थारौ, इसड़ा वचन सुनाया॥ 307॥
रंगमहल सिसपाल पधार्‌या, ऊतरताँ पछिताया।
भाभी नुगरी सेती पूछ्यो, कड़वा बोल सुणाया॥ 308॥
इण नुगरी सूँ बोलाँ नाहीं, करस्याँ मन रा चाया।
पदम भणैं डाहल अभिमानी, क्रोध भरे-भर धाया॥ 309॥

दोहा : डाहल को मन ऊमग्यो, जरासंध पै जाय।
कागद आयो विदर्भ देस को, थानै किस्यो सुहाय॥ 310॥
पंडित म्हाँनै यूँ कहै, टीको द्यौ फिरवाय।
भाभी म्हाँनै यूँ कहै, जास्यो तो पत जाय॥ 311॥
कहौ तो टेवौ झेलल्याँ, कहौ तो द्याँ फिरवाय।
जरासंध राजा बली, तुमही करौ सहाय॥ 312॥

मारू : जबै जरासँध ऐसे बोल्या, बोल्या छै गरवाई।
उठकर पाँव धर्‌यो धरणी पर, तब धरणी थरराई॥ 313॥
दसूँ दिसा में चीरी भेजौ, द्यौह नगारै डंका।
भली भाँति परणाय र ल्याऊँ, तो रे जरासँध बंका॥ 314॥
द्वात कलम कागद मँगवावौ, मंत्री सबै बुलावौ।
गादी रूप तखत कुल मंडन, जरासंध पै आवौ॥ 315॥
जबै जरासँध ऐसे बोल्या, बोल्या गह्वर दानौं।
चहूँ दिसा में कागद फेराँ, ज्यूँ भट आवै जानौं॥ 316॥
चापर करौ बेग खत फाड़ौ, कोकौ राव खुमाणा।
एक लाख सांड्या साँचरिया, छूटा पवन विवाणा॥ 317॥

मौजाँ घणी परे बाँ थानै, लिखिया जाय बँचावौ।
रवि के नीचे बिन बढवाल्या, नवखंडाँ फिर जावौ ॥ 318 ॥
रामरामी तो पीछै लिखज्यो, बेग लिखौ असवारी।
ए अवसर ऐसो ही जाणाँ, थानै सरम हमारी ॥ 319 ॥
कागद लिखौ बाँचताँ पहली, काँनै घणी बखानौ।
जीमौ उठै हर चलूँ चंदेरी, इतनी ही कर मानौ ॥ 320 ॥
सायब लग सब ही उठ आवौ, भली बणावौ साजा।
पाय चलंताँ पहुँचा रहियो, लिखी जरासँध राजा ॥ 321 ॥

दोहा : टीकौ आयो रुकमाल को, गढपतियाँ रँग चाव।
हँसि-हँसि मांडै राजवी, बंधू नैं सिंधराव ॥ 322 ॥

मारू : बंधू नैं सिंधराव लिखावौ, थे दल-थंभन आवौ।
मंत्री नैं महाराज कहत है, हमे सरीखे जावौ ॥ 323 ॥
सिंध मंत्री जब चालिया जी, भेट्या पवन विंवाना।
मानसरोवर पार के राजा, राज करै सुलताना ॥ 324 ॥
कर सुलतान सही को राजा, सिद्ध मंत्री चढ जावौ।
सबल तेज दंताधर राजा, सूतौ जाय जगावौ ॥ 325 ॥
मंत्री जाय दिया परवाना, अनत उछाह बँचायो।
कुंदनपुर रुकमाल कँवर को, टीकौ ले भट आयो ॥ 326 ॥
टीका में दुविध्या सी दीखै, नाँव भींव रो नाहीं।
थाँ सेती सनमंध ज कीया, म्हाँ सूँ राजी नाहीं ॥ 327 ॥
सुन मंत्री का वचन एहड़ा, यूँ दंताधर बोलै।
रवि के नीचे वनखँड माहीं, नहिं सिसपालौ तोलै ॥ 328 ॥
चापर करौ बेग चढवा की, सबै सँवारौ हाथी।
नौउँ खँडाँ नेजाधर राजा, चढ्या दंतधर साथी ॥ 329 ॥

दोहा : नाद हुवा नवखंड में, चढिया देस विदेस।
नौबतखाना बाजिया, थरहर कंप्या सेस ॥ 330 ॥

मारू : कंप्या सेष महेस गिरि कंप्या, छिप गया जंम-दवारा।
कुंडनदेस नरेश्वर चढिया, दलाँ वार नहिं पारा ॥ 331 ॥
गगन मँडल में नौबत बाजै, बादल बरणा नेजा।
पहर कवच आयुध कर धारे, चढे दंतधर राजा ॥ 332 ॥
मधुर बोल की बहुत गुंजारा, कामणि सबही मोहै।
तखताँ ऊपर नचै ताइफाँ, रंग बराताँ सोहै ॥ 333 ॥
हिंदलता दरबार पहूँता, बढिया रंग अपारा।
छत्राँ छत्रपती मिल सोहै, अरु विरदाँ का भारा ॥ 334 ॥

घणौ चाव सिसपाल ज ऊठ्यो, तड़भड़ ऊठ्या सारा।
जरासंध सूँ बाथाँ मिलिया, जाजम हुवा जुहारा॥ 335॥
डेरा आय बाग में दीया, दंतधरा के राजा।
पदम भणैं प्रणमैं पाँय लागूँ, बाजै नौबत बाजा॥ 336॥

दोहा : खत पहुँच्या सिसपाल का, बाँचै चतुर सुजाण।
देस बंगालै गढपती, हुई पलाण-पलाण॥ 337॥

मारू : हुई पलाण-पलाण बँगालै, करड़ा कागद झालौ।
दारूँ धाक अराबौ सारा, चंदेरी नैं चालौ॥ 338॥
मंत्री भणैं बंगालै राजा, बुधि की बात विचारी।
उन राजा भारत लिख भेजा, जान दूसरी त्यारी॥ 339॥
सुण कै मंत्री वचन एहड़ा, रोस भर्‌या रीसाना।
सिसपाला पहली जँग झालाँ, तो बंगालै राना॥ 340॥
ग्यारह लाख बाण भरवाया, आयुध अधिका झालौ।
बडे साथ चंदेरी चालौ, दल देखण नैं हालौ॥ 341॥
सतरा कुली असुर चढि छूट्या, हुवा दसूँ दिसि मेला।
चकवै चढ्या चौसरा बाज्या, हुवा बंगालै भेला॥ 342॥
डेरा आय दिया बागाँ में, मिलकर बैठा राजा।
पदम भणैं प्रणमैं पाँय लागूँ, बाजै नौबतबाजा॥ 343॥

दोहा : घोड़ा घूंघर घुमघुमै, दोवाँ दल में सार।
कछ-भुज को चकवौ चढ्यो, कुंभकरण आकार॥ 344॥

मारू : कुंभकरण आकार खंड को, राज रीत ठुकराई।
अड़बडिया आधार गुमानी, दम्मघोष रा भाई॥ 345॥
ताजी खींचै लाख खँदारी, हिरनूँ हीर हजारी।
कछ-भुछ के राजा की सोभा, अजब बणी असवारी॥ 346॥
हिरनाँ हीर हजारी छूटा, अबलक खंद अमाना।
पृथिवी बीज समौ दल थंभन, चढ्या राजकुल दाना॥ 347॥
सब दल आन मिल्यो चंदेरी, दाना बटै बधाई।
कछ-भुज रा राजा सूँ बाथाँ, मिल्यो जरासँध राई॥ 348॥
डेरा दिया बाग के भीतर, कच्छ भुज्ज के राजा।
पदम भणैं प्रणमैं पाँय लागूँ, बाजै नौबत बाजा॥ 349॥

दोहा : साँचरिया दल सूरवाँ, कोटि गयंदाँ भार।
साँवत सिंगल-दीप रा, चढ्या जान सिणगार॥350॥

मारू : चढ्या जान सिणगार जुगत सूँ, चारूँ खूँट अवाजा।
संचर चढ्या चँदेरी साम्हा, सिँघलदीप के राजा॥ 351॥

समदाँ बीच फिरै दरियाई, असल जात का घोड़ा।
बाजी सीस झपेटी घालै, डाण भरै जल होड़ा॥ 352॥
माहीं और मुरातब सोहै, कोइ चढिया कोइ पाला।
घोड़ा हींस घूमता गाजै, सोलै लाख सुँडाला॥ 353॥
कूदै मल्ल फलंगा मारै, हाथ गगन दिस घालै।
कछिया काछ अजब अड़बड़ता, खवाँ खसी कर चालै॥ 354॥
ढलकै ढाल फरूकै नेजा, दल दानाँ का आया।
देखौ तीन दिवस चंदेरी, दाना अंत न माया॥ 355॥
डेरा दिया बाग के अंदर, सिँगल-दीप के राजा।
पदम भणैं प्रणमैं पाँय लागूँ, बाजे नौबतबाजा॥ 356॥

दोहा : मारू देस मँडोवरा, मुरड़ चल्या दल पाण।
पवन तुरी पाखर धर्‌या, जंगी हौदा भाण॥ 357॥

मारू : जानी जोर भला चढ छूटा, बजै नाद घनघोरा।
उडता पंछी उडण न पावै, राजा चढ्‌या मँडोरा॥ 358॥
ठिमाठिमा नैं नेवर ठमकै, पवन रूप केकाणा।
हस्ती ऊपर फबै अंबाड़ी, चढे राज सुलताना॥ 359॥
आभा माहिं फरूकै नेजा, सिरसा मिल चढि धाया।
दल भंजन दाना कुल मंडन, चढ चंदेरी आया॥ 360॥
डेरा दिया बाग के अंदर, मंडोवर के राजा।
पदम भणैं प्रणमैं पाँय लागूँ, बाजै नौबत बाजा॥ 361॥

दोहा : हौलर भई दिवान में, चढि आये रमझूल।
राजा चढ्‌यो कनोज को, सिंह वदन अवधूल॥ 362॥

मारू : अवधूल दलाँ पति राजा, उमदा जान बनाई।
साँचरि चल्या चंदेरी नैं दल, चढताँ बार न लाई॥ 363॥
दल पंगल सँग लई बाइसी, अंधकार धँधकारा।
चंदेरी कन्नौज बिचालै, बँद गया एक लगारा॥ 364॥
काँकड़ जाय सभी दल पहुँचा, सांढ्‌या बेग पठाया।
जरासंध सूँ जाकर कहियो, सिंधराव चढि आया॥ 365॥
तड़बड़ भई बडे दरबाराँ, सबही साम्हा धाया।
रंगमहल सिसपाल डाहल के, सिंधराव चढि आया॥ 366॥
आदर मान बहुत सा कीन्हा, भुजा पकड़ बैठाया।
आधी गादी छोड जरासँध, तखता पर बैठाया॥ 367॥
डेरा दिया महल के माहीं, कनोज-पती के राजा।
पदम भणैं प्रणमैं पाँय लागूँ, बाजै नौबत बाजा॥ 368॥

दोहा : मरहट रा मेवाड़िया, मौरी भँवर भुजंग।
चढ्या सिचानैं केसरी, हुवा हमेला रंग॥ 369 ॥

मारू : रंग ज आभौ लाल गुलाबी, चढ्या जान रा मांझी।
तड़भड़िया आया सब राजा, जान भलेरी साझी॥ 370 ॥
पैंडे पैंडे नचै उरवसी, चलती करै विहारा।
देववधु मानुँ चढी विमाना, गावै मंगलचारा॥ 371 ॥
बाड़ी बाग हवाई छूटै, उड़ता चलै हिमामाँ।
जरासंध मेवाड़पती की, हौदे हुई सलामाँ॥ 372 ॥
डेरा दिया बाग के माहीं, मेवाड-पती के राजा।
पदम भणैं प्रणमैं पाँय लागूँ, बाजै नौबत बाजा॥ 373 ॥

दोहा : गिरवराँ गिर सागराँ, तारा तखत तंबोल।
खत पोहोच्याँ सिसपाल का, दूत गया रमकोल॥ 374 ॥

मारू : दूताँ जाय दिया परवाना, दम्मघोष का भारी।
थाँ चाल्याँ सिर बँधै सेहरौ, बेग करौ असवारी॥ 375 ॥
लिखिया वाँचै राव डाहल रा, दिन दोइ पहली आज्यो।
मांढै जान दूसरी आसी, जुध रो सामौ लाज्यो॥ 376 ॥
मिसलत हुई राव दरवाराँ, चढ्यो राव बड बंका।
चहुँ दिसि चढ़ी चाँवरी फौजाँ, हुवा नगारै डंका॥ 377 ॥
चढ चकडोल चंदेरी आया, तारातँबोल के राजा।
पदम भणैं प्रणमैं पाँय लागूँ, बाजै नौबत बाजा॥ 378 ॥

दोहा : कुली छतीसूँ साहनी, दलाँ वार नहिं पार।
कदमीं का राजा चढ्या, फौजाँ बहुत सिंगार॥ 379 ॥

मारू : मंगल देस मल्हार कूलढी, मंजल देस मल्हारा।
सात तखत ले कै अवछूणी, चढिया क्रोध अपारा॥ 380 ॥
काबुल और कँधारा राजा, देस-देस किलगाणा।
रूम सूम नौता सब दीना, छाड चले कमठाणा॥ 381 ॥
प्रीया देस बुखारा टाँका, परवत राज सभा का।
बहु दल पती सिंध का राजा, सबद तणी ले साजा॥ 382 ॥
उजवए चढ्या लाखले दूणा, सोभा रंग सभी का।
बजै त्रमाल फरूकै नेजा, हुवा दखिण दिस हाका॥ 383 ॥
यूँ करताँ चंदेरी आया, दल दाना का छाया।
जोजन सात जरासँध राजा, तखत छोड कै धाया॥ 384 ॥
डेरा दिया महल के माहीं, तारातँबोल के राजा।
पदम भणैं प्रणमैं पाँय लागूँ, बाजै नौबत बाजा॥ 385 ॥

दोहा : सिद्ध श्री सर्व ओपमा, सकल गुणाँ गुण सार।
तखत चँदेरी राजवी, सैणाँ लिखूँ जुहार॥ 386॥

मारू : सैणाँ लिखूँ जुहार राजवी, सब मंत्री जुड़ आवौ।
नूता साथ समर लिख भेजौ, गढ मुलतान पठावौ॥ 387॥
मतवाला जे सिंध के राजा, जंगजीत भिड़दाना।
बखतभाण राजा रजपूता, पुर पाटन का राना॥ 388॥
चंचल चिह्न पवन इदकेरा, सायर एहड़ा बाना।
मोकल चाप चल्या चंदेरी, खत जाय दिया दिवाना॥ 389॥
नलचा खोल दिया दरवाजा, सिद्ध श्रीरमा नाहीं।
जरासंध सिसुपाल लिखी है, घणी बडाई ताहीं॥ 390॥
अबकै कान्ह कुँदनपुर आवै, नींका अवसर आयो।
कंस बैर भिड़वाल्याँ सेती, राजा भींव जगायो॥ 391॥
सबहि साथ मतवाला लाज्यो, जद लग तुमरि दवाई।
पाँय चलंता पहुँच्या रीज्यो, लिखी जरासँध राई॥ 392॥

दोहा : सिंध बली राजा भणै, भली सिंगारौ जान।
गादी हीकसमस्त की, तपै बगत सुलतान॥ 393॥

मारू : तपै बगत सुलतान राजवी, संग चढ्या बहु दाना।
ऊगै भान छिपै रवि ताँई, फेर दिया परवाना॥ 394॥
दसों दिसा का राजा चढिया, गढ बंका उलगाणा।
दाना द्वार दिवी चकबंधी, फिर गया डाक विवाणा॥ 395॥
मंगल देस मुलक मलयागिर, पाँचूँ देस पलाणा।
राजा चढे हुकम के ताबै, सात लाख वीमाणा॥ 396॥
जंबुदीप गुजरात तलेठी, नवसत नेजा धरिया।
मान खान पोहो लाभ कुलंभी, भील भूप साँचरिया॥ 397॥
सेसाजल भूपाल सिंभरी रूपखंड का राजा।
करनाटक डूंगरपुर दाना, हुवा बराती साजा॥ 398॥
धाराद्रैण देस धुर मंडल, कोंकण देस गलारौ।
सेतुबंध रामेश्वर राजा, अरु बाराह मलारौ॥ 399॥
आभानेर अलकंद अखंडी, अरु पून्यो परबंधी।
दिली दीप सुनपत का राजा, असुराँ जान उमंडी॥ 400॥
नागरचाल निमंदी राजा, खानदेस मुगलाना।
कासी रूपचंद का राजा, नवलदेस सुज्जाना॥ 401॥
हतनापुर गिरनेर गुमानी, रक्तबीज रा राना।
मानों स्याम सेर पर्वत से, चढ्या दूसरा दाना॥ 402॥

अलवरिया अंबाल देस रा, डाकी डीगा दीसै।
मदरासी बंगालि तिलंगा, दाँत पँजाबी पीसै॥ 403 ॥
दाना दल डाहल कूँ भावै, धरती धरै न पाँवै।
जमघँट का जोरावर राजा, बखतभाण के तावै॥ 404 ॥
हबसी और हिडम्बी काला, जवरा भँवरा आया।
सिंधी अरब उमट चढि धाया, भँवर पटा बलखाया॥ 405 ॥
साँतर हुई सहँस नौ कोटी, गाढी जान सिंगारी।
असी लाख हलका सुंडाला, राव तणी अंबारी॥ 406 ॥
सायर झाल समद ज्यूँ ऊठै, घटा घूमती आई।
ओला ज्यूँ गोला ओलरिया, पड़ी नगाराँ घाई॥ 407 ॥
चन्द र सूर छिप्या रज सेती, हो गई रात अंधारी।
विवरा दिया राव डाहल नैं, मोकल चल्या चँदेरी॥ 408 ॥
चाव करै चंदेरी राजा, जरासंध मन भाया।
नव योजन में जरी बाफता, जरासंध बिछवाया॥ 409 ॥
सतर कोटि दरवानी चाकर, बखतभाण बैठाया।
राजा करै जान रा मोहला, चोपदार गुदराया॥ 410 ॥
जरासंध से राजा लखिया, येक घाट सौ आया।
पदम भणैं प्रणमैं पाँय लागूँ, देव सँजोग मिलाया॥ 411 ॥

दोहा : मद छकिया माता फिरै, जाण बाभड़ा भूत।
कलहज बाज्या काहला, जाण'क जम रा दूत॥ 412 ॥
अधिक उम्हाऊ अपचला, सायर जिस्या सपूत।
झटका सूँ बटका हुवा, थलवट का रजपूत॥ 413 ॥

अथ सिसपाल के स्नान-उबटण की कथा

दोहा : चंदन चौकी उबटणा, दुलहेनाँ सिसपाल।
निनाणवै राजा जुड़्या, झलकै मोतियन माल॥ 414 ॥
भावज महल पधारिया, घूमतड़ा सिसपाल।
मदमातौ इम भाखियो, थारै ऊठी काँई झाल॥ 415 ॥

मारू : ब्याव उछाव मँगल नहिं गावौ, मुखड़ौ क्यों मुरझायौ।
म्हारै तो सिर बँधै सेहरौ, थारै मन नहिं भायौ॥ 416 ॥
भावज भणैं सुणौ रायजादा, कुंदनपुर मति जावौ।
म्हासूँ छोटी बहन सुलखणी, तिन्हें परण घर लावौ॥ 417 ॥
म्हँनै टीकौ रुकमाल पठायो, कीन्हीं घणी बडाई।
आइ लगन म्हैं किण विध छोड़ाँ, म्हारी ह्वै हलकाई॥ 418 ॥

अब लग तो कछु हुई न होसी, चाय करौ हलकाई।
जो कुन्दनपुर चढकर जास्यो, रहै न मान बडाई॥ 419॥
रुकमणि को वर कृष्ण साँवरो, त्रिभुवन-नाथ भणीजे।
थे क्यूँ देवर जान बणावौ, कान्ह कँवर परणीजै॥ 420॥
काला कृष्ण की करौ बडाई, सो काँई थारौ लागै।
दल देखत डाहल राजा को, दौड़ पयादौ भागै॥ 421॥
तखत चँदेरी राव कहावौ, माथै छत्र फिरावौ।
बंधे मोड़ थे पाछा फिरस्यो, कहा बडाई पावौ॥ 422॥
सुण हो देवर बदबद काँछाँ, बिन परण्या ही आसौ।
बडे-बडे तो भूप मरावौ, कुल कूँ काट लगासौ॥ 423॥
ब्रह्मा नैं सावित्री सोहै, इन्द्र घराँ इन्द्राणी।
शंकर नैं पारवती सोहै, केसव कमला राणी॥ 424॥
भाभी कही बुरी कर मानी, भली न मानी कोई।
पदम भणैं प्रणमैं पाँय लागूँ, होनी हो सो होई॥ 425॥

दोहा : भाभी कह सिसपाल नैं, कुंदनपुर मति जाय।
देवर म्हारी मान ल्यौ, आस्यो जान खपाय॥ 426॥

सोरठ : स्याणा जाण्या राज, थाँनै भाभी स्याणा जाण्याँ राज॥ 427॥
छिप्या रह्या इतरा दिन छानै, नींका जाण्या आज॥ 428॥
जो कोइ सीख तुमारी मानैं, कैसे सरै वाकौ काज॥ 429॥
आइ सगाई कैसे मोड़ाँ, जाय जगत में लाज॥ 430॥
बडा घराँ का जाया उपना, पूछ कराँ थानै काज॥ 431॥
ऐसी बात विचारौ मन में, पाणी पहली पाज॥ 432॥
म्हारौ घर विख्यात जगत में, जास्याँ सेना साज॥ 433॥
जुध करस्याँ कुंदनपुर माहीं, ग्वाल्यो जासी भाज॥ 434॥
पदम भणैं भाभी सूँ देवर, होणी होसी राज॥ 435॥

दोहा : दुमनौ महलाँ ऊतर्‌यो, भाभी लड़ सिसपाल।
मधुर बैन विष मानिया, रोस भर्‌यो रीसाल॥ 436॥

मारू : जब सिसपाल्यो पाटै बैठो, मरदन तेल करायो।
रंग महल में करै उबटणौ, सबही साज मंगायो॥ 437॥
भूषण वसन रतन का गहणा, दीखै रूप सवायो।
बाँध सेहरौ बनड़ौ बैठो, सारै सहर सरायो॥ 438॥
दासि खवासी लूण उबारै, पंडित बेग बुलावै।
पदम भणैं प्रणमैं पाँय लागै, भाभी मनाँ न भावै॥ 439॥

दोहा : पंडित जोसी मिल घणा, मोहरत लगन कढाय।
मंगल गावै कामण्याँ, आनँद घणा उछाय॥ 440॥

मारू : जरकस पाग जरी रो जामौ, झलकत तुररौ सोहै।
रतन पदारथ के आभूषण, निरखत कामनि मोहै॥ 441॥
सिसपाला सिर बन्ध्यो सेहरौ, जान सभी जुड़ आई।
जरासंध कह करौ सतावी, दुलहौ बेग चढाई॥ 442॥
दूल्हौ बण्यो निमित जान्याँ को, मूरख मन हरखावै।
पदम भणैं प्रणमैं पाँय लागूँ, कुल कूँ काट लगावै॥ 443॥

दोहा : नीकासी सिसपाल की, सोभा कही न जाय।
रतन जड़ाऊ सेहरौ, मोतियन लूंब लगाय॥ 444॥
लूंब ज सोहै मोतियाँ, घुड़ला सोवन साज।
अणी चमकता ज्यूँ फिरै, घूमतड़ा गजराज॥ 445॥

मारू : जब सिसपाल की हुई निकासी, भावज उरी बुलावौ।
काजर को म्हारौ नेग करावौ, आँखिन आन अँजावौ॥ 446॥
लूखी हो भावज यूँ बोली, खोटी बात विचारी।
क्याँको देवर काजर आँजूँ, थारी जग में होइ खुवारी॥ 447॥
लछमी ऊपर बाँध सेहरौ, थे मिल जान बनाई।
इनमें एक न जीतौ आवै, सूझी काँई बुराई॥ 448॥
बेगम जात नहीं गम थानै, काँइ थे ग्वाल बखानौ।
अध बेजात अहीर को जायो, नहिं कोइ राजा रानौ॥ 449॥
राजा भींव को नाम नहीं छै, कँवर ज मेली पाती।
या कँवरी थे परण पधारो, तबहि सरावाँ छाती॥ 450॥
कहि सिसुपाल सुणौ भाभीजी, थे थारै पीयर जावौ।
म्हारा राज में ठौड़ नहीं है, बणहल बैल जुतावौ॥ 451॥
जब थे जान बणावौ देवर, म्हैं म्हारै पीयर जास्याँ।
कुंदनपुर सूँ परण पधारौ, लाडी निरखण आस्याँ॥ 452॥
देवर जो थे मानौ नाहीं, कारज सरसी काँई।
वा लछमी हरि की अरधंग्या, परणौ तो राम दुहाई॥ 453॥
रिमझिम करती महलाँ चढ गई, रोस भर्‌यो उर माहीं।
थे कुंदनपुर जावो परणवा, थारै काजल सारूँ नाहीं॥ 454॥
काँइ बोलौ विषवाणी भावज, कड़वा बैण न भाखौ।
बिन कजरेई परण पधाराँ, काजर थारौ राखौ॥ 455॥

सोरठ : भाभी ऊभी रंग झरोखै, देवर नैं समझावै रे॥ 456॥
भींव-कँवरि के रूप लुभानौ, वा तो हाथ न आवै रे॥ 457॥

त्रिभुवन-पति सौं बैर घाल कै, ना कोइ जीती जावै रे ॥ 458 ॥
चौमासै में उडै आगिया, पाँख घणी फरकावै रे ॥ 459 ॥
मन चाये तो करौ उजारौ, सूरज खोड़ खड़ावै रे ॥ 460 ॥
कुंदनपुर सूँ भाग'र आवै, मूरख मन पसतावै रे ॥ 461 ॥
पदम भणैं प्रणमैं पाँय लागूँ, मौत बीज घर आवै रे ॥ 462 ॥

दोहा : भाभी उतरी महल से, देख जान का भाय।
लाडा वर सिसपाल नैं, बेर-बेर समझाय ॥ 463 ॥

हवाकी : बनड़ौ खूब बण्यो, बनड़ा की अजब बहार ॥ 464 ॥
दन्तवक्र अर राव जरासँध, सिसपाला सरदार ॥ 465 ॥
लटपट पाग केसरिया बागौ, फेंटौ अजब धजदार ॥ 466 ॥
पदम भणैं प्रणमैं पाँय लागूँ, भाभी सुरमौ सार ॥ 467 ॥

सोरठ : मत कर हो देवर निकासी, वहाँ आवैगा ब्रजवासी ॥ 468 ॥
हल सूँ तो थारी रेख सँवारै, मूसल सूँ पधरासी ॥ 469 ॥
राणी रुकमणि कृष्ण कँवर की, तुमरे कबहुँ न आसी ॥ 470 ॥
तुम हरिजी की होड करत हो, कहाँ मगहर कहाँ कासी ॥ 471 ॥
जिन राजन को जोर करत हो, काम पड़्याँ भग जासी ॥ 472 ॥
बाँध मोड़ तुम पीछा फिरहौ, अहो करै जग हाँसी ॥ 473 ॥
बडे-बडे राजा मरवासी, कुल कूँ काट लगासी ॥ 474 ॥
पदम भणैं भावज इम भाखै, पीछै ही पछतासी ॥ 475 ॥

सोरठ : हट जा भावज हट जा, घट जायलौ मान थारौ ॥ 476 ॥
उन कान्हा की करौ बडाई, नन्द महर को चेरौ ॥477 ॥
मथुरा माहीं जनम लियो है, गोकुल हुवो बडेरौ ॥ 478 ॥
सत्रै बार को बदलौ मांगूँ, अबकै अवसर मेरौ ॥ 479 ॥
पदम भणैं सिसपालौ बोलै, अबही करूँ नबेरौ ॥ 480 ॥

सोरठ : देवर क्याँनै मूछ मरोड़ौ, थे म्हारौ कयौ मत मोड़ौ ॥ 481 ॥
जब जाणाँ थे लाडी ल्यावौ, करौ बाँध गठजोड़ौ ॥ 482 ॥
ब्रजनँद को जुध अंध कूप है, आँख मीच मत दोड़ौ ॥ 483 ॥
मेरौ कह्यो तुम याद करोगे, जब उलटा मुख मोड़ौ ॥ 484 ॥
पदम भणैं प्रणमैं पाँय लागूँ, नाहकता मन तोड़ौ ॥ 485 ॥

सोरठ : बाजै छै जंगी ढोल चंदेरी में, बाजै छै ॥ 486 ॥
केसरियो बागौ बण्यो, माथै बांध्यो मोड़।
ग्यारै लाख पालखी डाहल के, जरासंध सँग जोड़ ॥ 487 ॥

चंदेरी में पंचायण बाजै, पड़ै नंगारै ठौड़।
पदम भणैं प्रणमैं पाँय लागूँ, दल चढ्याँ दिखणी की ओड़॥ 488 ॥

सोरठ की लूरः

पिया डर लागै म्हारा राज, थे जाय करौला राड़॥ 489 ॥
पाँच सात मिल भामिनी, लेत साँस पर साँस।
सिंधराय नृप की सुता, दौड़ गई पिव पास॥ 490 ॥
भागोला दीसै परतक जी, ज्यूँ दरपण प्रतिबिम्ब।
कौण सूर धीरी धराँ जी, वा रुकमणि रण-खंभ॥ 491 ॥
हलधर ऊठै हाक कै, कौन लड़ै बलवान।
सिंह रूप हरि धारिहैं, को पकड़ै धनुवान॥ 492 ॥
जरासंध नर है सही जी, हरि निंदा कूँ आग।
तुझ कूँ दोष न राजवी जी, उठी भवानी जाग॥ 493 ॥
लाज खोय घर आवस्यो जी, सब दल लेसी मार।
कुँदनापुर भारत रच्यो जी, कनकचूड़ कर धार॥ 494 ॥
आस करै छै जोगण्याँ जी, साल गिरद मँड जाय।
सिव माला ऊणी सुणी जी, सो पूरी करवाय॥ 495 ॥
धाका धाकण कामण्याँ जी, कनकचूड़ कर धार।
देवर जिठाण्याँ बापड़ी जी, पच-हारी सब नार॥ 496 ॥
राज करौ नी राजवी जी, तबल चंदेरी चंद।
पदम इसी भगवान से जी, को जीत्या मति मंद॥ 497 ॥

सोरठ देसः

ऐ री मत बरजौ नार म्हाँनै, दोस नहीं छै थानै॥ 498 ॥
कुंदनपुर सूँ कागज आयो, भींवराज के छानै॥ 499 ॥
म्हैं जग-जीत जोरावर राजा, पकड़ गहाँ देवाँ नै॥ 500 ॥
जरासंध जोरावर राजा, तीन लोक में जानै॥ 501 ॥
नन्दराय की धेनु चराई, नितहि सरावै वानै॥ 502 ॥
बीन बजाई कामन मोही, कहा बडपन कान्हा नै॥ 503 ॥
जो वो ग्वाल तुच्छ हम सेती, जुध में नहीं जितानै॥ 504 ॥
पारब्रह्म तो मुक्ति होयगी, कैसे मुड़ाँ घराँ नै॥ 505 ॥
तिरिया कही तनक नहिं मानी, मौत ज आई हाँनै॥ 506 ॥
पदम भणैं पीछै पिछतासी, जाय पड़्या प्रभु पानै॥ 507 ॥

दोहा : चढ्या चहूँ दिसि डाहला, हुई हलाहल जान।
दल कोक्या दस देस रा, नौबत घुरै निसान॥ 508 ॥

राजा रंग चढाइया, किया केसर्या साज।
तिलमिलाट तुरिया करै, घूमतड़ा गजराज॥509॥

सोरठ : ए जी महाराज बींद मानौ, थानै भावज दे छै तानौ॥510॥
सिरी कृष्ण बलदेवजी, हरि हलधर दोउ वीर।
ताकी सरवर को करै, थारै कौण सुभट रणधीर॥511॥

झेला : वो छै नन्द महर को कानौ, सो तो ना पृथिवी पर छानौ।
जिन नख पर गिरिवर धार्यो, जिन डूबत ब्रजहि उबार्यो॥512॥
बावन होय बलि कूँ छल्या, सुरपति मान बधाय।
हती पूतना प्रान से, दिवी विमान पठाय॥513॥

झेला : जिन मार्यो अपनो मामा, वे नाता कछू न जाना।
तुम सुनौ बैन यक काना, जिन मार्यो रावण दाना॥514॥
उनके सबही देव सँग, पांडव से जोधार।
थारै ऐसा सुभट को, सनमुख झेलै सार॥515॥

झेला : नृसिंह रूप जिन धार्यो, जिन प्रहलाद उबार्यो।
जिन हिरणाकुस कूँ मार्यो, प्रभु नख से उदर विदार्यो॥516॥
मल्ल अखारे मारिया, गज के दसन उपार।
ऐसे बलि के साम्हनै, मति जावौ सरदार॥517॥

झेला : जिन ऐसा किया पँवाड़ा, बलि दानव तिन्हैं खपाड़ा।
थारौ दास पदम जस जाण्यो, प्रभु तुमरौ बिड़द बखान्यौ॥518॥

देसी होरी :

गिरधर कहताँ लाज न लाजै॥टेक॥519॥
मामौ मार 'र भयो सूरमौ, घर ही में राजै-गाजै॥520॥
मल्ल होय-कर मल्ल पछाड़्या, कहा बीरता साजै॥521॥
हम सैं जंग जुड़्याँ जुध होसी, जब जरीठ सौ बाजै॥522॥
हमरी ओर जरासँध राजा, सब राजन सिरताजै॥523॥
जब उन लागै प्रान पियारा, फटकै फुरकै भाजै॥524॥
पदम भणैं भाभी से देवर, यूँ कह महलाँ जाजै॥525॥

दोहा : महल पधारौ थाहरै, कै पीहर उठ जाव।
बिन पूछ्याँ भाखौ मती, बेगम जात कहाव॥526॥
आतुर होय महलाँ फिरी, नैन रहे झर लाय।
होनहार होवै सही, कोटिक करौ उपाय॥527॥
साहणी बेग बुलाविया, हुकम हुवौ दरबार।
कुंदनपुर नैं साकती, घुड़ला बेग सिंगार॥528॥

साहणी सब भेला हुवा, जुड़्या जु भूप अवल्ल।
सिसपाल जरासँध बोलिया, छाडि अणीराव दल्ल॥ 529॥

घोड़ाँ की जात, राग दंडक

सोवनी साज पलाणि रे पलाणि, राजा कह साणियाँ सोवनी० ॥ 530 ॥
सीहड़ा सूर सी मंगसी मारवा गिरझड़ा सरसा संजाव रे॥ 531॥
घोड़ा आपटिया भूतिया, भूसला खानाजादी देसिया॥ 532॥
मोतीड़ा मसकीड़ा काबली, चमकिया किलंगणा॥ 533॥
किलचिया लोटणा लखेरिया, हजारिया बजारिया॥ 534॥
गुमानिया पलाणि रे पलाणि, राजा कहै साणिया॥ 535॥
बरबरा गिरवरा नागीना, सागरा हलदिया महँदिया॥ 536॥
उचेसुरा चलेखरा रथ जूता, केकाण स्याइया सपेदिया॥ 537॥
ढढणा जलहरा घण बदला, सिणगार रे॥ 538॥
राजा कह साणिया सोवनी, साज पलाणि रे पलाण॥ 539॥
ऊँचा आलोला चंचला, अपचला बीजिया खीजिया।
रीझिया रावसाणी वार न लाव रे॥ 540॥
चीरी चहुँ दिस साँचरी, आया राव सब राय रे॥ 541॥
सिसपाल जरासंध उमंगिया, जाण बण्या गजराज रे॥ 542॥
दौड़ जलद ताकी दसूँ, साहणी ल्यावौ बाज रे॥ 543॥
राज कह साणियाँ सोवनी, साज पलाणि रे पलाणि॥ 544॥

सवारी वर्णन, दोहा :

पवँग पलाण्या नौलखा, हुय घुड़ला असवार।
करी निकासी कँवर की, घणा छकलियाँ लार॥ 545॥

मारू : चढ घोड़ी सिसपाल कुदावै, हाथाँ सांग फिरावै।
अर्जुन भीम गवाल्याँ साथै, म्हाँ देख्याँ सरमावै॥ 546॥
इसड़ौ कुण दुथणी को जायो, म्हारै जोड़ै आवै।
जरासंध से जोधा देखत, जीय लेय भग जावै॥ 547॥
देवा दइत नहीं कोइ दाना, छपन कोट के माहीं।
पंडव जोधा ग्वाल्या के सँग, आय करैलाँ काहीं॥ 548॥
म्हैं नहिं मुड़ाँ भिड़ाँ जम सेती, काल पुरख नैं मारा।
चंडी चक्र रुद्र एकादस, सनमुख होय संहारा॥ 549॥
काँकड़ चढताँ सकुन विचारै, हिरण ज डावा आया।
खर डावा कोचर नर सोंगी, जंबुक साम्हा धाया॥ 550॥

घायल हिंज कनफड़ा जोगी, अरु लकड़्याँ को गाडौ।
तिलक बिहूणा बामण मिलिया, सर्प फिर्‌यो सब आडौ ॥ 551 ॥
छाणौ हाथ धुकंतौ धूँवौ, साम्हा मिलिया सोगी।
खोटा सकुन कह्यो नहिं मान्यो, होनहार सोइ होगी ॥ 552 ॥
जीवणि सारस चील्ह चिकारै, मिल्यो पीसियो आटौ।
पदम भणत शिवकर्ण सुभट, सिसपाल श्रवण दियो दाटौ ॥ 553 ॥

मारू : देस देस का राजा चढिया, घुड़ला रे ठमकारै।
कम्प्या सेष समद खलभलिया, धू डोल्या आधारै ॥ 554 ॥
निनाणवै छत्र फौज की सोभा, हसत्याँ डोर सवाई।
सोवनि साज फिरै अहराखी, राजा मनाँ उछाहीं ॥ 555 ॥
दीखै भूप सांग भलकंता, सिसपाला बतलावै।
दम्मघोष की आण भणीजै, निजराँ और न आवै ॥ 556 ॥
पिच्चाणवै खोहण चढ चालै, भूतल में यह ठाटा।
ढलकै ढाल फरूकै नेजा, ऊजड़ गिणै न बाटा ॥ 557 ॥
छत्तीसूँ बाजा सँग घुरता, सरणाई रणतूरा।
पवन पहेला बहुत सुहेला, पुरुष ज छाँई सूरा ॥ 558 ॥
अलबलिया असवार अचपला, भाला बीजळ झंपै।
फौजाँ चढी राव डाहल की, शेष धरा दल कंपै ॥ 559 ॥
एक-एक से अधिका चालै, सहजाँ सांग उजाली।
यूँ करताँ कुंदनपुर आया, लिये रुकमइये झाली ॥ 560 ॥
नगर नवेले डेरा दीया, चीरी चहुँ दिसि चाली।
माता से जु भणै रुकमइयो, मन में करौ कुसाली ॥ 561 ॥
साठ लाख कुंजर सिणगार्‌या, तुरिया अंत न पाई।
पदम भणैं प्रणमैं पाँय लागूँ, जान कुँदनपुर आई ॥ 562 ॥

दोहा : साम्हेलै सिसपाल के, चढियो रुकम कुँवार।
घुड़ला सिलै सँवारिया, चालाकी असवार ॥ 563 ॥

सोरठ : बना नैं डेरा देवै छै जी रुकम-कँवार ॥ 564 ॥
नवल महल कंचन मणि जड़िया, थंभा रतन जुहार।
मोतियन झालर डौडी पड़दा, दुलहा नैं दियो छै उतार ॥ 565 ॥
साईवान चांदणी ताणी, रावटि अंत अपार।
नव नव खन दल बादल तंबू, जड़िया छै रतन जुहार ॥ 566 ॥
सोला चौब दुचौब छचौबा, चौब बतीस सँवार।
सुघड़ फरास बिछायत कीनी, मध्य सिंहासन ढार ॥ 567 ॥

डेरा-डेरा धर मिसरू दा, तकिया अंत अपार।
सौड़ सौड़चा और गैंदवा, लीना सब संसार॥ 568॥
जाण-अजाण टल्यौ नहिं कोई, दीन्हा सह मनुहार।
कर हँगाम रुकमाल कँवर यूँ, कियो बहुत सतकार॥ 569॥
हरख्या लोग सकल नगरी का, बिलखी राजकँवर।
पदम भगत शिवकरण भणै इम, इण विध जान उतार॥ 570॥

दोहा : ईंधण घास रु दाणा-पाणी, और पठाया पान।
ठाम-ठाम मैदा घी शक्कर, जुगति उतारी जान॥ 571॥

मारू : जितना पाँव धर्‌या धरणी पर, सो म्हारै सिर धार्‌या।
बाजा राग छतीसों बाजै, हीरा लाल अंबार्‌या॥ 572॥
रुकमइयो कह सुणौ राजवी, थे म्हारा मान बधार्‌या।
धिन-धिन आज दिहाड़ौ ऊगौ, थे भल घराँ पधार्‌या॥ 573॥
उभय ओर जाचक बिड़दावै, मंगल गावै नारी।
रुखइयो सामान भरावै, कौरवरा की त्यारी॥ 574॥
कँवर भौत सा सामाँ कीया, सीधा धरिउ अपारौ।
जान आई सिसुपाल की, कौरवरा की वारौ॥ 575॥
कँवर ज सेसू मेलियौ, कौरवरा की लारौ।
सतरा लाख दे कोरवरा में, गहणा अनत अपारौ॥ 576॥
भलौ महौरत काढज्यो, तोरण होय अँवारौ।
पदम भणैं प्रणमैं पाँय लागूँ, बेगा आप पधारौ॥ 577॥
कौरवरौ दे कँवर सिधायो, करै बड़ाँ सूँ बाताँ।
थे म्हारै रावजी भलाई पधार्‌या, आछी आई म्हारी साता॥ 578॥
ससि वरणौ सिसपाल भणीजे, ऐसो राव न कोई।
चन्द-वदन सी सोभा जाकी, नैन भरे-भर जोई॥ 579॥
जल्दी करौ देर मत लावौ, तोरण होय अँवारौ।
पदम भणैं प्रणमैं पाँय लागूँ, बेगा आप पधारौ॥ 580॥

दोहा : हसत्याँ नेजा फरहर्‌या, घुड़ला घूंघरमाल।
सोवन साज जु भलकिया, चँवर ढुलै सिसुपाल॥ 581॥
गोख चढी दल जोवियो, भींवसेनजी री नार।
वर नैं दिखाउँ बाई थाहरौ, आवौ म्हारी राजकँवार॥ 582॥
खिजती रुकमणि यूँ भणै, माँ मत भाखौ आल।
चवदा भवन का राजवी, वर बरस्याँ गोपाल॥ 583॥

मारू : चवदा भवन रा राव भणीजै, वर बरस्याँ परवाणी।
कै या देह दहूँ दावानल, परणूँ सारंगपाणी॥ 584॥

सारँग दृष्टि परै ज्यूँ सारँग, यूँ डाहलियो दीखै।
नीर बिना नलनी ज्यूँ सूकै, यूँ हरि बिना बिसूकै॥ 585॥
मानसरोवर हंसा देख्या, काग नजर नहिं आवै।
समंदरा सूँ सीर पड़्यो जब, नाडूल्याँ कुण न्हावै॥ 586॥
गल मोतियन की माला पहरी, मणिया कौण बिसावै।
हस्ती ऊपर बैठा चालै, तुरँग कहा मन भावै॥ 587॥
जा मुखड़ा ते अंमृत पीयो, परत न जहर पियावै।
जिन ले पाट पीतांबर पहर्या, काँबलिया न सुहावै॥ 588॥
चौमासे में उडै आगिया, पाँख घणी फरकावै।
मन चाहै तो करै उजारौ, सूरज खोड़ खुड़ावै॥ 589॥
पीतांबर से प्रीत पहल की, तारक मोहन मोहै।
पदम भणैं या ऊभी न्हालै, गोख चढी दल जोहै॥ 590॥

झिंझोटी : क्यों कँवरी बिलखी फिरौ मन, मौज करौ दुख कूँ बिसरौ री।
भावज हात लिये हरदी पर बैठ, अटान पटा मसरौ री॥ 591॥
अंग के आलस दूर करौ मुकताफल ले सिर मांग भरौ री।
भूषण भाँति अनेक भरे झट, चीर पैर सिनगार करौ री॥ 592॥
ब्हाहन आयो चंदेरी धरापति, छूटि लटा ललकार फिरौ री।
हे जननी मतिमंद महादुख, भार चढे मुख बंद करौ री॥ 593॥
सुमेर डिगौ धरती जो फटौ, रवि चन्द गिगन्न सो आन परौ री।
गंग जमन उलटी ज बहै, सिसपाल सेती कर नौज जुरौ री॥ 594॥
मेरौ मतौ नँद नंदन सूँ, कोउ जानों भलौ भावै मानों बुरौ री।
लाज के ऊपर गाज परौ, ब्रजराज मिलै सोइ लाज करौ री॥ 595॥

मारू : काँइ तू भूली रुकमणि-बाई, सोच करै मन माहीं।
यो डाहल चंदेरी को राजा, कान्हौ या सम नाहीं॥ 596॥
रुकमणि भणैं सुणौ मेरी माता, सुणियो विनती म्हारी।
सिंघ रा घर में स्याल ज पैठो, यो इचरज मोय भारी॥ 597॥
अबकै साय करौ साँवरिया, भीर परी अति भारी।
पदमइयो तेरौ जस गावै, भगताँ प्राण अधारी॥ 598॥

सोरठ मल्हार :

माई म्हाँनै भावै नहिं सिसपाल॥ 599॥
मन मेरौ गिरधर सूँ बसियो, डाहलियो जंजाल॥ 600॥

गुप्त संदेसाँ लिखूँ स्याम नैं, दीनानाथ दयाल॥ 601॥
सारदूल को भोजन स्वामी, लियाँ जात है स्याल॥ 602॥
जो मन गोपिन के बस कीन्हौं, बंसी की टेर उचार॥ 603॥
पदम कहै प्रभु तपत बुझावौ, कुंदनपुर पग धार॥ 604॥

छंद : तेरे मिल्या मन की भावना सखि, हुई पूरन आस री।
दिलगीर मत होय रुकमणी तू, बानै बैठो आय री॥ 605॥
आपौ लियाँ सूँ नाहिं परचूँ, धुरा वेदन वाय री।
कंचन काया में आग जारूँ, होम डारूँ हाड री॥ 606॥
दूसरा अवतार धारूँ रहूँ केसव संग री।
साथी हमारा साँवरा सखि, म्हैं उणरी अरधंग री॥ 607॥
कहै रुकमणी स्याम सरणै, वचन-बंध गोपाल री।
जनम दूजे तीसरे वर, वरूँ मित्र दयाल री॥ 608॥

सोरठ : प्यारी लीनी कंठ लगाय, नैना यूँ झरै॥ 609॥
राणी कहै अती सुख पावाँ, मन में बहुता चावै।
चिरंजीवौ रुकमइयो बन्धू, एहड़ौ वर थारै ल्यावै॥ 610॥
रुकमणि कहै सुणौ री माता, कहौ नैं बात विचार।
चवदा भवन को राजवी, वो म्हारौ भरतार॥ 611॥
म्हारौ वर अति ही सुघड़, वो छै राजकुँवार।
तुम गोरी बाई केसव कालौ, वो छै नँद को गँवार॥ 612॥
यह राजा खद्योत समाना, सूर स्याम से प्रीती।
पदम भणैं रुकमणि वर मोहन, मत कहौ बात अनीती॥ 613॥

खट : बाई रुकमणि भणैं मात सूँ, रूड़ौ वर म्हारौ बनवारी॥ 614॥
अंतर चोवा मौर सिखर गिर, अंतर दायण मूसै।
हरि सिसपाल अहेड़ा अंतर, पारिजात अरडूसै॥ 615॥
अंतर सूर नछत्तर अंतर, अंतर धरणि अकासा।
हरि सिसपाल अहेड़ा अंतर, चंदन रूँख जवासा॥ 616॥
अंतर रैन दिवस हरि अंतर, अंतर विष अमि चुरड़े।
हरि सिसपाल अहेड़ा अंतर, नागर वेली कुरड़े॥ 617॥
अंतर पाप पुण्य हरि अंतर, अंमृत विष री बेला।
हरि सिसपाल अहेड़ा अंतर, भणैं पदमय्या तेला॥ 618॥

खम्भायची :

बानन हो म्हारी राजकँवारी।
रुकमइयो सिसपाल बुलायो, फेराँ होय अँवारी॥ 619॥

रुकमणि नैंक कह्यौ नहिं मानैं, घर में होय खवारी।
क्रोधवंत रुकमइयो बोल्यो, पकर बैठावो नारी॥ 620॥
प्राण–घात अब करहूँ अपना, मरसूँ खाय कटारी।
पदम स्याम रुकमणि अब समझी, जानत हूँ वीरा घात तुमारी॥ 621॥

काफी की ठुमरी :

वीरा म्हाँसूँ बुरी रे करी। लियो लियो सिसपाल बुलाय॥ 622॥
बुद्धि तिहारी चालणी, तुस तुम लिया सम्हाय।
औगुण तो तैं हित कर राख्यो, गुण कूँ दियो बहाय॥ 623॥
अंब मौर नीचा नँवै, एरँड ऊपर जाय।
कर ओछाँ सूँ प्रीतड़ी, फिर पीछै पछताय॥ 624॥
मन मोती घन नैन को, जाणौ एक सुभाय।
फाटे पीछै ना मिलै, कोटि ज करौ उपाय॥ 625॥
हरदी जरदी ना तजै, षटरस तजै न आम।
असली तो औगुण तजै, गुण कूँ तजै गुलाम॥ 626॥
वट सूँ पातल छाँइयाँ, ऊगंताँ दोय पान।
वो मन तो जब ही गयो, तबहि बुलाई जान॥ 627॥
डूंगरिया को वाहलौ, ओछाँ तणौ सनेह।
बहताँ बहै उतावला, तुरतहि खावै छेह॥ 628॥
कड़वा कदे न भाखिया, मीठा बोलणियाँ।
पदमइयो स्वामी भणैं, भाखै रुकमणियाँ॥ 629॥

दोहा : राजा भींव अबोलिया, कँवर सुँ बोलै नाहिं।
सभा देख सिसपाल की, दुख पावै मन माँहिं॥ 630॥

मारू : मन ही माहिं बहुत दुख पावै, कान्ह कँवर कद आवै।
म्हारै तो मन आनँद उपजै, मन रुकमणि के भावै॥ 631॥
आडी भौम द्वारका दूरी, संदेसा पहुँचावै।
कुंदनपुर आयो सिसपालौ, हरि कूँ जाय सुनावै॥ 632॥
रूठड़ वदन कँवर उठ बोल्यो, राजा काँई जोवौ।
ऐसो राव और नहिं कोई, म्हाँनै काँई बिगोवौ॥ 633॥
राजा भींव झिझक नैं ऊठ्या, रुकमइयो तोय मारूँ।
कद वे कृष्ण कुँदनपुर आवै, कद हूँ रोस बिसारूँ॥ 634॥
कै मरहूँ अपणी अपघाताँ, जो सिसपालौ परणै।
पदम स्याम सुखदायक नायक, रहूँ स्याम के सरणै॥ 635॥

दोहा : सुणे वचन भूपाल के, लीन्हौं तुरी मँगाय।
पाँच लाख असवार ले, चढ्या जान में आय॥ 636॥

मारू : चढ्या जान में आय कँवरजी, पाँच लाख असवारौ।
राजा भींव कृष्ण वर परखै, थारौ काँइ विचारौ॥ 637॥
भलौ विचार भली म्हैं करस्याँ, वाँनैं तो म्हैं जाणा।
नाँव सुण्याँ बाहर नहिं आवै, काँई घणौ बखाणा॥ 638॥
भींव राव को जोसी तेड़्यो, तुरत घड़ी असवारौ।
भल मोहरत काढीज्यो म्हाँनै, फेरा होय अँवारौ॥ 639॥
जोसी लगन विचारिया जी, आज मोहरत नाहीं।
डेरा जावौ कहौ कँवर नैं, थाँनैं सूझ्यो काँहीं॥ 640॥
कहै जरासँध कहो जोसी नैं, म्हैं तो चढकर आया।
म्हारै नाँव नहीं छौ सावौ, क्याँनै कँवर बुलाया॥ 641॥
जोसी कहै जरासँध राजा, कौन बडौ थे बूझ्यो।
कह्यो कँवर के काँकण बान्ध्यो, थानै काँई सूझ्यो॥ 642॥
कालौ ग्वाल्यो करौ बरोबर, वो म्हारै कद तोलै।
म्हैं तो सारा सिंह सरीसा, यूँ सिसपालौ बोलै॥ 643॥
जब ब्रह्माजी घड़ी लगाई, सप्त दिवस की एकौ।
बात करौ वीवाद करौ मत, निजर भरे-भर देखौ॥ 644॥
सात दिवस को दिवस बणायो, सात दिवस की रातौ।
इतरै तो श्रीकृष्ण पधारै, तितके फिर ले जातौ॥ 645॥
कालौ स्याम सकल नैं सूझै, भगताँ भूधर गोरौ।
पदम भणैं प्रणमैं पाँय लागूँ, दधि माखन को चोरौ॥ 646॥

दोहा : माता बूझै कँवरि नैं, बाइ थे बिलखी काँइ।
सभा देख सिसपाल की, सुख पावौ मन माँइ॥ 647॥

मारू : मन ही माहिं बहुत सुख पावौ, ज्यूँ म्हैंईं सुख पावाँ।
साहण-बाहण हस्ती घोड़ा, भली-भाँत मुकलावाँ॥ 648॥
हरख्यो कँवर बहुत मन माहीं, जान भली पुर आई।
काँकण बाँध सिसपाला आया, साहि जरासँध राई॥ 649॥
वो मथुरा में जनम लियो है, घेर'र परौ कढायौ।
बाहर बास करण नहिं पायो, समदर बीच बसायौ॥ 650॥
सत्रै बार वो आगै भाग्यो, बार अठारवीं आई।
मन हट छाड़ करौ ऊबटणौ, मानौ रुकमणबाई॥ 651॥
नटवर भेष ग्वालन्याँ मोही, झूठौ माखन खायो।
मामौ मार सूरमौ हूवौ, कब को राव कहायो॥ 652॥

नाक बिंधाय बजाय तालियाँ, छोकरिया सँग नाच्यो।
फंदी देय गुलाचाँ खाई, काछ जु नट की काछ्यो ॥ 653 ॥
कन्या बहल खाद नहिं न्याखै, वेद पुराणाँ भाखै।
माता बन्धू अरज करै छै, पत भाई की राखै ॥ 654 ॥
जब गुनवंती गुनकर बोली, कान्ह कुँवर वर म्हारौ।
पदम भणैं रुकमणि यूँ बोलै, कह्यो न मानूँ थारौ ॥ 655 ॥

सोरठ की लूरः

ऐसे भणैं रुकमणी बाई। सोहि बींद हमारा वाई ॥ 656 ॥
मच्छ रूप हरि धारे। संखासुर दाना मारे ॥
जिन वेद ब्रह्मा का दीन्हा। सतजुग में साका कीन्हा ॥ 657 ॥
कछप रूप हरि धारे। मधुकैटभ दाना मारे।
देवन कूँ अंमृत पायो। असुराँ कौं जहर पिलायो ॥ 658 ॥
बराह रूप हरि धारे। हरिणाक्षस दाना मारे ॥
जिन वसुधा दैताँ राखी। जाका सुर नर मुनि जन साखी ॥ 659 ॥
नृसिंह रूप हरि धारे। जिन हिरणाकुस कूँ मारे ॥
प्रभु नख सौं उदर विडारे। तब जन प्रहलाद उबारे ॥ 660 ॥
जिन बावन रूप हरि धारे। राजा बलि के घरै पधारे।
जिन दोय पैंड भरवाई। तीजी कूँ ठौर न पाई ॥ 661 ॥
परसराम रूप हरि धारे। जिन सहस्त्रबाहु संघारे ॥
जिन क्षत्रि निक्षत्रि कर डारे। जिन ब्राह्मण राज दिलारे ॥ 662 ॥
जिन राम रूप हरि धारे। जब रावण दाना मारे ॥
सागर पर सिला तिराई। जब लंक विभीषण पाई ॥ 663 ॥
कृष्ण रूप हरि धारे। कंसासुर दाना मारे ॥
वसुदेव की बंध छुड़ाई। देवन की कैद छुड़ाई ॥ 664 ॥
बुद्ध रूप हरि धारे। जीवन पर दया विचारे ॥
थारौ जस पदमइयो गावै। कछु भक्ति बधाई पावै ॥ 665 ॥

सोरठ : स्वामी रुकमणि पाप कमायो।
जाके वर सिसुपालौ आयो ॥ 666 ॥
कै म्हैं भूखा विप्र उठाया। अनदोसाँ दोस लगाया ॥
कै मैं कुल को भेद ज कीन्हा। दुर्बल कूँ दान न दीन्हा ॥ 667 ॥
कै मैं हरि की भगति न जाणी। सतसंगति नाहिं पिछाणी ॥
कै मैं चरती गऊ विडारी। कै मैं क्वाँरी कन्या मारी ॥ 668 ॥

कै मैं सासू नणद सताई। कै मैं पुत्र बिछोवा माई॥
कै ठोकर से गऊ उठाई। कै मैं झूठी चुगली खाई॥ 669॥
कै मैं साधाँ री निंद्या कीनी। कै मैं झूठी हामल दीनी॥
दिवला सूँ दिवला जोयो। पगल्या सूँ पगल्या धोयो॥ 670॥
कै म्हैं आलौ पीपल तोड़्यो। कै मैं उपला सूँ उपलौ तोड़्यो॥
यह पापाँ करी कमाई। जासूँ वर सिसुपाल कहाई॥ 671॥
कै मैं काटी बरत कुवा की। कै मैं झूठी दीन्ही साखी॥
काँइ पापण पाप कमायो। जासूँ वर सिसुपालौ आयो॥ 672॥
कै मैं मार्‌यो सगौ जँवाई। कै कन्या को द्रव ले खाई॥
ऐसे पदम भणैं जदुराई। अंतरजामी करौ सहाई॥ 673॥

विहाग : दधि-सुत जाय रे उण देस॥ 674॥
देस कहिये नंद नंदन, सकल भूप नरेस।
कहो तो पतियाँ लिखूँ वाँनै, तुमही सुघर सुरेस॥ 675॥
नंद नंदन जगत वंदन, धर्‌यो नटवर वेस।
काज अपन सुधार स्वामी, वस्तु ओखी पेस॥ 676॥
चीर फारूँ कंथा ओढ़ूँ, करूँ जोगन भेस।
सेली सिंगी भस्म मुद्रा, छूटे राखूँ केस॥ 677॥
प्रेम अंमृत सीतल धारा, योही ये उपदेस।
कमल नैनी विरहनी का, कहिए एक सँदेस॥ 678॥
स्याल तो सिसपाल डाहल, छाय रह्यो या देस।
दास पदम पर किरपा कीजे, काटौ करम कलेस॥ 679॥

दोहा : द्विज देख्यो नृप भीष्म को, रुकमणि राजकुमार।
ये पतिया ले जाऊँगो, निहचै कियो विचार॥ 680॥

मारू : सेना दिवि जब विप्र कूँ जी, आयो द्विजवर नेरौ।
सीस नँवाय चरण गहि बोली, सुनौ वैन इक मेरौ॥ 681॥
तुम ब्राह्मण पुरी द्वारका जावौ, यहि पतिया ले जावौ।
त्रिभुवननाथ बसै वहाँ माधव, संदेसो पहुँचावौ॥ 682॥
जो हरि बेग पधारै कुँदणपुर, तो गुण भूलुँ न तेरौ।
पदम भणैं प्रणमैं पाँय लागूँ, तेरे दुख को करूँ निवेरौ॥ 683॥

दोहा : कहौ बाइ कैसे करूँ, भू भारी दिन तीन।
कब जाऊँ द्वारावती, म्हैं वृध बामण दीन॥ 684॥
यह संका तू छोड़ दे, वह समरथ करतार।
दीनानाथ दयाल है, बिगरी लेत सुधार॥ 685॥

मारू : डूबत ही गजराज टेर सुन, हरि कहते ही धायो।
कहाँ वैकुंठ कहाँ वो सरवर, एक पलक में आयो ॥ 686 ॥
डूबत ही गजराज उबार्‌यो, वैकुँठ धाम पठायो।
पदम भणें प्रणमैं पाँय लागूँ, द्विज सुनकै हरषायो ॥ 687 ॥

खम्भायची: आवो मेरे बमना अँगना लिपाऊँ ॥ 688 ॥
अँगना लिपाऊँ चरण पखालूँ, आचमन करि पीऊँ।
जिन गलियाँ तुम हमरे आवो, पलकन से पग झारूँ ॥ 689 ॥
ऐसो है कोइ कृष्ण मिलावै, तन मन वापै वारूँ।
पदम भणें प्रणमैं पाँय लागूँ, चित से नैक न टारूँ ॥ 690 ॥

दोहा : नैनन की पाती करूँ, असुँवन को छिरकाव।
स्याम सनेही आवियो, दे पलकाँ पर पाँव ॥ 691 ॥
पाँव धरौ पलकाँ परै, अति आतुर होइ आव।
पुत्री भीम कठोर है, ऐसे मन समझाव ॥ 692 ॥

सोरठ : म्हैं तो थाँनै दीनबन्धु दीनानाथ जान।
म्हैं तो तुमरो विरद सुनकै, गह लीनौ हठ मान ॥ 693 ॥
लिख्यो लगन बरात आई, दियो मंडप तान।
साज दल सिसपाल आयो, बाजा बजत निसान ॥ 694 ॥
निनाणवै राजा छत्रधारी, जरासंध समान।
हैवर गैवर बहुत ल्यायौ, बहुत कियो अभिमान ॥ 695 ॥
जब सुनूंगी कृष्ण आवत, तब करूँ जल-पान।
बन्धु रुकमइये ब्याह रचायो, छाड कर कुल कान ॥ 696 ॥
कोटि तारे महापापी, अजामेल समान।
निसिदिन मेरे ध्यान तुमरो, अहो सारँगपान ॥ 697 ॥
आवन होय तो आव साँवरे, असुर तोड़ै तान।
पदम के स्वामी दरस द्यौ, नातरि तजिहूँ प्रान ॥ 698 ॥

केदार : हो द्विज द्वारका लौं जाय।
द्वारका में स्यामसुंदर, संदेसो पहुँचाय ॥ 699 ॥
प्रेम पतिया लिखी कर सूँ, बेग दीज्यो जाय।
चित्त मेरे स्याम सुंदर, संग रहुँ जदुराय ॥ 700 ॥
रुकमइया नैं ब्याह थरप्यो, पिता पूछि न माय।
लिख्यो लगन बरात आई, दियो मंडप छाय ॥ 701 ॥
कुंदनपुर में होत इचरज, स्याल रोकी गाय।
स्यालियो सिसुपाल डाहल, सिंह भक लियाँ जाय ॥ 702 ॥

छत्रधारी भूप राजा, म्हारौ नगर घेर्‌यो आय।
जोड़ दल सिसुपाल आयो, जरासंध है साय॥ 703॥
मैं हूँ निर्बल बल न कोई, कहूँ वेदन काँइ।
हंस को म्हैं अंस लीयो, कागद क्यूँ मंडलाइ॥ 704॥
मेरौ तो कछु नाहिं बिगरै, विड़द तुमरौ जाय।
गरूड़ चढ गोविन्द आवौ, पदम बलि-बलि जाय॥ 705॥

सोरठ : गरुड़ चढ आवो जी गोविन्द॥ 706॥
भींवराज की भीर चढौ हरि, पण राखौ नँद-नंद।
इण अवसर दुरजन दुख मेटौ, कीन्हौं कंस निकंद॥ 707॥
बलि छल कै पाताल पठायो, खुसी भया हरि इंद।
बाँकी नैं सूधी कर दीन्ही, कुबजा हुई महमंद॥ 70॥
पदम भणैं शिवकर्ण विनय सुन, डूबत रख्यो गयंद॥ 709॥

सोरठ : प्रभुजी थे आज्यो जाण अनाथ।
पतिया लिखत मेरौ हियौ फटत है, कलम न ठहरत हाथ॥ 710॥
भाई रुकमइयो कपट कमायो, और मिली मेरी मात।
छल करकै सिसपाल बुलायो, बहुत सुभट ले साथ॥ 711॥
निकसत प्राण हियो कुमलानौ, कंपत मेरौ गात।
सिसपाल्या सिर बन्ध्यो सेहरौ, उतरी आन बरात॥ 712॥
एक निमिष की ढील न कीज्यो, जादव लाज्यो साथ।
भणैं शिवकरण पदम दरसन बिन, निकस प्रान यह जात॥ 713॥

जैजैवंती : जाय दीज्यो जी मोहन कूँ म्हारी, प्रेम भरी सी पाती॥ 714॥
समै देखि कै बात चलइयो, कहज्यो सभा सुहाती।
कृष्ण नाँव से प्रीति लगी है, कल न पड़त दिन राती॥ 715॥
जो नहिं आवै प्रान तजूंगी, करकै मरूँ अपघाती।
या मन में निहचै करि जाणौ, आन संग नहिं जाती॥ 716॥
म्हैं अपने मन ठान रहूँ हूँ, और कछू न सुहाती।
तेरे बिड़द कौं लोग हसेंगे, समै गई नहिं आती॥ 717॥
यह सिसपाल काल सो लागै, जम से लगत बराती।
पदम के स्वामी बेग दरस द्यौ, सीतल होयगी छाती॥ 718॥

केदार : कर द्विज द्वारका लग गँवन।
रुकमणी की ले अंगूठी, चले जैसे पवन॥ 719॥
कुंदनपुर में न्याव नाहीं, अवगति लागी हवन।
इचरज एक सिंहनी से, स्यार चाहै रमन॥ 720॥

जोड़ दल सिसपाल आयो, पोल तोरण छवन।
पदम स्वामी भणैं रुकमणि, विलमें कारण कवन॥ 721॥

दोहा : पाती लिख द्विज कूँ दई, चरण नवावै सीस।
यह पतिया रसना कहौ, जब भेटौ जगदीस॥ 722॥
विरहनि अति व्याकुल भई, नैन रहे जलधार।
जीभलड़ी छाला पड़्या, कृष्ण पुकार-पुकार॥ 723॥

लावनी : रुकमणी जो करुणा करै, लगन लिख विप्र हाथ धर दीना॥ 724॥
गज ने क्या पत्रिका लिखी, नाथ सुमरण कियो अपणा मन में।
तुम धाये पवन के बेग, चक्र जाय दियो ग्राह के जल में॥ 725॥
टीटोड़ी करै पुकार, नाथ मेरे बचा रहे दोउ दल में।
मेरे सुत के नहीं हैं पंख ए जी, ले कैसे उड़ूँ गगन में॥ 726॥

झेला : तुम सुनियो टेर मुरारी, म्हैं भींव घरै अवतारी।
गज घंटा टूट परी अंडन पर, महर करी रँग भीना।
रुकमनी जो करुणा करै, लगन लिख विप्र हाथ धर दीना॥ 727॥
अचक-मचक पग धरत लचक गत, शोभा वरणी न जाई।
है रूप रंग में जंघ, केल ललपत सी रुकमन बाई॥ 728॥
छतिया पर सोभै चक्र, अधर दाड़म सी दन्त ललाई।
दीपक सी नासिका झिलै, नैन बिच भ्रकुटी की सोभा छाई॥ 729॥

झेला : ए जी अर्ज सुनौ ब्रजवासी, ब्रजराज दरस की प्यासी।
बनी बना ब्रजराज साँवरा, महर करौ रँग भीना।
रुकमनि जो करुना करै, लगन लिख विप्र हाथ धर दीना॥ 730॥
है तीन दिनाँ की अवधि, काल सिसपाल डाहल गल फाँसी।
म्हैं धरूँ तिहारौ ध्यान, कुंदनपुर आवौ नाथ ब्रजवासी॥ 731॥
बिन देख्याँ नहिं चैन चित्त में, रहूँ नित भौत उदासी।
तुम आये बिन महाराज जगत में होय विड़द की हाँसी॥ 732॥

झेला : ए जी अरज सुणौ गिरधारी, म्हैं चरण कमल बलिहारी॥
हरिनंद सुत ब्रजराज साँवरा, बेग दरस दे देना।
रुकमणि जो करुणा करै, लगन लिख विप्र हाथ धर दीना॥ 733॥

दोहा : हरि हरि जोसी तेड़िया, आप्या पंच किरोड़।
हरि बिन हथलेवौ जुड़ै, तो म्हाँनै लागै मोटी खोड़॥ 734॥

मारू : पाती गूझ लिखी गुणवंती, संदेसौ पौंचाज्यो।
बाटाँ जात बिलम मत कीज्यो, विस्वम्भर नैं लाज्यो॥ 735॥

पीतांबर सूँ प्रीति पहल की, सो हूँ सबही जाणूँ।
रावण मार राम प्रतिपाली, सो गुण-वाद बखाणूँ ॥736॥
राम रूप होय आगे परणी, सुर नर आय र बैठा।
तोड़्यो धनुष किया दोय टुकड़ा, जब त्रिभुवनपति दीठा ॥737॥
सात जनम साथी साँवरिया, टीकम थारी तरणी।
प्रथम पँवाड़ा सुता जनक घर, राम रूप होइ परणी ॥738॥
सात जनम साथी साँवरिया, इस कारण मन मोह्यो।
गोख चढी हर आँसूँ डारै, नैन भरे-भर जोयो ॥739॥
कृष्ण कूँ जाय र कागज देहूँ, इण विधि रंग चढाऊँ।
रुकमणि कंथ कुँदनपुर ल्याऊँ, आनँद मंगल गाऊँ ॥740॥
निस्चय जाय द्वारका माहीं, कृष्ण कुँदनपुर ल्याऊँ।
पदम भणैं प्रणमैं पाँय लागूँ, आनँद मँगल गाऊँ ॥741॥

दोहा : श्रीगणेश कूँ सुमरि कै, द्विज हरख्याँ मघ जाय।
सगुन हुवा सबही भला, आनँद उर न सम्हाय ॥ 742 ॥

कालिंगड़ौ :

आज रा सगुन भला हो म्हाँनै, साम्हा मिलिया राज ॥ 743 ॥
सूधे तिलक म्हाँनै विप्र ज मिलियो, मंगल गावत दासी।
सकल शस्त्र लियाँ क्षत्री मिलियो, मिलसी द्वारका वासी ॥ 744 ॥
गाडा भर्या धान का मिलिया, और छतीसूँ बाजा।
कँवर चढ्या केकाणा मिलिया, मिलसी द्वारका राजा ॥ 745 ॥
मंगलमुखी ज साम्हौ मिलियो, बेड़ौ ले पणिहारी।
हिरण डार म्हाँनै हरख्यो मिलियो, मिलसी कृष्ण मुरारी ॥ 746 ॥
सगुन विप्र नैं हुवा ज नींका, हरी मिलन सहनाणा।
पदम भणैं प्रणमैं पाँय लागूँ, कीन्हा विप्र पयाणा ॥ 747 ॥

मारू : रुकमणि तो बामण नैं पेखै, संदेसो 'र पठायो।
जोजन पाँच सात जाय सूतौ, सिवजी के मन भायो ॥ 748 ॥
सिरीकृष्ण सिंघासन बैठा, सिवजी मतौ उपावै।
कुन्दनपुर तैं ब्राह्मण चाल्यो, वो इत लग कब आवै ॥ 749 ॥
भणैं कृष्णजी सुणौ सदासिव, थे मन की सब जाणौ।
माल बिराणौ घर में धरिकै, सूतौ खूँटी ताणौ ॥ 750 ॥
भणैं सदासिव सुणौ कृष्णजी, थे तो अन्तरजामी।
ब्राह्मण कहिए दुरबल बिरधा, नाहिं विप्र में खामी ॥ 751 ॥

पारषदाँ कूँ आग्या दीनी, थे ब्राह्मण कूँ ल्यावौ।
ब्राह्मण सूतौ काची निद्रा, ल्यावत मती जगावौ ॥ 752 ॥
जाइ पारषद दई प्रकरमा, विप्र विमान बिठायौ।
धर विमान में आय उतार्‌यौ, सोवत नाय जगायौ ॥ 753 ॥
आय उतार्‌यौ तीर गोमती, छिड़क्यौ सीतल पाणी।
पदम भणैं प्रणमैं पाँय लागूँ, जब लग विप्र न जाणी ॥ 754 ॥

मारू : उठ्‌यौ विरामण निरखण लागौ, देख्या गढ किल्ला सा।
बारह जोजन स्त्रव सोना का, गढ मँढ प्रौल प्रकासा ॥ 755 ॥
राजद्वार स्वामीजी पूछै, बोल्या वचन कुमारा।
को है देस कौन है नगरी, कहौ नी कौन विचारा ॥ 756 ॥
यह रतनागर पास गोमती, जादू जगत नरेसा।
हरख्या वदन हरीहर जोसी, कीन्हा नगर प्रवेसा ॥ 757 ॥
हरख्यो विप्र भींव राजा को, द्वारावती हूँ आयो।
भींव कँवरि का कारज सरसी, यहाँ ब्रजराज बतायौ ॥ 758 ॥
छपन कोटि की अति ठुकराई, बाजा अनहद बाजै।
कंचन झलकै कोट कांगरा, गढाँ-गढाँ के राजै ॥ 759 ॥
थे तो मिसर जगत का गुरु हो, लेकर आया सावौ।
केसवराय कँवर की पौली, सीधा चाल्या जावौ ॥ 760 ॥
पौली जाय प्रीति सूँ ठाडौ, भीतर भेद जणायो।
कागद ले'र कृष्ण कर दीन्हौं, आसीरवाद सुणायो ॥ 761 ॥
जब हरि मिसकर पूछण लागा, विप्र कहाँ सूँ आयो।
विदर्भ देस कुंदनपुर नगरी, भींव कि कँवरि पठायो ॥ 762 ॥
भणैं कृष्णजी सुणौं बिराम्हण, आया कै दिन माहीं।
सावौ बहुत साँकड़ौ ल्याया, सझतौ दीसै नाहीं ॥ 763 ॥
कहै बिराम्हण सुणौं कृष्णजी, कँवर जु कुबुधि उपाई।
कोक्या राज चँदेरी राजा, जान दूसरी आई ॥ 764 ॥
कहै कृष्णजी सुणौं बिराम्हण, आछी बात बताई।
राजा भींव के एक रुकमणी, दोय-दोय जान बुलाई ॥ 765 ॥
रुकमणी तणी वीनती थे तो, सुणियो जादूराई।
पदम भगत पर किरपा कीज्यो, संसौ मेटौ आई ॥ 766 ॥

दोहा : हरि पूछै हरिदास नैं, कहो देस नगर की बात।
आनँद में थारौ राजवी, कहो रुकमणि कुसलात ॥767 ॥
विदर्भ देस सुहावणौ, रुकमणि तणौं निवास।
मंगल गावै कामण्याँ, लीला रास-विलास ॥ 768 ॥

मारू : लीला रास गोविन्द गुण गावै, धरम तणौं विवहारौ।
जित लग हद राजा भीषम की, सर्व सुखी संसारौ॥ 769॥
बाड़ी बाग महल और मंदिर, कूवा बास तलावौ।
अष्ट सिद्धि नव निधी सरस से, आनँद मंगल गावौ॥ 770॥
पूजा विविध वेद धुनि उचरै, जाप जपै मन हरषै।
परसन इन्द्र कोटि तेतीसूँ, मुख मांग्यू जल बरषै॥ 771॥
कँवर कुलखणौ कह्यो न मान्यो, चीरी दई चँदेरी।
डाहल जान जोड़ पुर आयो, कँवरि गही पण तेरी॥ 772॥
एही अरज एक करुँ विनती, सुन लीजे अब मेरी।
पदम भणैं प्रणमैं पाँय लागूँ, सरण गही प्रभु तेरी॥ 773॥

दोहा : हरि पूछै हरि दास नैं, केहड़े रूप कँवार।
कहो सत्य द्विजवर सही, भाखौ वैण विचार॥ 774॥
दधि-सागर में ऊपजी, कमला सुनौ विचार।
जाणौं देवी जानकी, बहुरि लियो अवतार॥ 775॥

मारू : दोउ कुल वंस सभा में राजा, जैसे चंद उजारौ।
ऊगै रवी छिपै सब उडगण, कँवरी रूप अपारौ॥ 776॥
बिरछाँ में ज्यूँ पारजात है, मानसरोवर सारौ।
पर्वत में जैसे हेम सिखर है, डूँगर अनँत अपारौ॥ 777॥
घोड़ाँ में ज्यूँ ऊँचीसरवा, ऐरावत गज सारौ।
देवगणाँ में इन्द्र भणीजै, रंभा रूप सँवारौ॥ 778॥
ब्रह्मा घर सावित्री सोहै, रूद्र घराँ रुद्राणी।
आदि विष्णु अरधंगी सोहै, इन्द्र घराँ इन्द्राणी॥ 779॥
रुकमणि तणी रूप की सोभा, कहत न आवै पारौ।
सिंधु-सुता लछमी की सोभा, बत्तीसूँ आभारौ॥ 780॥
रुकमणी तणै रूप की संख्या, कहत न आवै वाणी।
कब लग कहूँ कहाँ लौं वरणूँ, वैश्य जु पदम बखाणी॥ 781॥

अब श्रीकृष्ण गोत्र पूछते हैं :

दोहा : कौण साख किण री सुता, किण घर जनमी आय।
गोत मात नख सकल विधि, द्विजवर द्यौ समझाय॥ 782॥

विप्र उवाच :

मारू : नानी खीचण माय सोलंखणी, दादी जात पँवारी।
वंस पँवार गोत्र भीषम का, जिण री राज-कँवारी॥ 783॥
इण विधि गोत भींव कुल भाख्या, आप कहौ गिरधारी।
पदम भणैं ब्रामण यूँ बोलै, च्यारौं गोत विचारी॥ 784॥

दोहा : हरीदास नैं हरि मिल्या, हरष हुवा मन माँय।
दरबाराँ नौपत घुरी, आनँद उर न समाय॥ 785॥
द्वारावति की कामणी, लीन्हीं सकल बुलाय।
द्वादस षोड़स वर्ष की, फिरी चहूँ दिसि आय॥ 786॥
रुकमणि की चर्चा सुणी, घूंघट में मुसकाय।
छपन कोटि जादू जुड़्या, सब मिल बैठा आय॥ 787॥
इतनी सुन आनँद भयो, मोतियन चौक पुराय।
चंदन चौकी साज सब, जादूपति बैठाय॥ 788॥
दुरवासा अक्षत तिलक, कलस गणेस पुजाय।
हरिये हरि के तिलक कर, कामणि मंगल गाय॥ 789॥

मारू : जब हरिये फेंटा सूँ खोली, रुकमणि की सहनाणी।
हीरा रतन अधिक अति जड़िया, इसी अंगूठी आनी॥ 790॥
जब हरिये हरि कूँ पहराई, हरि अंतर में जानी।
या मुँदरी तो जनक सुता की, अपनी और पिछानी॥ 791॥
त्रेता जुग में हनुमत दीन्हीं, या सहनाणी म्हारी।
लंका जारी बाग बिधुंस्यो, जद की बात चितारी॥ 792॥
रुकमणि की यह वीनती जी, सुनियो जादूराई।
दास पदम पर किरपा कीज्यो, संसौ मेटौ आई॥ 793॥

दोहा : जब हरि हलधर कूँ कह्यो, डेरा भवन दिवाय।
कंचन चौकी डारि कै, सेना लेवौ बुलाय॥794॥
तातौ पाणी उबटणौ, मरदन अंग कराय।
सौड़ गलीचा गैंदवा, जाजम द्यौ बिछवाय॥ 795॥
हरख्यौ द्विजवर बैठियो, मन करि मान्यो चाय।
दरसण लीना स्याम का, फूल्यो अंग न माय॥ 796॥

विहाग : हरि नैं पत्रिका द्विज दई॥ टेक॥
रुकमणी की लिखी पाती, सीस पै धर लई॥ 797॥
बाँच पतिया हरष मन में, आनँद ऊपजै सई।
जानि सिंगारौ बलभद्र भाई, चित्त चालन भई॥ 798॥
द्वारका में होत मंगल, भौम रतनाँ छई।
दास पदम आनंद घर-घर, चरचा इण विधि भई॥ 799॥

लावनी : रुकमणी वचन की रचना, पतिया वाँचत छैल छकनिया॥ 800॥
पढ़ प्रथम सिद्ध सिरी सील सर्व, उपमा जनु जगत कहे री।
पुनि पुनि प्रणाम अपरंच चरण, दरसण चख चाह घणेरी॥ 801॥

इतके सुण साँचे समंचार, म्हैं अरधंग्या त्रिय तेरी।
जनम-जनम की लगी लगन, पग परी प्रीत की बेरी॥ 802॥

झेला : रुकमइए कुमत उपाई, दुष्टन की सैन बुलाई।
पितु वचन निरादर करत अकरमी, मानत नाहिं सिकनिया॥
रुकमणी वचन की रचना॥ 803॥

जम की सी धार बरात, काल सिसुपाल संग सजि आई।
दुरजोधन सम दुरबुद्धि, कोटि खल उमँगे जग दुखदाई॥ 804॥
मम प्राण घात हित करत, प्रतिग्या प्रभुता मान बडाई।
पितु भीषम को प्रण राखल्यो, तुम खबर तुरत यदुराई॥ 805॥

झेला : कुंदनपुर घेर रहे हैं, सबने कर शस्त्र गहे हैं।
हरि भक्त पिता की पैज, घटे नारद मुनि सत्य कथनिया॥
रुकमणी वचन की रचना॥ 806॥

पापी यह प्राण पुकार करै, घनश्याम दरस के प्यासे।
हठ तजै न घट तैं कढैं, निठुर बन बैठे विकट मिवासे॥ 807॥
बासे मुख रहैं उदास, सहैं दुख रोवत दीर्घ उसासे।
सुध लीज्यो गिरधरलाल, मति रखियो आस निरासे॥ 808॥

झेला : निसि दिवस बरस से बीतें, दुख सुक्ख जगत की रीतें।
म्हैं दासि तुमारी सरण तुम्हारी, मन भ्रम क्यूँ ललचनियाँ।
रुकमणी वचन की रचना॥ 809॥

पन घटै मिटै कुल कान, विड़द उलटे कुल लोग हसेंगे।
अब अंस कला निरवंस, हुई तोउ भक्तन पद परसेंगे॥ 810॥
सिसुपाल तुच्छ सम कोटिन, खल मम तेज तुरत भुलसेंगे।
मन वचन कर्म पूजे महेस तो, हम हरि भवन बसेंगे॥ 811॥

झेला : उन तो सुन परम निहोरे, मैं पाँय परत हूँ तोरे।
हरिनंद कहै द्विज चंद चतुर, दुलहन कनि बांध कंगनियाँ॥
रुकमणी वचन की रचना॥ 812॥

विहाग : जरद भए बाँचत ही पतियाँ।
ऊपर लिखे प्रेम के अख्यर, धरक-धरक धरकै छतियाँ॥ 813॥
हमरी विथा हमरा तन जानैं, वाँच न जाय प्रेम पतियाँ।
पदम श्याम शिव महर करौ प्रभु, बीते जाय दिवस रतियाँ॥ 814॥

मारू : मूँग हर्‌या मंडोवरा ल्यावौ, उज्ज्वल भात करावौ।
चोखा चावल घिरत घणेरा, बूरौ माहिं मिलावौ॥ 815॥

छप्पन भोग छतीसूँ विंजन, एक सुँ एक सवायो।
चोखा घिरत स्वेत धेनू का, बूरौ माहिं रलायो ॥ 816 ॥
साबूनी मिसरी को सीरौ, घणा घिरत को घायो।
घेवर पाक जलेबी खुरमा, मालपुवा सरसायो ॥ 817 ॥
लाडू पेड़ा बरफी मुरकी, बहु पकवान मंगावौ।
मोतीचूर मगद का लाडू, द्विज रुच-रुच के पावौ ॥ 818 ॥
केला मूंगाँ भाँत-भाँत के, पापड़ बड़ा मंगोड़ी।
सकल पाक अति सुन्दर बणिया, सबसे अधिक फलोड़ी ॥ 819 ॥
कोलौ पेठौ बैंगन तोरूँ, आंबाँ को आचारौ।
खारक दाख बिदाम खोपरौ, खटो फोग फुलगारौ ॥ 820 ॥

दोहा : ऊठौ जोसी जीमल्यो, हुई रसोई त्यार।
सखियन मंगल गाविया, कृष्ण करै मनुहार ॥ 821 ॥
मिलकर आई सहचरी, गावत मंगलचार।
जोसी बैठा जींमवा, मुदित भये नर नार ॥ 822 ॥

मारू : रुच-रुच जींमौ विप्र भीम का, थाँ लायक कछु नाहीं।
निर्मल झारी गंगाजल की, अँचवन दियो कराहीं ॥ 823 ॥
थारै कमी नहीं काहे की, अनदाता म्हें धाया।
पदम भणत जोसी मन भाया, नींका विप्र जिमाया ॥ 824 ॥

दोहा : बीड़ी पान कपूर की, दी दखणी बलवीर।
माला मोती मूंदड़ी, और पटंबर चीर ॥ 825 ॥

गारी, राग बरवौः

पांडेजी थे म्हारै भल आया ॥ 826 ॥
काँई जी कमावै थारै भींवजी री नारी, जिन सिसुपाल बुलाया ॥ 827 ॥
रुकमणि कँवरी भीमराय की, जादू मान बधाया ॥ 828 ॥
एक सखी अैसे उठ बोली, पाँच सात का थे जाया ॥ 829 ॥
पदम भणैं प्रणमैं पाँय लागूँ, कितरा बाप कहाया ॥ 830 ॥

राग बरवौः

साजनिया आया री, सखी मोरे अंगना ॥ 831 ॥
ल्यावौ री सखी द्यौ बैसणियाँ, ऊँखल मूसलियाँ ॥ 832 ॥
ल्यावौ री सखी खाटड़िया बिछावौ, दे साँका तणियाँ ॥ 833 ॥
ल्यावो री सखी भोजनिया जिंमावौ, खटरस विंजनिया ॥ 834 ॥
पदम भणैं प्रणमैं पाँय लागूँ, गावै प्रभु के गुनगनिया ॥ 835 ॥

पाछी गारी नारद गावै, बरवौः

सुन समदण चतुर सुजान, आयो म्हैं तेरे अँगना ॥ 836 ॥

मैं हूँ ब्राह्मण राजा भींव को, तू मेरी जजमान, खुसी होय दे दछना ॥ सुन. ॥ 837 ॥

राज सुहाग भाग की पूरी, कलि में तेरौ नाम, सदा बोलै बमना ॥ सुन. ॥ 838 ॥

मोतियन थाल भर दछना ल्याई, कर आदर सनमान, येहि सोभा अंगना ॥ सुन. ॥ 839 ॥

घूंघट का पट खोल नजर भर है खूबी, दे आदर मिजमान, जाया तुम दोय ललना ॥ सुन. ॥ 840 ॥

जो चाया सो दिया विप्र कूँ, बोहत किया सनमान, खुशी होय मन अपना ॥ सुन. ॥ 841 ॥

पदम के स्वामी मगन भयो जैसे, मेह बरसै घन गाजै गगना ॥ सुन. ॥ 842 ॥

दोहा : हलद हाथ केसौ तणा, सब मिल करै बखाण।
सब के मन आनँद भयो, हरषे सारँगपाण ॥ 843 ॥

मारू : मुतियन चौक पुराय आँगन में, सखियन मंगल गाया।
मलियागिरि की चौकी ऊपर, सिरी कृष्ण बैठाया ॥ 844 ॥

ऋषि दुर्वासा अक्षत दीना, कलश गणेस पुजावै।
पीठी सो वह लाड लडावै, हँस-हँस मंगल गावै ॥ 845 ॥

हरि की नारि करै कौतूहल, आनँद उर न समावै।
कहा कहूँ या छबि की सोभा, महिमा पार न पावै ॥ 846 ॥

बहन सोदरा साज आरती, राई लूण उतारै।
तन मन प्राण करै नौछावर, बार-बार बलिहारै ॥ 847 ॥

गावै गीत बजावै बाजा, बाँटत रैस बधाई।
हलद हाथ की सुन्दर सोभा, पदम स्याम बलि जाई ॥ 848 ॥

छन्द : सारद आदि मनाय गणपति, ध्यान संकर को धरैं।
ब्रह्मा वेद विचारि कै ध्वनि, आरती नारद करैं ॥ 849 ॥

इन्द्र आदि महेन्द्र आये, देव सब जै जै करैं।
आन कुल गुरु पूजि गणपति, कलम ले थांभै धरैं ॥ 850 ॥

सिद्ध चारण भाट गंन्ध्रव, आसिका देवैं खरैं।
दास पदम सुगंध पीठी, हरष कै मुख चोपरैं ॥ 851 ॥

वसंत : हलदी को रंग सुरंग, नीपजै मालवै।
कंचन वरण केसर सूँ ही पीरौ, तामें बहुत सुगंध ॥ 852 ॥

या हलदी संकर मोलावै, पारवती मन कोड़।
या हलदी ब्रह्माजी मुलावै, सावित्री मन कोड़ ॥ 853 ॥

या हलदी वसुदेवजी मुलावै, देवकीजी मन कोड़।
या हलदी शिवकर्ण भक्त हित, पदमय्या मन कोड़ ॥
या हलदी निपजै मालवै ॥ 854 ॥

बरवौ : म्हैं गांधी प्रभु रावरौ, भोरहि उठ धायो ॥ 855 ॥
बहुत सुगंधी पीसकै सुगंध बनायौ।
मरवा दौना मोगरौ, चंपौ पिसवायौ ॥ 856 ॥
कपूर काचरी पानड़ी, छार छडीलो मिलायो।
नागरमोथौ मानसी, जामें अमर रिलायो ॥ 857 ॥
अगर तगर भरपूर है, मृगमद मन भायो।
केसर जावक जायफर, कापूर ठिलायो ॥ 858 ॥
चंदन तेल इलाइची, ऐसो मेल मिलायो।
हेम कलस शिवकर्ण, भरे पदमय्यौ ल्यायो ॥ 859 ॥

खंभायची ठुमरी :
रूप खुल्यो घनस्याम उबटणा सूँ, सोलौ चढ्यो छै बना ॥ 860 ॥
रति बस भई अपछरा मोहित, पेखत भई जी निहाल।
थिर भयो पवन रवी रथ थंभे, देवन पुष्प प्रहार ॥ 861 ॥
कोटि मनोज रूप पै वारूँ, सरभर करै न आन।
बलि-बलि जाइ दास पदमय्या, राई लूण उबार ॥ 862 ॥

खट : साँपड़ स्याम सिंघासण बैठा, सखियन बना बनावै री ॥ 863 ॥
जरकस पाग जरी रो जामौ, हरिजी नैं पहरावै री।
जरीदार मोजड़िया सोभै, सब सखियन मन भावै री ॥ 864 ॥
कमर कटारौ बाँकड़ौ, सोहै बीजल सार री।
पदम भणैं प्रणमैं पाँय लागूँ, आनँद मंगलचार री ॥ 865 ॥

ठुमरी : बना पर मोती बारूँ हे, सो बारूँ सोही थोड़ा। बना पर० ॥ 866 ॥
सिर सोने को सेहरौ विराजै, मोहन रूप निहारूँ हे ॥ 867 ॥
बहन सोदरा करै आरती, राई-लूण उबारूँ हे ॥ 868 ॥
पदम भणैं प्रणमैं पाँय लागूँ, जीवन जनम सुधारूँ हे ॥ 869 ॥

दोहा : व्यास भणैं श्रीदेव से, सुणज्यो स्याम सुजान।
तुम लंकेसुर मारियो, दियो विभीषण मान ॥ 870 ॥

मारू : दियो विभीषण राज राजवी, भगताँ मान बधावौ।
दिल्लीपति मंडल सुत राजा, जिनकूँ नूँत बुलावौ ॥ 871 ॥
व्यास कही केसौ मन मानी, व्यासदेव तुम जावौ।
इस्यो मोहोरत लिख्यो पत्रिका, सिद्ध जोग सब आवौ ॥ 872 ॥
कर मनुहार लिखा बल राजा, तुम राजन के राई।
झगड़ा जरासंध राजा से, ऊपर कीज्यो आई ॥ 873 ॥
अर्जुन भींव नकुल सहदेवा, धर्म पुत्र बडमानी।
सिरी कृष्ण के बंधै सेहरौ, सब मिल आवौ जानी ॥ 874 ॥

चापर बेग करौ चढवा की, हतनापुर दरसायो।
खबर हुई पंडू राजा नैं, व्यासदेव जी आयो॥ 875॥
नौतो खोल दियो जादू को, मोह वचन प्रतिपालौ।
झगड़ौ जरासंध राजा से, सब मिल जानी चालौ॥ 876॥
धरमपुत्र राजा यूँ बोलै, अब कोइ मंत्र विचारौ।
उदधीपुर चलणौ ही चहिए, कोइ जीतौ कोइ हारौ॥ 877॥
राजा भणैं कुंताँ सोहंती, जननी बुद्धि बतावौ।
पारब्रह्म के चरण गहोगे, हारि कदे नहिं आवौ॥ 878॥
केसौ अपनौ हम केसौ का, यह कारज कर आवौ।
पीठ दे'र भारत मत भाजो, मेरौ दूध लजावौ। 879॥
जोड़्या हाथ पुत्र माता से, सुणी आदि की माया।
यह तन मन केसव पर वाराँ, तो कुंता का जाया॥ 880॥
छोहणी सात जलंधर बगतर, गगन खेह जाय लागी।
मेघ अडंबर झलकै सोहै, चढे जोध बडभागी॥ 881॥
यादव थकित हुवा देख्याँ तें, दल पांडव का भारी।
वेद व्यास की करौ आरती, बोले कृष्ण मुरारी॥ 882॥
कंचन थाल भर्‌या मुतियन का, राज पोल सिणगारी।
वेद व्यास की करी आरती, पदम भगत बलिहारी॥ 883॥

छंद : जादू जगत नरेस बोल्या, सिलैखानौ आन रे॥ 884॥
तेड़े साह निस्वारथी निज, सारथी निज संग रे।
पीड़ पलंग पलाण पाखर, मोहना मकरंद रे॥ 885॥
नातलाउ तुरँग ताजी, घोर जात भमंड रे।
कुमेत काला कानड़ा किल, नील रानो रंग रे॥ 886॥
छुटा घोड़ा सोहनी तू, साहनी दल सार रे।
करड़ कुहुड़ा काबरा और, माकरी मल्लान रे॥ 887॥
दाणियार परेवरा औ, हंसरासू चाल रे।
मुलतानिया अर परवती, पंच रतन कल्यान रे॥ 888॥
दावड़ा धौसा बड़ागी, दूदड़ा पथर फोड़ चंगौड़ रे।
ऊँचा अलौला अपचला, चंचल और चपल्ल रे॥ 889॥
नौलखा उडगन बेंगिया, कपूरिया र कुरंग रे।
सुवाखंडी सोरठा, मूंगिया र सुरंग रे॥ 890॥
सबख घोड़ा कहर का, बाबर बराना आण रे।
हिणहिणार भुजंग मुसकी, लीला गरुड़ पलाण रे॥ 891॥

मोतीवरणा अैराकिया, सुनेरा अरु गोढ रे।
ऊजल धौला केसर वरणा, पाणी-पंथ पलौट रे॥ 892॥
कुदल ताजी तीतरा, चीला अरु जंग रे।
गिरह्यणा और हर्‍या पटणा, मोरवा रु समंद रे॥ 893॥
येक पवन की चाल बराबर, येक पवन पहले आय रे।
येक पवन सूँ चलै सतगुणा, खासा रथ जुतवाय रे॥ 894॥
येक मद-माता फिरै अवनी, कृष्ण के मन चाव रे।
पदम स्वामी मन्न हरषै, घोड़ा जात बखाण रे॥ 895॥

मारू : हलद हसिया और अवलिया, रथ जोड़्या केकाणा।
विकालु कबुतरा कूंकूं-धारी खंधारी, चीण्या लीला आण्या॥ 896॥
बोहार कच्छिया विगड़ पहाड़ी, लीला पंच रतन कल्याणा।
स्यामकरण सूवावर स्यामा, तीतरवर्णा आणा॥ 897॥
उज्वल वरणा किसोर घोड़ा, मेघ-वरणा जाणा।
काछेला कुरवान रोड़िया, कृष्ण चाबकिया आणा॥ 898॥
खंधा अरू गोट परवानी, अटक पूटिका आणा।
अस्व काबली खुरास्यान रा, पीला घोड़ा आणा॥ 899॥
गौड़ विला सारंग जलाला, अरिया सेमि बंगाली।
तुरकी ताजा अरु चीणाई, एरारी कनक जगाली॥ 900॥
मोंहुवाँ हँस्या सँजावर सुरखा, रंग जामणी आण्या।
पदम भणैं प्रणमैं पाँय लागूँ, जाण्या जिता बखाण्या॥ 901॥

दोहा : बलद मंगावौ बहुगुणा, रथ संजूता जाण।
कोठीगडा जुतावज्यो, बहलाँ तणा बखाण॥ 902॥

मारू : दखिण देस रा हुड़बहोड़ा, ढूंडाढार सुथाणा।
देस मालवै छोटा टेंगण, पूरव का पछियाणा॥ 903॥
कछ भुज देस राट का बैल्या, रींडाँ का अधिकाई।
मध्य देस रा खरा सोहना, बहलाँ घणी बडाई॥ 904॥
बागड़ देस रा भींडा ल्यावो, मेवाड़ी र लखेरा।
मारूधर सींगाला ल्यावौ, ब्रज भौमी का गोरा॥ 905॥
गौडदेस का चीतम काला, गुजराती बड काना।
देस बंगालै छोटा गैणा, जूपै बहुत अमाना॥ 906॥
कासमीर का धौला पीला, सेरा ज्यूँ खुरसाणा।
पदम भणैं प्रणमैं पाँय लागूँ, बहलाँ तणा बखाणा॥ 907॥
घोड़ा बहल मंगाया भारी, ऊटाँ करौ तयारी।
लख सांढ्या सिणगार सरीखा, अनड़ भिड़ा असवारी॥ 908॥

छप्पय : ऊँट गला ऊपरा बलादार वौलाड़े।
दियो हुकम दीवाण कहर ताकीद कराड़े॥ 909॥
सांडीवाल सताव चढी सांडिया चलाया।
राह रूते रवार धूत धर चौह धकाया॥ 910॥
आणिया धरे अखाड़ मल खोद घड़ाया खूटड़ा।
नख तोड़ नेड़ा लाया निडर आण झिकाया ऊँटड़ा॥ 911॥
रींव घड़ा रातड़ा वैण बडबड़ात बोलंता।
काला भूरा केस चाल अपजोर चौलंता॥ 912॥
जोड़ै नीसर जाय बले खरगोस बिचाला।
पड़ मजबूत पहाड़ मंद बहता मतवाला॥ 913॥
जे कल जडंग चौड़ा जबर लांबा लग सल डंगसा।
धूना अतीत धूणी धडंग भूराभूत भडंग सा॥ 914॥
बड़बड़ात बोलंता गजब करता गरडाटा।
फड़फड़ाट फेफरा चठट चरखी चरडाटा॥ 915॥
ऊट समेला आय मिले भेला मदमाता।
हरदवरा हाकिया जेम जोगेन्द्र जमाता॥ 916॥
गूंगा गजाड़ा गहला गडंग रडरावण चढ रोस रा।
ल्यावताँ बार लागै नहीं समाचार सौ कोस रा॥ 917॥
भलका ऊँट भरकाभ्र सुंड जबरा अंभारी।
ल्याया नीठ लठौर रीठ हर सुंडे रबारी॥ 918॥
कोई कहावै काबली अडखिम खाय उबासा।
बहै ढाण बवरेल जके भई जम रासा॥ 919॥
ध्रसुंडा पाहाड़ धरराट धर गडगडाट ऊभा गजे।
अतरी अवाज बोलण असी बडे राज सुथरी बजे॥ 920॥
पड़पोता पवन रा जोम माता जाखौड़ा।
लुलूघौलु गथगात ताखडबें ताखौड़ा॥ 921॥
कस तौफा कूँचियाँ, लाल फूंदा लटकावै।
झेलै सीस झौलिया, मछर करता मन भावै॥ 922॥
घरराट करै गाजै घटा सारा येकण साथ रे।
करै हलाँ री झबक सुण जगै विसंभर नाथ रे॥ 923॥
बुगदी बबर बिचौल जिके मुरधर रा जाया।
मारुधरा रा ऊपना मोल थलवट मोलाया॥ 924॥
जालौरी जात रा मस्त अंगमोलज घणेरा।
जे जोड़े जूट्या उडे घोड़ा अधकेरा॥ 925॥

पाहाड़ उठाय जाखी प्रगट डाकी लीधा डोलता।
गाढा गुसेल रु सेलगघ वीफरेल बागौलता॥ 926॥
ऊँचा थुहा उतंग सीस टामंक सरीखा।
लडबे बडी बलाय तके खडबे अति तीखा॥ 927॥
खसे टलाटल खाय छजे अँग ईडर छोटा।
बडभागण वाँ मरा आण धर दिया अंगोटा॥ 928॥
खीजियाँ दात पीसै खड़ा अंधखँ अहंकार में।
नौहथा जोध सोभै घणा श्रीकृष्ण तणा दरबार में॥ 929॥
रैवारी रावला जडंग डाकी जोरावर।
रूँवाली रीछ सा भूत बिड़ रूप भयंकर॥ 930॥
ऊना वसतर ओढ येक मण दूध आरोगण।
काँकड़ हंदा कीस त्रिसूल चढ रह्या तमोगुण॥ 931॥
जंगली जरख ह्वैता जिस्या काला जम रूपी कहै।
चरावै ऊँट जादव तणा रात दिवस दौला रहै॥ 932॥

मारू : इण विधि ऊँट एकठा कीया, मल्ल अखाड़ै ल्याया।
जम सा दूत जिस्या रैबारी, घेर बरोबर धाया॥ 933॥
भूरा भगदड़ भूत भमंडी, दौड़े घणा उताला।
अंग उघाड़ै बभरू बरणा, दैत सरीखा काला॥ 934॥
जंगी ऊँट सलीताँ कारण, चढबा काज सहेला।
लंबी नाल बहै औचकता, टोड अरी दल पेला॥ 935॥
हस्ती घुड़ला ऊँट बहल रथ, साहण-बाहण ताता।
काहर कोट पालखी कारण, हुड़दंगा मदमाता॥ 936॥
जगमग जान कृष्ण की सोहै, सोभा सकल सरावै।
पदम स्याम सिवकर्ण मनोहर, बनड़ा के मन भावै॥ 937॥

छंद : ध्याय गणपति सरस्वती, नव मातृका पूजाइये।
कुल देव देवी इष्टका मिल, नारि मंगल गाइये॥ 938॥
कनक थाल र रतन झारी, जमुन जल भरवाइये।
मलियागिरि की रतन चौकी, बना कुँवर बिठाइये॥ 939॥
केसर अगर कपूर अत्तर, अगर मुष्की रलाइये।
यव चूर्ण हलदी तेल ले'र, सुगंध सकल मिलाइये॥ 940॥
मरदन सखी मिल स्वागणी, दधि सहित मलन कराइये।
चढाय तेल न्हवाय हरि को, पीतांबर पहराइये॥ 941॥
सिर मुकुट ऊपर सेहरा, कटि फेंट बागो ल्याइये।
मखमल को जोड़ा जनकसी, ले स्याम कूँ पहराइये॥ 942॥

कूं कूं कटोरै हेम केसर, गोरोचन भी पाइये।
गज मोतियाँ के करौ अक्षत, तिलक भाल बनाइये ॥ 943 ॥
निंव कै धोक गुरु दे आसिका, नव मातृका पूजाइये।
कर आरती शिवकर्ण पद्म, सुभ सुमंगल गाइये ॥ 944 ॥

खट : साँपड़ स्याम सिंघासन बैठा, सखियन बना बनावै री।
पचरँग पाग केसरिया बागौ, मोहन नैं पहरावै री ॥ 945 ॥
केसर तिलक कर्‌यो केसव के, अरु सिर मौड़ बंधावै री।
गल मोतियन की माला सोहै, दुपटौ फेंट बंधावै री ॥ 946 ॥
जादू-पति की करौ निकासी, घोड़ा बेग मंगावै री।
पदम श्याम सुखदायक नायक, अब क्यूँ ढील लगावै री ॥ 947 ॥

दोहा : जादू सब मिल कोकिया, सब मिल बैठा आय।
नौता तणी जुहार है, जाजम देवौ बिछाय ॥ 948 ॥

मारू : सत्राजीत सत्त की सोभा, सब मिल जादू आया।
जबै कृष्णजी नौतो लीयो, यादव कुल सब लाया ॥ 949 ॥
हीरा रतन जवाहर मोती, कंचन थाल भराया।
पदम भणैं प्रणमैं पाँय लागूँ, सखियन मंगल गाया ॥ 950 ॥

ठुमरी : बना पर मोती वारूँ हे, जो वारूँ सोइ थोड़ा, बना पर० ।
सिर सोने को सेहरौ विराजै, मोहन रूप निहारूँ हे ॥ 951 ॥
बहन सोदरा करै आरती, पल-पल प्राण जुहारूँ हे।
पदम भणैं प्रणमैं पाँय लागूँ, आगे जनम सुधारूँ हे ॥ 952 ॥

ठुमरी : आज की घड़ियाँ है रंगीली ॥ 953 ॥
निरख लियो नवरंग बना नैं, भर-भर नैननियाँ हे।
सोने को सूरज आज भल ऊगौ, जादूपति बना बनियाँ हे ॥ 954 ॥
चितवन में चित छीन लियो री, अनियारी अनियाँ हे।
पदम भणैं प्रणमैं पाँय लागूँ, गावत गुण गुणियाँ हे ॥ 955 ॥

मारू : इन्द्र घराँ सूँ घोड़ी आई, घोड़ी रो मोल चुकावौ जी।
ये कुण घोड़ी रो मोल चुकावै, ए कुण बखसै दामौ जी ॥ 956 ॥
ये कुण घोड़ी रो आयक-पायक, यो कुण है असवारौ जी।
साणी घोड़ी रा आयक-पायक, कान्ह कँवर असवारौ जी ॥ 957 ॥
इन्द्र घराँ सूँ घोड़ी आई, घोड़ी रो रूप बखाणौ जी।
खुरि खुरताली कंचन केरी, मुरचाँ नैं वर जाणौ जी ॥ 958 ॥
लाल लगाम जड़ी कड़ियालाँ, हीरा जड़त पिलाणौ जी।
झिलमिल झिलमिल मोती झलकै, जीन बनाती आण्यौ जी ॥ 959 ॥

रतन पदारथ मोहराँ पोया, केसाँ मोती सार्‌या जी।
साज सिंगार साहणी ल्यायो, घोड़ी धरत्याँ पाँव न धार्‌या जी॥ 960॥
रायजादे तब करी निकासी, घोड़ी करै पवन सूँ बाताँ जी।
पदम भणैं प्रणमैं पाँय लागूँ, कान्ह कँवर रँग राता जी॥ 961॥

दोहा : नीकासी केसौ तणी, जाचक मांगै दान।
रतन जड़ित को सेहरौ, द्यौ औलगिया नैं दान॥ 962॥

मारू : कर सोला सिणगार कामणी, एक एक अधिकारी।
श्रीकृष्ण के सुरमौ सार्‌यो, हलधर जू की नारी॥ 963॥
सुरमा सार भई मुसकानी, हमरा नेग चुकावौ।
नवल बना की छवि परि वारी, चढ कुंदनपुर जावौ॥ 964॥
गोकुल अरु वृंदावन मथुरा, व्रज की भूमि लिरावौ।
भावज म्हारै सुरमौ सार्‌यो, घणी बधाई पावौ॥ 965॥
काँइ जी करूँ थारी मथुरा नगरी, वा तो आप रखाज्यो।
ले-कर लाडी परण पधारौ, पहली पाँय लगाज्यो॥ 966॥
भेर मृदंग सु बाजा बाज्या, राग छतीसूँ साजा।
कुन्दनपुर नैं करी तैयारी, चवद भवन के राजा॥ 967॥
खडी अपछरा निरत करत हैं, चिरजीवौ या जोड़ी।
पदम भणैं प्रणमैं पाँय लागूँ, आप चढे हरि घोड़ी॥ 968॥

ठुमरी : बना पर मोती वारूँ हे, जो वारूँ सोहि थोरा॥ बना.॥
सिर सोना को सेहरौ विराजै, मोहन रूप निहारूँ हे॥ 969॥
बहन सोदरा करै आरती, पल-पल प्राण जुहारूँ हे।
पदम भणैं प्रणमैं पाँय लागूँ, आगै जन्म सुधारूँ हे॥ 970॥

दोहा : नीकासी केसौ तणी, जाचक मांगै दान।
रतन जड़ित को सेहरौ, द्यौ औलगियाँ नैं दान॥ 971॥
सब जानी जादू चढे, उग्रसेन वसुदेव।
रतन जड़ित हरि सेवरौ, मुतियन बूठा मेह॥ 972॥
डेरा दीन्हा बाग में, भेला हुवा सब साथ।
रुकमणि सावौ साँकड़ौ, बेग चढौ परभात॥ 973॥
भरे दमामा बाजिया, परी निसाणाँ घाव।
चढियो त्रिभुवन राजवी, दास पदम बलि जाव॥ 974॥

दोहा : ब्रह्मा देव पधारिया, हरि सों पूछै आय।
हरिजी कह कारज करौ, जान भेली हो जाय॥ 975॥

मारू : जब ब्रह्मा नैं घड़ी रचाई, सप्त दिवस की एकौ।
कारज कराँ बिहारी केरौ, सभी नजर भर देखौ॥ 976॥

छपन प्रहर को एक दिवस कर, ब्रह्मा घड़ी लगाई।
सुर नर नाग देव द्विज जानी, भये एखठे आई॥ 977॥
थिर हुवा चंद सूर थिर हूवा, या विध लख्यो न एकौ।
पदम भणैं प्रणमैं पाँय लागूँ, करल्यौ काज अनेकौ॥ 978॥

मारू : धर्‌यो ध्यान हिरदा में माधौ, संख पचायण पूरा।
तीन लोक के सुर नर मुनिजन, जान बाल ज्यूँ लूरा॥ 979॥
देवाँ रे दल नौबत बाजै, दाना रा दल चूर्‌यौ।
पदम भणैं प्रणमैं पाँय लागूँ, सब मिल मंगल पूर्‌यौ॥ 980॥

मारू : एक ब्रह्मा की आय सवारी, दस खोहणि दल आया।
सुर नर मुनि जन और ऋषीस्वर, देव तणा दल छाया॥ 981॥
नवौ नाथ चौरासी सिद्धा, सिव शंकर चढ आया।
बलद भींडिये करी सवारी, मुंडमाल ढलकाया॥ 982॥
नऊँ क्रोड दुर्गा चढि आई, धवलागढ की राणी।
बावन भैरू चौसठ जोगन, लांगुड़िया अगवाणी॥ 983॥
इन्द्रपुरी सुँ चढ्या इन्द्र राजा, दल का पार न पाया।
बाजा बाजै अंबर गाजै, इन्द्र तणाँ दल आया॥ 984॥
ब्रह्मा विष्णु महेस भणीजे, छपन कोट कुल साखा।
टाटरटोप जँजीरा बगतर, साज भरी सत लाखा॥ 985॥
असी लाख कुंजर सिणगार्‌या, स्वेत वरण सुंडाला।
ढलकै ढाल फरूकै नेजा, चाली पर्वत माला॥ 986॥
नव सौ सहस निसाण दड़ूकै, सावकरण बहु छूटा।
सहस अठ्यासी ऋषि चढ आया, नेमनाथ ले पूठा॥ 987॥
संखनाद जब बाजन लागे, नव सै सहस नगारा।
कुंदनपुर कूँ करी साखती, पैदल दल असवारा॥ 988॥
अधकी फौज सबल सस्त्रादिक, सैंपटिया फरवरिया।
बारह छोहणि ले बलभद्दर, हरि पीछै साँचरिया॥ 989॥
चवदा लाख भर्‌या चीणी का, घिरत लाख पच्चीसा।
चावल मूंग भर्‌या मैदा का, करहा लाख छतीसा॥ 990॥
केइ हौदा अर केइ अंबाड़ी, केइ बैठा सुखपालाँ।
कानाँ मोती झलकत सोहै, ढलक रही है ढालाँ॥ 991॥
कनक तणी तहनाल जड़ाई, घाली घूंघरमाला।
दलाँ चहूँ दिसि हुई हलाहल, तेजी छूट उताला॥ 992॥
सिद्ध जोग मेलियो मोहोरत, हरि बैठा रथ माहीं।
रतन जड़ित को रथ बैठायो, राणी रुकमणि ताहीं॥ 993॥

साढी तीन सौ छत्र झलक्कै, मेघाडंबर भारी।
रवि तल दूजा और न कोई, कृष्ण तणी असवारी॥ 994॥
त्रिभुवननाथ हरषि मन माहीं, ब्याहन भींव कँवारी।
पदम भणैं प्रणमैं पाँय लागूँ, ऐसी जान सँवारी॥ 995॥

दोहा : सभी जान जादू जुड़े, सुर नर मुनिजन माँह।
दिष्ट दई सब देखिकै, गणपत देख्या नाँह॥ 996॥

मारू : और जान में सबही आया, गणपतजी नहिं आया।
गणपतजी कूँ बेग बुलावौ, नारद मुनी पठाया॥ 997॥
नारद जाय कही गणपत नैं, बेगा आप पधारौ।
पदम भणैं नारद यूँ बोलै, संकट विघन निवारौ॥ 998॥

सोरठ : गणपत आयाँ ही सरै, नवल बिहारीजी को ब्याव।
धवलागढ सूँ आवो विनायक, दुख दालिद्र हरै॥ 999॥
सूंड सुंडालौ धूंद धुंदालौ, सिर पर छत्र धरै।
पदम भणैं प्रणमैं पाँय लागूँ, खाली खास भरै॥ 1000॥

दोहा : गणपति सुण्यो संदेसड़ौ, आनँद उर न सम्हाय।
मूँसा लिया सिंगार कै, चढे जान में आय॥ 1001॥

मारू : गणपतिजी नैं देख आवता, नारद कहिए भालौ।
गणपतिजी नैं पाछा मेलौ, गढ पौल्याँ रखवालौ॥ 1002॥
सूंड सुंडालौ धूंद धुधालौ, भोजन घणौ अहारी।
गणपतजी नैं पाछा मेलौ, लाजै भींव कँवारी॥ 1003॥
मोटी पींड्याँ लगै थंभसी, मस्तक मोटा कानौ।
गणपतिजी नैं पाछा मेल्हौ, भूंडी दीसै जानौ॥ 1004॥
हलधर कयो वचन सबसे थे, गणपतिजी नैं भाखौ।
सूनी पुरी सल्हा में नाहीं, गणपतिजी नैं राखौ॥ 1005॥
पीछौ जा म्हारा गणपत गरवा, गढ पौल्याँ रुखवारौ।
थे म्हारै हलधर की जागाँ, घणौं भरोसौ थारौ॥ 1006॥
यह सुण वचन कृष्ण के गणपत, हरष चल्यो मन माहीं।
आगै बडी लड़ाई होसी, जाय'र करतौ काँई॥ 1007॥
नारद मुनी जनम को चुगल्यो, जाय गणेस सिखायो।
लाजाँ मरता पाछा काढ्या, किन थानै कोट भोलायो॥ 1008॥
कोप कियो गौरी के नंदन, मूसा लिया बुलाई।
म्हारी तो पत थे अब राखौ, हुई घणी हलकाई॥ 1009॥

टूटै धुरी अड़ै पाचरिया, पैदल चलण न पावै।
खोद मेदनी पोली कर द्यौ, जद म्हाँनै जस आवै ॥ 1010 ॥
मूँसा जाय मेदनी खोदी, गणपत आज्ञा पाई।
पैदल पाँव धरन नहिं पावै, सब रथ दिया थकाई ॥ 1011 ॥
टूटै धुरी अड़ै पाचरिया, रथाँ भड़ाभड़ नाथी।
घोड़ा ऊँट गरक सब होवै, गुड़ै बहल और हाथी ॥ 1012 ॥
जब श्रीकृष्ण कही हलधर सूँ, सुनियो समरथ भाई।
यो तो करम कियो गणपति नैं, गणपति ल्यावौ मनाई ॥ 1013 ॥
मंत्री जाय कही गणपत नैं, बेगा जान पधारौ।
चाल-चाल म्हारा गरवा गणपत, थाँ बिन कृष्ण कँवारौ ॥ 1014 ॥
कृष्ण कँवारौ म्हारौ काँई सारौ, गढ पौल्याँ रखवारौ।
म्हैं वाँ रे हलधर की जागा, घणौ भरोसो म्हारौ ॥ 1015 ॥
सबही देव सिरोमणि संकर, जिनके पुत्र कहावौ।
हलधर कृष्ण मनावण मेल्या, अब क्यूँ बार लगावौ ॥ 1016 ॥
म्हैं क्यूँ चालाँ म्हाँनै हलधर मेल्या, राखी काँई बडाई।
म्हैं तो वाँ रे दाँय न आया, सारी जान सराई ॥ 1017 ॥
सब पहलाँ सिंवरण गणपति को, पहली किरत कवाई।
सबसे आदि तुमारी पूजा, फिर देवन की बडाई ॥ 1018 ॥
सूंड सुंडालौ धूंद धुधालौ, मस्तक मोटौ कानौ।
म्हाँ चाल्याँ सब जादू लाजै, भूंडी दीसै जानौ ॥ 1019 ॥
मोटी पींडी लगै थाम-सी, भोजन घणा अहारी।
म्हारै चाल्याँ कृष्ण लजावै, लाजै भींव कँवारी ॥ 1020 ॥
जाय कहौ थे हरि हलधर नैं, मंत्री पाछा जावौ।
म्हाँ चाल्याँ सब साथ लजावै, चढ कुंदनपुर धावौ ॥ 1021 ॥
मंत्री आय कृष्ण सूँ बोल्या, गणपति तो नहिं आया।
पदम भणैं धूंदालौ गणपत, म्हाँसूँ यूँ बतलाया ॥ 1022 ॥

सोरठ : गणपत आयाँ काज सरेगौ, म्हारै नवल बिहारीजी रो ब्याव ॥
थाँ चाल्याँ सूँ मंगल होवै, दुख दारिद्र हरैगो ॥ गणपत. ॥ 1023 ॥
सूंड सुंडालौ धूंध धुंधालौ, सिर पर छत्र धरैगौ ॥ गणपत. ॥
पदम भणैं हलधर कर जोड़ै, चाल्याँ काज सरेगौ ॥ गणपत. ॥ 1024 ॥

दोहा : जाय गणेस मनाविया, पूजा करी सिन्दूर।
पर काजाँ समरत्थ हो, सब बाताँ पर-पूर ॥ 1025 ॥

थाँनै रूस्याँ ना सरै, सुण गौरी का पूत।
मंगलदाता आप हो, हरि सैं बाँधौ सूत॥ 1026॥

मारू : सौ मण मूंग सवा सै मण चावल, घृत्त नवै मण ल्यावौ।
इतरा को तो करूँ कलेवौ, जीमण सँग ले जावौ॥ 1027॥
चावल मूंग घृत्त तो इण विधि, सौ मण लगै मिठाई।
इतरौ तो म्हैं कराँ कलेवौ, पछै जींमा पंच मिठाई॥ 1028॥
सिरी कृष्ण रुकमण नैं परणै, म्हाँनै क्यूँ ले लारौ।
बींद बींदणी परण पधारै, गणपत रहै कँवारौ॥ 1029॥
पहली ब्याव विनायक करसी, पीछै और बिहावौ।
बोलै नारद सुणौ कृष्णजी, गणपत नैं परणावौ॥ 1030॥

दोहा : विघन हरण मंगल करण, सदा रहै थिर थाय।
सुर थे करौ मनावणै, बैठो रथ के माँय॥ 1031॥

मारू : परण्या परण्या जान पधारौ, म्हैं छूँ अकन कँवारौ।
आगै कामण गारी गावै, लाजै गोत हमारौ॥ 1032॥
थे तो सगला परण्या पात्या, गाल कँवाराँ नैं गावै।
कहै गणपतजी सुणौ कृष्णजी, म्हँनै काली कुती परणावै॥ 1033॥
हलधर वचन कहै गणपत सूँ, क्यूँ नहिं जान पधारौ।
पाछै ब्याव होय श्रीपति को, पहली होसी थारौ॥ 1034॥
बिन भूपाल ब्याव नहिं करसूँ, गणपत वचन सुणावौ।
जिण घर कन्या होय कँवारी, सो महिपाल बतावौ॥ 1035॥
धारा नगर एक पोहपराव है, तिन सूँ ब्याव विचारौ।
एक ज कर श्रीपतिजी पकर्‌यो, मंगलचार उचारौ॥ 1036॥
गणपत मन्या देख कर पकर्‌यो, दूजौ हलधर भाई।
पदम भणैं प्रणमैं पाँय लागूँ, गणपत रथ बैठाई॥ 1037॥

मारू : दोय मुकाम दिया धारा में, चवद भवन का राजा।
गणपतजी को टीको दीन्हों, बाजै नौबत बाजा॥ 1038॥
जैजैकार मँगल धुनि गावै, तांबागल घररावै।
तेल बान गणपतिजी बैठा, शोभा वरणि न जावै॥ 1039॥
पोहपराव घर आनँद उपज्यो, नगरी हरष बधावै।
पदम भणैं प्रणमैं पाँय लागूँ, गणपत का बनड़ा गावै॥ 1040॥

सोरठ : गणपतजी बनड़ौ आया जी॥ 1041॥
मोतिन माल मोतिन को सेहरौ, सूरज जोत सवाया जी॥ गण.॥
धारा नगर की सबही कामण, निरखत रूप सवाया जी॥ 1042॥

कर फरसी मूसै असवारी, चन्दन खोल बनाया जी।
पदम भणैं प्रणमैं पाँय लागूँ, आनँद मंगल गाया जी॥ 1043॥

मारू : मंडप हेम तणा राजा के, चँवरी हेम बणाई।
रिध सिध सूँ गठजोड़ौ कीयो, सखियन मंगल गाई॥ 1044॥
रिध सिध तणा बींद नैं देख्याँ, अैसे कह नर नारी।
देखौ विधना रिद्ध सिद्ध को, बड़े रूप सूँडारी॥ 1045॥
और अंग सब बण्यो पुरुष को, कुंजर को उणियारौ।
हलधर कहै सुणौ कामणिया, थे काँई रूप विचारौ॥ 1046॥
सब देवन में देव सिरोमणि, गणपति नाँव कहावै।
श्रीपति सूँ है रूप अधिक कोइ, सिव को पुत्र कहावै॥ 1047॥
राजा पुष्प कहै हलधर सूँ, और रूप अधिकाई।
अधिक सूंड कुंजर सी दीखै, सोभा वरणी न जाई॥ 1048॥
श्रीपति वचन कहै राजा सूँ, और रूप वरदाई।
रिधि सिधि नारि बहुत सुख पासी, इनकी बहुत बडाई॥ 1049॥
जबै सहेली तोरण बांध्यो, कामणि मंगल गाया।
कंचन थाल भरे मोतियन से, कंचन कलस बंधाया॥ 1050॥
केसर अगर कपूर चौपरे, सासु आरत्यो लाई।
देख सूंड जब गणपतिजी की, मन्द-मन्द मुसकाई॥ 1051॥
एह रूप वरण्यौ नहिं जावै, सोनाँ सूंड बनाई।
एक सखी मिल चावल लीना, रिधि सिधि सूँ बतलाई॥ 1052॥
पींडौ सरस बाँध चाँवर को, घूंघट वदन छिपाई।
चावल हलद दई गणपति के, सखियन मंगल गाई॥ 1053॥

सोरठ : अैसा ए गजराज बना नैं, कामण करबा आई।
कामण करबा आई लाल जी नैं, हरखि निरखि गुण गाई॥ 1054॥
धारा नगर की पाँच सात मिल, कालौ डोरौ ल्याई।
नींबू और मेंड फल ल्याई, कछुक करी चतुराई॥ 1055॥
काचे पान सुपारी राचे, राचे रिधि सिधि बाई।
छप्पन भोग छतीसों व्यंजन, लूण मिल्याँ सरसाई॥ 1056॥
रिद्धि सिद्धि का बल में रहसी, भूलै नहीं भुलाई।
डोरा के दस गाँठाँ दीन्हीं, गाढी घणी घुलाई॥ 1057॥
चरखी मौर जुजरबा छूटै, छूटै बाण हवाई।
गजानन्द की या छबि ऊपर, पदम स्याम बलि जाई॥ 1058॥

मारू : पाँच पदारथ धर्या थाल में, आरतियो करवायो।
गजानंदजी चँवर्या आया, चँवर्याँ चँवर ढुलायो॥ 1059॥

रिधि सिधि नारि करै सिणगारौ, मन में अनँद अपारौ।
सारी सखियाँ यूँ उठ बोली, फेरा करण पधारौ ॥ 1060 ॥
गजानन्द सूँ कियो गठजोड़ौ, ब्रह्मा वेद उचारौ।
सुर तेतीसूँ हरष हुवा है, बरसत पुष्प अपारौ ॥ 1061 ॥
रिद्धि सिद्धि सूँ कियो गठजोड़ौ, मेघाडंबर छायो।
जैजैकार भयो त्रिभुवन में, सबही मंगल गायो ॥ 1062 ॥
गजानन्द जब रिधि सिधि परणै, जोड़ बैठा हतलेवौ।
वासूदेव कहै राजा सूँ, हतलेवौ रे छुड़ावौ ॥ 1063 ॥
पोहपराज घर आनँद प्रगट्यो, मन वंछित फल पायो।
रणतभँवर को दियो परगनौ, हतलेवौ रे छुडायो ॥ 1064 ॥
रतन पदारथ बहुत हि दीया, हतलेवा के माहीं।
पाँच परगना दिया कँवर नैं, भली भाँति मुकलाई ॥ 1065 ॥
बडी बडार भात ही दीन्हा, सब देवन के ताँई।
सुर तेतीसूँ करी जुह्वारी, छपन कोटि पहराई ॥ 1066 ॥
जैजैकार भयो नर नारी, सुर दुंदभी बजाई।
पदम भणैं प्रणमैं पाँय लागूँ, सखियाँ गारी गाई ॥ 1067 ॥

ललित : सुण गणपतजी रे जँवाई, थारै कुण बावल कुण माँई ॥ 1068 ॥
थारी माता राजकुँवारी, थारौ बावल भयो भिखारी।
थारी भीलण रूप भइ माई, बावल छलबा आई ॥ 1069 ॥
शिव मोची बणकै आया, थारी माँ के मोचड़ी ल्याया।
अैसे पदम भगत गुण गावै, सब सखियन ताल बजावै ॥ 1070 ॥

मारू : परण गजानन रथ में बैठा, हरिजी वचन सुनाई।
भली भाँति सूँ करि समठूणी, रिधि सिधि नैं मुकलाई ॥ 1071 ॥
जैजैकार मँगल धुन गावै, तांबागल घररावै।
पदम भणैं प्रणमैं पाँय लागूँ, कृष्ण कुँदनपुर आवै ॥ 1072 ॥

दोहा : हरियल सूवा बोलिया, हरे अंब की डार।
कुंभ-कलस साम्हा हुवा, और मृघाँ की डार ॥ 1073 ॥

अथ कुन्दनपुर की कथा प्रारम्भ, दोहा

सुपन भया ज्यूँ रुकमणी, निरखत सुंदर स्याम।
जो तुम द्वारकानाथ हो, कौन तुम्हारौ नाम ॥ 1074 ॥
नाम हमारौ अनँत है, पुनि अविनासी एक।
जो नँवै हमारे विरद कूँ, ताकी नाँय डिगन दूँ टेक ॥ 1075 ॥

सोरठ : माई री म्हैं सुपना में परणी गोपाल॥ 1076॥
रैन की बाताँ कहा कहुँ सजनी, सुपना में भई हुँ निहाल।
जो थानैं सुपनौ आयो बाईजी, सुपनौ छै आल जँजाल॥ 1077॥
मोर मुकट पीतांबर सोहै, अरु बैजंती माल।
रुच-रुच हरिजी कंठ लगाई, हाथाँ छै महंदी लाल॥ 1078॥
छपन कोटि जादव जुड़ आये, दुलहौ छै नँदजी को लाल।
पदम भणैं प्रणमैं पाँय लागूँ, वर पायो रिछपाल॥ 1079॥

सोरठ को कैरवौ :

आप्या है सखि कंचन किरोड़, मती ए पतीजो कूड़े ब्राह्मणा॥ 1080॥
ब्राह्मण है सखि किसड़ा दास, हरि दाना सूँ डर रह्या॥

झेला : दानवाँ से रह्यो डरतौ, हरि न सक्यो आय री॥ 1081॥
कै वे सुंदर आभ चढगौ, कै रह्यो अलसाय री।
कै उन मोह्या कूबरी, कै रह्या रँग में छाय री॥ 1082॥
कंचन सी काया संकलपै, कर डारूँ याकूँ भंग री।
संकर आगे सीस मेलूँ, रहूँ केसव संग री॥ 1083॥

लोड़क सोरठा :

थारे तो कारण साँवरा, कष्ट सह्या ज घणा।
पदम भणैं बिट्ठल दल आवै, मो भुज फरक्या हेम तणा॥ 1084॥

विहाग : नाथ नहिं आये री सजनी, म्हैं झुरक रही मघ जोय॥ नाथ.॥ 1085॥
वो द्विज तो मतलब को गरजू, रह्यो कहीं ही सोय।
जो प्रभुजी कहुँ नाहिं पधारै, करहूँ कौन उपाय॥ 1086॥
वाँच के पतिया मेल्ह दई री, कै जु गये विसराय।
पदम के स्वामी बेग न मिलिहैं, हंस सही उड जाय॥ 1087॥

खट : कोइ जी कहौ म्हारा नाथ नैं जी, थारी नारि निहारै बाट॥ 1088॥
भाई रुकम बुलायो डाहल नैं, आयो ले दल थाट।
तीन दिहाड़ा द्विज कूँ बीता, कीन्हीं ढील निराट॥ 1089॥
मोय सिसपाल स्याल सो दीखै, करत कलैजे काट।
नाथ बिना म्हैं विष भष मरहूँ, और नहीं कोइ घाट॥ 1090॥
छिन-छिन मोकूँ कल न पड़त है, पल नीचै पल खाट।
पदम के स्वामी जबहि पधारैं, तबहि मिटै औचाट॥ 1091॥

सोरठ : अजहूँ न आये सखी, पूछ्यो ना संदेस॥ 1092॥
करुणा करुँ हरि मारग आवै, फुरकत भुज वामेस।
कै तो ब्राह्मण पूगौ नाहीं, योही मोय अँदेस॥ 1093॥

ओछे जल की माछली ज्यूँ, रही जीव अवसेस।
पदम कहै यूँ भणैं रुकमणी, आज्यो म्हारे देस॥ 1094॥

सोरठ : म्हारौ अवगुण कर-कर मानौ, प्रभु पूरव प्रीत पिछानौ॥ 1095॥
म्हैं तो दासी जनम-जनम की, और तरह मत जानौ।
पदम भणैं रुकमणि की विनती, बेगौ करौ पयानौ॥ 1096॥

दोहा : हीणी भई विसंभरा, देखौ बात विचार।
अबकी बेर न आवौ प्रभु तो, क्यूँ सिरजी करतार॥ 1097॥
त्रास आस भारी लगी, कद परणै करतार।
पलक-पलक समझात हूँ, आतुर मिलौ विचार॥ 1098॥
कृषी सूक बिरखा भई, अंमृत बरस्या नीर।
मीन मरै सागर भरै, कौण काज बलवीर॥ 1099॥
विरह अगनि हिरदै जलै, जलै धरणि आकास।
सील समुद्र ज आनि कै, हरि बेग बुझावौ त्रास॥ 1100॥
आँखड़ियाँ मँद जोवताँ, पंथ निहार-निहार।
जीभड़ल्या छाला पड़्या, कृष्ण पुकार-पुकार॥ 1101॥
हिरदा फाटै पंक ज्यूँ, छिन-छिन लेत उसास।
पदमइयो स्वामी भणैं, अब पूरौ प्रभु आस॥ 1102॥

सोरठ : थाँनैं पूछूँ पंडित जोसी, म्हारौ नाथ मिलण कद होसी॥ 1103॥
जोसीजी म्हारा भाई, म्हाँनैं पतड़ौ बाँच सुणाई।
म्हैं तो पतड़ौ पूजूँ थारौ, थे कारज सारौ म्हारौ॥ 1104॥
जोसी कहै सुणौ री बाई, म्हैं तो साँच हि साँच बताई।
हरिजी नैं बेग मिलावाँ, कछु अनँद बधाई पावाँ॥ 1105॥
पदमइया ब्राह्मण जा रे, हरिजी की बाट निहारै।
उड-उड रे हरियल सूवा, प्रभुजी नैं बहु दिन हूवा॥ 1106॥

सोरठ : म्हारा हरियल बन का सुबटा, थानै कृष्ण मिलै तो कहज्यो रे॥ 1107॥
चूँच मंढाऊँ थारि सोवना, तू जाय संदेसो देज्यो रे।
रतन जड़ावाँ पींजरौ म्हारै, हिरदै माहीं रहज्यो रे॥ 1108॥
मोतियन चून चुगावस्याँ, थे पाछा आकर कैज्यो रे।
पदम स्याम फिर देवौ सँदेसौ, तो लाख बधाई लेज्यो रे॥ 1109॥

भीमोवाच, मारू :

राजा भींव करै अंदेसौ, हरिजी क्यूँ नहिं आया।
महा कुपुत्र कँवर रुकमइयो, डाहल कोक बुलाया॥ 1110॥

तुम अंतर्जामी यादवपति, मेरा मन की जाणौं।
बिरधापन की लाज दयानिधि, नैंक दया चित आणौं॥ 1111॥
हँससी लोग विड़द तुमरे को, जासी वचन हमारौ।
जो डाहल रुकमण नैं परणै, मरस्याँ खाय कटारौ॥ 1112॥
रुकमणि प्राण तजैगी प्रभुजी, यह निस्चय कर जाणौं।
म्हैं भी प्राण पलक नहिं राखूँ, ताते घणी न ताणौं॥ 1113॥
यह मम वचन प्रतिग्या मेरी, हरि आयाँ जल पीस्याँ।
नहिंतर स्वास खैंच तज देही, एक पलक नहिं जीस्याँ॥ 1114॥
तब अकास-वाणी प्रभु बोल्या, भींव जेज मत जाणौं।
पदम भगत शिवकर्ण कहत हरि, कीयो आज पयाणौं॥ 1115॥

दोहा : वाणी स्रवण अकास सुण, हरख्यो भूपति भींव।
ज्यूँ गरजन सुण मेघ की, मृतु दादुर संजीव॥ 1116॥
हरषी बाई रुकमणी, सब सखियन को साथ।
भयो बधावौ भवन में, आवेंगे ब्रजनाथ॥ 1117॥
रुकमणि करै बिसूरणा, स्याम पहूँता धाय।
कुंदनपुर इचरज भयो, जान दूसरी आय॥ 1118॥

सोरठ की ठुमरी :

आयो आयो रे साँवरियो, रुकमणि कारणै॥ 1119॥
नृप भीषम नैं बात चलाई, सठ रुकमइये कुबद उपाई।
चीरी भेज बुलायो डाहल बारणै, हो आयो आयो रे॥ 1120॥
डाहल देखि नगरि हरषाई, जद रुकमणि मन में दुख पाई।
लीन्हीं काढ कटारी मरवा कारणै, हो आयो० ॥ 1121॥
रुकमणि चीरी बेगि लिखाई, द्विज हरिया के हाथ पठाई।
बाँचत कृष्ण पधार्‍या असुर संघारणै, हो आयो० ॥ 1122॥
दास पदम स्वामी इधकारी, मार असुर दुख मेटौ भारी।
लोक लाज से साथी गिरवर धारणै, हो आयो० ॥ 1123॥

सोरठ : द्विज कूँ अपने रथ बैठाये। हरि रथ साज कुँदनपुर धाये॥ टेक॥
बहु सेना जादूकुल ल्याये। पीछै तें हलधर जी आये॥ 1124॥
निरखत मगन भये नर नारी। देह धरे को यह फल पाये॥
संक भई डाहल कुल माहीं। जुड़े भूप मिल सभा भराये॥ 1125॥
गहि द्विज भुज हँसिकै यदुराई। मधुरे बैन मुख सूँ फरमाये॥
कहो क्यूँ न अब उनसे जाई। तुम कूँ लेन हम कूँ पठवाये॥ 1126॥

कर प्रणाम द्विज उतर्यो आई। अति आनँद उर माहिं सम्हाये॥
दास पदम पल-पल बलि जाई। हरि के गुण मधुरे स्वर गाये॥ 1127॥

मारू : कर प्रणाम द्विज रथ ते उतर्यो, गँवन भवन कौं कीनौ।
सीस नँवाय चरण गह बोली, कहाँ कृष्ण रँग भीनौ॥ 1128॥
कहि द्विजराज सुणौ री बाई, तेरे मन के कारज सारे।
त्रिभुवन-पति कौं सँग ले आयो, यहाँ ब्रजराज पधारे॥ 1129॥
आवन सुनी श्रवण माधव की, सुधा पेट भर पीन्हा।
पदम भणैं प्रणमैं पाँय लागूँ, प्राणदान द्विज दीन्हा॥ 1130॥

दोहा : सुने वचन द्विजराज के, अति हरषी मन माँय।
कहा बधाई देहुँ द्विज, देवे कूँ कछु नाँय॥ 1131॥

मारू : सँग ल्या मेरे प्राण-प्रिया कूँ, त्रिभुवन के पति को।
यो ऋण तेरौ कबहुँ न उतरै, धारूँ जनम अनेको॥ 1132॥
तन अरप्यो श्रीकृष्णचंद्र कूँ, चित मन चरणाँ माहीं।
यो सिणगार देउँ तो थोड़ौ, भक्ति बढौ जग माहीं॥ 1133॥
अैसे कह बहु रतन पदारथ, दीन्हौं दान घणेरौ।
पदम कहै रुकमणि वर दीन्हौं, कोउ जाचै ना कुल तेरौ॥ 1134॥

दोहा : तुम बोहरा सब जगत के, किनहु न जाचौ वीर।
जो जाचौ तो रुकमणी, कै जाचौ बलवीर॥ 1135॥
हरषि चले द्विज दान ले, चल नहिं सकियो भार।
पीछौ मुड़-मुड़ कहत है, बाइ अँबका बेग पधार॥ 1136॥

ठुमरी : आज अब खुसी भई रुकमणि बाई।
नेम धरम तप सुफल भये सब, आज महा आनंद नहाई॥ 1137॥
सँग की सहेली पूछै हेली, आज कहा इतराई।
और दिनाँ मुख सूँ नहिं बोलो, आज तो बाटौ रेस बधाई॥ 1138॥
मेरे तो आनंद भयो सखि, घर आये यदुराई।
पूरव देस चंदेरी को राजा, देखत ही उठ जाई॥ 1139॥
इन्दर कोप कियो ब्रज ऊपर, घोर घटा चढि आई।
प्रभु नख ऊपर गिरवर धार्यो, डूबत बिरज बधाई॥ 1140॥
हिय हुलास तन हरष खुसी मन, आन मिले यदुराई।
दास पदम पर किरपा कीन्हीं, राखौगे सरणाई॥ 1141॥

मल्हार : कृष्ण कुंदनपुर आये री॥ टेक॥ 1142॥
उमँगे दल बादल चहुँ दिसि तैं, गोविन्द गरुड़ ले धाये री।
नान्हीं-नान्हीं बुंदिया परत भवन पै, हरे-हरे बादल छाये री॥ 1143॥

मातै गज गरजत गोविन्द के, सुन दानव सकुचाये री।
सोच पड्यो सिसपाल तणै दल, कँवर कमल बिलखाये री॥ 1144॥
बाई रुकमणि अति मत बाढ्यो, फूली उर न सम्हाये री।
दादुर मोर पपइया बोलै, कोयल सब्द सुनाये री॥ 1145॥
सूवा सार भवन में बोलै, मोतियन चौक पुराये री।
दास पदम थारौ विड़द बखानै, मन इच्छा फल पाये री॥ 1146॥

दोहा : विप्र चुड़ामणि हरषियौ, कृष्ण तणौ दल ल्याय।
भींव राय श्रवणाँ सुणी, आनँद उर न समाय॥ 1147॥

मारू : ऊठ्यो राव पहरि पीतांबर, बोल ज बोल्या चंगा।
अड़सठ तीरथ घर ही माहीं, आलसिया नैं गंगा॥ 1148॥
हरिहर जोसी कही राय से, बोलै भीम इम वाणी।
जो तुम द्वारावती पधारे, कहो कृष्ण सहनाणी॥ 1149॥
मोर मुकुट पीतांबर सोहै, हरि है चित्त विनाणी।
च्यारहि भुजा चार ही आयुध, कौस्तुभमणि सहनाणी॥ 1150॥
हरख्यो भींवराय श्रवणाँ सुन, साच वचन परमाणी।
पदम भणैं प्रणमैं पाँय लागूँ, बात साँच जब जाणी॥ 1151॥

मारू : बिसकरमा नैं आग्या दीनी, मंदिर अधर छवाया।
इकीस जोजन धरती सेती, तंबूड़ा ढलकाया॥ 1152॥
ऐरावत कूँ अग्या दीनी, चेटक एक दिखावौ।
सिरी कृष्ण की अग्या लेकर, गहरी लीद छंगावौ॥ 1153॥
सुनत वचन ऐरावत जबही, गहरी लीद छंगाई।
जरासंध का तंबू टूट्या, दल में पड़ी भगाई॥ 1154॥
जीतै नहिं सिसुपाल हारसी, जादू करै जुहारौ।
जो-जो वचन कह्या दँतराणी, सो सो होसी सारौ॥ 1155॥
बरजत बांध सेहरौ आयो, सठ ना कियो विचारा।
पदम भणैं डाहल अभिमानी, रह सिसपाल कँवारा॥ 1156॥

मारू : संक्या हुई नगर में सारै, आया कृष्ण मुरारी।
जरासंध सिसपाल भूप सब, मिल कै करै विचारी॥ 1157॥
आयो बिन बुलायो ग्वाल्यो, करै ब्याव में ख्वारी।
विघन पड़ै बिन रहै न कोई, यो है कुबदी भारी॥ 1158॥
रोस भर्‌यो रुकमइयो बोल्यो, थे क्यूँ डरपौ राई।
अरब-खरब लाखाँ धन खरचूँ, जंगी ढोल घुराई॥ 1159॥
रुकमणि जुगति भली परणाऊँ, चंदेरी पोहँचाऊँ।
पदम भगत रुकमाल भणै छै, आनँद मंगल गाऊँ॥ 1160॥

धमाल : करौ नी थालोड़ी को चाव कँवर जी।
बडा-बडेरा जाय उठ बोल्या, ब्याव तणौं व्यवहार॥ 1161॥
रुकमइयो सिसपाल बुलायो, कोप्यो कृष्ण मुरार।
उण तो साज करी साम्हेलै, लीद परी मुख छार॥ 1162॥
हैवर गाज्या कृष्ण तणा दल, ब्राह्मण ल्यायो छै गोपाल।
बाजा बाजै अंबर गाजै, जब कंप्या सिसपाल॥ 1163॥
कोप्यो तीन भवन रो नायक, बरसी लीद अपार।
राजा भींव घर बँटत बधाई, रुकमणि करै सिंगार॥ 1164॥
म्हैं तो जादू कृष्ण बुलायो, रुकमइयो सिसपाल।
पदम भणैं प्रणमैं पाँय लागूँ, आयो जादू चाल॥ 1165॥

दोहा : कुंदनपुर बिसटाला फिरै, करसाँ कौन विचार।
हरी और दानव भिड़्या, होसी जुद्ध अपार॥ 1166॥

मारू : राजा भींव पँचोली कोक्या, बेग हजूर बुलाया।
अबल जरी सिरपाव मंगाया, पंचोल्याँ पहराया॥ 1167॥
कहै रावजी सुणौ पँचोल्याँ, सिसपालै ढिंग जाओ।
डाहल नैं तो पाछौ फेरौ, रुकमणि कृष्ण बिहावौ॥ 1168॥
कहै पंचोल्याँ सुण महाराजा, पाछा किण विधि चालै।
जरासंध जोरावर राजा, आयुध अधिका झालै॥ 1169॥
फौजाँ सिरै फौज का लाडा, सेल सांग अति भारी।
जरासंध जोरावर राजा, जुध की करै तैयारी॥ 1170॥
चढ खुरसाण बाढ अति दीया, भालाँ अणी बढाई।
जंग जरूर लेहि सिसुपालौ, घुड़ला करै चढाई॥ 1171॥
कहैं भींवजी सुणौ पँचोल्याँ, थे काँई भोलै भूला।
अबकै जीवत जाण न देला, कोप्या कृष्णजी दूला॥ 1172॥
पाँच पँचौली मतौ उपायो, सिसपालै बतलावाँ।
कुंदनपुर की राड़ मिटै तो, आपाँइ भला कहावाँ॥ 1173॥
पाँच पँचोल्याँ हुवा अेकठा, मिल कै मतौ उपायो।
आगे जाय कँवर सूँ बोल्यो, कृष्ण गवाल्यो आयो॥ 1174॥
म्हैं तो उणरो नाँव न जाणाँ, ना म्हैं कोइ बुलायो।
भागौ फिरै ग्वाल गोकुल को, बिन कोक्यो ही आयो॥ 1175॥
यो तो अपणी करै बराबर, जुध के साम्है आयो।
टेक चढ्यो रुकमण परणाऊँ, तो भीषम को जायो॥ 1176॥

कह सिसपालौ सुणौं कँवरजी, नींकाँ आप विचारौ।
भारत जोड़ ग्वालियो आयो, है कहो कौन विचारौ ॥ 1177 ॥
भणैं कँवरजीं सुणौं सिसपाला, इणरो काँइ विचारी।
भारत कियाँ ग्वालिया जीतै, पीछै राड़ हमारी ॥ 1178 ॥
सिसपाला सूँ कुँवर रुकमया, गुझ से गह बतलाया।
फिरताँ रुकम कँवर के साथै, डौड्याँ तोड़ी आया ॥ 1179 ॥
कँवर मुड़्यो पंचोली आया, भीतर भेद जणाया।
कंचन थाल भरे गज मोती, निजर सभी करवाया ॥ 1180 ॥
आदर भाव बहुत सो कीयो, अपणें ढिंग बैठाया।
राजा भींव तणी कहौ बाताँ, काँइ संदेसा ल्याया ॥ 1181 ॥
बिसटालू जब अैसे बोल्या, सुणि सिसुपाला राजा।
राम रूप होय आगे परण्या, सागर बांधी पाजा ॥ 1182 ॥
वो ई छै जु और मत जाणौ, तोनैं किस्यो'क सूझै।
कुंभकरण महिरावण मार्‌या, क्यों न बड़ा नैं बूझै ॥ 1183 ॥
म्हैं सिसपाल बडा काँइ बूझाँ, सतरा बार भगायो।
अब थाँ ऊभाँ पकड़ मंगाऊँ, तो दम्मघोष को जायो ॥ 1184 ॥
कहै पँचोली सुणौ सिसुपाला, क्याँनैं पाण दिखावै।
वह तो गगन मँडल दिया डेरा, तू क्यूँ जान मरावै ॥ 1185 ॥
कह सिसपाल सुणौं पंचोल्याँ, जान जीव सूँ मारौ।
म्हैं राजकँवर परणीजण आया, थे मत और विचारौ ॥ 1186 ॥
थे ई ऊँचा डेरा करल्यो, तो म्हैं थानैं जाणा।
दुरलभ गँवन जीवतौ जाणौं, काँइ घणौ बखाणा ॥ 1187 ॥
पिचाणवै खोहण को पाण दिखावै, काँइ हरि घोड़ा थोड़ा।
मार्‌याँ मर्‌याँ भला नहिं कहसी, टलियाँ होवै ल्होड़ा ॥ 1188 ॥
म्हैं क्यूँ टलाँ जोरावर जोधा, टलसी कान्ह गवाल्यो।
माखन चोर पराया खाया, रावाँ माहीं टाल्यो ॥ 1189 ॥
कहै पँचोली सुण सिसुपाला, काँई निसाँ तू आयो।
म्हैं तो थारौ नाँव न जाणा, सरसे भाट बुलायो ॥ 1190 ॥
जब सिसपाल्यो कुमनो बोल्यो, करता करै सु होसी।
अब जो म्हैं फिर जाऊँ पाछौ, देस दोस मोय देसी ॥ 1191 ॥
थे तो जाणौं मिटै लड़ाई, या तो इसी लखावै।
नंदकँवर गिरधर वर ऊपर, पदम भगत बलि जावै ॥ 1192 ॥

दोहा : पंचोली सब मुड़ चले, भींव राय ढिंग आय।
ये तो एक न मानही, करिहौ कोटि उपाय ॥ 1193 ॥

रुक्मिनी-वाक्य, सोरठ :

यो तो वर रूड़ौ हे म्हारी माय ॥ 1194 ॥
तुम जो कहती गऊ चरावै, ग्वालन के सँग जाय।
सिव सनकादिक अरु ब्रह्मादिक, सीस नँवावै ताय ॥ 1195 ॥
अब लग तो कछु बिगड़्यो नाहीं, डाहल द्यौ फिरवाय।
पदम स्याम मोहि येहि अँदेसौ, सब दल देगो खपाय ॥ 1196 ॥

दोहा : सिसपालै मतौ उपाइयो, दूत्याँ लिवी बुलाय।
कँवरि प्रबोधौ भींव की, ऐसौ करौ उपाय ॥ 1197 ॥

सोरठ : सिसपालै दूती बुलाय कै, लीन्हीं निकट बिठाय ॥ 1198 ॥
कह सिसपाल सुणौ हे दूत्याँ, थे कुंदनपुर जावौ री।
भींव-कँवरि राजी नहिं म्हाँसूँ, जिनकूँ जाय मनावौ री ॥ 1199 ॥
दूती कहै सुणौ महाराजा, म्हाँका गुण बतलावाँ जी।
अम्बर तारा धरती ल्यावाँ, फिर अंबर धर आवाँ जी ॥ 1200 ॥
जेवड़िया का सरप बनावाँ, फिर जेवड़िया दिखलावाँ जी।
सूकी नदिया पूर बहावाँ, पट पर नाव चलावाँ जी ॥ 1201 ॥
हत्तेली में सरसूँ बावाँ, नख पर छिमक जिंमावाँ जी।
टाटी ऊपर होला भूनाँ, कड़वे तेल बुझावाँ जी ॥ 1202 ॥
दूत्याँ कहैं सुणौ महाराजा, हुकम राज रो पावाँ जी।
थाँका चढण का रथ दिलवावौ, बैठ कुँदनपुर जावाँ जी ॥ 1203 ॥
कह सिसपाल सुणौ ए दूत्याँ, थे राजी कर आवौ जी।
तो थाँनै म्हैं देवाँ बधाई, पाँच परगना पावौ जी ॥ 1204 ॥
अपणे चढण का रथ दिलवाया, बाणक बणी नवेली जी।
पदम दूति का हुवा नगारा, लीन्हीं संग सहेली जी ॥ 1205 ॥

मारू : पाँच लाख को दूत्याँ पहर्‌यो, सात लाख को लीयो।
भींव कँवरि राजी कर आवाँ, देखौ म्हारौ कीयो ॥ 1206 ॥
सब पूरव का राजा बैठा, पास जरासँध राई।
भर-भर मूठी द्रव्य लुटावै, राव री करै बडाई ॥ 1207 ॥
जब दूती कुंदनपुर आवै, रुकमणि से बतलावै।
घम-घम करती महलाँ चढ गई, चरणाँ सीस नँवावै ॥ 1208 ॥
गेण्हौ मेल्ह-कर करी वीनती, जाण अपछरा आई।
रंभा रूप देख दूत्याँ को, राज-कँवरि मुसकाई ॥ 1209 ॥
धिन-धिन हो पूरव का राजा, धिन थे रुकमणि-बाई।
धिन वो बन्धु चतुर रुकमइयो, ऐसी जान बुलाई ॥ 1210 ॥

गहणौ मेल्ह'र पाँये लागीं, कीन्ही विनय घणेरी।
सिसपाल सरीखौ बींद न दूजौ, म्हारै सरीखी चेरी ॥ 1211 ॥
सवा क्रोड़ धरती को राजा, उणरै धरती थोड़ी।
गहणौ पहरौ भोग भोगवौ, बणिहैं विधिना जोड़ी ॥ 1212 ॥
बाई थे म्हाँसूँ बोलो क्योंनी, मुखड़ै बैण न भाखौ।
गहणौ पहरौ राज भोगवौ, पत भाई की राखौ ॥ 1213 ॥
भाई भलौ भला नैं ल्यायो, थानैं होसी लाभौ।
गहणौं ले'र और के घालौ, और कँवरि परणावौ ॥ 1214 ॥
और कँवरि वो परणैं नाहीं, ऐसी और न कोई।
निरखत रूप राव नहिं रीझै, रंभा राज बताई ॥ 1215 ॥
रंभा घणी इन्द्र राजा के, वह आवै तो ल्यावौ।
हूँ अरधंग्या हरि की दासी, थे क्यूँ लोग हँसावौ ॥ 1216 ॥
हँससी लोग लड़ाई होसी, वो वाँनै कद पूजै।
काँकण बाँध कृष्ण चढि आया, परत लड़ाई सूझै ॥ 1217 ॥
जनम-जनम को नाथ साँवरौ, श्यामसुंदर रँग भीनौ।
अब जावौ बकवाद करौ मत, म्हैं थाँनै ऊतर दीनौ ॥ 1218 ॥
यो सिसपाल चँदेरी को राजा, मोत्याँ बिच में हीरौ।
थाँनै काँई बुराई सूझी, परख ल्यायो थारौ वीरौ ॥ 1219 ॥
क्रोधवंत जब भई रुकमणी, है कोइ हाजिर चेरी।
द्यौ बाँसाँ की बेग उठावौ, कीज्यो सजा घणेरी ॥ 1220 ॥
चेर्याँ हुकम सुण्यो बाई को, महलाँ नाल गुडाई।
टूटा दाँत भोगना फूटा, जब दूत्याँ गरलाई ॥ 1221 ॥
फाटा वसन गिर्या सब गहणा, लुकती छिपती आई।
आवत दूत्याँ सबही जाणी, जावत कोइ न लखाई ॥ 1222 ॥
राव जरासँध पूछण लागा, काँइ-काँइ विवरा लाई।
पान तँबोल करी मनुहारी, मुख में घणी ललाई ॥ 1223 ॥
म्हैं पाँवाँ पड़ करी वीनती, प्रगट कही कहि छानै।
कंचन क्रोड़ सुमेर दिखावौ, वा नहिं परणैं थानै ॥ 1224 ॥
आतुर होय सिसपाल्यो बोल्यो, अतरी करी बडाई।
बिसटालौ थारौ सो भर पायो, गेण्हौ गमाय घर आई ॥ 1225 ॥
गहणौ भलौ जीवती आई, म्हैं म्हारी कीनी पाई।
पदम भणैं प्रणमैं पाँय लागूँ, दूत्याँ टाँट कुटाई ॥ 1226 ॥

मारू : रोस भर्यो अरु बलकर बोल्यो, रूप कँवरि के रीध्यो।
सोच करै अरु मन में कलपै, ज्यूँ लकड़ी घुण बीध्यो ॥ 1227 ॥

टेढौ हो सिसपालौ बोल्यो, पकड़ि कँवरि नैं ल्यावौ।
जे कोइ थारै आडो देवै, जिणनैं मार हटावौ॥ 1228॥
पाँच लाख असवार कँवर का, वह तो आपाँ माहीं।
भींवराव को आडौ आवै, तो बाँसाँ मार उडाहीं॥ 1229॥
इतनो वचन सुण्यो रुकमइयो, ऐसो मतौ उपायो।
जमींदोज कर द्यूँ भिड़वाल्या, तो भीषम को जायो॥ 1230॥
लिखताँ लगन कँवर नहिं पूछी, टीकौ मतै पठायो।
पदम भणैं डाहल अभिमानी, ऐसे कह बतलायो।
अब रुकमणि नैं समझावै॥ 1231॥

मारू : काजल घालौ महंदी ल्यावौ, कंकन हाथ बंधाई।
तेल फुलेल उबटणौ ल्यावौ, यूँ समझावै माँई॥ 1232॥
यूँ समझावै माय रुकमणी, कह्यो हमारौ कीजे।
जिणकी कन्या कुल ते धीटी, जिनको कौन पतीजे॥ 1233॥
राणी भणैं अंबिका पूजण, बाई जात कँवारी।
अपणे कुल की रीत परापरी, सावाँ होत अँवारी॥ 1234॥
पूगौ हुकम नगर के माहीं, सखियन सहस बुलाई।
खबर भई चहुँ ओर अंबिका, जात रुकमणी-बाई॥ 1235॥

छंद : भवन-भवन ते कामण आई, चली मंगल गावती।
हार-डोर गल पहर सुंदर, दीखै सकल मन भावती॥ 1236॥
केसर अगर कपूर छिरकै, चंदन चौक पुराइये।
वर दे देवी अंबिका मोहि, कृष्ण सो वर पाइये॥ 1237॥

जंगलौ : सब सखी सहेल्याँ प्यारी, रुकमण कूँ बहुत सिंगारी।
सिर सीस फूल गुँथ दीया, छवि भाण की सी लीया॥ 1238॥
मस्तक पै आड भारी, छवि देखिकै बलिहारी।
मीढी में अंबली डारी, मानुँ नागनी सी कारी॥ 1239॥
माथे जो बिंदलौ सोहै, जानूँ चंदा सो मन मोहै।
नैनन में सुरमौ सार्‌यो, भूँहें मानूँ धनुष सु धार्‌यो॥ 1240॥
नक बेसरी जनु सोहै, छवि देखि कै मन मोहै।
जरकसी लहंगौ पहर्‌यो, ओढ्यो जरकसी लहर्‌यो॥ 1241॥
जामें हीरा मोती जरिया, रवि कोट छवी कूँ हरिया।
कर फूल सोहै भारी, जुलफ्याँ जु नागन कारी॥ 1242॥
रवि रात की छवि हारी, इत चंदा की उजियारी।
कंचन कंचुकी पाटी, छवि दामिनी की दाटी॥ 1243॥

वरनै कवी कहौ कैसे, रुकमणी सिंगारी अैसे।
गल हीरा हार जु भारी, जावै पदम भगत बलिहारी॥ 1244॥

जंगलौ : जावौ जावौ सहेल्याँ मोरी। देवीजी नैं पूज आवौ री॥ 1245॥
देवीजी के दरसण जावौ। सब सखियाँ नैं कोक बुलावौ।
गावौ भामनी सब गीता। सखी आज म्हैं जग जीता॥ 1246॥
मोतियन से थाल साज्यो। रवि चंद से छवि छाज्यो।
छवि अंत सबही सोहै। जाकूँ वर्णन कर कवि को है॥ 1247॥
जुरै गज रथ ताजी थाटा। छवि छायो राज बाटा॥
मानूँ फूली फूलन क्यारी। भई देवी पूजवा की त्यारी॥ 1248॥

चरचरी : कँवरि अम्बिका जासी, बाईजी कँवरि अम्बिका जासी॥ 1249॥
सोला सहस सखिन के झुमकै, गज-गत चाल चलासी।
सोला कला चन्द्रमा ऊगौ, मानूँ इन्द्र घटासी॥ 1250॥
झिलकै चीर विविध सखियन के, फूल रही वन-रासी।
नव लख ताराँ बीच रुकमणी, पूरण चन्द्र छटासी॥ 1251॥
छोहण पाँच चढौ पाखरिया, जरासंध यूँ भासी।
काल्यो ग्वाल झपट ले जासी, कुल कूँ काट लगासी॥ 1252॥
जब सिसपालौ सुभट बुलाया, बेग चढौ वन-रासी।
ग्वाल्यो कुबद करै इण अवसर, फिर पीछै पछतासी॥ 1253॥
रुकमणि अरज करै अंबे सूँ, हूँ गिरधर की दासी।
पदम स्याम सुखदायक नायक, वर पाऊँ अविनासी॥ 1254॥

राग दंडक: अंबिका पूजन कँवरी चाली।
उमा कौं भेट पकवान श्रीफल लियाँ, वस्त्र भर मोतियाँ साझ थाली॥ 1255॥
भवन की पौर पर आय ठाढी भई, चार सँग लीयाँ सुघर आली।
चहूँ दिस झाँकती अगर में चालती, चतुर वर नारि पिय पंथ हाली॥ 1256॥
भामन्याँ में मिली दामिनी सी दिपै, कोटि कंदर्प दुति देखि लाजे।
मंगलाचार उचार करैं सहचरी, भेरि अरु तूर नीसाण बाजै॥ 1257॥
मिली द्विज नारि गुन-गारि रिपु नारि जुथ, हरख ऊछाह मन माहिं भारी।
आपने धाम तैं निकस आवत भई, कँवरि के संग की कर तयारी॥ 1258॥
सुवा के चोंच सी नासिका पेखिए, इन्द्र अहरापती चाल चोरी।
लेटणी नागणी भणजिये ओपमा, केहरी लंक कटि लाय गोरी॥ 1259॥
सिरीफल सारिखा उरज हिवड़ै लसी, सोवनी कंचुकी चीर झीणै।
केस मोती झलक मांग कूं कूं भरी, भाल पर सोहती दीप बीणै॥ 1260॥

पाँव की आंगली बीछिया बाजड़ा, मुरचिया नैंवर्याँ नाद भारी।
पहर पट्टोलणी हीर की चोलणीं, नारकेलौयणा मृग्घ हारी॥ 1261॥
रतनमणि राखड़ी बेणि वासक लड़ी, बाँह रा भुजवराँ लंक लेले।
दूज को चन्द्रमा मुख्ख पर पेखिए, चलै विर अंगना सँगत मेले॥ 1262॥
आय जब रुकमणी द्वार पर ठाढी भई, असुर सिसुपाल पठिये अपूठा।
कृष्ण पग धार कै जुगल जोड़ी बडी, पदम के स्वामि कूँ नाथ तूटा॥ 1263॥

राग बरवौ, ताल ठुमरी :

देवीजी नै पूजबा चली राजा भीषमजी री लली।
और सखी गुलाब की हो, रुकमणि चंपा की कली॥ 1264॥
चोवा चंदन अगर अरगजा हो, छिड़कत अली गली।
पदमइयो स्वामी भणैं हो, असुरन रोकि गली॥ 1265॥

धनाश्री : अरे रथ हाँक दे रे भाई।
किया सिंगार रथ्थ जाय बैठी, सूरज किरण सवाई।
जित तित चितवै रुकमणी, भूप गिरद होइ जाई॥ 1266॥
नैन बान तीखा लगै, घाव कोऊ के नाहीं।
पदम कहै रुकमणि बड-भागण, दुरगा पूजण जाहीं॥ 1267॥

लावनी : बाई रुकमणि राजकँवरि, अम्बा पूजण चलि संग सखिन के॥ 1268॥
वर बालक उम्मर बालन रमत न, चंचल परम हटीली।
वर कंचन की सी बेल सुरत मन, मोहन घन गरबीली॥ 1269॥
नव दुलहिन भेष सँवार भाल, बिंदी कुल लाज लजीजी।
कर कंचन थाल विसाल जटित मणि, अणिमादिक चरचीली॥ 1270॥

झेला : सो गुन रति रूप रंगीली, चख चित मन अति चटकीली।
अंजन अनूप मृग मीन मधुप, गंजन इव मद सबही के॥ 1271॥ बाई०॥
रुकमइये दुरमति जतन करन, चहुँ दिसि बहुत सुभट पठाये।
बल प्रवीण वीर रणधीर श्रवण सुण, अनुशासन उठि धाये॥ 1272॥
सिसुपाल कुटिल की सैन्य, सत्रुकर शर कोदंड उठाये।
बरबर चरम कर सूल शक्ति धर, रज नभ मंडल छाये॥ 1273॥

झेला : सबने गुरुदेव मनाये। गज रथ हय बेग मंगाये॥
पैदल अनंत उनमत्त लिये कर, खड़्ग चले सब इनके॥ 1274॥ रुक०॥
गुरुजन युवतिन के मध्य गमन कर, भीषम नृपति किसोरी।
जल धूप दीप नैवेद्य अग्नि, घनसार पुष्प दल रोरी॥ 1275॥
मंगल धुनी गावत बारमुखी, बाजत निसान चहुँ ओरी।
तन कृष्ण दरस लालसा, लगी मन चितवत चंद चकोरी॥ 1276॥

झेला : सोभा विशाल मति भोरी। कवि वरनैं सोइ छवि थोरी।
सिव सदन सिधारी करि प्रणाम मन, अनँद बढ्यो दुलहन के॥ 1277 ॥
बाई रुकमणि राजकँवरि० ॥

कर कमल पद्म जल पद प्रछालि, अचवन करि कँवरि नवेली।
गनपति पूजे पुनि गवर पति, संग पुजावति कुँवरि सहेली॥ 1278 ॥
आरति करन कर पूर लिये कर, दल जनु कमल चमेली।
वर माँगत कृष्ण महेस शेष, गिरिजा तथास्तु धुन पेली॥ 1279 ॥

झेला : मति गति सिव पायन बेली। निरखत भइ अचक अकेली॥
झन झनक झनक झनकार पगन, नूपुर बजि कनक मलिन के॥ 1280 ॥ बाई० ॥
नभ चंद्र किरण मन हरण, चरण जावक ऐडिन अरुणाई।
चले चाल चपल बालक मराल, छवि पिंडली गोल गुलाई॥ 1281 ॥
किंकनि अनूप धुन ललित लंक, लचकानि लखि रति सरमाई।
सुभ चित्र विचित्रित चीर चारु भल, कंचुकी कुच छवि छाई॥ 1282 ॥

झेला : कर कंकन अति द्युति पाई। वरणत कवि युक्ति लखाई।
हँसली हमेल गल हार माल, हीरा विसाल मोतियन के॥ 1283 ॥ बाई० ॥
अरविन्द मधुर मुख अधरामृत, दाड़म कण दंत बतीसी।
नासा सुढार बेसर बुलाख, लटकन ता रूप रती सी॥ 1284 ॥
दृग सील सुर्म अंजन सुरेख, महिमा जल मीन गती सी।
भृकुटी पिनाक करुणावतंस, पन्नगी चपल चलती सी॥ 1285 ॥

झेला : हरिजन मुनि ग्यान मती सी। सुर गणन लखी अदिति सी।
लखि कोर कटाक्ष दुष्ट मृतक से, परि गये दिसि विदिसन के।
बाई रुकमणि राजकँवर अंबा पूजन० ॥ 1286 ॥

चरचरी : भोर भयो जब चली अंबिका, पूजन राज दुलारी॥ 1287 ॥
सामग्री के थाल भराये, गंगाजल की झारी।
धूप दीप पुष्पन की माला, डोडा लूँग सुपारी॥ 1288 ॥
रथ्थन की साजत मंगवाई, लिया गजाँ दल भारी।
घुड़ला घूंघरमाल घलाये, हसत्याँ अंबा-वारी॥ 1289 ॥
छोहण पाँच सात सँग दीनी, फौज जरासँध लारी।
काल्यौ ग्वाल फिरै अभिमानी, रखियो बहुत हुस्यारी॥ 1290 ॥
जरासंध सिसपाल चढावै, संग सुभट अति भारी।
चहूँ ओर जोधा जोरावर, चतुरंगी असवारी॥ 1291 ॥
रथ में बैठ'र रुकमणि चाली, मन में सगुन विचारी।
पदम कहै वामौ अँग फुरकै, मिलसी कृष्ण मुरारी॥ 1292 ॥

दोहा : सगुन मनावै रुकमणी, मन में हरख बधाय।
कृष्ण मिलै संकट टलै, ऐसौ वर दे माय॥ 1293॥

मारू : रुकमणि भणैं सुणौ री देवी, काटौ जम की फाँसी।
दीनानाथ मिलावौ मोकूँ, जनम-जनम थारी दासी॥ 1294॥
एक दिना रे जनक घर होती, जनक सुता रे कहानी।
संकट में भव संकट काट्यो, धार्या रूप भवानी॥ 1295॥
काहे कूँ मेरे पाँव परै हो, हम तुम कहा दुरानी।
दीनानाथ दयाल कृपानिधि, चढसी और तिहानी॥ 1296॥
सोलह सहस सहेली सोहै, मानौं इन्द्र घटासी।
घूंघट का पट खोल दिया जब, कोटि भानु परकासी॥ 1297॥
आतुर होय रुकमणी बोली, काटौ जम की फासी।
पदम स्याम सुखदायक नायक, वर पाऊँ अविनासी॥ 1298॥

दोहा : रुकमणि पूजै अंबिका, भर मोतियन को थाल।
मथुरा पाऊँ सासरौ, वर पाऊँ गोपाल॥ 1299॥

सोरठ की ठुमरी :

भवानी म्हाँनै नंद नँदन परणाय॥ 1300॥
कर जोड़्याँ विनती करूँ, सुणौं अंबिका माय।
तू कहिए त्रिभुवन की माता, वर दीजो यदुराय॥ 1301॥
मात भ्रात डाहल वर हेर्‌यो, सुण जगदंबा माय।
राजा भींव कृष्ण वर थरप्यो, आयो कुंदनपुर माँय॥ 1302॥
मो मन बसै सोहि तुम जानत, वर दे जादव राय।
सुन जगदम्बे देर करै जिनि, जलदी स्याम मिलाय॥ 1303॥
अति आतुर भई रुकमणी, परी गोद में जाय।
पदम के स्वामी कृष्ण मिलावौ, देवी मंदिर माय॥ 1304॥

राग होरी, ताल दीपचंदी :

राखौ लाज गुसाँई मेरी, राखौ लाज।
जोर दल सिसुपाल आयो, असुर अम्बिका घेरी॥ 1305॥
त्रेता जुग में तप जु किये अब, संग सखा बहुतेरी।
तुम तो कहियो बड विसवासी, साख जहाँ तहाँ तेरी॥ 1306॥
अंबा ऊपर मारग जोवाँ, जोवाँ बाट तिहारी।
पदम भणैं प्रणमैं पाँय लागूँ, जनम जनम की चेरी॥ 1307॥

रेखता : डरी मैं देखि कै दाना। कहा तुम देर है काना॥ 1308॥

नारद के वचन सब जोई। मिले वर अंबिका सोई॥
कहा ये देव हैं झूठे। कै लखि अवगुण फिरे पूठे॥ 1309॥
कै डाहल संक मन आई। कहीं परवस परे जाई।
भरोसौ एक है भारी। आवैंगे बेग बनवारी॥ 1310॥
अंबिका पूजने आई। दिखे नहिं नैन जदुराई।
अवसर यह फेर ना पावौ। पदम के नाथ अब आवौ॥ 1311॥

रेखता : दरस बिन बहुत अकुलाती। विरह का बाण जू खाती॥ 1312॥
जरदी रंग तना हूवा। जपूँ तुझ नाम ज्यूँ सूवा॥
हमारी लाज अब तोकूँ। बहू दुख हो रह्यो मोकूँ॥ 1313॥
सिला गज गीध तैं तारे। केसी अर कंस कूँ मारे॥
क्यूँ आई लाज अब प्यारे। देख दल दैत्य के भारे॥ 1314॥
अबै हरि बेग तुम आवौ। मोकूँ अब दरस दिखलावौ॥
कहा अब जायगो मेरौ। लजेगौ विरद है तेरौ॥ 1315॥
भीम तुमको बताये हैं। तुमी से ध्यान लाये हैं।
सुनो अब वीनती मेरी। रहूँ मैं चरण की चेरी॥ 1316॥
पदम जन दास है तेरौ। रखौ शिवकर्ण मोय चेरौ।
बिथा क्यूँ देत हो मन कूँ। मिलौ अब बेग रुकमण कूँ॥ 1317॥

राग देस : माधौजी आयाँ राज सरै॥ 1318॥
बहु सखियन बिच राजकुमारी, बिलखे बदन फिरै।
सठ रुकमइयो कह्यो न मानै, कूडी साख भरै॥ 1319॥
जल में राख अगनि में राखी, नरसिंह रूप धरै।
बलि राजा के भवन पधारे, बावन रूप करै॥ 1320॥
भारत में भँवरी का इंडा, घंटा टूट परै।
जहाँ तहाँ भीर परी भगतन में, रक्षा आय करै॥ 1321॥
बाना की पत राख साँवरा, रुकमणि अरज करै।
पदम के स्वामी आन बुझावौ, हिरदै अगन जरै॥ 1322॥

राग विहाग :
साँवरा क्यूँ न लई सुध मेरी, म्हैं तो चरण कमल की चेरी॥ 1323॥
गज अरु ग्राह लरे जल भीतर, काटी जम की बेरी।
भारत में भँवरी के इंडा, गज की घंटा गेरी॥ 1324॥
अैसी चूक कहा प्रभु मोमें, असुर अंबिका घेरी।
दास पदम पर किरपा कीज्यो, जनम जनम की चेरी॥ 1325॥

दोहा : कै दैवल चढ गिर पड़ूँ, देऊँ देह जलाय।
सीस धरूँ सिव सामने, कै मरूँ कटारी खाय॥ 1326॥

हूँ अबला थे सबल हो, कित गये मेरी बार।
बड़ा बिड़द आगे किया, प्रगट वेद विस्तार ॥ 1327 ॥
ग्रास्यो गज तब ग्राह नैं, डूबत सारी देह।
सूंड रही बाहर तनिक, कियो जु थाँसूँ नेह ॥ 1328 ॥
तोकूँ पूजूँ अंबिका, कृष्ण मिलन के काज।
वाँवे अंग फरूकतौ, आज मिलै ब्रजराज ॥ 1329 ॥
अब सुध ले सुत नंद के, विनति करूँ कर जोर।
दैत्य मथन रुकमणि मिलन, आवौ नंद किसोर ॥ 1330 ॥

छंद : रुकमणी पट दूर कीन्हौं, सैन्य सब मूर्छित भई।
आवौ दीनानाथ जादव, यह अवसर पाऊँ सही ॥ 1331 ॥

लावणी, ताल चौताला :

कर करुणा बहुत विलाप, ताप देखन लगि ओर गगन के ॥ 1332 ॥
पुनि टेरत करुणा वचन, कान करुणा निधान सुन मेरी।
गजराज गरज आतुर पयान, ज्यूँ मृगी अहेरिन घेरी ॥ 1333 ॥
विरहाकुल करत विलाप, हाय म्हैं जनम-जनम की चेरी।
दरसण द्यौ दीन-दयाल, काट तन संकट विकट पहेली ॥ 1334 ॥

झेला : हा नाथ लगी कहाँ देरी। क्यूँ सुरत विसारी मेरी।
स्यन्दन समेत खग केत, निकट प्रगटे हरि पति गोपिन के ॥ 1335 ॥
जब देखे सुंदर श्याम सरोरुह, नैन मुकुट सिर सोहै।
भ्रकुटि विसाल कुंडल कपोल, मुख चन्द्र मुनिन मन मोहै ॥ 1336 ॥
वनमाल पीत पट कटि लपेटि, उपमा कह अस कवि को है।
कुंदनपुर वासी देख चकित भये, सबको मन ललच्यो है ॥ 1337 ॥

झेला : रुकमणी चरण चित जोहै। हरि के गुण में मन मोहै ॥
गुण गिरा ग्यान गोतीत प्रेम सुख, कहि न जाय तिहिं छन के ॥ 1338 ॥
ब्रजमोहन बाल पतंग उदय लखि, खिल गइ कमल कली सी।
भये सकल मनोरथ सिद्ध अंग जनु, चंपक बेलि फली सी ॥ 1339 ॥
दंपति समीप अति दिव्य दिपति, द्युति दमकत घन बिजली सी।
हरि यथा सूतता दृश्य रुकमनी, राजत कनक लदी सी ॥ 1340 ॥

झेला : सुख सोभा सील भली सी। चन्दा चकोर अवली सी ॥
कर पकरि अंक भरि रथ चढाय, यहाँ केहरि वेग पवन के ॥ 1341 ॥
चहुँ ओर भयो अति सोर, रुकमणि हरि कृष्ण पयाने।
रुकमइया निज दल सहित, तेज बल साहस सकल लजाने ॥ 1342 ॥
भट वृथा कलपना दन्तवक्र, सिसपाल उलूक लुकाने।
मग रोकि करौ रण कहत भये सब, निज-निज बल अनुमाने ॥ 1343 ॥

झेला : सब भुज उठाय पण ठाने। कर धनुष बाण संधाने॥
'हरनारायन' कृत हरि चरित्र सुन, घटि गये गर्व अरिन के॥ 1344 ॥

दोहा : दृष्टि बांध कर हरि दुरे, लखै नहीं नर नार।
पैज बधावण भगत की, लियो मनुज अवतार॥1345॥

राग बरवौ : मुकुट की झाँई परी, अंबिका के मंदिर के माहिं॥ 1346॥
धाय हरिजी बेग पधारे, इच्छा फल दातार।
पूज अंबिका बाहर निकसी, सीतल नजर निहार॥ 1347॥
अचरे का पट दूर किया जब, दुष्ट गये सब हार।
रथ चढिया जादूपत आया, हूवा जैजैकार॥ 1348॥
रथ तैं जादव जबही उतरे, लंबी भुजा पसार।
भुजा पकर कै लई रुकमणी, ली विमान बैठार॥ 1349॥
रुकमणि हरि का दर्सन कीना, मुक्ती फल दातार।
दास पदम विनती कर विनवै, दाना करौ संघार॥ 1350॥

दोहा : रथ बैठा श्रीकृष्णजी, अर्जुन से रथवान।
भक्त साय के कारणै, आये श्री भगवान॥ 1351॥

मारू : इतनी सुन रथ आयो प्रभुजी को, देखत सेना सारी।
अंबिका की पौर खरी सब, सखियाँ निरखत हँसे मुरारी॥ 1352॥
कर गह रुकमणि रथ बैठाई, सेना सब मुरझाई।
हा हा करत सकल भिड़ भागे, नेंक निजरि नहिं आई॥ 1353॥
फोड़ै मूंड खरी सब सेना, आपस ले तलवाराँ।
रुकमणि दल के बीच उठाई, अम्बिका के दरवाराँ॥ 1354॥
चक्रित भये रहे भट रोवत, कहो अँबे कहा कीजे।
मुख अब कहा दिखावैं उनकूँ, आप घात सब कीजे॥ 1355॥
पण राखण भीषम के कारण, आये कृष्ण मुरारी।
पदम भणैं सखियन का रुकमणि, यह समचार उचारी॥ 1356॥

दोहा : रथ चढती रुकमणि कहै, सुण सखि म्हारी बात।
जाय कहौ बँधु मात नैं, रुकमणि कृष्ण ले जात॥ 1357॥

कालिंगड़ा को कैरवौ :

कहियो माता जाय, कहियो माता जाय, स्याम दरसण रुकमणि भयो॥ 1358॥
जाय कहो बन्धु मात से जी, ल्यावौ दैत चढाय।
रथ बैठाई रुकमणी, सेना परि मुरझाय॥ 1359॥
दौड़ सख्याँ रुकमणि तणी जी, सघलै खबर कराय।
रुकमणि कूँ हर ले गया, दास पदम बलि जाय॥ 1360॥

दोहा : नर नारी सबही कहैं, दरस दियो नँद-लाल।
दैत्य मथन रुकमणि मिलन, ले गये श्रीगोपाल॥ 1361॥
पाँच छोहण दल भाग कै, गये डेरा के माँय।
हरी रुकमणी ग्वाल नैं, अब कोइ करौ उपाय॥ 1362॥

धनाश्री : दौड़ो दौड़ो रे गवाल्यो, लीयाँ जाय॥ 1363॥
राव जरासँध और दँताधर, सनमुख झेलौ आय।
रुकम कँवर अैसे उठ बोल्यो, कुल को धरम घटाय॥ 1364॥
रुकमणि नैं प्रभु रथ बैठारी, भीषम मन हरषाय।
पदम भणैं प्रणमैं पाँय लागूँ, गये गये जादव राय॥ 1365॥

दोहा : सुणौं कँवर मंत्री कहै, रुकमणि ले गयो ग्वाल।
बँधे कँकण डाहल रह्यो, होसी कौन हवाल॥ 1366॥

जंगलौ : ले गयो रुकमणि हरकै, साँवरियो जादू करकै।
सुणि सिसपालौ अति व्याकुल भयो, उठि गइ चित में सरकै॥ 1367॥
जरासंध से जोधा चढिया, धनुषबाण कर धरकै।
काल्यो ग्वाल भाग नहिं जावै, बेगा ल्यावौ पकर कै॥ 1368॥
बडे-बडे राजन सिर पग धर, ले गया रपट-झपट कै।
पदम भणैं प्रणमैं पाँय लागूँ, बारबार जदुवर कै॥ 1369॥

दोहा : लछमीपति लछमी मिली, देवी तणौ दिवाण।
खबर भई सिसपाल नैं, हुई पिलाण-पिलाण॥ 1370॥
ढोल दमामा बागिया, कसणै लागा बाण।
सूराँ रली बधावणा, कायर तजे पिराण॥ 1371॥
झालर बाज्याँ हरि भगत, रण बाज्याँ रजपूत।
इतनी सुण नहिं उठ चलै, आठूँ गाँठ कपूत॥ 1372॥
गलियाराँ बाँके फिरै, गैंद ढाल ढलकाय।
जब रण बाजै लोह रा, सूरवीर हरषाय॥ 1373॥
सूराँ रा घर सिखर है, बाजै अनहद तूर।
सार बहंताँ परखिये, वह कायर वह सूर॥ 1374॥
और राग सब रागणी, सिंधूड़ौ सुलतान।
सिंधू जबै अलापिये, घुड़लौ पड़ै पलाण॥ 1375॥

अथ फौज की चढाई :

दोहा : धीरौ रह रे ग्वालिया, थारि आव पहूँची आय।
मही नहीं गोकुल तणौ, चोर-चोर कर खाय॥ 1376॥

सोरठ : बालपणा की बाण न भूलौ, चोर-चोर दधि खातौ।
या तो किसी कुंजन की गोपी, बाँह पकड़ ले जातौ ॥ 1377 ॥
धूजी धरा सेष दल कंप्यो, चहुँ दिसि माच्यो चालौ।
माथै हींस पड़ी नीसाणाँ, चढ्यो राव सिसपालौ ॥ 1378 ॥
सेना चढी देख दूल्हा नैं, राव परेवा बोलै।
सेवग छताँ स्याम कूँ झालै, यूँ दंताधर बोलै ॥ 1379 ॥
दल भंजन राजा यूँ बोलै, इसी बात काँई भारी।
माखण चोर ताहु के ऊपर, थे काँइ करौ सवारी ॥ 1380 ॥
देखौ हात खडा मरदाँ का, म्हैं भारत में जावाँ।
रुकमणि सहित पकड़ भिड़वाल्यो, आन निजर गुदरावाँ ॥ 1381 ॥
लोचन रगत धूम कर चढिया, हुवा बाण टंकारा।
नेजा फरकै भू भय कंपै, दरस्या काल दवारा ॥ 1382 ॥
औझड़ झड़ी सिंधु थरहरिया, भय नवखंडे जाणी।
उकली कला अगनि जब ऊठी, रवि ताँई रामाणी ॥ 1383 ॥
फौजाँ सिरै फौज को लाडौ, पाखर सेल सम्हावै।
बीड़ा द्यौ दल नायक राजा, जादू जाण न पावै ॥ 1384 ॥
दाना लिख भेजै हलधर कूँ, विदा मती होइ जाज्यो।
यो अवसर भागण को नाहीं, सनमुख जुध में आज्यो ॥ 1385 ॥
लख समधानी अर्जुन बोलै, म्हैं तो सिलै सवारी।
थे दल नायक आघा आवौ, म्हारै सभी तयारी ॥ 1386 ॥
सेनापति केसौ पै आये, बीड़ा द्यौ वनमाली।
सनमुख होयकर मस्तक मेल्यो, डाहल दल म्हैं जाणी ॥ 1387 ॥
केसव राव कहै देवन से, अबकै बेर तुम्हारी।
सार सम्हावौ जुध में जावौ, होसी फतै तुमारी ॥ 1388 ॥
बाजत धौंसा मनौ घन गाजै, सावकरण यूँ छूटा।
सहस अठासी रिष्याँ तणा दल, नेमनाथ रे पूठा ॥ 1389 ॥
वाँवै नेमनाथ दल सोहै, दहिनै लख संधाणी।
छपन कोटि जादू ले लारै, हलधरजी अगवानी ॥ 1390 ॥
विध-विध तणा अरावा छूटै, हुई भाड़ की धाणी।
रोस भर्‌या दाना ओलरिया, मची राव घमसाणी ॥ 1391 ॥
आभै चंद सुरज नहिं सूझै, निसवासर गम नाहीं।
देव दलाँ दाना ओलरिया, महाप्रलय की नाहीं ॥ 1392 ॥
ओला ज्यूँ गोला ओल्हरिया, मार पड़ी दल हल्लाँ।
नायक मंड्या राव डाहल का, हौदा कर दिया चल्लाँ ॥ 1393 ॥

फरचट घणी तरी ओलरिया, सेल गदा गुपतानी।
चक्र बाँध कै रणभूमी में, परतक लड़ै भवानी॥ 1394॥
ओझड़ रूप झड़ापड़ माची, अगनी बाण सँपाड़ै।
धूजी धरा धमाधम माची, मँडिया मल्ल अखाड़ै॥ 1395॥
सरस लड़ै संग्राम सूरवाँ, डाहल का अभिमानी।
छल का युद्ध करै महमंता, चक्र बहै असमानी॥ 1396॥
बेटो दम्मघोष राजा को, कुंभकरण ज्यूँ ऊठ्यो।
भणैं पदम देवाँ के बाणा, जैसे वरसा बूठ्यो॥ 1397॥

दोहा : चौक दिसा दल बाँधिया, बाजै संख समाज।
देवाँ दल सिंधू हुवा, मानों इन्द्र अवाज॥ 1398॥

मारू : इन्द्र अवाज गगन रज लागी, छिप गये चन्दर भाणा।
लंका कोट राम दल लागे, वह दल वह सहनाणा॥ 1399॥
रामचन्द्र अवतार कृष्ण है, लछमण है बलराजा।
किसकंदा केसौ पँडवा के, बाजे नौबत बाजा॥ 1400॥
धीरज नाँय धरै महमंता, जादू मल्ल अखाड़ै।
सतरै बार को बदलौ मांगाँ, अबकै धरा प्रवाड़ै॥ 1401॥
चढ़ि संग्राम सतावी आया, स्याम तणा दल केवा।
दंतराय दावानल दाना, लिया साँकड़ै देवा॥ 1402॥
जब किलकार उठ्यो बनवारी, स्याम सुधारण काजा।
अर्जुन आन चौहटे घेर्‌या, दन्तधरा के राजा॥ 1403॥
गदा चक्र तिरसूल भलक्कै, खड़गाँ तीर कबाणी।
रोधर हुआ राकसाँ बीधा, सिंह रूप यूँ जाणी॥ 1404॥
कालकंठ होय काल चमक्या, सरसायल भय मानी।
देव चढ्या धौलागिर कंप्या, संक्या डाहल आणी॥ 1405॥
सुर दल चढ्या असुर दल कंप्या, साँवत सूर सभेला।
अर्जुन कहै दिलीपत राजा, करौ डाहलाँ मेला॥ 1406॥
नौ है नाथ चौरासी सिद्धा, काले बाण सम्हालै।
हलधरजी हथियार सम्हावै, हल-मूसल कर झालै॥ 1407॥
छोहण एक-एक हल माहीं, हलधरजी संघारै।
दाणा आय पड़्या धरणी पर, राणी वचन चितारै॥ 1408॥
धौंकल धस्या भींव भारथ में, मँड गया हाथ्याँ माहीं।
मोड़ै सूंड बधावै हाथी, युद्ध मंड्यो रवि ताहीं॥ 1409॥
लख संधाणी अर्जुन जोड़ै, बाणाँ तणाँ चपेटाँ।
बिछड़ गया डाहल महमंता, सूर किरण की केटा॥ 1410॥

सहस अठ्यासी रिष्याँ तणाँ दल, मच्या बाण घमसाणा।
होदा आय पड़्या डाहल का, नेमनाथ रा बाणा॥ 1411॥
फौजाँ सिरै फौज को लाड़ौ, पाखर सिलह सँवारी।
राजा झूझ पड़्यो धरणी में, दंतधरा रण भारी॥ 1412॥
राजा पड़िया रणथँभ बाज्या, फतै जादवाँ पाईं।
हाथै खपर त्रिसूल लियाँ कर, खेत जोगण्या आईं॥ 1413॥
जोधा मिल्या राव डाहला का, आयुध फेरूँ झालौ।
यो अवसर जीतण को नाहीं, चंदेरी नैं चालौ॥ 1414॥
हार्‌या फिरै राव डाहलिया, जीत्या है ब्रजवासी।
कह पदमइया हार डाहल की, हुई जगत में हाँसी॥ 1415॥

दोहा : खबर हुई सिसपाल नैं, दंताधर पड़ साथ।
खोहण पाँचूँ खप गई, खेत जादवाँ हाथ॥ 1416॥
बन्धू मरताँ बिगड़ गई, सबी जान की बहार।
मेल्ह चलौ कुंदनपुरी, भाभी को सिणगार॥ 1417॥
रोस भर्‌यो सिसपालजी, लोचन लाल गुलाल।
बैर बहोड़ूँ दंत रो, तो राजा सिसुपाल॥ 1418॥
दारू दवा ज कर रह्यो, भुजा पटक्के दूत।
चुग-चुग मारूँ जादवाँ, तो दम्मघोष रो पूत॥ 1419॥
कै मरबौ कै मारबौ, मरबौ एकण बार।
मेल चल्या कुंदनपुरी, भाभी तणौं सिंगार॥ 1420॥
बंधू पड़ताँ जान की, उतर गई सब बहार।
भाभी हंदा बोलणा, निकल कलेजै पार॥ 1421॥
हँसी हुई तिहुँ लोक में, श्रवण सुणी डाहाल।
सैनन तैं विनती करै, धृग धृग धृग सिसपाल॥ 1422॥

मारू : धृग धृग धृग सिसपाल डाहलौ, झूठौ बाण सँभावै।
भुजा पटक ऊठ्यो भिड़दानौ, फूल्यो अंग न मावै॥ 1423॥
हाथा नैं बाँथै बलवन्तौ, सिंघ जाण दधकारी।
मार-मार करतौ अभिमानी, सार-सार कर डारी॥ 1424॥
देखौ आज केहड़ी करहूँ, बैर दंत रो सारूँ।
कण-कण दल कर द्यूँ भिड़वालौ, सायर लग संघारूँ॥ 1425॥
पेटी सांध तून कर धसिया, आय लग्या जमदाणा।
ओझड़ पड़्या थाट घाड़ा में, जीण हुआ केकाणा॥ 1426॥
जब धँस पड़ै जंग के माहीं, दारूँ धीक चिकाना।
तूड़ तड़क तातौ हुय टूटौ, छूटा केहरि जाना॥ 1427॥

कलकल हुई काल दल चढिया, धूम कोट चौफेरा।
ताता तुरी कुदावत चाल्या, आन दिया जम घेरा॥ 1428॥
ढलकै ढाल फरूकै नेजा, पूरव की पतस्याई।
छोहण तीस जलंधर बगतर, नख-चख सेजड़ि आई॥ 1429॥
छूटै बाण ऊछटै दारूँ, धूमकोट दरवाजा।
पेल दिया रिख के दल ऊपर, कालकंध रा राजा॥ 1430॥
छत्र्याँ तणी खोहण चढ जानै, हुवा जबर घमसाना।
सेना चढी लाख जंझीरा, मद पेल्या मस्ताना॥ 1431॥
चकदल लपट चपट चहुँ ओरा, रुक्या पंथ चहुँ केरा।
देवी माँ सूँ लेकर भागौ, अब पड़ जासी बेरा॥ 1432॥
भारत भाव भेद सूँ कीज्यो, दानैं बुद्धि सिखाई।
छलकर जाय भाज भिड़वाल्या, याँके लाज न काँई॥ 1433॥
सतरै बार भाग गयो आगे, याकी कौन बडाई।
अबकै करूँ काल सूँ मेला, निकल जाय गुमराई॥ 1434॥
हल हलकर सिसपाल्यो चाल्यो, ठेल दिया भिड़दानौ।
कूद पड़्यो देवाँ के ऊपर, बाग छोड मरदानौ॥ 1435॥
हाथी ठेल दिया भारत में, मेल्ही अंबाबाड़ी।
ताके माहिं छत्रपति राजा, सूरज किरण संभाली॥ 1436॥
जब राजा जोरावर झपटी, कपटी काल दँताला।
अर्जुन भीम तणौ दल देख्यो, द्यौ बीड़ा सिसपाला॥ 1437॥
जरा पूत जमराजा बोलै, हम पै जम की फाँसी।
छपन कोटि नैं अँचवन करल्याँ, तो मेरा नाँव निकासी॥ 1438॥
नर अंतर देवाँ में अंतर, रगत पीवतौ हारी।
मुरड़ चल्यो हलधर के ऊपर, रावण को अवतारी॥ 1439॥
कुण हो कृष्ण कौण है हलधर, को है पंडव राजा।
मोहरे आन मिल्या डाहल के, हतनापुर का राजा॥ 1440॥
हम ही कृष्ण हमहिं हलधर हैं, हम ही केसव राजा।
तुम तो मोड़ बँधे फिर जावौ, हम हतनापुर राजा॥ 1441॥
चीकर भागि डालि गयो तोमर, टूटी बीच ठिकाणी।
फरसी जाय खती धरणि में, वे पाँडव परवाणी॥ 1442॥
धूकसि धस्या धरणि भी धूजी, सिव संकर भय-माना।
झलि गयो बाणौ अतीपती सौं, धनुष माझ भरमाना॥ 1443॥
अरजुन बाणा गदा भीम की, दाँय न आयो रानौ।
फरसी जाय खती कुंजर के, भाग गयो मुड़दानौ॥ 1444॥

फिरतौ फिरै दिवाणै आयो, बलहंतौ सिसुपालौ।
दसूँ देस राजा चढि आवौ, नहीं जुद्ध को टालौ ॥1445 ॥
बाजै नाद भुजाँ फरकंती, जालम धनुष चढायो।
कान-कान करतौ सिसुपालौ, देवतणैं दल आयो ॥ 1446 ॥
लछमण सेस बेस अवतारी, आव कहंतौ आयो।
हल मूसल लेकर धधकार्‌यो, सूतौ सिंघ जगायो ॥ 1447 ॥
सिंघ रूप हालै ना चालै, भर भादू ज्यूँ बाणा।
मुरड़ चल्यो दूसासन सूधौ, नेमनाथ निस्साणा ॥ 1448 ॥
झलमल मची अगन झल पाटै, नेमनाथ दल माहीं।
तब ही इन्द्र रावलै पहुँच्ये, ले तो काल उठाहीं ॥ 1449 ॥
धूजी धरा अँबर अर दोनूँ, पाखर बाण कुभेरा।
बगतर पहर मंड़्यो सिसपालौ, लागी लाय सुमेरा ॥ 1450 ॥
जूझ रह्या दोवाँ दल माहीं, घाव घणेरा घालै।
सबल तेग सिसपाल बली की, नाथ बिना कुण झालै ॥ 1451 ॥
संक्या हुई दिवाणाँ माहीं, पारब्रह्म परचायो।
सुर गुरु भीर परी जब सिख में, परमधाम से आयो ॥ 1452 ॥
सुर गुरु कह देवन कूँ धावो, और उपाय न कोई।
लंका बंध करी तेतीसूँ, वो दाना है योई ॥ 1453 ॥
सर्व देव अस्तूति करत है, स्याम हि स्याम पुकारौ।
धनुष धारि करुणा निधि ऊठे, पदम तणैं आधारौ ॥ 1454 ॥

दोहा : बुद्ध भणै वृहस्पति गुरू, मो सिर मोटा डाव।
तीनूँ झगड़ा झालसी, ऋषि पांडव बल राव ॥ 1455 ॥
भींव भणैं कुंती सुता, यो दल देसाँ मोड़।
पीठ दिखावाँ स्यामि नैं, लागै मोटी खोड़ ॥ 1456 ॥
सार संभावौ सूरवाँ, घण साथाँ बहु ठट्ट।
दावानल सिसपाल पै, वह पाँडू गह गट्ट ॥ 1457 ॥
पाँडू दल सिंधू हुवा, साका विड़द भदेस।
छरा लगत है पण्डु नै, दिल्ली दीप नरेस ॥ 1458 ॥
दुख भंजन भय भंजना, वृहस्पति कहै बनाय।
दाना देव भिड़ाय कै, सूतौ लंक लगााय ॥ 1459 ॥

मारू : साराँग धनुष साज वनमाली, सुर नर सबै बुलाया।
पाट-पती परतग्या पूरण, हँसि-हँसि कंठ लगाया ॥ 1460 ॥

चिंता तजौ देव दल नायक, धवल छत्र सिर धारूँ।
केवल कंद करूँ असुराँ को, भू को भार उतारूँ॥ 1461॥
तड़-भड़ हुई तंतका बाज्या, नेमनाथ दल माहीं।
हलधर जाय भिड़ौ असुरा से, थे पछै करौला काँहीं॥ 1462॥
बाजै संख घुरै रणसिंगा, रिष्याँ तणा बल कंप्या।
नौबत बाज रही नौनाथाँ, स्याम दले वर संठ्या॥ 1463॥
रिष पर रीझ रहे वनवारी, आदर करकै लीना।
अपणे कर का बाण कृष्णजी, नेमनाथ नैं दीना॥ 1464॥
मांझी गाज रह्या भारत में, अर्जुन भींव भलाई।
वह पांडव हतनापुर वाला, पहुँच्या हात्याँ माँई॥ 1465॥
हौदा हाँकि लिया हात्याँ का, सैन्य चढी मतवारी।
जिण बेल्या पंडू राजा नैं, बीड़ा दे वनवारी॥ 1466॥
मिसलत इसी करौ सरदाराँ, सबही सार सँभाया।
दल सूधाँ तैं ऊँधा करद्याँ, तो कुंती का जाया॥ 1467॥
पांडव दल चढिया मैमंता, अर्जुन भींव उपाला।
कूद पर्या लंका में जैसे, कपि किसकंधा वाला॥ 1468॥
कारज आज स्याम मुख आगे, कहैं भींव महमंता।
बीड़ा झाल दिलीपत चाल्या, ज्यूँ लंका हनुमंता॥ 1469॥
विकराली कोपी बलवंती, च्यार भुजा मुकलाती।
बावन भैरू चौसठ योगिन, फिरै असुर दल खाती॥ 1470॥

दोहा : गिरी सिखा जल ऊझल्या, छिप गया चंद रु सूर।
मनौ गोरधन ऊपरै, इन्द्र चढ्या अकरूर॥ 1471॥

मारू : इन्द्र चढ्या अकरूर स्याम दल, नव ग्रह नौपत खाना।
कह बलदेव उधार किसी ज्यूँ, किलकारै हनुमाना॥ 1472॥
कोस जु असी मांहीं जादू दल, गजगर मोगरठाटौ।
मुरड़ चल्या भेला होय जानी, ऊजड़ गिणै न बाटौ॥ 1473॥
अपरमपार साथ है सुथरा, विवल दाह के बाना।
हींडत हाथी दल के साथै, भारथ देव रु दाना॥ 1474॥
सुर दल चढ्या असुर दल कंप्या, झुकि गया देव दिवाना।
बारह खोहणि ले बलभद्र पूगौ, जादव हुवा रवाना॥ 1475॥
बरखै लोह सार घन तूटै, मुदगर मूसल पेलै।
आपै खाय पड़े मुर्छागत, हलकी त्रास न झेलै॥ 1476॥
पटकै खौन आंगली खूनी, सैन दई पलकारी।
हौदे जाय खतीड़ा हलकै, केसौ तणी कटारी॥ 1477॥

झपटी करै गणे साधू में, मंगल मार मुकेरे।
दाना का छत्र सीस तैं तोड़ै, गहिकर फरसी फेरै॥ 1478॥
अर्जुन हाथ साथ रा सुथरा, डाहल रूप समाना।
एक बाण लाखाँ दल साथै, पड़ता दीखै दाना॥ 1479॥
दानाँ माहीं चढ गया जादू, रगताँ कीचड़ मातौ।
बरखै बाण मेघ की नाँई, दिन से हो गइ रातौ॥ 1480॥
लपट झपट हूवा सब जूझै, भै हूवा बासक ताँई।
तिरता फिरै छत्र लोहू में, ज्यूँ नवका जल माँई॥ 1481॥
गज सिर बरखै मेल कटार्याँ, नव नेजाँ तहँ पाणी।
फाटी पाल भेल मरजादा, मानसरोवर जाणी॥ 1482॥
भेल दियो असुराँ दल मातौ, नटवर भेष गवाल्या।
ल्हसकर लूट लियो डाहल को, गोकुल के भिड़वाल्या॥ 1483॥
कुंजर पड़्या लाख नव दूणा, गम नाहीं केकाणा।
देस-देस राजा के देखन, पड़िया रह्या निसाणा॥ 1484॥
कहताँ घणी सरी नहिं एकौ, सिर धूणै सिसपालौ।
लाडी गई लाज भी लेई, मूंढौ कर गइ कालौ॥ 1485॥
बहम सला भाभी का आवै, खोय दइ लाज बडाई।
मेला चल्या कुँदनपुर आगे, दन्तराय सा भाई॥ 1486॥
हीण होय सिसुपाल्यो भाग्यो, किसीक परण्या प्यारी।
मेल्ह चल्यो सिसपाल पाघड़ी, दम्मघोष राजा री॥ 1487॥
हलधर कहै सर्व देवन सैं, बेग करौ असवारी।
उलटा बोहड़ अखाड़ै ल्यावौ, फेर करांगाँ मारी॥ 1488॥
अर्जुन नेमनाथ हलधर सूँ, कहै सिरीपत राजा।
भागाँ लार घाव नहिं घालाँ, छै आपाँनैं लाजा॥ 1489॥
नेजा छाड गया फरकंता, नौपत सहता बाजा।
पदम भणैं भारत में भागै, चंदेरी को राजा॥ 1490॥

दोहा : सुण भाग्यो सिसपाल नैं, तन मन लागी लाय।
जरासंध अजरायलौ, मार रह्यो बिलखाय॥ 1491॥
धर अंबर धूज्या नहीं, तड़भड़ हुवा न देव।
जरासंध ऊभाँ थकाँ, कहा जीत्यो बलदेव॥ 1492॥

मारू : कहा जीत्यो बलदेव खडा रह, सिंध पहूँच्यौ आई।
दंतराय सो मोकूँ जाणी, कहै जरासँध राई॥ 1493॥
फिर गइ फेर समंदाँ ताँई, बाज्या अनहद बाजा।
तोमैं बैर कंस को मांगूँ, एक पंथ दोय काजा॥अ1494॥

होय तड़ाभड़ सेना उमड़ी, कालजवन दरसाया।
दाना तेग झटापट ऊठैं, धर अंबर थरराया॥ 1495॥
जम के रूप जरासँध आयो, नेजाँ धजा चढाई।
खड़ग त्रिसूल झलक्कै भाला, ज्यूँ दामन घन माँई॥ 1496॥
नारद नाच रह्यो मंडल में, ख्याल रच्यो घर जाणी।
दल भंजन राजा जब आयो, साको भयो दिवाणी॥ 1497॥
काया वज्र वज्र के हाथी, वज्र बाण दल जोई।
जरासंध राजा के सन्मुख, बली न मंडै कोई॥ 1498॥
कलहदान कुंदनपुर हूवा, बाज रह्या रणतूरा।
थँभ गया रथ सूरज राजा का, देख तमासा सूरा॥ 1499॥
चहुँ दिसि चक्र बहै दाना का, बाजै अनहद बाजा।
मनो जलंधर संकर जैसो, मंडियो महा समाजा॥ 1500॥
धूजी धरा गगन भी धूजी, शेष नाग थरराया।
मानो कुंभकरण लंका सों, इण अवसर चढि आया॥ 1501॥
जब देवाँ का हिरदा कंप्या, धनुष बाण ले नाहीं।
देवाँ दलाँ दानवाँ झूझै, जरा रली ता माहीं॥ 1502॥
लांबी भुजा सहस रघुवर की, वाकी सरण विचारौ।
पदम भणैं प्रणमैं पाँय लागूँ, ध्यान चतुरभुज धारौ॥ 1503॥

दोहा : जुध में बाजा बाजिया, जरा पहूँती आय।
किताक जोधा गिट गई, किताक मुख के माँय॥ 1504॥

मारू : बीस जोजन में पाँव जरा का, दस जोजन में हातौ।
पाँच जोजन में सीस भणीजे, दोय जोजन में दाँतौ॥ 1505॥
नेमनाथ रा हलका-भलका, जाके सन्मुख धाई।
भाज पड़्या सब मूंढा आगे, रांड डाकणी आई॥ 1506॥
गौरी सहित सदासिव भाज्या, भाग्या जादूराई।
सुर तेतीसों रण तैं भाग्या, जरा पहूँती आई॥ 1507॥
रण संग्राम कदे नहिं हार्‌या, कदे न हार्‌या खांडै।
दाना सैं हम जुध कर जीत्या, मार्‌या मोडी रांडै॥ 1508॥
हरि हलधर नैं हुकम कियो है, जरा ब्याधि नैं मारौ।
यातैं थारौ डाव न आवै, दूणी देह बधारौ॥ 1509॥
हलधर ले हल-मूसल चाल्यो, जरा साम्हनैं आई।
हल तैं ब्याध अफूटी फेरी, मूसल सिर ठहकाई॥ 1510॥
जरा मार मृतु मंडल गेरी, सुराँ पुष्प बरसाई।
कृष्ण कँवर दुलहा के ऊपर, दास पदम बलि जाई॥ 1511॥

दोहा : देवाँ रा दल जमसुता, हरिजन मानी रीस।
भीर चढ्यो बलदेव की, गरुड़ चढ्यो जगदीस॥ 1512॥

मारू : गरुड़ चढ्यो जगदीस धनुष धर, चन्द्र बाण कर धारी।
दस मस्तक बीसूँ भुज भंजन, राम रूप बलिहारी॥ 1513॥
छपन कोटि जादू चल आया, बड़ा छत्र की छाया।
सरण-सरण तेतीसूँ लाखाँ, चरणाँ सीस नवाया॥ 1514॥
ब्रह्मा सुत नारद यूँ बोलै, अरज हमारी लीजे।
जिण वर तैं दाना थे जीत्या, सो वर म्हाँनैं दीजै॥ 1515॥
सन्मुख हुवा जगतपति नायक, वर देवाँ नैं दीना।
संकट में जु साय हरि कीन्हीं, जरा जोर हर लीना॥ 1516॥
सुर तेतीस हुवा दल नायक, सेना सब चढि आई।
इत तैं दल देवन का चढिया, उतैं जरासँध राई॥ 1517॥
उल्कापात अग्नि जब ऊठी, भार अठारै धूजै।
अष्ट कुली का नायक चाल्या, चन्द्र सूर नहिं सूझै॥ 1518॥
अष्ट सिद्ध अरु नव निधि राणी, कुली नाग नव न्यारा।
च्यारूँ गैंद दिरगपालाँ सूँ, आन पड़्या सिर भारा॥ 1519॥
पाट पती दोनूँ दल भिड़िया, रोकि लिया रे निसाणा।
लंका कोट राम दल लागा, वे दल वे ही बाणा॥ 1520॥
हतनापुर का राजा बोलै, सुण वसुदेव कुमारा।
भाग्याँ दूर द्वारका नगरी, कीजे कौण विचारा॥ 1521॥
मिसलत हुई देव दल माहीं, सुर नर मुनि सब आया।
सिंघ रूप दाना के सन्मुख, अर्जुन भींव खिनाया॥ 1522॥
वाँकी अणी बंक फौजाँ की, नेमनाथ थे झेलौ।
हलधर कहै हुकम केसौ को, रिष्याँ तणा दल पेलौ॥ 1523॥
धर्मराज राजा यूँ बोल्यो, धरमी मँड गया साका।
पहल चोट अर्जुन से भिड़िया, किया यादवाँ हाँका॥ 1524॥
अर्जुन बाण रु गदा भीम की, चूर किया दल जोधा।
गेर दिया हसत्याँ ऊपर से, जरासंध का जोधा॥ 1525॥
आयुध घणा हात नहिं चालै, नेमनाथ दल जोड़ा।
घोड़ा ऊँट रथ्थ हाथ्याँ का, टूक किया इकठौड़ा॥ 1526॥
हाथी पेल दिया भारत में, फौजाँ चढ हंकारी।
हल मूसल दाना पर टूटे, महा प्रलय कर डारी॥ 1527॥
सुरपति राव वज्र बंबाड़ै, मानो बीज चमक्कै।
सिर वराह पाताल सेष के, माथै जाय ठमक्कै॥ 1528॥

ओला ज्यूँ गोला ओलरिया, मार पड़ी दल हाली।
नायक पड़्या राव डाहल का, हौदा कर दिया खाली॥ 1529॥
गौरी सुत विन्नायक राजा, सिव का वज्र सँभावै।
रापट-रोल करै सुंडालौ, पकड़ सूंड घूमावै॥ 1530॥
गुपती चक्र चलै नाथाँ का, कोइ गुप्त कोइ छानै।
कैलासी संकर को गणपत, कह्यो न किहिं को मानै॥ 1531॥
नारद मुनी गरुड़ ब्रह्मा का, काल बाण इम धारै।
मानौ हनूमान लंका को, चहूँ ओर सूँ जारै॥ 1532॥
चहुँ दिसि चक्र बहै चंडी का, लूगड़िया अगवाणी।
बांध्या चक्र युँ सेना ऊपर, नगर कोट की राणी॥ 1533॥
किलकै कोप करै बलवंती, बावन चौसठ न्यारा।
विकराली दाना दल बेगी, आन परी जम द्वारा॥ 1534॥
टूटै छत्र बगतराँ फूटै, धजा सबै ढल आई।
ससतर सबै बहै चौधारा, पड़ी नौपताँ घाई॥ 1535॥
झटका होय बटक तन टूटै, टूटै पाखर घोड़ा।
लटपट सीस पड़ै दानाँ का, गरा हुवा इकठोरा॥ 1536॥
खेताँ रगत बहै दाना को, नदी भादवाँ माहीं।
जोजन पाँच सात झड़ पड़िया, गल गोटा गलबाहीं॥ 1537॥
हाती हसता रह्या धवलहर, और सोवनी साजा।
चोटी आन दई कुन्दनपुर, दसूँ दिसा के राजा॥ 1538॥
अगनी बाण धमचकाँ चालै, छूटै जंत्र हवाई।
हाथाँ खपर त्रिसूल लियाँ सिव, रण में जोगण आई॥ 1539॥
खेचरि भूचरि और संखणी, गिरज सबै चढ धाई।
चुण-चुण सीस सदा सिव संकर, रुंडमाल ढलकाई॥ 1540॥
लोटै पड़ै तड़ातड़ ऊठै, रोक लिया रउथाणा।
सतरै लाख सखत पाखरिया, खाली हुवा पिलाणा॥ 1541॥
बावन भूप धजाबँध राजा, सेना की गम नाहीं।
लाखाँ पती करोड़ाँ हाथी, जाय पड़्या जँग माहीं॥ 1542॥
घरै हाणि हाँसी जग माहीं, बात च्यारा जुग चाली।
ग्यारह लख पलखी डाहल की, हुई खेत में खाली॥ 1543॥
भाग चलाचल हुई चंदेरी, धणी रथाँ का बीता।
सात लाख तो रथ घोड़ाँ का, हुवा खेत में रीता॥ 1544॥
तोबा त्राह मची डाहल के, पड़िया घायल कंपै।
मांगै नीर बोक नहिं मंडै, मुख सूँ बैण न जंपै॥ 1545॥

भू में पड़्या राव डाहल का, कायर ज्यूँ बतलाया।
छठी रात का लेख टलै ना, दाणा पाणी ल्याया॥ 1546॥
कोटि उपाय करी बलवंता, पेच येक ना लाग्यो।
चन्द्रवाण केसौ कर देख्यो, जरासंध भी भाग्यो॥ 1547॥
भली भाँति की जान खपाई, भूप मराया सारा।
जरासंध जब ही भग चाल्यो, ऊंधा पड़्या नगारा॥ 1548॥
जहाँ-तहाँ जादव राजा का, बाजै नौबत बाजा।
पदम भणैं तिहुँ लोकाँ माहीं, संख पँचायण बाजा॥ 1549॥

दोहा : संख पँचायण बाजताँ, राजा घणौ उछार।
पत राखी महाराज नैं, असुराँ कियो सँघार॥ 1550॥

मारू : असुराँ कियो सँघार स्याम दल, जीत्या त्रिभुवनराई।
भाग गया सिसपाल जरासँध, खबर कँवर पै आई॥ 1551॥
कोप्यो कँवर भींव राजा को, सबही भूप बुलाया।
चाँपर करौ बेग चढवा की, जुध सामान भराया॥ 1552॥
मिसलत हुई कँवर दरबारा, मंत्री करै विचारा।
पारब्रह्म सौं जीताँ नाहीं, धीरज भली कँवारा॥ 1553॥
कबको भूप भयो भिड़वाल्यो, नंद महर को पाल्यौ।
बाण विद्या कबहूँ नैं सीख्यो, गायाँ तणौ गवाल्यौ॥ 1554॥
भागौ कालजमन के आगै, जल में जाय बसायौ।
लाज न मरै सरम ना याके, फेर विवाहन आयौ॥ 1555॥
सेर भयो सिसुपाल भागताँ, हम तैं मांड़्यो पाल्यौ।
रुकम कँवर को नाम सुणंताँ, मिट जाय काल अकालौ॥ 1556॥
राज भेद तैं रुकमणि ले गयो, सूतौ सिंघ जगायो।
जमींदोज कर द्यूँ भिड़वाल्या, तो भीषम को जायो॥ 1557॥
फौजाँ घणी हलीला हाथी, रवि रथ छायो बाणा।
जोजन सात माहिं साँचरियो, कँवर तणा दल पाणा॥ 1558॥
तीस लाख पवनाँ धर पाखर, इसी साखती जाणी।
कँवर चढ्या सायर का टूट्या, जोजन-जोजन पाणी॥ 1559॥
चाँपर करौ बेग चढवा की, साँतर सबै सँवारी।
भाग जाय जादू भिड़वाल्यो, बेग करौ असवारी॥ 1560॥
दल में जा पहुँच्यो दूसासन, जाण इन्द्र घररायो।
खबर करौ भिड़वाल्या सेती, रुकम कँवर चढि आयो॥ 1561॥
चहुँ दिसि चक्र बहै कँवराँ का, नभ को टूटौ तारौ।
सनमुख कँवर लड़ै भीषम को, सार बहै चौधारौ॥ 1562॥

चालै बाण जंजीरा गोला, उलट-पलट अंधियारी।
माच्यो रीठ कृष्ण दल माहीं, निकस गयो दल पारौ॥ 1563॥
इन्द्रजीत राजा भीषम को, काल पहूँच्यो आई।
सनमुख गदा उठाय कँवर जी, जाय रथ्थ पर बाही॥ 1564॥
दूजी गदा सांध के बाही, ध्वजा साथ ढलि आई।
तीन लोक के करता हरता, उन भी संख्या खाई॥ 1565॥
कुण झेलै रुकमाल कँवर की, पारब्रह्म बिन धारा।
भींव घराँ अहड़ा ही साजै, समै तणा अवतारा॥ 1566॥
सांध रह्या सबही कर बन्ध्या, छपन कोटि दल बाणा।
अग्या बिन भारथ ना झेलै, सूरज साख विमाणा॥ 1567॥
जब हलधरजी ऐसे बोल्या, बीड़ा द्यौ जदुराई।
हल से पकड़ धरूँ मूसल की, खोय द्यूँ मान बडाई॥ 1568॥
केसौ कहै हुकम ना थानै, थे तो भींव घर चालौ।
रुकमइया नैं म्हैं नहिं मारा, म्हारौ लागै सालौ॥ 1569॥
कर जोड़्याँ कँवला केसव से, अरज करत है राणी।
रुकम कँवर के हाथ न लावौ, परतग्या म्हैं जाणी॥ 1570॥

कविरुवाचः रंगन माहीं कियो बिछंगन, अबला मान बधायो।
मूंड मूछ अरु मस्तक मूंड्यो, रथ की पीठ बंधायो॥ 1571॥
मार्‌यो मान कँवर ना मार्‌यो, दोनूँ बात उबारी।
कहै पदम राजा भीषम को, पकर लियो बलकारी॥ 1572॥

दोहा : खेत सम्हाल्यो लखपती, नैन भरे सिसपाल।
छोहण पिचाणवै दल हत्यो, पड़्यो धरणि बेहाल॥ 1573॥

मारू : पड़्यो धरणि बेहाल सभी दल, धीरज कौन बँधावै।
म्हारौ चलणौं नहीं चंदेरी, जरासंध चढ जावै॥ 1574॥
उण माहीं बहु राव तणा दल, सोध करै सिसपालौ।
कुण-कुण लड़िया कुण-कुण भाग्या, मंत्र्या खेत सम्हालौ॥ 1575॥
सावधान मंत्री साँचरिया, आय राव गुदराई।
छोहण पाँच अंबिका ऊपर, पड़्यो दंतधर भाई॥ 1576॥
छोहण सात जड़ी बगतर की, देस बंगालै बाँकौ।
झड़पड़िया चूड़ी ज्यूँ दाना, रह्यो एक ना फाँकौ॥ 1577॥
नेजा झलकंताँ ही रह गया, रह गया नौपत बाजा।
अर्जुन केरे हाथ ऊतर्‌यो, भाणकच्छ को राजा॥ 1578॥
असी लाख कुंजर झड़पड़िया, निबै लाख केकाणा।
भींवसेन के रह्यो मोरचा, सँगल दीप का राणा॥ 1579॥

मूंढै पड़्यो राव मेवाड़ौ, पाघ देस नैं चाली।
सूनी पड़ी कचैरी जिनकी, जाजम हो गइ खाली॥ 1580॥
देखौ कौण हुई दल माहीं, हो गइ खेल बिनाणी।
बिन भरताराँ सती हो गई, मंडोवर की राणी॥ 1581॥
जान गया सिसपाल राव की, मची रावणा-घाणी।
तारा तखत तंबोल पती की, घराँ वीलखै राणी॥ 1582॥
सिंधराव सिसुपाल सरीखौ, खबर कनौज खिनावौ।
नवी थरपना करौ तखत की, बालकिया बैठावौ॥ 1583॥
गाहिक हुई गरक सब फौजाँ, या छतर्‌याँ नैं छाजै।
बखतभाण मुलतान पती के, नवा घड़ाया बाजै॥ 1584॥
दाना फिरै भागता आगे, बुरी बलाय नैं छेड़्यौ।
लांबी सूंड सदासिव बालै, सारौ कटक नवेर्‌यौ॥ 1585॥
चाँप बांधि हलधर जग माहीं, महाभारत पर भारी।
रूम-सूम रोता समदानौ, पूरी कर दइ सारी॥ 1586॥
हलकी त्रास देख नैं भागौ, राव ओड़िसै वालौ।
नौपत कोस लई भिड़वाले, घर जाय कियौ उजालौ॥ 1587॥
भर खप्पर काली किलकाणी, निरप मती चकराणी।
बारह छोहण फौज मतवाली, अचवन कर गई पाणी॥ 1588॥
बलख बुखारे का बलवंता, उजबख लाख अठारा।
त्रिया दीप का राजा पड़िया, नौ छोहण सूँ न्यारा॥ 1589॥
मंत्री आय कह्यो राजा सूँ, खबर और भी आई।
पकड़ लियो रुकमाल कँवर नैं, हुई घणी हलकाई॥ 1590॥
मूंड्यो सीस मूँछ भी मूंडी, खोय दइ मान बडाई।
कृष्ण छाडि सिसपाल कियो वर, था मा कर आपाई॥ 1591॥
भली हुई तीनूँ ऊबरिया, बहोत हुई कुसलाई।
रात समै चंदेरी चालौ, द्यौ चौकी बैठाई॥ 1592॥
दसूँ देस का राजा पड़िया, करता बहुत उबारौ।
पदम भणैं सिसपाल कहै मेरौ, जीवत भँड गयो सारौ॥ 1593॥

कालिंगड़ौ: ये दल दानवाँ रे लाल, जोधा सबै पड़्या मुख मोड़॥ 1594॥
माखन खातौ छिनक में रे, देतौ मटकी फोड़।
नंद महर को कानड़ौ रे, अब तो देबा लागौ दौड़॥ 1595॥
आया था कुछ और नैं रे, होय गई कछु और।
कपड़ा फाड़्या गाँठ का रे, अब देख चल्यो या ठौर॥ 1596॥

निनाणवै राजा मरे रे, हस्ती लाख करोर।
राव सांडियो भेजियो रे, घर थे कुसल कहौ म्हारि और॥ 1597॥
तू राजा भूलोक को रे, डाहल मत कोइ करौ उपाय।
रुकमणी सी थारै घणी रे, उणनूँ पड़्या ग्वाल ले जाय॥1598॥
बुरी हुई सिसुपाल में रे, देख्यो कुंदनपुर की कूँट।
वृछ वन आवै खान नैं रे, वाके लागै झाड़ र बूँट॥ 1599॥
हरि निंदा फल पावियो रे, मूरख करतौ वचन कठोर।
पदम कहै सिसुपाल डाहल रे, तेरौ कुजस छायौ चहुँ ओर॥ 1600॥

सोरठ : हो जी हरि वीर म्हारौ अति दुख पावै।
भीषम नृप को राव रुकमइयो, अब थाकूँ कौन छुडावै॥ 1601॥
बन्धू म्हारौ बान्ध्यौ है हरि नैं, कौन खबर पौंचावै।
जब वहाँ खबर सुनैं पितु मेरौ, सठ कूँ आन छुडावै॥ 1602॥
करुणा भरी रुकमणी ठाढी, नैनाँ नीर बहावै।
हाथ जोड़ रथ नीचै आई, हरिजी की ओर लखावै॥ 1603॥
हो ब्रजराज लाज मेरी राखौ, यो जग मोहि बुरावै।
पदम स्याम प्रभु मन में हरखै, वचन सुनत सकुचावै॥ 1604॥

दोहा : रोस भरी राणी रुकमणी, रथ से उतरी आय।
बन्धु हमारौ बांधियो, कोइ न सकै छुड़ाय॥ 1605॥

भैरव की काफी :

म्हाँनै लागौ वीर को तीर, थे मत मारौ हलधर वीर॥ 1606॥
बाँहड़ली फटै रुकमय्या की, आखिर म्हारौ वीर।
साख नहीं थारै आँख लाज नहीं, नहिं जाणैं पर पीर॥ 1607॥
बरज रही बरज्यो नहिं मानौं, आखिर जात अहीर।
पदम भणैं प्रणमैं पाँय लागूँ, नैणा खलक्यो नीर॥ 1608॥

दोहा : हलधर देखी रुकमणी, बिलखी राजकुमार।
अर्जुन ऊधौ भगत सहि, ऐसे कहै विचार॥ 1609॥
अर्जुन ऊधौ भगत से, बिसटाला दिया पठाय।
बिसटालाँ री वीनती, प्रभु सुनियो जदुराय॥ 1610॥
इण रा हाथ किसी विधि छूटै, हाथाँ बायो सार।
कह्यो न मान्यो राजा भींव को, रुकम बडौ जूझार॥ 1611॥
इण रा हाथ किसी विधि छूटै, घणा बजाया कपोल।
कह्यो न मानूँ भगताँ थारौ, म्हाँनैं घणा ज बोल्या बोल॥ 1612॥

मारू : सठ कीना सठताई देखौ, रुकमणि ओर निहारौ।
भगत करै छै वीनती जी, रावरौ विरद विचारौ॥ 1613॥

भगताँ री हरि मानी विनती, रुकमइयो मुकलायो।
भुजाँ पकरिकै आगे लीन्हौ, चरणाँ आप लगायो॥ 1614॥
म्हैं अपराधी कह्यो न मान्यो, थे सही ज गोकुल कानौ।
भींवसेन तो बरज रह्यो छो, म्हैं हरि मरम न जानौ॥ 1615॥
म्हैं जान्यो जगदीस सनातन, पारब्रह्म नहिं छानौ।
पदम भणैं प्रणमैं पाँय लागूँ, अब तो ठाकुर मानौ॥ 1616॥

अथ चन्देरी की कथा प्रारम्भ

दोहा : सखी संग भाभी भणैं, मो मन घणौं उदास।
बिलखा छै रँग माल्हिया, जाणुँ बिलखा छै रणवास॥ 1617॥
देरी सूनी पड़ी, फरकत दानी गात।
काँसै भोजन चाँपियो, धरै नहिं कुसलात॥ 1618॥
महल चढी सिसपाल के, चहुँ जोवै कुसलात।
तखत चँदेरी राजवी, मानूँ घरै पधार्‌या रात॥ 1619॥

अथ कुंदनपुर की कथा

दोहा : सिसुपालौ बिलखौ भयो, सगली जान खपाय।
जरासंध सूँ यूँ कहै, मरूँ कटारी खाय॥ 1620॥

मारू : छुरी कटारी बेग मंगावौ, खाय छुरी मर जाऊँ।
घर में भाभी सुगणी भावज, मूंढौ कठै दिखाऊँ॥ 1621॥
कहै नेवगी सुणौं सरदारौ, मिसलत इसी लगावौ।
थारै कमी नहीं काहे की, सांगत और मँगावौ॥ 1622॥
लेय बधाई चले नेवगी, डोढ्याँ भीतर आयो।
सैन भगत नैं देख आवतौ, पटराणी बतलायौ॥ 1623॥
काँइ काँइ तो थानै दियो कोरवरौ, काँइ साम्हेलो पायो।
काँईं तो हथलेवै दीन्हौं, काँइ समठूणी आयो॥ 1624॥
कौरवराणी मूसल दीनौ, साम्हेलौ भी ल्यायो।
समठूणी पर पड़ी बीजली, हथलेवै हरि आयो॥ 1625॥
हल सूँ तो म्हारी हुई आरती, मूसल रोल मचाई।
कहै नेवगी सुण पटराणी, सगली जान खपाई॥ 1626॥
पहले गोले उडी सीधड़ी, दूजे चिराक छुडाई।
पदम भणैं प्रणमैं पाँय लागूँ, हुई घणी हलकाई॥ 1627॥

दोहा : अति आतुर सिसुपाल को, जरासंध दे धीर।
जीत हार इकठौर नहिं, फिरती रह भट वीर॥ 1628॥

कहै जरासँध राव यूँ, घर चालौ सिसुपाल।
इण अवसर जीताँ नहीं, सानुकूल है काल॥ 1629॥

सोरठ का रेखता :

काँई करूँ री मइया मोरी, कैसे जाऊँ चंदेरी।
म्हैं नौज कुँदनपुर आयो, म्हारौ सगलौ साथ खपायौ॥ 1630॥
म्हाँनैं भाभी बहु समझायो, म्हारै दाँय येक नहिं आयो।
आगे भाभी सुलखणी नारी, म्हनैं देखत देसी गारी॥ 1631॥
ये तो रात पड़्याँ घर आयो, खिड़की में मूँह छिपायो।
भाभी यूँ कहकै बतलायो, ज्याँरो पदम भगत जस गायो॥ 1632॥

दोहा : रात पड़्याँ घर आवियो, पड़दा दिया खिंचाय।
मुखाँ कँवर बोलै नहीं, अन-पाणी नहिं खाय॥ 1633॥
जे सपनौ साँचौ भयो, भाभी करै उपाय।
सँग ले सखी सहेलियाँ, महल बना के जाय॥ 1634॥
मुख दिखलावौ कँवरि को, देखत सुख होय मोय।
कराँ बधावा रँगरली, यूँ जाणै सब कोय॥ 1635॥
कितौक दीनौ दायजौ, काँइ मिझमानी कीन।
गज घोड़ा भूषण वसन, बरतन किताक दीन॥ 1636॥

मारू : कितरा दिन मिझमानी जीम्या, किस्यो दायजो ल्याया।
दासी दास चरण सेवन कूँ, किता'क साथ खिनाया॥ 1637॥
राजा भींव मिल्यो किण विधि सैं, किण विध फेरा लीन्हा।
कितरौ थारौ खरच करायो, पैरावणि काँइ दीन्हाँ॥ 1638॥
सुण्या वचन भाभी रा मुख सूँ, मन में अति पिसतावै।
नीचौ सीस दियौ गोड़ा में, फिर कर ज्वाब न आवै॥ 1639॥
थारौ मन भावै कुंदनपुर, फेर खिनावाँ जाज्यो।
अबकै फेर करी ऊतावल, अबकै ढील लगाज्यो॥ 1640॥
म्हैं तो देवर सब सुण पाई, आछौ जस कर आयो।
पदम भणैं प्रणमैं पाँय लागूँ, तीन लोक जस छायो॥ 1641॥

दोहा : घायलड़ो ल्याँ दायजा, उतरे पुर में आय।
रुदन करै बहु नारिया, जाण'क मंगल गाय॥ 1642॥
रँगरलिया रोवै त्रिये, घर-घर लंबी पहर।
घायलड़ो ल्याँ दायजौ, या सुख विलसै सहर॥ 1643॥
रँग छिड़क्यो चवतौ रुधिर, जाण कसूमल जोड़।
घर-घर गावै घेरिया, दंती चुड़ला फोड़॥ 1644॥

मारू : बनड़ी देखण आई कँवरजी, पड़दौ परौ करावौ।
रंग रँगीली का ब्याह कँवरजी, मुख सूँ कैय सुणावौ ॥ 1645 ॥
कहा कहा दान दियो रुकमइयो, किस्योक दायजा ल्याया।
मोड़ बांध कै सज्या कुँदनपुर, किसी भली कर आया ॥ 1646 ॥
हाथ घस्या हथलेवौ कीन्हौं, कित गयो सिर को ताजै।
धिकधिक सारौ जगत करत है, येहि कँवर थानैं छाजै ॥ 1647 ॥
होम्या ठाट-बाट घर आया, येहि दायजौ जानौ।
भली भई घर आया जीवता, यहि लाडौ कर मानौ ॥ 1648 ॥
पैसारो जुगती सूँ कीज्यो, घरै जीवता आया।
सेनापति दन्तासा राजा, उनकौं कित छोड्याया ॥ 1649 ॥
भली करी जादू राजा नैं, बुधि हर लीनी थारी।
लटपट पाग सेहरौ बंधियो, ले गयो ग्वाल उतारी ॥ 1650 ॥
भूल र कह्यो बुरी मत मानौ, बेगम जात हमारी।
भींव सुता परणी ज पधार्‌या, बोलै महलाँ प्यारी ॥ 1651 ॥
म्हाँसूँ लोग ओलभा देवै, हँसहैं लोग लुगाई।
पदम भणैं धिक जीवन डाहल, किसीक बनड़ी आई ॥ 1652 ॥

दंडक : दंताधर कित छोड सिसपाल भागि आये, हँसै बहु नारियाँ कीध हाँसी।
आपरा कुसल पूछै भाभी आप सूँ, भीम-सुता डौल कहो कदी 'क आसी ॥ 1653 ॥
गया था अठी सूँ असंख दल मेल नैं, बाजता सघण नीसाण बाजा।
गया जिण डाण आया नहीं घूमता, नवल बनड़ी को रथ कठै राजा ॥ 1654 ॥
कोड़ रा खजाना कित रे खोया सबै, परण उदमाद अँग सुगँध पीठी।
बतावो म्हँनै वा रुकमणी पँवारनी, देखबा चाह म्हैं नहिं दीठी ॥ 1655 ॥
नगर चंदेरि की हँसै मृघ-नैणियाँ, लोयण्या झुंड मिल गीत गाया।
डोलियाँ घायलाँ उत्तरै डायजौ, इस्यो वीवाह कर घरै आया ॥ 1656 ॥

रेखता : सुनो सिसुपाल हो देवर। कहाँ तू खो दिया जेवर।
सुनौ सिसुपाल की आबी। मुखाँ यूँ बोलती भाबी ॥ 1657 ॥
चंदेरी आय क्या कीयो। जहर विष खाय किन लीयो ॥
सुनौ तुम राव सिसपाला। लगाया वंस कूँ काला ॥ 1658 ॥
मैंने तोय बहुत समझायो। समर तैं भाग कर आयो ॥
कबै तुम कियो पैसारौ। नगर में चाव थो थारौ ॥ 1659 ॥
कहाँ तेरी गहने की बोली। कहाँ तेरे अंग की चोली ॥
कहाँ तेरे पाँव की जोड़ी। कहाँ तेरी चढण की घोड़ी ॥ 1660 ॥
कहाँ सिरपाव रंग भीनौं। काहु नैं दान कर दीनौं ॥
कहाँ तेरे ऊँट अर घोड़ा। कहाँ तेरे पालखी जोड़ा ॥ 1661 ॥

कहाँ तेरे जान का साथी। कहाँ दृगपाल से हाथी॥
किस्या'यक दायजो दानी। किसी'यक हुइ पहरानी॥ 1662॥
लच्छमी भींव घर जाई। किसे हंगाम तें ब्याही॥
कहो क्या किया इत आई। मर्या नहिं जहर विष खाई॥ 1663॥
सीख मानी नहीं मेरी। लगाया दाग चंदेरी॥
कहाँ गई फौज सब तेरी। कै हलधर मार सब गेरी॥ 1664॥
कहाँ तेरा साज अरु बाजा। कहाँ निन्नाणवै राजा॥
कहाँ तेरा रत्थ अरु गाडी। कहाँ वा रुकमणी लाडी॥ 1665॥
महल में बहुत समझायो। मुक्ख तैं जाब नहिं आयो॥
धरणि में चोगि सिसपालौ। मूंढौ तो हो गयो कालौ॥ 1666॥
तुच्छ तैं ग्वालियो जाण्यो। प्रभु नहिं आप पीछाण्यो।
हुई क्या होयगी औरे। मतीना भूलियो भोरे॥ 1667॥
राजसी जग्य जावोगे। वहाँ से नाहिं आवोगे।
चक्र यक बनेगौ थारी। न मानैं बात तू म्हारी॥ 1668॥
मानी नहिं बात तू मेरी। तबै यह भइ दसा तेरी॥
पदम कर जोरिकै गावै। कियो सो आपनौ पावै॥ 1669॥

दोहा : छलकाणौं बोलै नहीं, नीचा कर लिया नैण।
धरती तिणका सूँ खिणै, मुखाँ न जम्पै बैण॥ 1670॥

ठुमरी आसावरी :

बनाजी बनड़ी जोवन आई, किसे महल बैठाई॥ 1671॥
आसामुखी उदासी सबही, ये तो छै घर का नाँई।
थे परण पधार्या लाडी, मांगै रे सब धाई॥ 1672॥
जरासंध के पड़ी दड़ादड़, हलधर जंग मचाई।
रुकमइया की मूँछ मुंडाई, अक्कल कहाँ गमाई॥ 1673॥
कहाँ तिहारे रँग के ढोले, कहाँ रुकमणि बैठाई।
सवा क्रोड़ को रतन मूंदड़ौ, देऊँ मुख दिखलाई॥ 1674॥
भाभी देत उलाहणौ जी, ठठा करत धमकाई।
पदमइयो स्वामी भणैं तैं, सगरी जान खपाई॥ 1675॥

सोरठ : तंगी तंगी वचन सुणावौ, बोलौ बोलणा॥ 1676॥
वचन थारा घट माँईनैं, भूला नैं भाभीजी रा झोलणा।
लाज गई कुंदनपुर आगे, बात तणैं कुण तोलणा॥ 1677॥
पिचाणवै खोहण दल खपियो, जाय पड़्या जोधा घणा।
पदम भणैं भाभी से देवर, वचन नहीं छाती छोलणा॥ 1678॥

बरवौ, ताल ठुमरी :

म्हैंदी तू लगायाँ ही रयो। हो सिसपाला देवरियो।
हाथाँ के म्हैंदी पाँवाँ के म्हैंदी जी, कजलौ सार्‌याँ ईं रयो ॥ 1679 ॥ सिसु० ॥
बांध सेहरौ गयो कुंदनपुर जी, कांकण बंद्याँई रयो।
जेवर पहर चढ्‌यो घोड़ी पर जी, बागौ पहर्‌याँ ईं रयो ॥ 1680 ॥ सिसु० ॥
डुपटौ ओड बण्यो तू बनड़ौ जी, किलंगी टांग्याईं रयो।
त्रिभुवनपति की करी बराबर जी, अंग सँवार्‌याँईं रयो ॥ 1681 ॥
मेरो कहणौ खारो लाग्यो जी, इब रुकमणि बिना क्यूँ रयो ॥
पदम भणैं प्रणमैं पाँय लागूँ, लाज गमाई रयो ॥ 1682 ॥ सिसु० ॥

सोरठ : जलिया नैं काँई जलावौ हो भावज, जलियाँ नैं० ॥
तैं बरज्यो म्हैं मानी नाहीं, होनी कौन मिटावै ॥ 1 683 ॥ जलिया० ॥
छोहणि पिचाणूँ सब दल खपियो, मेरो ई मन पछतावै।
पदम भणैं भाभी के चरणाँ, सिसपालौ सीस नँवावै ॥ 1684 ॥

काफी आसावरी :

तैं तो मोरी मानी नहिं सिसपाला, जोधा कहाँ गये रखवाला ॥
त्रिभुवनपति की करी बराबरि, चाल्यो चाल कुचाला ॥ 1685 ॥
कहाँ गये तेरे साहण-बाहण, कहाँ गये ऊँट रिसाला।
कहाँ गये सिर पेच किलंगी, कहाँ गइ मोतियन माला ॥ 1686 ॥
कहाँ गये वसन पाग सहि जामौ, कहाँ गये साल दुसाला।
पदम भणैं भाभी यूँ बोलै, तीन लोक प्रतिपाला ॥ 1687 ॥ तैं तो० ॥

अथ कुंदनपुर की कथा, रुकमणी माता अन्देसो करै

छन्द : कोट भाण प्रकास सुन्दर, ग्वाल के संग का बणैं।
देव जिनका लेख लिखिया, यह वचन राणी भणैं ॥ 1688 ॥
अम्बिका म्हैं घर पुजाती, जाण देती म्हैं नहीं।
यह अंदेसो रह्यो मन में, चलत रुकमण ना कही ॥ 1689 ॥
प्रीति की इक बात सजनी, रुकमणी हम से कही।
द्वारका से कृष्ण आये, वाके सँग रुकमणि गई ॥ 1690 ॥
मांडौ म्हारौ रह्यो कँवारौ, अब कहौ कैसी बनी।
दास पदम विचार कै मन, रुदन कर राणी भणी ॥ 1691 ॥

मारू : राणी भणैं सुनौ राजा जी, अब कुछ करौ विचारौ।
कृष्णदेव रुकमणि नैं ले गयो, मांडौ रह्यो कँवारौ ॥ 1692 ॥
राजा भणैं सुणौं राणीजी, म्हारौ काँई सारौ।
कृष्णचन्द्र थारै दाँय न आयो, डाहल लागौ प्यारौ ॥ 1693 ॥

राणी भणैं सुणौ महाराजा, होणहार कुण मेटै।
म्हैं तो हाँ पड़दा रा माणस, करम किया थारे बेटै॥ 1694॥
थारे कह्ये सुणौं राणी जी, म्हैं तो हरि गुण गायो।
केसव कृष्ण द्वारकावासी, भगत जाण हरि आयो॥ 1695॥
आगे भीड़ चढ़्या भगताँ की, पण प्रहलाद को राख्यो।
पदम भणैं प्रणमैं पाँय लागूँ, वेद पुराणाँ भाख्यो॥ 1696॥

दोहा : अबही कोको कँवर नैं, मन को कपट निवार।
दीनानाथ दयाल है, बिगड़ी लेत सुधार॥ 1697॥
कँवर सतावी कोकियो, भींवराव औ राणी।
जाय पहूँतौ हरि हलधर कूँ, निम्मत कर मृदुवाणी॥ 1698॥
म्हारी कहज्यो वंदना, हरि हलधर समझाय।
दास भींव की वीनती, दरसण देता जाय॥ 1699॥
भगताँ कारज वपु धर्‍यो, भलो सुधार्‍यो काज।
अब हरि परण पधारज्यो, रखियो म्हारी लाज॥ 1700॥
लघू कँवर लघुता करी, बेग पहूँतो जाय।
हाथ जोड़ हरि साम्हनैं, ऊभाँ अरज सुनाय॥ 1701॥
छोटा कँवर की वीनती, सुणज्यो जादू-राव।
ब्याव रचावाँ कुँवरि को, परण घराँ ले जाव॥ 1702॥

मारू : कामनि कहै कँवारी जाया, होय मारी हलकाई।
भींवसेन की पत राखीज्यो, म्हैं रुकमणि का भाई॥ 1703॥
बाई रुकमणि को ब्याव रचावाँ, तोरण थंब गडास्याँ।
साँहण-बाँहण हस्ती घोड़ा, भली भाँति मुकलास्याँ॥ 1704॥
कुँवर कही सो विनती मानी, त्यारी सबै कराई।
कोठार्‍याँ नैं अग्या दीनी, मनसा वस्तु भराई॥ 1705॥
छपन भाँति का सीधा आया, और घणी इधकाई।
भाँति-भाँति की लई मिठाई, डेरा द्यौ पहुँचाई॥ 1706॥
कुंदनपुर श्रीकृष्ण पधार्‍या, भींव करै मनुहारी।
खानपान पकवान मिठाई, सब विधि करी तयारी॥ 1707॥
सीधा क्रोड़ ज च्यार भणीजै, गुंजा फीणी लाडू।
बहु प्रकार की करी तयारी, करै कलेवौ जादू॥ 1708॥
अगवाणी सारी विध कीनी, कंचन थाली झारी।
पदम भणैं प्रणमैं पाँय लागूँ, मंगल करौ तयारी॥ 1709॥

मारू : विसकरमा नैं तुरत बुलावौ, बोल्या त्रिभुवन-राई।
जैसो कुँदनपुर भींव राय को, यासैं अधिक रचाई॥ 1710॥

सिरी कृष्ण की अग्या लेकर, कंचनपुरी बनाई।
सुंदर-सुंदर महल बनाया, नींका चित्र मँडाई॥ 1711॥
रवि तल दूजा और न कोई, श्रीपति की सर्वराई।
ऊँची-ऊँची बनी अटारी, खंबा रतन जड़ाई॥ 1712॥
हीरा पन्ना लाल लगाया, मोतियन चौक पुराया।
राजा भीम को सबही परिकर, माधवपुर में आया॥ 1713॥
रुकमणि की माता सँग सखिया, हिलमिल मंगल गाया।
चौरासी दरवाजा दीरघ, मणि-माणिक जड़वाया॥ 1714॥
सात जोजन अरु कुंदनपुर की, ऐसी सोभा लाई।
कंचन पौल बनी अति नींकी, रतनाँ की चितराई॥ 1715॥
सरस बाटिका भइ चंदन की, गंध रही महकाई।
घर-घर तोरण ध्वजा पताका, बान्दरमाल बंधाई॥ 1716॥
बैठक मध्य बनी अति सुंदर, आनँद उर न समाई।
भार अठारह बनसपती ले, चहूँ ओर लगवाई॥ 1717॥
सुंदर कूप तलाब बावड़ी, पंछी बैन सुहाई।
माधवपुर की अदभुत सोभा, जन पदमइये गाई॥ 1718॥

दोहा : कंकन बांधौ सुंदरी, भीषम राज कँवार।
मार्ग निहारौ नित्य ही, दरसण होय मुरार॥ 1719॥
भींव नृपति घर मांढवौ, जादूपत की जान।
दुलहनि राणी रुकमणी, दुलहौ स्याम सुजान॥ 1720॥
दुलहौ उतर्‌यो बाग में, सबही साज बनाय।
कुंदनपुर की कामणी, हरिजी नैं देखण जाय॥ 1721॥
पगाँ जु बाजै पैजुनी, निरखत चालै छाँह।
रुणझुण बाजै बीछिया, बाजै अणवट माँह॥ 1722॥
मूंगफली सी आंगली, बेलण बेली बाँह।
दरसण पाये स्याम के, पाप प्रलै होइ जाँह॥ 1723॥
अति उमग्यो उर निरखि कै, नैन मिले जदुराय।
पदमइयो जादू भणैं, मंद-मंद मुसकाय॥ 1724॥

राग बरवा की ठुमरी :

चाल सखि देखन जाइये, स्यामराय जादवना॥ 1725॥
मालिन लाई सेहरौ, दुलहा के सीस पैराना।
बागौ सोहै केसर्‌याँ, सायजादे बना॥ 1726॥
वाके माथे पचरंग पागरी, सेहरौ अति सोहना।
या जोरी के ऊपरै थारौ, दास पदम बलि जाना॥ 1727॥

दोहा : महलाँ महलाँ रँग हुआ, सज सोला सिणगार।
डेरे चालो कृष्ण के, बडाँ घराँ की नार ॥ 1728 ॥

मारू : कंचन थाल लियो मिलि सखियाँ, भोजन सरस घलावौ।
बूरा भात मिश्री को सीरौ, हरि नैं जाय जिमावौ ॥ 1729 ॥
सोला सहस सहेली चाली, विड़द थाल की त्यारी।
लाल रेसमी लहंघा सोहै, चाल चलै मतवारी ॥ 1730 ॥
चोवा चंदन और अरगजा, भरि गंगाजल झारी।
कृष्ण बना के डेरे चालौ, सैन भगत की नारी ॥ 1731 ॥
जाय जान के डेरे ठाढी, भोजन दियो जिमाई।
पदम भणैं प्रणमैं पाँय लागूँ, हरि निरखण नैं आई ॥ 1732 ॥

गीत जुवतियाँ को :

गोपाल लाल म्हैं तो थारा डेरा निरखण नैं आई जी, वसुदेवजी का लाल।
म्हैं तो थारा डेरा निरखण आई जी गोपाल ॥ 1733 ॥
गोपाल लाल म्हैं तो थारी जनम-जनम की दासी जी, वसुदेवजी रा लाल ॥
म्हैं तो थारे जनम-जनम री दासी जी गोपाल ॥ 1734 ॥
गोपाल ब्रज पर इन्द्र कोप चढो अति भारी जी, वसुदेवजी रा लाल।
राखि लई ब्रज कर पर गिरवर धारी जी गोपाल ॥ 1735 ॥
गोपाल लाल घर पंडुवा के आमलड़ो सो लायो जी, वसुदेवजी रा लाल।
कृपा भई जद भूंद्यो बीज उगायो जी गोपाल ॥ 1736 ॥
गोपाल लाल पदम भगत थारा, हित करकै जस गावै जी, वसुदेवजी रा लाल।
म्हैं तो थारा डेरा निरखण आई जी गोपाल ॥ 1737 ॥

राग देस : कुंदनपुर की नार मोही थे, कुंदनपुर की नार ॥ 1738 ॥
टूना सा कछु कीया म्हाँ पर, नैनन सुरमा सार।
हिलमिल कै बहु सखिया आईं, दरसण किया निहार ॥ 1739 ॥
रूप विलोकत भई बावरी, कुंदनपुर की नार।
पदम भणैं प्रणमैं पाँय लागूँ, बस रह्यो हिये मंझार ॥ 1740 ॥

दोहा : राजा सुत भेला हुवा, कोक्या मंत्री सार।
साम्हेला साकति करौ, विलम न ल्यावौ बार ॥ 1741 ॥
इन्द्रायण बाजा भींव के, राजलोक रुणकार।
सात जोजन अरु कुंदनपुर, घर-घर मंगलचार ॥ 1742 ॥

मारू : धूप दीप आरती उतारै, सखियन मंगल गावै।
राग छतीस अलापै गंध्रव, जाझा पार न पावै ॥ 1743 ॥

नौछावर नाना विध करिए, सुभ वायक बहु बानै।
चौरासी दरवाजा दीरघ, सकल बंध्या केसानै ॥ 1744 ॥
हाट बाट चौहट सिंगारे, ओछाड़े र बजारा।
कनक महल राजा भीषम के, जड़िया नग्ग जुहारा ॥ 1745 ॥
चौवा चंदन और अरगजा, मृगमद केसर घोरी।
रुकमकँवर खेलण नैं लागौ, छपन कोट सूँ होरी ॥ 1746 ॥
बाजै नौबत घुरै दमामा, भींव करी असवारी।
तीस लाख मलखाँ के ऊपर, मेल्ही अम्बाबारी ॥ 1747 ॥
छड़ीदार दरवान खिजमती, सहनाई रणतूरा।
पृथिवी रज्ज गगन के लागी, दीखण रह गया सूरा ॥ 1748 ॥
भींवराय मिलवा नैं चाल्यो, पाँचूँ पुत्र बुलाया।
छोड़ पालखी हुवा पयादा, जब जादव बतलाया ॥ 1749 ॥
भींवराय नैं आवण दीज्यो, केसौ यूँ बतलाया।
छप्पनकोटि भींव राजा के, जादव सनमुख आया ॥ 1750 ॥
तेजी लाख तुरी अहराखी, किरड़ा काछी लीना।
रुकमइये राजा भीषम के, जाय साम्हेले दीना ॥ 1751 ॥
गौड करै घूमंता गाजै, अरु महमंता हाथी।
सात हजार हाथी भीषमजी, दीह तण्याँ मदमाती ॥ 1752 ॥
भींवराय तब पाँये लागौ, देव पुष्प बरसाया।
उग्रसेन वसुदेव राय नैं, गादी ले बैठाया ॥ 1753 ॥
जादू तखत भया देख्याँ ते, भींवराय का साजा।
नेमनाथ हलधर बतलाया, बडौ धजाबँध राजा ॥ 1754 ॥
छपनकोटि जादू जुड़ बैठा, साम्हेले सब राजा।
पदम भणैं प्रणमैं पाँय लागूँ, बाजै नौबत बाजा ॥ 1755 ॥

दोहा : साम्हेला की साखती, तोरण की तागीद।
सावा करसाँ गोधूलि का, घोड़ी चढावौ बींद ॥ 1756 ॥
चंचल चपल चमक्कणी, चालत अटपट चाल।
मनमोहन मन मोहियो, उचकि चढे नंदलाल ॥ 1757 ॥

ठुमरी की काफी:

बनौ घोड़ी खूब नचावै हे, वाल्हौ धूम मचावै हे ॥ 1758 ॥
पग पैजुन ठुमठुम करै हे, रुमझुम घूंघरमाल।
चाबुक सूँ चमकै घणी यो तो, अलबलियो नँदलाल ॥ 1759 ॥
मस्तक तिलक सुहावनो हे, चंचल नैन चकोर।
तैं मनमोहन बस कियो आली, चितवन में चित चोर ॥ 1760 ॥

आँट पलेटै कुंडिये हो, नागर नखरे चाल।
ठेका भरै उतावली या तो, कूदत नौ नौ ताल॥ 1761॥
धनि कुंदनपुर धनि घड़ी जी, धनि घोड़ी तुझ भाग।
पदम स्याम शिवकरण मनोहर, नृत्य निरख अनुराग॥ 1762॥

दोहा : सहले सब भेला हुवा, धरम निसाण बजाय।
जान सिंगारी राव नैं, बागा जरी बणाय॥ 1763॥

मारू : बागा जरी सावटू चीरा, सस्त्र वस्त्र अति लाया।
साम्हेला राजा भीषमजी, धरम निसाण बजाया॥ 1764॥
दोनूँ दल जब भेला हूवा, गाज हुई अति भारी।
हलधर खुरी रलावज्यो जी, भींव तणी असवारी॥ 1765॥
छपन कोटि जादू चढ चाल्या, जानी बासै आया।
ब्रह्मा आय र लियो सहेलौ, साजन कर बैठाया॥ 1766॥
आछो दूध धेनु धौली को, हरि का चरण धुवाया।
कनक थाल खँगवाली झारी, बडा-बडेर बधाया॥ 1767॥
उड़त गुलाल अँबर नहिं दीखै, बाँह भरी भर जोरी।
कहै पदम हरि तोरण आया, भींवराय की पौरी॥ 1768॥

सोरठ : तोरण आविया ब्रजराज॥ 1769॥
चढ दल देव विमाणा माहीं, पुष्पाँ बरखा लाय।
कुँदनापुर की कामनि हरि को, सुन्दर वदन लुभाय॥ 1770॥
प्रहलाद की परतिज्ञा राखी, नरसिंघ रूप बनाय।
बलि राजा के द्वार पधारे, बावन रूप धराय॥ 1771॥
घुरै निसाण त्रमागल गाजै, रँग भीनी छवि छाय।
तोरण चढि सिरि कृष्ण पधारे, दास पदम जस गाय॥ 1772॥

राग मांड : सखिया के तोरण आया, है नन्द किशोर॥ 1773॥
तोरण रतन जड़ाविया, भींवसेनजी री पौर।
चिरिया तो सोहै सोवनी, सोवै सुवरण मोर॥ 1774॥
हरी डारि हाजिर करी, पुष्पाँ कली रे रुहमोर।
हर कलिवी हर हात में, उर में आनंद जोर॥ 1775॥
पुर नारी चहुँ ओर तैं, मिलकर आई दौर।
निरखत मानूँ चित्रसी, जैसे चंद चकोर॥ 1776॥
जरकस बागौ पाग पै, सोभै मोतियन मोर।
पदम भणैं पुर कामणी, लीनौं चित्त चकोर॥ 1777॥

कैरवा काफी :

सखी रंगीला बना नैं, आघौ आबा दीज्यो हे।
पुर नारी चढ महल अटारी, निरखत नैन सराबा दीज्यो हे ॥ 1778 ॥
माधौ की मूरत बसी उर में रे, टुकियक याकौं विलमाबा दीज्यो हे।
पदम भणैं प्रणमैं पाँय लागूँ, आवागमन मिटावा दीज्यो हे ॥ 1779 ॥

सोरठ : समदण आगी आवो काजल सार, त्रिभुवन ऊभा थारै द्वार ॥ 1780 ॥
दाँताँ मिसी सोहनी, मोतियन दिपै लिलार।
चूँपा सोहै चमकणी, नथ सोहै भलकार ॥ 1781 ॥
चुड़लौ हाथी दाँत को, पहर्‌यो बाँह पसार।
कंकन रतन जड़ाव का, उर पर हार हजार ॥ 1782 ॥
छपन कोटि जादव जुड़्या, आया कृष्ण मुरार।
नैणा रस लूटै पदम, कुंदनपुर की नार ॥ 1783 ॥

कालिंगड़ौ: कामण करबा आई लाडा, जोवाँ बाट तुमारी राज।
ऐसा कामण म्हारा जादूवर नैं सोहै ॥ 1784 ॥
जिण कामण हिरणाकुस मार्‌यो, नख सूँ उदर विदार्‌यो राज।
जल सूँ राख अगन सूँ राख्यो, जन प्रहलाद उबार्‌यो राज ॥ 1785 ॥
जिण कामण तें लंका तोड़ी, सागर सिला तिराई राज।
कुंभकरण महिरावण मार्‌यो, फेरी राम दुहाई राज ॥ 1786 ॥
जिण कामण सूँ समद बिलोयो, बासक नेतौ कीन्हों राज।
चवदै रतन काढ कर ल्याया, बाँट सबन कौं दीन्हा राज ॥ 1787 ॥
जिण कामण सूँ छ्ल बल लीन्हा, तीन पैंड भर लीना राज।
चंदा सूर फिरै जितनी पै, दोय पैंड कर दीनी राज ॥ 1788 ॥
जिण कामण सैं कंस पछाड़्यो, जीत्यो मल्ल अखाड़ौ राज।
कुवलियापीड़ कुँजर कूँ मार्‌यो, जमला-अर्जुन पाड़्यो राज ॥ 1789 ॥
सात नाल को तागौ ल्याई, सात सहेली आई राज।
सिरी कृष्ण कूँ नापण लागी, नापत देह बधाई राज ॥ 1790 ॥
एक सहेली ऐसे बोली, सुण म्हारी रुकमणबाई राज।
ऐसा कामण कराँ कृष्ण पै, हाजिर रहै सदाई राज ॥ 1791 ॥
दूजी सहेली ऐसे बोली, सुण म्हारी रुकमणिबाई राज।
ऐसा कामण करूँ कृष्ण पै, दिन दिन मुलकत जाई राज ॥ 1792 ॥
तीजी सहेली यूँ उठ बोली, सुण म्हारी रुकमण बाई राज।
मात पिता कबहूँ नहिं चावै, चावै म्हारी बाई राज ॥ 1793 ॥
चौथी सहेली कुंदनपुर की, नीची-नीची आई राज।
कृष्ण खडा चहुँ दिसि नैं जोहै, बंध तोड़ ले जाई राज ॥ 1794 ॥

बंध-बंध में कामण बांधू, तो बावल की जाई राज।
इतनी बात कृष्णजी सुणकर, चुटकी दे'र उडाई राज॥ 1795 ॥
ऊपर-ऊपर ले चकफेरा, तुँइ-तुँइ करती आई राज।
थारै कामण कुण करै थारी, तीनूँ लोक दुहाई राज॥ 1796 ॥
चरखी मोर हवाई छूटै, त्रिभुवन तोरण आया राज।
सब सखियन मिल मंगल गाया, कुंभ कलस बँधवाया राज॥ 1797 ॥
ब्रह्माजी नैं बेग बुलाया, मोतियन चौक पुराया राज।
ब्रह्मा इन्द्र आदि ले मुनिजन, ऊधौ चँवर ढुलाया राज॥ 1798 ॥
गणपति सरिखे चढे बराती, जैसे भाण दिपावै राज।
सुर तेतीसूँ हरष हुवा जब, पुष्प व्रषा बरसावै राज॥ 1799 ॥
सब जादू बन रये बराती, दुलहौ कँवर कन्हाई राज।
कंचन थाल धर्‌या कर ऊपर, तोरण सीक पुगाई राज॥ 1800 ॥
राणी साज आरत्यौ आई, दिवलै जोति सवाई राज।
पाँच पदारथ दिये आरत्ये, पदम भगत बलि जाई राज॥ 1801 ॥

कालिंगड़ा की ठुमरी :

जादूवर नैं कामण करस्याँ, करस्याँ हे म्हैं तो नहिं डरस्याँ।
जंतर लिख पचरँग पगरी में, सहियो हे म्हैं धरस्याँ॥ 1802 ॥
कामनियाँ सिर पेच कलंगी, झुकतौ तुररौ सोहै।
कामनियाँ नासा को मोती, भाल तिलक मन मोहै॥ 1803 ॥
अंजन सुत खंजन नैनन में, मुख बीरी मधुरी वैनन में।
कानन कुंडल सोभा भारी, छूट रही लर घूंघर वाली॥ 1804 ॥
कामनियाँ हीरे की कंठी, और मोतिन की माला।
कामनियाँ गरुड़ासन सोहै, और बनै सुखपाला॥ 1805 ॥
धनुष बाण कर कमर कटारे, लखि महदी लालन छवि वारे।
तनु झीणे केसरिया बागे, फेंटे दुपटो घुल-घुल लागे॥ 1806 ॥
कामणियाँ अतलस की सुथनी, रेसम नाड़े छाजै।
कामणियाँ जरजोधा जोड़ी, पाँवन पर छवि छाजै॥ 1807 ॥
अब जदु-नंदन तोरण आये, कराँ सहेल्याँ मन को चाये।
अति सुंदर भायाँ की जोड़ी, बाँधू सवा लाख की घोड़ी॥ 1808 ॥
कामणियाँ सुर नरन पालखी, अरु घोड़ा सब हाथी।
कामणियाँ रथ वाहन सोहै, अरु बनड़े के साथी॥ 1809 ॥
सुर नर मुनिजन प्रोहित घर के, कुल के देव सभी जदुवर के।
और सबै ही डेरे ठाढे, सस्त्र वस्त्र और खेड़े खांडे॥ 1810 ॥

कामनियाँ फूलन पर सोहै, जे कोइ गूँथ पैरावै।
कामनियाँ चोवा में भीन्हा, जे कोइ अतर लगावै ॥ 1811 ॥
नानी मामी भाभी काकी, जंत्र-मंत्र में सबही पाकी।
और सहेल्याँ की गति न्यारी, जो दीखै सो कामणगारी ॥ 1812 ॥
नवल बनी की भूवा बाई, करड़ा कामण जाणैं।
रतन जड़ित कंचन के पिंजरै, सूवा कर बैठाणैं ॥ 1813 ॥
बनड़े की गति बनड़ी जाणैं, मालाँ बैठी मंत्र चलावै।
पाँवाँ पड़तौ बनड़ौ आवै, तो कामन को परचौ पावै ॥ 1814 ॥
रतन पदारथ दिया औरतैं, जादू डेरै आया।
सखी सहेली अंदर आई, मन में हरष सवाया ॥ 1815 ॥
कुंदनपुर सब कामणगारौ, पदमस्याम अब तुमहि उबारौ।
जो यह कामण सुणै रु गावै, बस वैकुंठ बहुरि नहिं आवै ॥ 1816 ॥

कालिंगड़ौ : कामणिया म्हैं नहिं जाणा ॥1817 ॥
कामणगारी बनी की भूवा, जिनसे करज्यो अरजी।
नंदकँवर ब्रजराज बना पर, कामण री काँइ मरजी ॥ 1818 ॥
सात सुँई ले सात सुहागण, लीलो डोरो ल्याई।
इण डोरा में बस कर राख्याँ, रीझै रुकमणबाई ॥ 1819 ॥
इण डोरै जादव बस करस्याँ, इणरो इचरज भारी।
इण डोरा में यह सकलाई, बस करस्याँ गिरधारी ॥ 1820 ॥
सटपट महँदी मोली गटपट, गुली सिंदूर मंगायो।
चटपट कामण कराँ बना पर, झटपट बस होइ जावै ॥ 1821 ॥
रतन जटित मादलियो ल्याई, डोरा माहिं भरावाँ।
मद छकिया ब्रजराज बना नैं, कान पकड़ कर ल्यावाँ ॥ 1822 ॥
भींव पुरी अति आनँद उपज्यो, कविजन कहत न आवै।
तीन लोक के नाथ बना पर, पदम भगत बलि जावै ॥ 1823 ॥

दोहा : काँकण बाँधै सुन्दरी, भीषम राज कँवार।
मांगै निरन्तर जो हिये, हरिपति प्राण अधार ॥ 1824 ॥
कुंदनपुर को मांढवौ, जादूपत की जान।
दुलहनि राणी रुकमणी, दुलहौ स्याम सुजान ॥ 1825 ॥

छंद : रुकमणि मलौ उबटणौ मैल छुडाइये।
हँससी दुर्जन लोग तिन्हें नहिं पाइये ॥ 1826 ॥
सब सखियन करै सिंगार, क पनघट जाइये।
कुंभ कलस भरवाय, भवन में ल्याइये ॥ 1827 ॥

वनिता ल्याई दौड़ चऊँ हत लीजिये।
तेल फुलेल रलाय, मिलूना कीजिये ॥ 1828 ॥
मलियागिरि को पाट, अँगन में बिछाइये।
गंग जमुन का नीर, रुकमणि न्हवाइये ॥ 1829 ॥
सझ सोलह सिणगार, खुली चंपाकली।
उर माल की सोभा निरखि, नैन हरषी अली ॥ 1830 ॥
मंगल गावै नार, हरषि के रँग रली।
पदमइयो छवि रुचिर रुकमणि की अति भली ॥ 1831 ॥

दोहा : उछब भयो माधवपुरी, घर-घर मंगलचार।
कुंदनपुर की कामणी, सझ सोला सिणगार ॥ 1832 ॥

मारू : सब सखियन में नार सयानी, नृप भीषम की रानी।
बहु दीपक की साज आरती, राणी करी तयारी ॥ 1833 ॥
नृप भीषम म्हारो करौ आरत्यो, जिन पूरव प्रीत पिछाणी।
नन्द ग्वाल को करत आरत्यो, लाज मरेगी राणी ॥ 1834 ॥
पड़दै रुकमणि ऐसे विनवै, सुणियो जादूराई।
राजा भीषम की पत राखौ, या छै म्हारी माँई ॥ 1835 ॥
तुम तो औगुण को गुण कीन्हें, साख वेद में गाई।
पूरण ब्रह्म पदम के स्वामी, चरण-कमल बलि जाई ॥ 1836 ॥

दोहा : डेरा आप पधारिया, त्रिभुवन तोरण बान।
घूमतड़ा गैवर घणा, घुड़ला सोहै जान ॥ 1837 ॥
भींव नकीब खिनाइया, जादव बेग पधार।
करौ सतावी जान में, फेराँ होय अँवार ॥ 1838 ॥

मारू : ब्रह्मा इन्द्र देव सब सोहै, उद्धव चँवर ढुलावै।
डेरा सूँ प्रभु हर कर चाल्या, राज दुवारे आवै ॥ 1839 ॥
चंदन की चौकी बिछवाई, ऊपर स्याम चढाया।
भींव-कँवरि नैं बाहरि ल्याया, फेरा बाहर दिराया ॥ 1840 ॥
ब्रह्माजी नैं बेग बुलाया, मोतियन चौक पुराया।
कलस गनेस पुजावै नींका, विधि से ब्याव रचाया ॥ 1841 ॥

दोहा : छपन कोटि जादू जुड़े, उग्रसेन वसुदेव।
गारी गावै कामणी, कहि-कहि न्यारौ भेव ॥ 1842 ॥

सोरठ : जाचक जुडे अपारा, सब गावै मंगलचारा ॥ टेक ॥
ब्रह्माजी वेद उचारै, कर सरवौ ले घृत झारै ॥ 1843 ॥
तहाँ कलस गणेस पुजावै, जहाँ सोवन सूत फिरावै।
ब्रह्माजी वेद पढ़ावै, जब दछिणा कलस घलावै ॥ 1844 ॥

तहाँ सप्त मात्रिका ध्यावै, हतलेवौ हाथ दिरावै।
जब वेद मंत्र अहुताये, तब सखियन मंगल गाये॥ 1845॥

मारू : पहलौ फेरौ लीन्हौं जादू, दीन्हा अरब अपारा।
दूजौ फेरौ लीन्हौं जादू, दीन्हा कुँजर सवारा॥ 1846॥
तीजौ फेरौ लीन्हौं जादू, दीन्हा रथ झणकारा।
चौथो फेरौ लीन्हौं जादू, दीन्हा रतन अपारा॥ 1847॥
बाँवें अँग जब लेबा लागा, रुकमणि नाहिं ज आवैं।
बाँवें अँग हम जबही आवैं, वचन स्याम को पावैं॥ 1848॥
जनम-जनम का नाथ हमारा, म्हैं अरधंग्या थारी।
सोला सहस में जाय मिलावौ, नित उठ द्यूंगी गारी॥ 1849॥
तुम जिन जानौं और बराबर, अैसि बात तुम छाडौ।
सोला सहस के पाँय लगावो, तो सुँह भगताँ की काढौ॥ 1850॥
जो ये बात कही सो मानी, कह्यो तुम्हारो कीन्हौं।
सोलह सहस सिरै पटराणी, राजपाट तोय दीन्हौं॥ 1851॥
जब जीवणा सूँ डावा आया, अंतर पट करवाया।
वीर सेवरा मामै रुचकर, ब्रह्माजी करवाया॥ 1852॥
खूटी पूजी धू पुजवाया, पुण्याहवाचन कीया।
सप्तपदी ब्रह्मा जब बोले, पदम दान हरि दीया॥ 1853॥

दोहा : परणाया जादवपती, ब्रह्मा मांगै भूर।
लागत लाग दिरावज्यो, विप्राँ दालिद दूर॥ 1854॥

सोरठ : ब्रह्मा नैं भूर दिरावौ, सब जानी कोक बुलावौ॥ 1855॥
जहाँ अगणित भूर दिवाई। जान्याँ की करै बडाई॥
जान्या भर झोरी दीन्हीं। ब्रह्माजी थाल में लीन्हीं॥ 1856॥
भूर तो सुर तेतीसाँ दीन्हीं। ताते अधिकी कीरत कीन्हीं॥
सिव मांढ़ौ भल बरषावै। जाकूँ जन पदमइयो गावै॥ 1857॥

सिंधु : भींवराय कूँ ब्रह्मा बोल्या, हथलेवो र छुडावौ।
सवा लाख धेनू जब दीन्हीं, हथलेवौ छुडवायो॥ 1858॥
परण पधारे जदूपती, घुड़ला घुरै निसाण।
जाचक मांगै जोड़ला दो, ओलगिया नैं दाण॥ 1859॥
भींव भंडारी कोकिया, चले जान में आय।
जादूपति सों वीनवै, दई अरज गुदराय॥ 1860॥
कँवर होय जो जान में, दीज्यो संग खिनाय।
कँवर कलेवै भींवजी, बेगा-बेग बुलाय॥ 1861॥

हरि हँस कै अैसे कही, गणपत कूँ ले जाय।
एह कँवर हैं जान में, याकूँ भूख सताय॥ 1862॥

मारू : सुक्र सनिस्चर लारै लीना, मुलकत मांढै आवै।
भींवराय की पौल पहूँच्या, फूल्यो अंग न मावै॥ 1863॥
करि मनुहार घणी गणपत की, दे आसन बैठाया।
जाजम जरी गलीचा ऊपर, सुवरण थाल धराया॥ 1864॥
कंचन थाल भर्‍यो पकवानाँ, गणपति जीमण लागा।
देख सतावी पुरसण वाला, लावै भाग्या-भाग्या॥ 1865॥
सखियाँ करी मनुहार न हरि की, गणपति कियो नकारो।
म्हाँनैं तो भोजन नहिं भावै, थारो नीर निवारो॥ 1866॥
पाँचूँ कँवर परोसण लागा, भर-भर लाय चंगेरी।
कह गणपतिजी सुणौं रुकमैया, ठीक न लागी मेरी॥ 1867॥
मेरो कह्यो वचन थे मानौ, मतना खेचल खावौ।
जो सामान कर्‍यो है थारै, सो म्हाँनै दिखलावौ॥ 1868॥
कर किलकार उठ्यो भंडाराँ, अन पर दृष्टि उठाई।
तीन ग्रास सारी का कर गयो, और न बची मिठाई॥ 1869॥
माच गयो सारी नगरी में, भूखहि भूख पुकारै।
दो-दो अंगुल जमीं चाट गयो, पापड़ भोले किंवाड़ै॥ 1870॥
टगटग महल चढ्यो सुवरण के, राणी से बतलायो।
बासी-कूसी धर्‍यो ढक्योड़ौ, सारौ भोजन खायो॥ 1871॥
बोलै राणी सुण रे गणपत, थे थारै घर जावौ।
मात गौरजा पिता सदासिव, दोन्याँ नैं भख जावौ॥ 1872॥
राणी कहै सुणौ राजाजी, अबकै हुरमत जासी।
ऐंकावड़ा पड़्या डेरा में, वेह कुणा नै खासी॥ 1873॥
राजा अरज करी प्रभुजी सैं, मैं तो दास तिहारौ।
बालक-बालक रल बतलाया, इनको दोष निवारौ॥ 1874॥
आज्ञा दीनी विसकरमा नैं, सब भंडार भराया।
पदम कहै सब सखी सहेली, गणपति का जस गाया॥ 1875॥

दोहा : सखियाँ के सुणकै वचन, मिल्यो जान में आय।
तब जादूपति पूछियो, अपने पास बुलाय॥ 1876॥

मारू : मांडै जीमण गणपति चाल्या, जादु जान में आया।
मुलकंता जादूपति पूछा, भूखा रया ना धाया॥ 1877॥
हँस कै कही कृष्ण से गणपति, ना भूखा ना धाया।
थारै भात दूसरौ होसी, भींव भँडार मिठाया॥ 1878॥

इतनी बात बोल प्रभु आगे, सिव को सरणौं लीनौ।
इण कंगला के ब्याहण आया, नहीं कलेवौ दीनौं॥ 1879॥
आंगल टूक चलू पाणी की, सिव संकरजी दीनी।
वो ठाकुर थाँ तीन लोक का, सभी भूख हर लीनी॥ 1880॥
हलधर कहै गौरजा-नन्दन, जीमत लाज न आई।
पदम कहै सब जानी बूझै, हँस रया जादू-राई॥ 1881॥

राग बरवौ :

सुण गणपतजी महाराज, कदे नहिं तू धायो।
थारौ पिता जु संकरदेव, गौरज्या हद जायौ॥ 1882॥
छोड दियो कैलास, द्वारका कूँ धायो।
गयो जान में रूस, मनाय'र कुण ल्यायो॥ 1883॥
सौ मण खाया मूंग, साठ मण घी खायो।
अलड़-बलड़ का साग'क, खुरचण खुरचायो॥ 1884॥
नहीं छोड़्या चूरा बूरा, तोहि तू ना धायो।
कियो मोकलौ माल, सभी तो तैं खायो॥ 1885॥
फाटत पेट अपार, पार किनहूँ नहिं पायो।
पदम भगत बलि जाय, सख्याँ यूँ जस गायो॥ 1886॥

दोहा : रुकमणि कृष्ण विवाह कै, हरख्यौ भीषम राय।
जान जिमावण जादवाँ, लीन्हौं बेग बुलाय॥ 1887॥

सोरठ : जादू जींमबा नैं आया, राजा भीषम के मन भाया॥ 1888॥
ल्यावौ जाजम दरी बिछावौ, वाकूँ आदर दे बैठावौ।
चंदन की चौकी मंगवावौ, दूलहा के पास मिल्हावौ॥ 1889॥
कंचन का थाल मंगावौ, जादवाँ की पाँत मिल्हावौ।
भींवजी नैं बेग बुलावौ, वसुदेवजी के पाँव धुलावौ॥ 1890॥
अब रुकमकँवर नैं ल्यावौ, दुलहा के पास बिठावौ।
मेवा पकवान मंगावौ, बहु भाँति जलेबी ल्यावौ॥ 1891॥
ल्यावौ घेवर फीणी खाजा, जींमैं तीन भवन को राजा।
ल्यावौ मूंग भात मंगवावौ, पाणी ज्यूँ घिरत बहावौ॥ 1892॥
जादू रुच-रुच भोजन कीज्ये, यो भात दियो सो लीज्ये।
ल्यावौ कैर करैली ताजी, बनौ ज दाल कढी सूँ राजी॥ 1893॥
छत्तीसूँ व्यंजन ल्यावै, ये तो सबही का मन भावै।
थारौ दास पदम जस गावै, सखियन जब भात बधावै॥ 1894॥

मारू : बांधाँ कुल वसुदेव देवकी, नन्द जसोदा माई।
बहन भुवा अरु काकी मामी, बांधाँ धाय रु दाई॥ 1895॥

कान फूँक अरु नाला मोड़्या, जिण थानैं दिया न्हवाई।
छपन कोटि जादू सब बाँधाँ, बांधाँ हलधर भाई॥ 1896॥
पंथ पयाणा बाहण बांधाँ, जिण थे बैठा आया।
बांधाँ ताल सरोवर कूवा, जठै-तठै ये न्हाया॥ 1897॥
रथ सिवका सब साकत बांधाँ, बांधाँ घोड़ा हाती।
जान बांध जनवासौ बांधाँ, बांधा सबै बराती॥ 1898॥
बांधाँ दंत बतीसी कीलाँ, मंत्र फुरावाँ नींका।
सस्त्र सिंगार वस्त्र सब बांधाँ, रंग रंगीला टीका॥ 1899॥
बांधाँ थाल प्रीतकर पुरस्यौ, भोजन सरस मिठाई।
चटनी और अथाणा बांधाँ, बांधाँ मिरची राई॥ 1900॥
बांधाँ पाक पकोरी पूरी, अरु सब पोई रांधी।
छप्पन भोग छतीसूँ व्यंजन, जो पुरसी सब बांधी॥ 1901॥
जल बांधाँ जल भारी बांधाँ, चौकी छाल बंधाया।
पदम भक्त शिवकर्ण मनोहर, सखियन मंगल गाया॥ 1902॥

अब नारदजी भात छुडावै, रेखता :

श्रीकृष्ण का ध्यान धरौ री। पातल छूटन कहूँ सुनौ री।
तुमरे भवन ब्याहन कूँ आये। राजा भींव बहुमान बधाये॥ 1903॥
जो तुम बांध्यो यह पकवानौ। मुगता होय सुनौ दे कानौ॥ 1904॥
छूटा पेड़ा मीठी फीणी। बांधूँ सीस गुँथी जो बैणी॥
छूटौ सीरौ धायो घी को। बांधूँ बौर जड़ाऊ टीकौ॥ 1905॥
छूटी साबूनी उजरा रूपक। बांधूँ कर्णफूल जड़ाऊ झूमक॥
छूटी खीर पुरी जू केसर। बांधूँ नाक रही ज्यूँ बेसर॥ 1906॥
छूटा बड़ सालूणा सज्जल। बांधूँ चमक नैन के कज्जल॥
छूटी बरफी कंदरबाँ की। बांधूँ दंत चूँप सोना की॥ 1907॥
छूटा पूवा घृत में साजू। बांधूँ जुगल बाँह के बाजू॥
छुटी जलेब्याँ घृत में रली। बांधूँ काँकण छन्न पछेली॥ 1908॥
छूटा पापड़ पुरी कचोरी। बांधूँ कस परिकर कंदोरी॥
छूटे मूंग सवादू दाल। बांधूँ तिमण्या मोतियन माल॥ 1909॥
छुटो रायतो अरु आचार। बांधूँ दुलरी तिलरी जार॥
छूटा मोदक साग रु घेवर। बांधूँ चरण बाजता नेवर॥ 1910॥
छुटौ रायतौ बहुरस छकिया। बांधूँ अणवट चिटुड़ी बिछिया।
इतके सब छूटे पकवान। बांधूँ समदण सुणौ सुजान॥ 1911॥

छप्पय : बंधे घूंघरूँ पाँय बंधे नाड़ौ कस कम्मर।
बंधे सीस पर बोर ओढणी मेघाडंबर॥ 1912॥
बँधे बाजुबँध बाह, बंध काँचू कसकाठी।
बँधे तिमणिया कंठ सीस पर बंधे आटी॥ 1913॥
सब सिंगार सोहै सरस तूटा तौर न संधिये।
पातल महा प्रसाद की भोजन कबहु न बंधिये॥ 1914॥
पाँव डाव कर बंध पीव गहणा पहिराया।
कमर बंध कर रूर डोर रेसम की लाया॥ 1915॥
काँचूँ बन्द क सीस मौरबँध सैंठा लागा।
हत सँकला सूँ हात बांध मरमट नहिं भागा॥ 1916॥
नाक कान दोउ बींध कै, चोटी बांधी तान कै।
बँधी बँधाई बँध रही, भोजन छूटे जान के॥ 1917॥
कहै कान्ह परवान बंधे सिर सायर पाजा।
कहै कान्ह परवान बंधे साँकल गजराजा॥ 1918॥
कहै कान्ह परवान बंधे हरि हेतु विचारा।
कहै कान्ह परवान बंधे वचनाँ जुग सारा॥ 1919॥
जान जिमावण जुगत सूँ गावौ रंग बधावणा।
पातल महाप्रसाद की बहुर न बंधी जावणा॥ 1920॥
आरोगो रघुनाथ सियावर स्याम हमारा।
आरोगो जगनाथ जगत के रक्षणहारा॥ 1921॥
आरोगो इण भाँति रुकमणी प्राण रंगीला।
आरोगो महाराज छत्र अवतार छबीला॥ 1922॥
जान जिमावण जुगत सूँ, सगपण हेत बधावणा।
पातल महाप्रसाद की रुच रुच भोग लगावणा॥ 1923॥

रेखता : अति मनुहाराँ जींमी जान। मोछन दई सुपारी पान।
जान जींम आसी सांदई। समधिन के बहु कन्या थई॥ 1924॥
जे जे जानि बराती आये। एक-एक सब कूँ द्यो ब्याये।
अैसो मंत्र फुर्‌यो है मेरै। पदम भगत चरणाँ को चेरौ॥ 1925॥

सोरठ की काफी :

गारी गावै कैसे लाल कौं गारी दीजे।
या हरि को चरणोदक लीजे॥ 1926॥
जान्या जी हरि जान्या। मथुरा तैं गोकुल आन्या॥
कोइ जानैं जाननहारा। नव रंगा नेह तुम्हारा॥ 1927॥

हरि नींका री हरि नींका। जिन तोर्‌या ब्रज का छींका॥
हरि नटवर री हरि नटवर। ए तो गुजरिया आंगन नचवर॥ 1928॥
याके दोय बाप इक माई। यानैं सबही सृष्टि उपाई॥
हरि आदू री हरि आदू। याके मन भावै सब जादू॥ 1929॥
याके कुल को कारण नाहीं। भिलणी के बेर ज खाहीं॥
याके जात पाँत नहिं न्यारौ। याके भक्ति करै सोहि प्यारौ॥ 1930॥
कान्हा कुंताँ भुवा तुम्हारी। जिन जायो करण कुँवारी॥
कान्हा बहन सोदरा थारी। सो तो अर्जुन संग सिधारी॥ 1931॥
गारी देत कृष्ण की सारी। वो तो भर जोवन मतवारी॥
गारी देत कृष्ण की सासू। जाके पड़ै प्रेम का आसूँ॥ 1932॥
गारी गावै सात सहेली। वे तो भर जोवन अलबेली॥
थारौ जस पदमइयो गावै। कुछ रैस बधाई पावै॥ 1933॥

पाछी गारी नारद गावै, बरवौ :

ताल ठुमरी साँवरियो मोह्यो हे रंगीली नथवारी॥ 1934॥
घूम-घुमालौ लहंगौ अतलसी, जरकसी रेसमी सारी।
कुच कठोर पै अंगिया सोहै, उर पर हार हजारी॥ 1935॥
मोतियन माल गले बिच सोहै, दुलड़ी अजब सँवारी।
रतन जटित भुज बाजू सोहै, काँकण सब विधि कारी॥ 1936॥
भँवर कँवाण तणी भुव बंकी, नैन नौखि अणियारी।
निरखत लगे बान उर बेधे, सुंदर कामणगारी॥ 1937॥
स्याम सुँदर कूँ हितकर जोवौ, भर लोचन यक बारी।
पदम भणैं प्रणमैं पाँय लागूँ, उबर्‌यो सरण तिहारी॥ 1938॥

पाछी गारी सखियाँ गावै : राग सोरठ

जाण्या जाण्या कृष्णजी जाण्या।
थानैं जाण्या हो नवरंग लाल बण्या॥ 1939॥
थारी माँय जसोदा जाणी। थानै ऊखल बांध र ताणी॥
थानै कंस तणा डर लागा। थे तो रात अंधेरी भागा॥ 1940॥
थारी भूवा भरम गँवायो। वा तो करण कँवारी जायो॥
थारी बहन सोदरा जानी। वो तो अर्जुन रूप लुभानी॥ 1941॥
थे तो गणपतजी नैं ल्याया। म्हारा टाबर सब डरपाया॥
तू तो नंद महर को धोटौ। तैं तो ठिण कर मांग्यो रोटौ॥ 1942॥
थे कारा कृष्णजी कारा। थे तो दोय बापन का प्यारा॥
थे तो बन में छाक मंगाई। थे तो कुल की लाज गमाई॥ 1943॥

थे तो जींमौ कृष्णजी लपसी। थारै साथी महादेव तपसी॥
थे तो जींमौ कृष्णजी खाजा। थारै जानी उग्रसेन राजा॥ 1944 ॥
थे तो जींमौ कृष्णजी लाडू। थारै जानी पाँचूँ पांडूँ॥
जींमौ-जींमौ कृष्णजी सीरौ। थारै जानी हलधर वीरौ॥ 1945 ॥
जींमौ-जींमौ कृष्णजी चावल। थारै जानी नारद रावल॥
थे तो नारद नैं क्यूँ लाया। म्हारा टाबरिया भरमाया॥ 1946 ॥
गारी-गावै कृष्णजी की सारी। वे तो सदा कँवर मतवारी॥
गारी-गावै कुंदनपुर नारी। यानैं दीज्यो पान सुपारी॥ 1947 ॥
गारी सबही के मन भावै। दुलहा को मन हरखावै॥
ऐसे पदम भगत पद गावै। कुछ रैस बधाई पावै॥ 1948 ॥

कल्याण की ठुमरी :

मुगटधर महर का हो, कान्हा दोय बापन को जाम।
एक बाप मथुरा बसै जी, थारौ दूजौ गोकुल गाम॥ 1949 ॥
नन्द को कहूँ, 'क वसुदेवजी को बाला, काँइ काँइ कह बतलावाँ॥
हिलमिल फूंदी दे गयो जी कान्हा, बरसाणा के माँय॥ 1950 ॥
गोरा ही वसुदेवजी हो कान्हा, गोरा ही नंदराय॥
स्याम वरण कैसे भयो जी बाला, जाको ठीक न ठाय॥ 1951 ॥
देवकी की कूँख में जनमिया जी कान्हा, जसोदा गोद खिलाया॥
भुवा थारी कुंता कहावै, करण कँवारी वा तो जाया॥ 1952 ॥
बहनड़ थारी सोदरा हो, अर्जुन ले गयो रथ बैठारी॥
पदमइयो स्वामी भणैं जी, गावै कुंदनपुर नारी॥ 1953 ॥

पाछी गारी नारद गावै, आसावरी :

मोरी ब्यायण तू समदण मतवारी।
पहली तो दुलहा कूँ मोह्यो, पीछै जान जु सारी॥ 1954 ॥
वेद उचारत ब्रह्मा मोहे, संकर नेजा धारी।
सिंगी रिषि से वन में मोहे, मोहे पंच हजारी॥ 1955 ॥
अर्जुन से रथवारी सोहे, नारद से ब्रह्मचारी।
सबही देव द्वार पै मोहे, रुकम कँवर की नारी॥ 1956 ॥
आये जितनैं सबही मोहे, करड़ी निजर पसारी।
धिन थारी कमर बजर की छाती, काहूँ से नहिं हारी॥ 1957 ॥
छैल छबीली अजब रंगीली, काजर रेख सँवारी।
पदमइयो स्वामी जुगत बखाणैं, अँखियाँ कामणगारी॥ 1958 ॥

समदण की सखियाँ-उवाच, राग बरवौ, ताल ठुमरी :

कहा बाजत करत गुमान, मुरलिया रंग भारी॥ 1959॥
टोना सो कर गोपियाँ मोही, कित गइ वो बँसरी।
मोहे देव नारि नर सारे, ऐसे कृष्ण हरी॥ 1960॥
ब्रजमंडल नचवायो वानैं, तनक सी'क या लकरी।
पदम भगत बलि जाय बना पर, श्रीमुख आप धरी॥ 1961॥

दोहा : रैन बिताई रंग में, जादव जीम्या भात।
हरखत डेरा आविया, पोह परी परभात॥ 1962॥
सखियाँ मिलि सब ओर की, निरखण जादव राय।
कँवर कलेवा कारणैं, ले गइ स्याम बुलाय॥ 1963॥

राग खट : बैठे स्याम सिंघासन ऊपर, कँवर कलेवे आये जी॥
कँचन थाल बहु भोजन लेकर, सखियन मंगल गाये जी॥ 1964॥
लड्डू जलेबी घेवर खाजा, भोजन बेग कराये जी।
जब श्रीकृष्णजी हाथ न घालै, रुकम कँवर बुलवाये जी॥ 1965॥
रुकमकँवर जब आय'र बैठा, जींमै त्रिभुवन राये जी।
पूरणब्रह्म पदम के स्वामी, सखियन गारी गाये जी॥ 1966॥

कल्याण ठुमरी, सखियाँ गारी गावै :

चतुरभुज चोरटा जी, आया कुंदनपुर किस काम॥ 1967॥
चीर चोर तरवर चढ्या जी बाला, जल में नाँगी वाम।
वंसी में चित चोरियो जी बाला, गोप्याँ पूरण काम॥ 1968॥
छींके माखण चोरियो हो बाला, ऊखल बान्ध्यो पाम।
नर कूवर उरझाविया जी लाला, तुरत गया निज धाम॥ 1969॥
चोर नखत्तर जन्मिया हो बाला, काला कपटी स्याम।
चोरी कर रुकमणी हरी जी बाला, भलौ लजायो नाम॥ 1970॥
कुंदणपुर की कामणी हो बाला, जाणैं भेद तमाम।
पदम स्याम शिवकरण कहै जी बाला, कियो पवीतर गाम॥ 1971॥

पाछी नारद गारी गावै, राग परज को कैरवौ :

मोहन मुलक रह्यो, गारी गावै छबीली नार।
नटवर निरखि रह्यो गारी गावै॥ टेर॥ 1972॥
बिंदली भलकै चूँपाँ चिलकै, झीणौं काजल सार॥ मोहन०॥
जोवन झलकै नथड़ी हलकै, बागाँ पकी अनार॥ मोहन०॥ 1973॥
झीणौं-झीणौं स्वाद सुघर मुख सोहै, कोकिल मैना सार॥ मोहन०॥
भनैं सिवकरण पदम छवि निरखत, नारद वचन उचार॥ मोहन०॥ 1974॥

परज : ए जी कुंदनपुर की नारि, मोहन मोह लियो ॥ टेक ॥
मीठे-मीठे वैन मुसकि मुख मोरै, नैण चलावत धार ॥ 1975 ॥
जरकस झोला सब तन झलकै, तीखे नैन कटार।
रुमक-झुमक सज भूषण सोहै, गल मोतियन को हार ॥ 1976 ॥
चपला चतुर चकोर चारुमुख, दिवि जी मोहनी डार ॥
पदम स्याम सिवकरण सरावै, महिमा विदित अपार ॥ 1977 ॥

सखियाँ पाछी गारी गावै, ठुमरी :
आयौ-आयौ बिरज को कान्ह माखन चोर लियो ॥ आयो० ॥
मोर मुकटिया हाथ लकुटिया, गावै अनोखी तान ॥ 1978 ॥
वृन्दावन में गऊ चरावै, माग्यो मही को दान।
संग गवाल्या कुवड़्या काल्या, मांग बणाई जान ॥ 1979 ॥
रुक्मणि चोर भग्यो एक छन में, परी जनम की बान।
पदम भणैं प्रभु स्याम सलोना, पल-पल वारूँ प्राण ॥ 1980 ॥

काफी : खेलै हो प्रीतम प्यारी, जुवाँ मिल।
इत वसुदेव भूप के नन्दन, उत नृप भींव कुँवारी ॥ 1981 ॥
सुघर सखी मुंदरी कर लेकर, रुकमणि के ढिंग डारी।
झपट लई जब रुकमणि मुँदरी, सख्याँ हँसी दे तारी ॥ 1982 ॥
वसुदेवनन्दन हारि गये हैं, जीती भींव-कुमारी।
पदम भक्त नैणा रस लूटे, कुंदनपुर की नारी ॥ 1983 ॥

सोरठ देस :
कंगना खोलै जादू राज, खुलावै कामणी।
ब्रह्मा दीनी गाँठ घुलाय, खुलै नहिं डोरड़ौ ॥ 1984 ॥
चाहै कुंती भुवा बुलाय, चाहै बहन सोदरा बुलाय, चाहै नंद जसोदा बुलाय ॥1985 ॥
चाहै गणपत कूँ रे बुलाय, वो तो मोदक मिश्री खाय, वो तो दुड़बुड़-दुड़बुड़ जाय ॥ 1986 ॥
चाहै बाबा वसुदेव बुलाय, चाहै माय देवकी बुलाय, चाहै हलधर बन्धु बुलाय ॥ 1987 ॥
चाहै पाँचूँ पांडु बुलाय, चाहै ब्रज की सखी बुलाय, ऐसे पदम भगत बलि जाय ॥ 1988 ॥

दोहा : जा कर पर गिरिवर धर्‌यो, राख लियो ब्रज हाथ।
वो बल भुज को कहाँ गयो, अब कहा कँपावौ साथ ॥ 1989 ॥
कछु माखन को बल भयो, कछु गोपियन की साय।
कछू साय बलवीर की, पर्वत लियो उठाय ॥ 1990 ॥
ब्रजवासी को नाम सुण, छाती रोम भर आय।
अनँत कोटि ब्रह्मंड में, तिरविध ताप नसाय ॥ 1991 ॥

मारू : सोवन कलस फटिक मणि कँगना, मुलकत मोर बुलायो।
ब्याव परम सुख विसर गया जद, नैण नीर भर आयो॥ 1992॥
काँपै हाथ डोर नहिं खूलै, ऊधौजी बतलावै।
नख से धनुष तिनक ज्यूँ तोर्यो, अब क्यूँ लोग हँसावै॥ 1993॥
यह सुण हँसे कृष्ण मन माहीं, कंकन तुरत खुलावै।
पदम भणैं प्रणमैं पाँय लागूँ, ब्याह भलौ रस आवै॥ 1994॥

धनाश्री : आवौ चन्दसेनजी रा पूत, भींव करौ पहरावणी॥ 1995॥
पहरावणी सजन मिलावणी,
थारा होग्या जी मन चीत्या वैन, भींव करौ पहरावणी॥ 1996॥
पहरावणी कृष्ण रिझावणी,
आवौ नैं भींवसेनजी रा पूत, रुकमणि करौ पहरावणी॥ 1997॥
कह पदम भक्त कर जोर कै,
प्रभु दास जान कै, कीजो मेहर द्यौ भक्ति अनुपायनी॥ 1998॥

मारू : राजा भींव भँडारी कोक्या, भींव भँडार खुलाया।
इचरज किया स्याम अवतारी, जादू कोक बुलाया॥ 1999॥
कर अस्तूति आदि की पूजा, चौकी बेग मँगावौ।
गणपतजी नैं पहल बुलावौ, कनक माल पहरावौ॥ 2000॥
वसुदेव नैं सुखपाल मंगावौ, चोखी चदर उढावौ।
आछी चादर जड़े जडाऊँ, नँद के हाथ दिवावौ॥2 001॥
हलधर नैं हल मूसल दीज्यो, बडी डोर का हाथी।
नेमनाथ नैं अस गज दीजो, अहिरावत के साथी॥ 2002॥
चँचल जात की मेल्ह नगरजा, तिवरण जल के होडा।
राजा भींव दिया पड़वानैं, आप चढन का घोड़ा॥ 2003॥
दस-दस सहस सिरोपाव सझिया, साझ साहणी कीन्हा।
रुकमकँवर राजा भीषम के, छपन कोटि नैं दीना॥ 2004॥
बहुतक बाहन चेरा चेरी, संग सखा उर धारी।
सालू सहित सावटू बागा, पाट पटंबर धारी॥ 2005॥
कब लग रचूँ पार नहिं पाऊँ, दीन्हाँ बहु परकारी।
पूरण ब्रह्म पदम के स्वामी, या विधि जान सिंगारी॥ 2006॥

दोहा : हरि हलधर कूँ तेड़िया, भाई त्याग चुकाय।
देस-देस का वंदिजन, दालिद देवौ बुहाय॥ 2007॥

मारू : बागा जरी जरी का फेंटा, चीरा चीर मंगाया।
सरस दुसाला सरस पागड़ी, जाचक जन पहिराया॥ 2008॥

हलधर नैं मिल त्याग चुकाया, नेमनाथ मन भाया।
केसौ तणी बधाई ऊपर, डेरा इन्द्र लुटाया॥ 2009॥
जो मांग्या सो सबही दीन्हा, दालिद दूर भगाया।
पदम स्याम सुखदायक नायक, या विधि त्याग चुकाया॥ 2010॥

दोहा : हरी पधारे हे सखी, गहरा घुरै निसाण।
सेना चढि जादू चले, आवौ कराँ बखाण॥ 2011॥
एक बार हे मावड़ी, मैंलो देरी आय।
नदी बिहूणा वाहला, कब अवसर मिल जाय॥ 2012॥

कालिंगड़ौ : म्हारौ ये मिझल्यौ रुणझुण्यौ, झुर-झुर पिंजर होय।
रुकमण चाली बाई सासरै, मिलणौ कब धौं होय॥ 2013॥
माय मिलूँ बावल मिलूँ, मिल मामौ मूसाल।
भुवा भतीज्याँ रिलमिलूँ, मौसी बाल गुपाल॥ 2014॥
काका नैं काक्याँ मावड़ी, भावज अर बड बीर।
हिलमिल कै सब सूँ मिलूँ, आँसूँ भीज्यो जी चीर॥ 2015॥
दौड़ मिलूँ परिवार सूँ, मिलताँ खुलै है न बाथ।
छोटा भाई भावज मिलूँ, साथणिया रो साथ॥ 2016॥
पदम भणैं सिवकरण यूँ, वीरा रुकम कँवार।
बेगी सी मुकलावज्यो, कीज्यो मती जी अँवार॥ 2017॥

दोहा : हुलर-हुलर डुसक्याँ फिरै, बिलखी राजकँवार।
नारद कह रथ पर चढौ, सगुनाँ होत अँवार॥ 2018॥

कालिंगड़ौ, कैरवा में :

म्हारौ ये मिजन्यो रुणझुण्यो सोभै राजदुवार।
रुकमण चाली सासरै, भल-भल सगुन मनाय॥ 2019॥
हाथ लियाँ हलको रहै, धरिया भार ज लाख।
आल्यौ हे म्हारी दुलहड़ी, ज्यानैं नींकी राख॥ 2020॥
आवौ सखी सहेलियाँ, मिलौ भुजा हे पसार।
अबका बिछड़्या कब मिलाँ, दूर बसेंगे जाय॥ 2021॥
मन जाणैं मायड़ मिलाँ, गल दे भुजा पसार।
तन जाणैं हरि रथ चढाँ, दे पिंजण पर पाँय॥ 2022॥
मन जाणैं बावल मिलूँ, बाँहड़ल्याँ गल लाय।
अबकै बिछड़े कब मिलैं, दूर द्वारका जाय॥ 2023॥
पदम कहै रुकमण भणौं, विनती येकै माय।
बंगला में म्हारी ढूलिया, थे तो सम्हालौ-नी जाय॥ 2024॥

मांड : अमाँ म्हारी ढूलियाँ को सिणगार ॥ 2025 ॥
झिरमिटिया डाबा महीं माँ, बाहिर नहिं छै लगार।
रतन जटित नख सिख तणौं माँ, राखौ जीव अधार ॥ 2026 ॥
साथणियाँ संग खेलती माँ, बावल के दरबार।
औजूँ हूँ खेलण आवसूँ माँ, कीज्यो सार सँभार ॥ 2027 ॥
भावज नैं मत भेद द्यौ माँ, कीज्यो जतन अपार।
खेलण री मन में रही माँ, कहुँ छुँ हुलार-हुलार ॥ 2028 ॥
दूराँ तो देसाँ थे दिवी माँ, जा समदरिया के पार।
पाछी तो कद मुकळावस्यो माँ, कद मिलसी परिवार ॥ 2029 ॥
सास नणद दिवराणियाँ माँ, सौकड़ल्याँ री साल।
कहा जाणूँ किस विध राखसी माँ, बेगी कीज्यो सार ॥ 2030 ॥
ज्यूँ कहसी ज्यूँई चालस्याँ माँ, दुलखाँ नहिं जी लगार।
बासी खूसी जो मिलै माँ, म्हारौ तो अंमृत सार ॥ 2031 ॥
पदम भणैं सिवकरण यूँ जी, हुलरै राजकुँवार।
पाछी फिर-फिर वीनवै माँ, बेगी कीज्यो सार ॥ अमाँ. ॥ 2032 ॥

कैरवौ : बंध बनौ माया मोह को, मायड़ घराँ सिधाय।
तुम बिना बाई म्हारी रुक्मणी, काँई कराँ घर माँय ॥ 2033 ॥
जिण अंगणा में खेलती सो, अंगणा नहीं सुहाय।
अन-पाणी की रुचि मिटी, नैणाँ नींद न आय ॥ 2034 ॥
रुकमणि चाली सासरै, नवनिधि लीनी लार।
खाजा फीणी क्रोड़ सै, लाडू क्रोड़ हजार ॥ 2035 ॥
गाडा भरिया खोपरा, सोला क्रोड़ सुहाय।
मिसरी मेवा सूखड़ी, दीज्यो नगर बँटाय ॥ 2036 ॥
मुड़-मुड़ दे छै बाइ आसिसाँ, चिरजीवौ परिवार।
काका बाबा सुबस बसौ, भाइ जीवौ क्रोड़ हजार ॥ 2037 ॥
आडा डूंगर किण किया, किण रोपी बणराय।
आडा डूंगर हरि किया, विधि रोपी बणराय ॥ 2038 ॥
आज रहेगी बाइ रुकमणी, काहू बन में जाय।
प्रात द्वारिका जायेगी, पदमय्यौ जस गाय ॥ 2039 ॥

दोहा : राजा भींव की वीनती, साम्हलियो भगवान।
गुण मानौ अवगुण तजौ, रुकमइयो अनजान ॥ 2040 ॥
सेना ले जादू चढे, साथ चले सब भूप।
दासी दीन दयाल की, रुकमणि रूप अनूप ॥ 2041 ॥

मांढै म्हारै जस रह्यो, सुजस रह्यो महकाय।
फूल्यो मरवौ केवड़ौ, और सुगंध सुहाय॥ 2042 ॥
पुरजन सब हरषित हुए, घर-घर मंगलचार।
पाटम्बर सब पहरि कै, करत बधावा नार॥ 2043 ॥
परण चले प्रभु रुकमणी, पंथ द्वारका लीन।
पदम भगत सिवकर्ण कह, दौर बधाई दीन॥ 2044 ॥

धनाश्री : सखि सब गावैं मंगलचार, जादू वंस की नार॥ 2045 ॥
ऊड़त गिरद लाल भयो अंबर, आये कृष्ण मुरार।
ऊँटन पर जूजरबा छूटै, दौड़े चलत कहार॥ 2046 ॥
ये देखौ अब दीखण लागे, भाला फेरैं असवार।
रथ झुणकार पड़ी श्रवणन में, जांझण रा झुणकार॥ 2047 ॥
बडे बडे राजा जादू सोहैं, हाथिन लगी कतार।
रथ्थन की कछु गिनती नाहीं, घोड़ा अनँत अपार॥ 2048 ॥
झालरदार पालखी सोहै, झलकै मुकुट अपार।
सुर नर मुनिजन क्रोड़ देवता, रँग की पड़त फुहार॥ 2049 ॥
हरख्यो लेर बधाई नाई, खबर करौ दरबार।
पदम के स्वामी परण पधारे, रुकमणि के भरतार॥ 2050 ॥

छंद : तब नगर नर सजि आरती, घनघोर नाद बजावही।
सब पौरि तोरण कलस कंचन, मोतिन थाल सजावही॥ 2051 ॥
इक एक के आगे चले नर, दौर के सनमुख गये।
हिलमिलहिं जाय बरात भेटैं, परसपर भेंटत भये॥ 2052 ॥
कुसलात सब विरतांत पूछत, सुनत सब राजी भये।
कर आरती करपूर बाती, संख जल स्वातिक लये॥ 2053 ॥
औछार सकल बजार करत, जुहार नौछावर घनी।
छिरकाय इत्र प्रहार पुष्प सु, दुंदभी देवन हनी॥ 2054 ॥
परदा उघार विराज रथ पर, कृष्ण वर अरु रुकमणी।
पद्म धन सिवकर्ण निरखत, सकल जन नवली बनी॥ 2055 ॥

दोहा : साम्हैलौ श्रीकृष्ण को, रुकमणि ल्याया पर्ण।
जादव हरख बधाविया, पद्म भक्त सिवकर्ण॥ 2056 ॥

मारू : पदम भगत सिवकरण बधावै, जादव जान पधारी।
नवला नेह निरख बनरी कूँ, मंगल गावै नारी॥ 2057 ॥
केतिक नार झरोखन झाँकत, केइ चढ झाँक अटारी।
केइ परदे चिक ओट निहारें, केतिक झाँकत जारी॥ 2058 ॥

नवल बनी के लेत बारणाँ, पल-पल प्राण जुवारी।
पदम भक्त सिवकर्ण निरखि छवि, चरण कँवल बलिहारी ॥ 2059 ॥
दैत्य विडारे देव उबारे, आये हरि अस्थाना।
बहनड़ रोक्यो बारणौ जी, घर आई सब जान ॥ 2060 ॥
बहनड़ बोली कृष्ण सूँ, भाई मोहन बाड़ छुडाई।
कान्ह कँवर जब दिवी छाबड़ी, रतन दिये बहुताई ॥ 2061 ॥

छंद : पैसारौ सब साझ मोहोरत, भीतर भवन पधारिया।
सुभद्रा मिल द्वार रोक्यो, पौरी कृष्ण पलाविया ॥ 2062 ॥
आवौ हे माता देवकी जी, रुकमणि सुख दिखलाविया।
देवकीजी गोद लेकै, घी गुड़ हाथ घलाविया ॥ 2063 ॥
राणी रुकमणि पाँय लागी, सुर नर पुष्प वर्षाइया।
द्वारकापुरी आनंद भयो, दास पदम जस गाइया ॥ 2064 ॥

राग जंगलौ :

मिल सखियन मंगल गावै, देवकीजी लाड लडावै ॥ 2065 ॥
देवकीजी ने उराँ बुलावौ, घी गुड़ में हात घलावौ।
देवकीजी लाड लड़ावै, घी गुड़ में हात घलावौ ॥ 2066 ॥
वसुदेवजी आघा आवौ, रुपियाँ री थैली ल्यावौ।
जद दुलहनि मुख दिखलावै, सिवकर्ण पदम जस गावै ॥ 2067 ॥

मारू : सात सवासण सात सखी मिल, स्वाग थाल परुसावै ॥
नृपत सुता सातूँ जुड़ बैठी, प्रथम ग्रास कुण पावै ॥ 2068 ॥
आँट पड़ी कोइ हाथ न घालै, हरजी बोल्या वाणी।
साताँ सिरै सहस सोला पर, भींव सुता पटराणी ॥ 2069 ॥
नभ स्वर पुष्प दुंदभी बाजी, तीन लोक जयकारा।
मेरा भगत भींव री कँवरी, रुकमणि प्राण अधारा ॥ 2070 ॥
हरि कर हेत बडापण दीन्हौं, रुकमणि पाट बिठावै।
भनैं सिवकर्ण भगत री महिमा, जन पदमइयो गावै ॥ 2071 ॥

काफी की होरी :

बाँटत स्वाग बनी आँगनिया में बँटत बधाई ॥ बाटत. ॥ 2072 ॥
छोटे-छोटे हाथ रु नरम कलाइयाँ, भर धोबा रुधनी।
सुन सब दौरी नवल नागरी, जुड़ गइ भीर घनी ॥ 2073 ॥ अगनिया. ॥
मिल-मिल अमर त्रिएँ सब दौरी, निरखत भींव जनी।
बरसै पुष्प हरष त्रिहु पुर तें, दुंदभी देव हनी ॥ 2074 ॥

यह छवि हरष प्रानपति निरखत, परतख निरखि अनी।
ब्रह्मा वेद विरद वंदीजन, महिमा रटत फनी॥ 2075॥
लघु कर अतुर अतुर प्रिय बाँटत, बिखरत धान धनी।
पदम स्याम सिवकर्ण समेटत, हमरे तो खूब बनी॥ 2076॥

मारू : पुरी नहीं द्वारावति समान, ना नदी गोमती सी री।
कृष्ण समान देव नहिं दूजा, भृगू लता उर धारी॥ 2077॥
सोलह सहस एक सौ अबला, भौमासुर गहि ल्यायो।
सगली एक मोहोरत परणी, पारब्रह्म वर पायो॥ 2078॥
रुकमणि जामवती सतभामा, नागजिती भदराणी।
कालिन्दी श्रीलक्ष्मी वृन्दा, ये आठूँ पटराणी॥ 2079॥
दस दस पुत्र एक इक कन्या, यह तरुणी वर दीन्हा।
निराकार निर्लेप निरंतर, यो रंग माया भीना॥ 2080॥
अपनी-अपनी पौलि अभूषन, भजन करत सब नारी।
पदम स्याम सुखदायक नायक, दर्सन की बलिहारी॥ 2081॥

बरवौ : चरण रज वंदू जी म्हैं, रहूँ चरण ल्यौ लाय।
चरण रज वंदू जी केसौ कहाँ बधाय॥ 2082॥
जिन भगतन श्रवणाँ सुण्यो, ज्यानैं विघ्न न ब्यापै कोय।
पदमइयो स्वामी भणैं, भगति दान द्यौ मोय॥ 2083॥

सोरठ : जो या मंगल कूँ गावै। ज्याँका पाप प्रलै होइ जावै॥
जो या मंगल कूँ सुनिहैं। जाके कोटि जनम के पुनहैं॥ 2084॥

दोहा : द्वारावति आनँद भयो, सुर नर देत असीस।
कह पदमय्यौ वैश्य यूँ, दो सिंघासन जगदीस॥ 2085॥
रच्यौ वैश्य पदमाल यह, रुकमणि मंगल सार।
सुद्ध कियो सिवकर्ण जन, तुम सब दई सुधार॥ 2086॥
विजय ब्याव श्रीकृष्ण को, रुकमणि ल्याया पर्ण।
रामरतन निज कर लिख्यो, सुद्ध कियो सिवकर्ण॥ 2087॥
कछु पद नये बनाय कै, टूटक संधि मिलाय।
कियो शृंखलाबद्ध सब, अरथाँ अंक रिलाय॥ 2088॥
मूलचंद सुत सिवकरण, दरक मूंडवै वास।
मरुधर डींडू म्हैसरी, इन्द्रपुरी सुखवास॥ 2089॥
परत इग्यारा एकठा, कर सब काढ्यो सार।
तुक टूटी मेली अमिल, अरथाँ लियो सुधार॥ 2090॥

॥इति भक्त पदमदासजी कृत रुक्मिणी-मंगल समाप्त॥

रुकमणीजी को बारामासियो

गोवरधनधारी राखौ परतिग्या दासी आपकी॥ टेर॥
लग्यो महीनौ चैत्र चाव से, गौरीनन्द मनाऊँ।
दुर्गामाई करौ सहाई, हित्त चित्त से ध्याऊँ॥
दीज्यो बुद्धि वरदान आन मोय, तुम से अरज लगाऊँ।
विदर्भ देस सुहावणौं, भीषम घर अवतार।
पाँच पुत्र प्रगट्या राजा के, छट्ठी राजकुँवार॥ लक्ष्मी रूप पधारी॥ 1॥

मास वैसाख द्वार परमारै, नारदमुनी पधारा।
आदर भाव कियो बहुतेरौ, दे आसन बैठारा॥
चरण धोय चरणामृत लीनौं, तब रिषि वचन उचारा।
रुकमनी को वर साँवरौ, जदुपति दीनदयाल॥
दुष्ट संहारन भक्त उबारन, करुणा सिंधु गुपाल॥ रची जिन सृष्टी सारी॥ 2॥

ज्येष्ठ मास बन्धू रुकमैयो, माता से बतलायो।
कागद लिखकर दियो भाट नैं, चंदेरी पहुँचायो॥
पत्री वाँच चढ्यो सिसपाल्यो, कुंदनपुर में आयो।
सँग राजा निन्याणवै, सोभा अनँत अपार॥
देखी जान गौरवै आई, हरख्यो रुकमकँवर॥ जान भलि भाँति उतारी॥ 3॥

आषाढ मास माता मेरे कूँ, अपने पास बुलाई।
सज बरात सिसपाल्यो आयो, निरखौ रुकमनि-बाई॥
जरासंध से काका जिनके, दंताधर से भाई।
चवदा भवन के बीच में, ऐसौ राजा नाय॥
काल्यो बाल्यो गऊ चरावै, डोलै वन के माय॥ उसी में के गुण भारी॥ 4॥

सावण सोच करै भीषमजी, अब प्रभुजी कब आवै।
आडी भौम द्वारका कुण म्हारौ, संदेसौ पहुँचावै॥
डाहल पूँच गयो कुँदनापुर, यह कोइ जाय सुनावै।
विरद उधारण आप हो, कीजे बेग सहाय॥
जो सिसपाल रुकमनी परणैं, मरूँ कटारी खाय॥ एहि निश्चय मन धारी॥ 5॥

भादूँ भगवत बेग पधारो, अब मत देर लगावौ।
सेना ले आयो अभिमानी, तिसको गरब हटावौ॥

राम रूप होय पहली परणी, अब क्यूँ लोग हँसावौ।
पुरी अयोध्या जनमिया, दसरथ घर अवतार॥
तोड़्यो धनुष किया दो टुकड़ा, अब क्यूँ दई विसार॥ कहो क्या चूक हमारी॥ 6॥

आस्विन अरज करूँ कर जोड़्याँ, लग रही चिंता भारी।
सरवर न्हाता कौल किया था, क्यूँ भूल्या गिरधारी॥
डूबतड़ी नैं बाहर काढी, अब किण दोष विचारा।
डाहल दीखै काल सो, जम-सी लगै बरात॥
मेरी टेर सुनी नहिं कानाँ, कून रीति की बात॥ वीनती कर-कर हारी॥ 7॥

कातिक मास चाह भगवत की, जोसी पास बुलायो।
हाथ जोड़ परकम्पा दीनी, आसन दे बैठायो॥
पतिया लिख दीनी कर सेती, बहुत भाँति समझायो।
तुम द्विज जावौ द्वारका, श्रीकृष्ण के पास॥
हमरी मात भ्रात के आगे, मत ना दीज्यो जास॥ आस है बडी तिहारी॥ 8॥

अगहन मास चल्यो जोसीजी, पुरी द्वारका धायौ।
पत्री जाय कृष्ण कूँ दीनी, सारौ पतौ बतायौ॥
विदर्भ देस कुंदनपुर नगरी, रुकमनि मोय खिनायो।
ब्राह्मण वाँचै पत्रिका, सुनियो जादू-राय॥
और संक हरगिज नहिं जानूँ, संसय मेटौ आय॥ करौ बेगाँ असवारी॥ 9॥

पौस मास मेरे पिता पास आ, जोसी वैन सुनाया।
पाँचूँ पाण्डव अरु बलभद्दर, श्रीकृष्ण चढ आया॥
सुन-सुन बात नाथ की हमरे, हो रह्या हर्ष अपारा।
जाऊँ अंबा पूजिबा, भर मोतियन को थाल।
नारदजी मोहि वचन दिया था, मिलसी नँद को लाल॥ करी चलबा की त्यारी॥ 10॥

माघ मास दुर्गा वर दीनौं, मिल गयो कृष्ण मुरारी।
करकै कोप लड़न कूँ आयो, रावन को औतारी॥
सनमुख आय मिले हलधरजी, जुद्ध भयो अति भारी।
राजा सारा खप गया, हस्तिन को नहिं पार।
चंदेरी को राजा भाग्यो, जरासंध है लार॥ खपा दई सेना सारी॥ 11॥

फागण चाव राव भीषम के, सुवरण खंभ रुपाया।
ब्रह्मादिक नारद मुनि आये, मोतियन चौक पुराया॥
भली भाँति दीनी मिजमानी, जादू बिदा कराया।
परण पधारे चाव से, रुकमनि अरु घनस्याम॥
जो जन गावै बारामासौ, पूरण हो सब काम॥ कहै रुलीराम पुजारी॥ 12॥

॥ इति बारामासियो रुकमणीजी को पुजारी रूलीराम कृत समाप्त॥

इतिश्री रुक्मिणी-मंगल बडा विवाहोत्सव भक्त पदम कृत महामंगल रुलीराम ब्राह्मण राजगढ़ वाले द्वारा संशोधित समाप्तम्।

ना तो कछु विद्वान मैं, कविता को न विचार।
जैसी मेरी बुद्धि थी, तैसो दियो सुधार॥1॥
इस पृथिवी पर हैं घने, बडे बडे विद्वान।
भूल चूक सो बकसियो, मुझको मूरख जान॥2॥
दिल्ली सौं पश्चिम तरफ, राजगढ है गाम।
जाती ब्राह्मण गौड है, रुलीराम है नाम॥3॥

॥शुभं भवतु संवत् 1984॥